Perspectivas e Desafios das Reformas Tributárias

Perspectivas e Desafios das Reformas Tributárias

2023

Daniel Corrêa Szelbracikowski
Lais Khaled Porto
Coordenadores

ALMEDINA

PERSPECTIVAS E DESAFIOS DAS REFORMAS TRIBUTÁRIAS

COORDENADORES: Daniel Corrêa Szelbracikowski, Lais Khaled Porto

DIRETOR ALMEDINA BRASIL: Rodrigo Mentz
EDITORA JURÍDICA: Manuella Santos de Castro
EDITOR DE DESENVOLVIMENTO: Aurélio Cesar Nogueira
ASSISTENTES EDITORIAIS: Larissa Nogueira e Rafael Fulanetti
ESTAGIÁRIA DE PRODUÇÃO: Laura Roberti

DIAGRAMAÇÃO: Almedina
DESIGN DE CAPA: Roberta Bassanetto

ISBN: 9786556277349
Janeiro, 2023

Dados Internacionais de Catalogação na Publicação (CIP)
(Câmara Brasileira do Livro, SP, Brasil)

Perspectivas e desafios das reformas tributárias /
Daniel Corrêa Szelbracikowski, Lais Khaled
Porto, coordenadores. – São Paulo, SP : Almedina, 2023.

Vários autores.
Bibliografia.
ISBN 978-65-5627-734-9

1. Direito constitucional - Brasil 2. Direito
tributário - Brasil 3. Reforma tributária – Brasil
I. Szelbracikowski, Daniel Corrêa. II. Porto, Lais Khaled

22-132153 CDU-34:336.2(81)

Índices para catálogo sistemático:

1. Reforma tributária : Brasil : Direito tributário 34:336.2(81)

Eliete Marques da Silva - Bibliotecária - CRB-8/9380

Este livro segue as regras do novo Acordo Ortográfico da Língua Portuguesa (1990).

EDITORA: Almedina Brasil
Rua José Maria Lisboa, 860, Conj.131 e 132, Jardim Paulista | 01423-001 São Paulo | Brasil
editora@almedina.com.br
www.almedina.com.br

NOTA DA COORDENAÇÃO

Ao longo do desafiador ano de 2020, início da pandemia que, duramente, marcou a humanidade, algumas estratégias tiveram de ser adotadas para partilhar, discutir e elaborar as melhores formas de endereçar os desafios socioeconômicos que se agravavam com a crise sanitária. Se, com o desenvolvimento de uma nova era digital, mudanças profundas nas interações humanas já eram sentidas, a pandemia da Covid-19 seguramente acelerou esse processo de transformação, o que acentuou os debates em torno de propostas de reforma tributária.

Afinal, aliada às próprias transformações de nossa sociedade, a preocupação com a arrecadação tributária e o asseguramento de receitas suficientes para fazer frente à crise, em verdadeiro paradoxo com a necessidade de se desonerar empresas e indivíduos para que sobrevivessem aos tempos de turbulência, revelou a importância de se pensar e repensar a tributação. Muitas propostas de reforma, especialmente da tributação sobre o consumo e sobre a renda, foram apresentadas e/ou revisitadas.

Foi nesse cenário que, no curso de 2020, por intermédio do grupo de estudos Democracia e instituições: crises e desafios, do Instituto Brasileiro de Ensino, Desenvolvimento e Pesquisa – IDP, realizamos a Jornada de debates sobre as reformas tributárias, que contou com treze ciclos de debates com alguns dos maiores especialistas em tributação do País: juristas e economistas, dos setores público e privado, com as mais diversas linhas de pensamento e que têm em comum o fato de exercerem verdadeiro protagonismo na construção de propostas para endereçar os desafios nacionais.

Esta obra coletiva surgiu, portanto, a partir de reflexões redigidas e coletadas no ano de 2021, como desdobramento dos debates desenvolvidos no ano anterior pelos coautores que assinam cada um dos artigos. A obra reúne, assim, reflexões das mais diversas, a partir da compreensão de cada um dos autores sobre as mais variadas propostas de reformas tributárias, de modo que muito nos orgulha poder afirmar que os trabalhos aqui reunidos não se concentram em uma ou outra corrente de pensamento, mas simbolizam a verdadeira pluralidade de propostas e ideias, essência do debate acadêmico. De fato, nesta obra o leitor poderá explorar textos gerais e específicos, os quais, sob o ângulo constitucional e/ou infraconstitucional, abordam princípios gerais sugeridos para a realização de uma reforma tributária e considerações específicas sobre um possível rearranjo na tributação sobre o consumo, patrimônio e/ou renda.

Nosso primeiro agradecimento não poderia ser outro senão a cada um desses brilhantes profissionais, que muito nos honraram com suas participações na Jornada, encontrando tempo em suas agendas extremamente concorridas para debater conosco. E, especialmente, àqueles que, para além dos debates, também nos honraram com o registro de suas reflexões para esta obra, agradecimento esse que fazemos em nome do Min. Gilmar Ferreira Mendes e do Dr. Hamilton Dias de Souza, grandes mestres e professores de todos nós.

Além dos profissionais tributaristas que nos permitiram colocar em prática este projeto, necessário que façamos nossos especiais agradecimentos ao Dr. Rodrigo de Bittencourt Mudrovitsch e Des. Ney de Barros Bello Filho, também professores do IDP, que nos concederam a inestimável oportunidade de desenvolver a Jornada de debates sobre as reformas tributárias como um braço de sua vanguardista e necessária iniciativa de formação do projeto Democracia e instituições: crises e desafios. Sem a excepcional confiança e apoio de ambos, nada disso seria possível.

Importa destacar que a coordenação dos ciclos de debate se deu a oito mãos e que não poderíamos ter desenvolvido essa iniciativa sem a inestimável parceria da Dra. Tarsila Ribeiro Marques Fernandes e do Dr. Rafael Campos Soares da Fonseca, que também são coautores desta obra, além de fonte de inspiração pelo brilhantismo com o qual desenvolvem suas pesquisas. É uma honra estar ao lado daqueles que despontam dentre os maiores nomes da nova geração de tributaristas brasileiros.

Ainda na pessoa do Min. Gilmar Mendes, que também nos prestigia com o prefácio deste livro, agradecemos o espaço e o suporte de excelência que nos foi ofertado pela equipe do IDP, da qual também precisamos destacar o incansável e primoroso trabalho desenvolvido por Gabriela Jardim.

Nossa gratidão de sempre ao Professor José Roberto Afonso que, além de participar deste projeto, também abraçou nossa trajetória acadêmica, como orientador de ambos os coordenadores desta obra. Auxílio indispensável também foi recebido de nossas equipes do Mudrovitsch Advogados e da Advocacia Dias de Souza, que colaboraram na organização, formatação e revisão dos artigos.

E, por fim, mas não menos importante, ao essencial suporte de nossas famílias, que são base de todo projeto e fim de cada conquista. Esperamos, não por mérito nosso, mas por todo o respeito e admiração que temos por cada um dos coautores, que esta obra seja uma contribuição efetiva ao enfrentamento das crises socioeconômicas vivenciadas em nosso país.

Brasília, setembro 2022.

DANIEL CORRÊA SZELBRACIKOWSKI
LAIS KHALED PORTO

SOBRE OS COORDENADORES

DANIEL CORRÊA SZELBRACIKOWSKI
Mestre em Direito Constitucional pelo Instituto Brasileiro de Ensino, Desenvolvimento e Pesquisa – IDP. Especialista em Direito Tributário pelo Instituto Brasileiro de Estudos Tributários – IBET. Pós-graduado em Direito Processual Civil pela Fundação Getúlio Vargas (FGV).

LAIS KHALED PORTO
Advogada e Professora do Instituto Brasileiro de Ensino, Desenvolvimento e Pesquisa – IDP. Doutoranda e Mestre em Direito Constitucional pelo IDP. Pós-Graduada em Direito Tributário e Finanças Públicas pela mesma instituição.

SOBRE OS AUTORES

ALBERTO MEDEIROS

Advogado. Procurador do Distrito Federal. Professor do Instituto Brasileiro de Ensino, Desenvolvimento e Pesquisa (IDP). Presidente da Comissão de Assuntos Tributários da OAB/DF. Mestre em Direito Tributário pela Universidade de São Paulo (USP). Pós-graduado em Direito Tributário pelo Instituto Brasileiro de Estudos Tributários (IBET).

ARIANE COSTA GUIMARÃES

Advogada. Co-fundadora do Elas Pedem Vista. Mestre e Doutora em Direito e Políticas Públicas Fiscais. Professora de Direito Tributário no UniCEUB. Foi Visiting Researcher em Georgetown. Vice-presidente da Comissão de Reforma Tributária da OAB/DF. Vice-presidente do comitê de legislação da Câmara Americana de Comércio (AMCHAM). Vice-presidente da ABAT-DF.

BENTO ANTUNES DE ANDRADE MAIA

Doutor em economia pela UNICAMP. Mestre pela UFRJ. Economista do Centro de Cidadania Fiscal. Professor de economia da FACAMP. Trabalhou na FIESP (2012-2014) e no Grupo de Energia do IE/UFRJ (2008-2011).

BERNARD APPY

Economista formado pela USP. Diretor do Centro de Cidadania Fiscal. Foi Secretário Executivo e Secretário de Política Econômica do Ministério da Fazenda. Foi Sócio-diretor da LCA Consultores (1995-2002 e 2012-2014) e Diretor de Estratégia e Planejamento da BM&FBovespa (2009-2011). Presidiu o Conselho de Administração do Banco do Brasil e o Conselho Nacional de Política Fazendária (Confaz).

BERNARDO MOTTA

Economista pela Universidade Federal do Rio de Janeiro. Consultor independente. Mestrando em Economia pelo Instituto Superior de Economia e Gestão da Universidade de Lisboa.

EDUARDO GABRIEL DE GÓES VIEIRA FERREIRA FOGAÇA

Pós-graduado em Direito Tributário e Finanças Públicas pelo Instituto Brasiliense de Direito Público. Bacharel em Direito pela Universidade Federal de Santa Catarina. Auditor-Fiscal da Receita Federal do Brasil. Julgador da Delegacia da Receita Federal de Julgamento 09.

FELIPE SCUDELER SALTO

Secretário da Fazenda e Planejamento do Estado de São Paulo. Economista pela Escola de Economia de São Paulo da Fundação Getúlio Vargas (FGV/EESP). Mestre em Administração Pública e Governo – Política e Economia do Setor Público – pela Escola de Administração de Empresas de São Paulo (FGV/EAESP). Ex-Diretor-Executivo da IFI – Instituição Fiscal Independente. Professor do curso de Finanças Públicas no Mestrado Profissional em Economia do IDP.

GILMAR FERREIRA MENDES

Ministro do Supremo Tribunal Federal (STF). Doutor e Mestre em Direito pela Universidade de Münster, na Alemanha. Docente permanente dos cursos de graduação, pós-graduação latu sensu, mestrado e doutorado no Instituto Brasiliense de Direito Público (IDP).

HAMILTON DIAS DE SOUZA

Sócio fundador dos escritórios Dias de Souza Advogados Associados (SP) e Advocacia Dias de Souza (DF). Mestre e especialista em Direito Tributário pela Universidade de São Paulo (USP), onde lecionou.

HUGO FUNARO

Mestre em Direito Econômico e Financeiro pela Faculdade de Direito da Universidade de São Paulo. Especialista em Direito Tributário pelo IBET/IBDT. Sócio do escritório Dias de Souza Advogados.

JOÃO GABRIEL SANTOS

Advogado. Mestrando em Direito pela Universidade de Brasília (UnB). Pesquisador do Observatório da Macrolitigância Fiscal do Instituto Brasileiro de Ensino, Desenvolvimento e Pesquisa (OMF/IDP). Bacharel em Direito pela Universidade de Brasília (UnB).

JORGE ANTONIO DEHER RACHID

Bacharel em Administração pela Faculdade de Ciências Políticas e Econômicas do Rio de Janeiro – Universidade Cândido Mendes. Consultor Tributário. Auditor-Fiscal da Receita Federal do Brasil aposentado. Ex-Secretário da Receita Federal do Brasil.

JOSÉ LUIS RIBEIRO BRAZUNA

Advogado em São Paulo e Brasília. Mestre em Direito Econômico e Financeiro pela Faculdade de Direito da Universidade de São Paulo. Ex-julgador do Tribunal de Impostos e Taxas do Estado de São Paulo e do Conselho Municipal de Tributos da Prefeitura de São Paulo. Professor do Instituto Brasileiro de Direito Tributário (IBDT).

JOSÉ ROBERTO AFONSO

Economista e contabilista. Professor da Pós-Graduação do Instituto Brasileiro de Ensino e Pesquisa. Investigador do Centro de Administração e Polícias Públicas da Universidade de Lisboa. Consultor Independente. Pós-doutorado em Administração Pública pela Universidade de Lisboa. Doutor em Economia pela Universidade de Campinas. Mestre em Economia pela Universidade Federal do Rio de Janeiro.

LARISSA LUZIA LONGO

Mestranda em Políticas Públicas no Insper. Graduada em direito pela PUC/SP. Pesquisadora do Centro de Cidadania Fiscal e do Núcleo de Tributação do Insper.

LEONEL CESARINO PESSOA

Professor da FGV Direito SP.

MÁRIO LUIZ OLIVEIRA DA COSTA

Advogado militante na área de Direito Tributário, com cursos de especialização em Direito Tributário (CEU) e Direito Empresarial (PUC/SP). Mestre em Direito Econômico pela Faculdade de Direito da Universidade de São Paulo – USP. Presidente, diretor e conselheiro da Associação dos Advogados de São Paulo (AASP). Sócio do escritório Dias de Souza Advogados Associados, em São Paulo.

MARY ELBE QUEIROZ

Advogada sócia de Queiroz Advogados Associados. Pós-Doutora pela Universidade de Lisboa. Doutora em Direito Tributário (PUC/SP). Mestre em Direito Público (UFPE). Especialização em Direito Tributário: Universidade de Salamanca – Espanha e Universidade Austral – Argentina. Pós-graduação em Neurociência (PUC/RS). Coordenadora do curso de pós-graduação do IBET em Pernambuco. Professora.

MELINA ROCHA

Diretora de Cursos da York University. Mestre e Doutora pela Université Paris 3 – Sorbonne Nouvelle.

MIQUERLAM CHAVES CAVALCANTE

Assessor de Ministro do Supremo Tribunal Federal (STF). Procurador da Fazenda Nacional. Doutorando em Ciencias Jurídicas y Políticas pela Universidad Pablo de Olavide (UPO – Sevilha – Espanha). Mestre em Direito e Políticas Públicas pelo Centro Universitário de Brasília (UniCeub). Professor de Direito Tributário dos cursos de graduação e pós-graduação latu sensu do Instituto Brasilense de Direito Público (IDP).

NINA PENCAK

Doutoranda e Mestre em Finanças Públicas, Tributação e Desenvolvimento pelo Programa de Pós-Graduação em Direito da Universidade do Estado do Rio de Janeiro (UERJ). Professora da Pós-graduação lato sensu de Direito Tributário do IDP. Assessora de Ministro no Supremo Tribunal Federal. Cofundadora do coletivo jurídico Elas Discutem.

PAULO ARTHUR CAVALCANTE KOURY

Doutor em Direito Tributário pela USP. LLM pela University of Cambridge. Advogado.

PAULO AYRES BARRETO
Professor Associado de Direito Tributário da USP. Advogado.

PEDRO JÚLIO SALES D'ARAÚJO
Doutor em Direito Econômico, Financeiro e Tributário pela Faculdade de Direito da Universidade de São Paulo (USP). Mestre pela Faculdade de Direito da Universidade de Brasília (UnB). Bacharel pela Faculdade de Direito da Universidade de Brasília (UnB). Especialista em Direito Tributário pela FGV/SP. Assessor de Ministro do Supremo Tribunal Federal para assuntos tributários. Foi pesquisador visitante bolsista na Westfälische Wilhelms-Universität Münster (Alemanha).

RAFAEL CAMPOS SOARES DA FONSECA
Professor da graduação e da pós-graduação no Instituto Brasileiro de Ensino, Pesquisa e Desenvolvimento (IDP). Doutorando em Direito Econômico, Financeiro e Tributário pela Universidade de São Paulo. Mestre em Direito, Estado e Constituição pela UnB. Co-líder do Observatório da Macrolitigância Fiscal do IDP.

REBECA DRUMMOND DE ANDRADE MÜLLER
Advogada. Assessora legislativa na Câmara dos Deputados. Mestranda em Direito Tributário e Desenvolvimento Econômico pelo Instituto Brasileiro de Ensino, Desenvolvimento e Pesquisa – IDP.

SERGIO ANDRÉ ROCHA
Professor de Direito Financeiro e Tributário da Uerj. Livre-Docente em Direito Tributário pela USP. Diretor da ABDF.

TARSILA RIBEIRO MARQUES FERNANDES
Doutora em Direito pela Radboud University em Nijmegen, na Holanda. Mestre em Direito Tributário pela Universidade Católica de Brasília. Procuradora Federal. Assessora de Ministro do Supremo Tribunal Federal. Professora do IDP.

THÚLIO JOSÉ MICHILINI MUNIZ DE CARVALHO
Membro do escritório Dias de Souza Advogados (SP). Mestre em Filosofia e Teoria Geral do Direito pela Pontifícia Universidade Católica de São Paulo (PUC/SP).

TIAGO CONDE TEIXEIRA
Mestre em Direito Público pela Universidade de Coimbra (Portugal). Bacharel em Direito pelo Centro Universitário de Brasília. Professor de Direito Tributário do Instituto Brasiliense de Direito Público (IDP). Membro efetivo da Câmara de Tributação da FECOMÉRCIO. Advogado e Consultor e Diretor da Abradt.

ULISSES SCHWARZ VIANA
Advogado. Bacharel em direito na Universidade de Brasília (UnB). Pesquisador do Observatório da Macrolitigância Fiscal do Instituto Brasiliense de Direito Público (OMF/IDP). Coordenador do Grupo de Estudos em Empresarial e Arbitragem (GEA-UnB).

VALTER PEDROSO VITELLI
Advogado. Bacharel em direito na Universidade de Brasília (UnB). Pesquisador do Observatório da Macrolitigância Fiscal do Instituto Brasiliense de Direito Público (OMF/IDP). Coordenador do Grupo de Estudos em Empresarial e Arbitragem (GEA-UnB).

PREFÁCIO

O título atinente à tributação e ao orçamento na Constituição Federal representa parcela fundamental do modelo de Estado desenhado no texto constitucional. A atividade financeira definida como "arrecadação de receitas, sua gestão e a realização do gasto, a fim de atender às necessidades públicas"[1], está na base de toda e qualquer atividade estatal. A construção do Estado Democrático de Direito, anunciado pelo art. 1º, passa por custos e estratégias que vão além da declaração de direitos. Não há Estado Social sem que haja também Estado fiscal; são realidades que se pressupõem. Se todos os direitos fundamentais têm, em alguma medida, uma dimensão positiva, todos implicam custos. Conforme salientam Holmes e Sunstein, nenhum direito é apenas o direito de ser deixado só pelo poder público; todos os direitos reivindicam uma postura positiva do governo[2]. Logo, levar direitos a sério exige que seus custos também sejam levados a sério.

Se, por um lado, o minucioso tratamento conferido pela Constituição Federal de 1988 à matéria tributária demonstra a importância e o apreço do tema como viabilizador dos direitos e garantias fundamentais, por outro, dificulta a alteração de sua disciplina. Nesse ponto, cabe salientar que as bases teóricas do Sistema Tributário Nacional se fundamentam nas premissas trazidas pelo Código Tributário Nacional, o qual remonta à década de sessenta.

Há cinquenta anos, era plenamente justificável a divisão entre indústria, comércio e serviços para fins de repartição da competência tribu-

[1] Oliveira, Regis Fernandes de. **Curso de direito financeiro**. São Paulo: Revista dos Tribunais, 2006, p. 59.

[2] Holmes, Stephen e Sunstein, Cass R. **The cost of rights: why liberty depends on taxes**. New York: W. W. Norton & Company, 1999, p. 44.

tária entre União, Estados e municípios no tocante aos impostos sobre consumo. Hoje, com a evolução da economia digital e das novas tecnologias, tal premissa é de hercúlea aplicação prática. Da mesma maneira, como tributar uma renda cada vez mais móvel e menos dependente de uma relação de emprego formal tem sido um enorme desafio para as administrações tributárias em todo o mundo.

No Brasil, não são propriamente recentes as tentativas de simplificação e redesenho do arranjo federativo constitucional. A cada governo que se inicia, surgem novas propostas de reformas tributárias e debates em torno do tema. Apesar da dificuldade política em se chegar a um consenso que reflita em efetiva alteração legislativa, parece não haver dúvidas de que o Brasil precisa, urgentemente, de uma ampla alteração em seu sistema tributário. Não se pode olvidar, contudo, que, para além da reforma tributária constitucional, há espaço para aperfeiçoamento do sistema tributário brasileiro também no âmbito infraconstitucional, especialmente no que se refere à melhoria do relacionamento entre Fisco e Contribuinte para fins de redução da litigância fiscal.

A presente obra, fruto de notáveis contribuições angariadas no grupo de estudos *Democracia e Instituições: Crises e Desafios*, do Instituto Brasileiro de Ensino, Desenvolvimento e Pesquisa – IDP, explora em detalhes as possibilidades e os desafios da reforma tributária brasileira, tanto na sua dimensão constitucional quanto infraconstitucional. É uma importante síntese e registro de tudo aquilo que foi discutido no âmbito da *Jornada de Debates sobre as Reformas Tributárias*, que contou com participações de notáveis acadêmicos e pensadores do tema.

Espero genuinamente que esta obra sirva ao aperfeiçoamento da nossa doutrina e anime a construção científica renovadora, apontando saídas para o que foi chamado, pela espirituosa pena de Alfredo Augusto Becker, de manicômio jurídico-tributário brasileiro.

Uma excelente leitura a todos.

GILMAR FERREIRA MENDES

Ministro do Supremo Tribunal Federal.

Doutor em Direito pela Universidade de Münster, Alemanha.

Professor de Direito Constitucional nos cursos de graduação e pós-graduação do Instituto Brasileiro de Ensino, Desenvolvimento e Pesquisa (IDP).

SUMÁRIO

PARTE ESPECIAL

PARTE GERAL

1.
CONSIDERAÇÕES SOBRE REFORMAS TRIBUTÁRIAS

GILMAR FERREIRA MENDES
MIQUERLAM CHAVES CAVALCANTE

Introdução

O ano de 2020 assistiu à intensa movimentação em torno da temática tributária. A ebulição midiática e institucional decorreu do envio à Câmara dos Deputados do Projeto de Lei 3.887, de 2020, de autoria do Poder Executivo federal. A proposição pretende criar a Contribuição sobre Bens e Serviços (CBS), em substituição ao Programa de Integração Social (PIS) e à Contribuição para Financiamento da Seguridade Social (Cofins).

O projeto se soma a outros projetos que já tramitavam no parlamento na temática de reformulação do Sistema Tributário Nacional. De caráter mais abrangente, a Proposta de Emenda Constitucional nº 110, de 2019, de autoria do Senador Davi Alcolumbre e de outros Senadores e Senadoras, teve por inspiração texto de reforma tributária que fora aprovado anteriormente por Comissão Especial da Câmara dos Deputados, tendo como idealizador e relator o então Deputado Luiz Carlos Hauly[1].

Mencione-se, em acréscimo, a igualmente ampla Proposta de Emenda Constitucional nº 45, de 2019, inspirada em proposta de reforma tributária desenvolvida pelo Centro de Cidadania Fiscal (CCiF).

[1] Substitutivo aprovado na Comissão Especial da PEC no 293/2004 da Câmara dos Deputados em dezembro de 2018.

A pluralidade de proposições esclarece o título do artigo, a dialogar, portanto, com *as reformas tributárias*. Assim, sem quaisquer pretensões de exaurimento da análise das propostas em tramitação, convém enunciar as linhas gerais de cada uma delas, tão somente para delimitar o escopo do presente estudo. Apontemos os contornos das propostas, com o propósito de oferecermos alguma contribuição em tema tão sensível.

1. As propostas em curso. Limitações, possibilidades e cautelas. Apresentada em 03 de abril de 2019, de autoria do Deputado Baleia Rossi, a Proposta de Emenda Constitucional 45 (PEC 45/2019) se propõe à criação de tributo cuja competência legislativa se insere na esfera federal (lei complementar federal). Dessa forma, mesmo não inserindo a novel exação na previsão constitucional do ente federal, veiculada no Art. 153 da Constituição Federal de 1988, a sua disciplina normativa orbita na esfera legislativa federal.

O tributo, designado *imposto sobre bens e serviços*, almeja a substituição de cinco tributos: o IPI, o PIS, a Cofins, o ICMS e o ISS. O imposto terá como base de incidência bens e serviços, inclusive os intangíveis, a cessão e o licenciamento de direitos, a locação e as importações de bens, tangíveis e intangíveis, serviços e direitos. A União participa do rateio da nova exação, compensando-se, com isso, da perda de arrecadação com a extinção das contribuições ao Pis e à Cofins, que deixarão de existir no novo modelo proposto.

Há ainda a inclusão de permissivo constitucional para possibilitar à União a instituição de *impostos seletivos*, com caráter extrafiscal, visando a desestimular o consumo de determinados bens, serviços ou direitos.

A Proposta de Emenda Constitucional 110, (PEC 110/2019), apresentada em 09 de julho de 2019, disciplina o tributo sobre bens e serviços, porém o insere na competência estadual. Adicionalmente, prevê imposto sobre bens e serviços específicos, denominado *imposto seletivo*, de competência federal. Na disciplina da PEC 110/2019, haveria a substituição de nove tributos: IPI, IOF, PIS/Pasep, Cofins, Salário-Educação, CIDE--Combustíveis, ICMS e o Imposto sobre Serviços – ISS. Todas essas exações dariam lugar aos novos tributos mencionados (imposto sobre bens e serviços e imposto seletivo).

Pontue-se, desde já, uma aproximação entre as novas exações previstas tanto na PEC 45/2019 quanto na PEC 110/2019. Isso porque ambas se propõem a alcançar a mesma base de incidência, compreendida pela totalidade dos bens e serviços, incluindo a exploração de bens e direitos, tangíveis e intangíveis. Nessa ampla base se inclui a locação de bens. O registro é importante, haja vista a deficiência normativo-constitucional quanto à incidência tributária na locação de bens, o que levou o Supremo Tribunal a afastar a tributação tanto do ICMS quanto do ISS em algumas situações envolvendo locação de bens (vide *ratio decidendi* RE 116121, Órgão julgador: Tribunal Pleno, Relator (a): Min. Octavio Gallotti, Redator(a) do acórdão: Min. Marco Aurélio, Julgamento: 11/10/2000, Publicação: 25/05/2001).

A unificação das bases, mormente do ISS e do ICMS, e a submissão de sua cobrança a uma arrecadação centralizada, com posterior rateio das receitas entre os entes subnacionais, encerra a possibilidade de superação de grande parte das discussões que frequentaram a pauta do Supremo Tribunal, seja mais recente ou mais remotamente. Mencionem-se, a propósito, discussões sobre a incidência de ISS ou de ICMS sobre *softwares*[2], sobre manipulação de medicamentos[3], sobre operação de planos de saúde[4], sobre fornecimento de alimentos e bebidas em bares e restaurantes[5], etc.

Se, por um lado, discussões sobre a competência tributária podem ser superadas com as proposições em tramitação, percebe-se que a jurisdição constitucional deverá continuar sendo muito demandada na temática tributária.

Com efeito, o tratamento minucioso da temática tributária no texto constitucional é, na compreensão de José Roberto Afonso[6], elemento determinante de longa judicialização de questões menores na seara tributária. Sob esse prisma, parece-nos que os questionamentos judiciais

[2] Vide ADIs 1.945 e 5.659.

[3] Vide RE 605.552.

[4] Vide RE 651.703.

[5] Vide RE 144.795.

[6] Afonso, José Roberto. **Reforma tributária: começando pelo fim.** Revista Conjuntura Econômica, v. 73, n. 12, p. 19–23, 2019.

migrarão de discussões verticalizadas (fisco x contribuintes) na temática tributária, para embates horizontalizados (ente federado x ente federado), com preponderância no aspecto federativo do rateio de despesas e na participação de instâncias decisórias.

Possível solução para a problemática da exacerbada judicialização em nível constitucional seria a desconstitucionalização da disciplina das novas exações, com previsão sintética no texto constitucional e remissão à disciplina por legislação complementar, a tramitar simultaneamente à(s) reforma(s) em curso, de forma a se garantirem consensos e compromissos.

Ainda relativamente à base de incidência do novel imposto, mencione-se interessante relação feita por Onofre Alves Batista Júnior[7] entre tributação sobre o consumo e aspecto psicológico-comportamental dos Contribuintes. Ressalta o tributarista da Universidade Federal de Minas Gerais que, por incidir sobre bens que suprem desejos ou necessidades, acabam tais tributos, no mais das vezes, por passarem despercebidos ou não sofrerem rejeição de qualquer sorte da parte dos Contribuintes. Batista Júnior justifica, com isso, semelhante atração de todos os entes tributantes sobre tal base econômica.

Finalmente, no tema das proposições legislativas em tramitação, destaco a apresentação do já mencionado Projeto de Lei 3.887, de 2020, decorrente de mensagem do Poder Executivo datada de 21 de julho de 2020. A proposição, de âmbito mais limitado, laborando apenas na competência tributária da União, visa à criação da Contribuição Social sobre Operações com Bens e Serviços – CBS, em reformulação e substituição da hodierna tributação pelo PIS e pela Cofins.

2. Como chegamos aqui: o eterno retorno ao "manicômio jurídico-tributário" de Alfredo Augusto Becker.

Nos idos de 1963, a partir da observação da disciplina jurídico-tributária em outros países e no próprio Brasil, Alfredo Augusto Becker diagnosticava a patologia jurídico-tributária. Cunhou expressão notória, qualifi-

[7] Batista Jr. Onofre. *in* IDP. **Jornada de Debates Sobre as Reformas Tributárias.** Brasília, 2020. Disponível em: <https://www.youtube.com/watch?v=EauQ9wC7u-M&app=desktop>. Acesso em: 30 mar. 2021.

cando como *manicômio jurídico-tributário* o cenário que se lhe apresentava. Valendo-se dos ensinamentos de Gilberto de Ulhoa Canto, Becker enunciava como *efeitos da demência* o fato de conflitos de competência impositiva serem resolvidos em juízo, não convencendo a vencedores nem a vencido nestes pleitos judiciais.

Ademais, pontuava as incoerências e os erros incompreensíveis, a constituir a moldura do tratamento de questões fundamentais em matéria tributária. Em arremate, citando literais palavras de Ulhoa Canto, Augusto Becker acrescentava, "*e isso tudo acontece diariamente, para estarrecimento dos especialistas, que nunca podem antecipar em que medidas coincidirão a certeza científica do que afirmam, e a certeza pragmática do que os tribunais decidem*" [8].

Parece-me que a atualidade de nosso sistema tributário não destoa do cenário traçado na década de 60 do século passado por Becker, com o respaldo nos ensinamentos de Ulhoa Canto. É preciso investigar como pavimentamos tal caminho, conducente à realidade de alta litigiosidade e baixa segurança jurídica em matéria tributária. A reflexão é necessária, até mesmo para que, referenciando a metáfora patológica do notável tributarista gaúcho, não adotemos uma *lobotomia* e desprezemos *métodos menos invasivos* em busca de cura para nosso sistema tributário.

Parece-nos lícito afirmar que o cenário atual – a exigir, segundo alguns, uma profunda reforma – estaria ligado à possível desatenção a comando constitucional expresso. Com efeito, a Emenda Constitucional nº 42, de 19.12.2003, dedicou-se a incluir expressamente o inciso XV às competências do Senado Federal:

> Art. 52. Compete privativamente ao Senado Federal:
> [...]
> XV – avaliar periodicamente a funcionalidade do Sistema Tributário Nacional, em sua estrutura e seus componentes, e o desempenho das administrações tributárias da União, dos Estados e do Distrito Federal e dos Municípios. (Incluído pela Emenda Constitucional nº 42, de 19.12.2003)

[8] *apud* BECKER, Alfredo Augusto. Teoria Geral do Direito Tributário. 4ª edição. São Paulo: Noeses, 2007. p. 8.

A topografia da inclusão não é obra do acaso. A Câmara Alta de nosso parlamento encerra em si a representatividade dos Estados-membros, vocacionada, portanto, à composição dos interesses federativos da República.

Como citamos acima, grandes e demoradas discussões tributárias em nossas Cortes decorrem de zonas cinzentas em matéria de competência tributária e de disfuncionalidades no sistema tributário.

Registrem-se, por outro lado, severas e abalizadas críticas quanto ao momento em que se desenvolve as discussões sobre as amplas reformas em tramitação no Congresso Nacional. Critica-se que os debates avançam no curso de uma pandemia que desestruturou arrecadação, atividade econômica e contas públicas, para não deixar de mencionar o prejuízo a debates presenciais em comissões, bem como eventual desperdício de esforços institucionais, que poderiam ser concentrados no enfrentamento do mal que assola o mundo e, com maior gravidade, o Brasil.

É bem possível que tenhamos atingido o grau atual de clamor público, ou midiático, em favor de uma ampla reforma tributária, em razão de uma deficiente condução na manutenção no sistema, a exigir constantes ajuste e melhorias. Fernando Scaff[9], citando e referendando opinião de Heleno Torres, afirma que precisaríamos antes de uma reforma com "r" minúsculo do que uma reforma com "R" maiúsculo, significando que se poderia alcançar avanços significativos na simplificação do sistema com, *e.g.*, a extinção de obrigações acessórias, unificação de tributos.[10]

Atingir-se-ia tais objetivo, segundo o titular de Direito Financeiro da USP, com mudanças infraconstitucionais pontuais, sem a premência de alterações constitucionais. Em sentido semelhante caminham os ensinamentos do economista José Roberto Afonso, ao taxar como um *pecado*

[9] Scaff. Fernando. *in* IDP. Jornada de Debates sobre as Reformas Tributárias. Brasília: 2020. Disponível em: <https://www.youtube.com/watch?v=Zx2oDnx-CGY&t=4407s>. Acesso em: 26 set. 2020.

[10] Por lealdade acadêmica, registre-se que o autor parece ter evoluído seu pensamento a fim de defender uma reforma com "R" maiúsculo, contemplando *dívida, receita* e *despesa pública* (vide: Scaff, Fernando Facury. **Reforma financeira federativa já! Não basta a reforma tributária**. Consultor Jurídico. Disponível em: <https://www.conjur.com.br/2021-jun-08/contas-vista-reforma-financeira-federativa-nao-basta-reforma-tributaria>. Acesso em: 22 jun. 2021

capital o menosprezo e abandono de alterações na legislação complementar, na legislação ordinária e nos regulamentos dos impostos[11].

Para além do já mencionado comando constitucional do Art. 52, XV, pugnando por uma avaliação periódica da funcionalidade do Sistema Tributário Nacional, mencione-se ainda o Art. 58 do texto Constitucional que disciplina a existência das Comissões junto às Casas legislativas do Congresso Nacional. Disciplinando o comando constitucional, o Art. 32, X do Regimento Interno da Câmara dos Deputados inclui, dentre as comissões a funcionarem permanentemente, a Comissão de Finanças e Tributação, dedicada a atuar em temas pertinentes ao sistema tributário nacional e repartição das receitas tributárias, a normas gerais de direito tributário, à legislação referente a cada tributo, bem como à tributação, arrecadação, fiscalização, parafiscalidade, empréstimos compulsórios, contribuições sociais, administração fiscal.

Percebe-se, a partir dessas disposições normativas, um arranjo institucional vocacionado à uma permanente manutenção do sistema. Parece-nos lícito concluir que o manejo desse instrumental institucional tem sido tímido, aquém, portanto, de suas possibilidades constitucionais.

Há, entretanto, no âmbito do Poder Executivo, exemplos extremamente positivos e que merecem destaque, justamente para que se tornem uma constante e inspirem outras instituições. Com boa prática, vale mencionar expediente relacionado à conclusão do julgamento, pelo Supremo Tribunal Federal, do RE 607.642, *leading case* do tema 337 de repercussão geral.

Discutiu-se, na oportunidade, a constitucionalidade da Medida Provisória nº 66/2002, convertida na Lei nº 10.637, de 2002, que inaugurou a sistemática da *não-cumulatividade* da contribuição para o PIS, incidente sobre o faturamento das pessoas jurídicas prestadoras de serviços. A legislação, majorou a alíquota da referida contribuição, entretanto, permitiu o aproveitamento de créditos, a serem compensáveis para a apuração do valor efetivamente devido.

O Supremo Tribunal Federal concluiu o julgamento em 29 de junho de 2020, tendo fixado a seguinte tese de repercussão geral:

[11] AFONSO. *Idem.*

> Não obstante as Leis nº 10.637/02 e 10.833/03 estejam em processo de inconstitucionalização, é ainda constitucional o modelo legal de coexistência dos regimes cumulativo e não cumulativo, na apuração do PIS/Cofins das empresas prestadoras de serviços.

O Relator do Recurso Extraordinário, Ministro Dias Toffoli, entendeu ser

> [...] necessário advertir o legislador ordinário de que as Leis nºs 10.637/02 e 10.833/04, inicialmente constitucionais, estão em processo de inconstitucionalização, decorrente, em linhas gerais, da ausência de coerência e de critérios racionais e razoáveis das alterações legislativas que se sucederam no tocante à escolha das atividades e das receitas atinentes ao setor de prestação de serviços que se submeteriam ao regime cumulativo da Lei nº 9.718/98 (em contraposição àquelas que se manteriam na não cumulatividade).

Embora sem mencionar especificamente a *ratio decidendi* deste julgado, o fato é que não tardou para que o governo federal apresentasse o mencionado PL 3.887, de 2020, reformulando a sistemática do PIS e da Cofins e instituindo a Contribuição sobre Bens e Serviços – CBS.

A iniciativa do Poder Executivo, somada aos naturais aperfeiçoamentos que decerto advirão do processo legislativo no Congresso Nacional, guarda potencial de superação das perplexidades apontadas pelo Supremo Tribunal Federal e que têm maculado a não cumulatividade das contribuições ao PIS e à Cofins ao longo dos anos.

A apresentação do PL 3.887/2020 se propõe a superar definitivamente os vícios de inconstitucionalidade em curso, como decidido pelo STF nos autos do RE 607.642. Merecem ser registradas, entretanto, medidas paliativas adotadas, igualmente no âmbito do Poder Executivo, em busca da superação de algumas incoerências sistêmicas. Refiro-me à Solução de Consulta DISIT/SRRF07 nº 7081, de 2020, que versou sobre o aproveitamento de créditos decorrentes de gastos com vale-transporte de funcionários, vale-refeição, vale-alimentação, fardamento e uniformes na sistemática não cumulativa da Cofins, bem como à Solução de Consulta COSIT nº 1, de 2021, que versou sobre o aproveitamento de créditos decorrentes de gastos relativos a tratamento de efluentes, resíduos industriais e águas residuais, considerados indispensáveis à viabilização da atividade empresarial, por integrarem o processo de produção.

Digno de nota, em acréscimo, o Parecer SEI Nº 18361/2020/ME, elaborado pela Procuradoria-Geral da Fazenda Nacional-PGFN a partir dos fundamentos determinantes da decisão do STF no Recurso Extraordinário nº 576.967/PR, representativo do tema nº 72 de Repercussão Geral. O Supremo Tribunal decidiu pela inconstitucionalidade da incidência de contribuição previdenciária patronal sobre o salário-maternidade. A PGFN propõe, nesse sentido, em nome de uma racionalidade e desjudicialização, que a dispensa de contestar e recorrer em processos com esse teor seja estendida às *contribuições de terceiros a cargo do empregador e incidentes sobre a folha de salários, para reconhecer a inconstitucionalidade da sua incidência sobre o salário-maternidade.*

Todas essas medidas encerram em si o mérito de oferecerem uma desejável *manutenção* do Sistema Tributário. O expediente é salutar. O diálogo interinstitucional, entre os diversos Poderes, previne e minimiza a necessidade de reformas profundas no longo prazo, com consideráveis custos políticos e, não raro, sociais.

3. Tributação, federalismo e princípios fundamentais.

As propostas de emendas constitucionais e o projeto de lei em tramitação veiculam prescrições que exigem bastante atenção do ponto de vista federativo.

Inicialmente, quanto ao projeto de criação da CBS, não raro deparamos com vozes doutrinárias a alertar que a novel contribuição social estaria a invadir a base de incidência que a Constituição reserva a Estados e Municípios. Em uma primeira leitura, pensamos que a perplexidade é meramente terminológica, haja vista que a exação agrega a seu *nomen juris* bases tradicionalmente relacionadas ao ICMS e ao ISS, de competência Estadual e Municipal, respectivamente.

Com efeito, a leitura do texto da proposição revela não haver alteração quanto à base de incidência (receita bruta), que recebe os temperamentos da jurisprudência do Supremo Tribunal Federal na conceituação.

A Exposição de Motivos que acompanha o ato ilustra seu alcance no ponto:

4. Após muitas discussões no Supremo Tribunal Federal, pacificou-se o entendimento sobre o conceito de faturamento e de sua equivalência ao conceito de receita bruta, nos termos do art. 12 do Decreto-Lei n. 1.598, de 1977. De acordo com esse artigo, a receita bruta é o produto da venda de bens e serviços, ou, no caso, de não se caracterizar como coisa ou outra, o produto das demais atividades empresariais da pessoa jurídica.

No âmbito da PEC 45/2019, atentemos para a inclusão, na esfera federal, da competência jurisdicional para que os juízes federais processem e julguem causas em que "*o comitê gestor nacional do imposto sobre bens e serviços*" seja interessado.

Mencionado comitê, com previsão no Art. 152-A, § 6º da. PEC 45/2019, seria composto por representantes da União, dos Estados e do Distrito Federal e dos Municípios, com atribuições para: I – editar o regulamento do imposto; II – gerir a arrecadação centralizada do imposto; III – estabelecer os critérios para a atuação coordenada da União, dos Estados, do Distrito Federal e dos Municípios na fiscalização do imposto; IV – operacionalizar a distribuição da receita do imposto; V – representar, judicial e extrajudicialmente, a União, os Estados, o Distrito Federal e os Municípios nas matérias relativas ao imposto sobre bens e serviços.

Primeiro ponto a ser destacado diz respeito à menção à "arrecadação centralizada" do imposto, assim como à "distribuição da receita". Os termos, acrescido à circunstância da competência legislativa do tributo situar-se no âmbito federal, ou seja, sujeito ao processo legislativo do Congresso Nacional e não às respectivas assembleias legislativas dos Estados, sugerem certa preponderância da União quanto ao tributo.

Chama-nos ainda atenção a previsão de que a representação judicial e extrajudicial do comitê gestor será exercida de forma coordenada pelos procuradores da Fazenda Nacional, dos Estados e dos Municípios (Art. 152-A § 7º da PEC 45/2019). O temor é que pressões de ordem orçamentária locais e regionais, mais sensíveis às limitações econômicas do período, terminem por conduzir a uma completa substituição da administração tributária municipal e estadual pela federal, assim como da representação a cargo das procuradorias estaduais e municipais.

Lembremo-nos, nos termos do Art. 37, XXII da Constituição Federal de 1988 que as administrações tributárias da União, dos Estados, do Distrito Federal e dos Municípios, constituem-se em atividades essenciais ao funcionamento do Estado e devem atuar de forma integrada. A legislação infraconstitucional deve atentar para tal comando e assegurar efetiva atuação integrada, mas nunca substitutiva.

Outro ponto a exigir melhor detalhamento, parece-nos, diz respeito à disciplina – remetida à lei complementar – do processo administrativo do imposto sobre bens e serviços. A proposição veicula a exigência de que tal processo administrativo seja uniforme em todo o território nacional. Há que compatibilizar os procedimentos e competências dos diversos tribunais estaduais de tributos com a competência do Conselho Administrativo de Recursos Fiscais, CARF, eventualmente disciplinando-se, no âmbito infraconstitucional, câmaras e turmas temáticas, com participação de conselheiros oriundos das administrações tributárias municipais e estaduais. A medida dialoga com as exigências federativas aplicáveis ao processo administrativo tributário, a preservar igualitariamente os interesses e a efetiva participação de todos os entes.

A PEC 110/2019 situa o imposto sobre operações com bens e serviços na competência estadual e distrital, mediante a inclusão de novo inciso ao Art. 155 da Constituição Federal. A iniciativa legislativa, por sua vez, caberá aos governadores de Estado e do Distrito Federal e prefeitos; às assembleias legislativas, câmara legislativa e câmaras de vereadores; às bancadas estaduais de deputados federais ou senadores; e à comissão mista de deputados federais e senadores, instituída para esse fim.

Percebe-se, na proposição, uma busca por pluralidade e integração de todos os entes federados.

A temática da concentração ou não das competências constitucionais e, de igual maneira, da autonomia financeira em uma federação é tema que supera o mero interesse acadêmico e suscita implicações históricas que recomendam cautela.

André Mendes Moreira e Ingrid Oliveira de Almeida, em estudo comparativo sobre federalismo e repartição de competências na Alemanha e no Brasil advertem:

> Com o fim da I Grande Guerra, o Estado Alemão se encontrava altamente endividado. Adotou-se o sistema republicano-parlamentarista de tendência unitária, pela crença, agora mais latente, de que um governo central forte

> seria mais eficiente para restabelecer a economia. Surgiu a República de Weimar, em 1919, na qual as unidades federadas ("Estados") ganharam o *status* de *Länder*, ligadas ao estado nacional.
>
> Marcou esse período a concretização do deslocamento do poder da Câmara Alta (Conselho Federal), representante dos Estados-membros (que anteriormente era o *Bundesrat* e passou a ser chamado de *Reichsrat*), para a Câmara Baixa, o *Reichstag* ou Parlamento, o que determinou a centralização do poder e a diminuição da autonomia política dos Estados. Concomitantemente à autonomia política, também a autonomia financeira restou pulverizada entre os *Länder* e fortemente circunspecta ao poder central.
>
> A Constituição de Weimar, para além do seu importante legado no que tange à institucionalização dos direitos sociais, contribuiu para a centralização da competência tributária, o que mais tarde se revelou contrário à defesa da dignidade humana, como se verá na sequência. Seu "*Artikel 68*" determina que "*Die Gesetzesvorlagen werden von der Reichsregierung oder aus der Mitte des Reichstags eingebracht*", ou seja, que a instituição de tributos ficaria à cargo do governante do estado ou dos membros do Parlamento.
>
> Nesse diapasão, correta a assertiva de BARACHO de que o "enfraquecimento do federalismo manifesta-se pela perda das competências exercidas pelos Estados federados". Até a década de 1920, a maioria dos tributos importantes já estavam a cargo do governo federal, o que motivou a partilha dos recursos com os Estados. Contudo, a República de Weimar já nasceu frágil, pois as dificuldades econômicas do pós-guerra, aliadas à emissão de papel moeda e às imposições do Tratado de Versalhes levaram a Alemanha a altíssimas taxas inflacionárias.[12]

O alerta é importante. Não se trata, de forma alguma, de importar realidade cultural e jurídica diversa da brasileira. Com efeito, atente-se para o que diz o Artigo 3º da Constituição Federal de 1988 e ali se poderá divisar diversos dispositivos, dentre os objetivos fundamentais da República

[12] Moreira, A. M.; Almeida, I. O. **Federalismo e repartição de competências e de receitas tributárias na Alemanha e no Brasil: um estudo comparado.** In: DERZI, Misabel Abreu Machado; Batista Júnior, Onofre Alves;Moreira, André Mendes. (Org.). Estado federal e guerra fiscal no direito comparado. 2ed.Belo Horizonte: Arraes Editores,2019, v. 2, p. 497-529.

Federativa do Brasil, que se relacionam com a questão federativa e que encontram no tratamento tributário e no rateio de seus recursos o instrumento de implementação.

Assim, é de se questionar: como construir uma sociedade *solidária*, como garantir o *desenvolvimento nacional* ou a *redução de desigualdades regionais* sem um sistema tributário capaz de manifestar porosidade a condições, exigências e necessidades tão díspares entre os diversos entes federados? Em outras palavras, o federalismo brasileiro exige o diálogo plural entre os seus integrantes.

Os desafios contemporâneos no enfrentamento da pandemia bem servem de exemplo, a demonstrar a importância de competências constitucionalmente asseguradas e de recursos próprios.

O binômio *competência-recursos* possibilita, portanto, aos entes federados conduzirem políticas públicas com autonomia, observando particularidades locais e regionais. Não por acaso o constituinte originário, com sapiência, elenca a forma federativa de Estado como cláusula pétrea, a resguardar, portanto, todo esse arcabouço de competências, autonomia e pluralismo entre os integrantes da Federação.

Conclusões

A propalada urgência e o clamor da opinião pública por uma profunda reforma tributária nos devem suscitar a reflexão crítica sobre os caminhos conducentes a semelhante estado de coisas. A ausência de uma constante manutenção do sistema tributário, com desejável diálogo institucional e permanente revisitação da legislação para melhorias e aperfeiçoamentos continuados, podem ter contribuído para encontrarmo-nos, uma vez mais, em um *manicômio jurídico-tributário*, na expressão de Alfredo Augusto Becker.

Se, por um lado, a busca por simplificações e por segurança jurídica devem ser sempre almejados, pode-se conjecturar que alterações no plano infraconstitucional possam contribuir significativamente para tais objetivos. As reformas em tramitação, veiculadas nas PECs 45/2019 e 110/2019, bem como no PL 3.887/2020, poderão ser potencializadas se conjugadas a outras iniciativas para atualização, sistematização e consolidação da legislação tributária, mormente no que se refere às obrigações acessórias e à atualização do Código Tributário Nacional.

As proposições em tramitação têm vocação para superar algumas zonas cinzentas que representaram anos de judicialização entre Fazendas Públicas e Contribuintes perante o Supremo Tribunal Federal. Nada obstante, a previsão eminentemente constitucional das novas exações sobre bens e serviços permanece com aptidão para fazer com que temas tributários continuem a galgar a mais alta corte do país. Em outras palavras, sem uma desconstitucionalização da disciplina tributária os temas continuarão a frequentar a pauta do STF.

É bem verdade que a unificação de bases, veiculadas nas mencionadas PECs, reduzirão consideravelmente os pontos de conflito em matéria de competência tributária. Por outro lado, aspectos federativos envolvendo o rateio de receitas tributárias e a efetiva participação dos entes federados nas instâncias decisórias pertinentes às novas exações podem se sobressair no futuro.

A propósito dos aspectos federativos, é imperiosa a atenção do Congresso Nacional, no curso do processo legislativo, no sentido de obstaculizar o hiperdimencionamento de qualquer dos entes federados em detrimento dos demais. O federalismo brasileiro, cujo instrumental de viabilização passa inexoravelmente pela competência e pelo rateio de receitas tributárias, constitui-se em cláusula pétrea de nossa Constituição.

Portanto, as reformas em curso caminharão bem sempre que tiverem por guia os fundamentos e os objetivos fundamentais enunciados na própria Constituição Federal de 1988, de forma a não descurar da solidariedade e do pluralismo que nosso federalismo invoca.

2.
REFORMA TRIBUTÁRIA: UM PROCESSO

JORGE ANTONIO DEHER RACHID
EDUARDO GABRIEL DE GÓES VIEIRA FERREIRA FOGAÇA

Introdução

Todos os dias se veem notícias sobre reforma tributária, e não é de hoje[1]. Análises são feitas sobre a sua necessidade, que é praticamente unânime. As notícias sobre determinada Proposta de Emenda Constitucional (PEC) que se encontra no Congresso, o seu trâmite, quem a apoia ou não, são praticamente diárias. É um tema muito debatido, mas algumas questões técnicas devem ser vistas com maior atenção: que reforma exatamente é essa?; por que é denominada tributária?; o que está sendo reformado?; basta a sua aprovação (e das leis que a coloquem em prática) para considerar a "reforma tributária" finalizada?

Desde a promulgação da Constituição Federal, diversas PEC tramitaram no Congresso Nacional. As mais recentes, que estão em debates, focam substancialmente no aperfeiçoamento dos tributos incidentes sobre o consumo, unificando-os. O olhar apenas na problemática (e excessiva) constitucionalização dos tributos sobre consumo não pode

[1] O tema é tão antigo que o jornal do Estado de São Paulo publicou o artigo "Reforma tributária é debatida desde o império", pelo qual "desde o século 19 discute-se necessidade de organizar o sistema de impostos do País". Disponível em: https://acervo.estadao.com.br/noticias/acervo,reforma-tributaria-e-debatida-desde-o-imperio,70002336058,0.htm. Acesso em 21 de abril de 2021.

prejudicar outras questões do atual sistema. Ressalte-se que aqui não se defende que não seria adequado reformar a tributação sobre o consumo, mas sim que diversos problemas englobando insegurança jurídica podem ser solucionados pelo cumprimento de desígnios constitucionais e por alterações infraconstitucionais e até administrativas. E que se essas não forem feitas, de nada adianta simplesmente alterar o "desenho" de determinados tributos.

Considerando o sistema tributário nacional como um todo, este mesmo constituinte trouxe outros elementos que podem ajudar a resolver as questões atuais de tributação. A uniformização dos tributos sobre consumo torna-se necessária para solucionar problemas práticos enfrentados pelo contribuinte, como o excessivo ônus para cumprir com obrigações acessórias de vários entes, a infinidade de regras tributárias sobrepostas e a falta de uniformidade de procedimentos, todas situações que ocasionam insegurança jurídica.

Este artigo visa a analisar a necessidade mais abrangente de reforma do sistema tributário, não só em âmbito constitucional, mas também (e principalmente) por alterações legais ou administrativas. A busca de um evento único, comum às discussões envolvendo reforma tributária, gerou, e gera, dificuldade para aprová-la, não só pelos interesses divergentes para se chegar a uma solução única, mas também pela insuficiência para se chegar a um denominador comum na medida em que outras questões envolvendo o sistema tributário continuam pendentes de atualização.

1. A estrutura de tributos incidentes "sobre o consumo" na Constituição de 1988: sua reforma é sinônimo de alteração constitucional?

Ao tratar da reforma tributária, há uma tendência à crítica do constituinte de 1988. Afinal, se basta reformar a Constituição, então o problema teria ali surgido. A crítica que pode efetivamente a ele dirigir foi a excessiva constitucionalização do direito tributário, mas as PEC atualmente debatidas não atacam isso, muito pelo contrário. A despeito de uma reforma constitucional ter uma ênfase jurídica, a reforma tributária afeta o aspecto econômico, notadamente na base de financiamento estatal, com consequência na atividade econômica privada que a financia. Ela também afeta o aspecto político, pois existem diversos interesses em conflito que, afortunadamente, devem se resolver num debate democrático político. É necessário conhecer o contexto da criação do sistema tributário na Constituição de 1988 para compreender a origem da deformação do sistema. Tais deformações surgiram exclusivamente da Constituição ou decorreram de escolhas ocorridas pelos legisladores?

O Brasil na segunda metade dos anos 1980 possuía crises múltiplas. No plano político, o primeiro presidente civil após o regime militar não possuía legitimidade popular nem suporte político. No econômico, o país se debelava com uma hiperinflação que desorganizava toda a economia e mantinha sua perspectiva futura imprevisível. No social, as muitas demandas surgidas do crescimento econômico anterior e reprimidas se avolumavam.

A Constituição Federal de 1967, então vigente, era a base jurídica do antigo regime. É importante analisar algumas de suas características contra as quais o constituinte se insurgiu[2]. O constituinte buscou a democratização geral da vida nacional, inclusive financeira. Para Mendes e Branco, "a Constituição promulgada em 5 de outubro de 1988 restaurou a preeminência do respeito aos direitos individuais, proclamados juntamente com significativa série de direitos sociais"[3].

Foi dado um capítulo inteiro ao Sistema Tributário Nacional, inserido no Título referente à Tributação e ao Orçamento. A questão do financiamento estatal se encontra também na Seção I (Disposições Gerais) do Capítulo II (Da Seguridade Social) do Título VIII (Da Ordem Social). Aqui o constituinte não só reafirmou a limitação do poder estatal de tributar (que constava na Constituição Federal de 1967), como também positivou o princípio da capacidade contributiva e garantiu a descentralização das competências tributárias aos estados e municípios.

Mas a necessidade de cumprimento dos desígnios constitucionais, notadamente em relação à seguridade social, levou a um aumento de gastos fiscais e, consequentemente, à necessidade de financiamento. A tributação sobre consumo, que era dividida entre os entes federativos (e isso não foi invenção da atual Constituição), foi por ela reafirmada, mas com

[2] SARLET, Ingo Wolfgang; MARINONI, Luiz Guilherme; MITIDIERO, Daniel. Curso de Direito Constitucional. São Paulo: Revista dos Tribunais, 2012, p. 237

[3] MENDES, Gilmar; BRANCO, Paulo Gonet. Curso de Direito Constitucional. 13ªed. São Paulo: Saraiva, 2018, p. 100.

o propósito de democratização e descentralização da competência tributária, que se tornou mais evidente no caso do imposto sobre circulação de mercadorias e serviços (ICMS)[4]. Quando este imposto era regulado pelo original Código Tributário Nacional (CTN)[5], ainda sob a denominação de ICM[6], ele continha aspectos em sua regra-matriz que são ora buscadas pelas reformas da tributação sobre o consumo, com destaque ao então art. 57, pelo qual "a alíquota do imposto é uniforme para todas as mercadorias" e ao então §3º do art. 52, que previa a sua não incidência sobre apenas quatro hipóteses, com destaque para a venda no varejo de gêneros de primeira necessidade. Tal previsão não se manteve ao longo do tempo, do que se vê que incluir em alguma norma, mesmo que constitucional, não significa garantia que assim continuará ao longo do tempo.

Foi mantida pelo constituinte a estrutura então existente, com o acréscimo dos serviços de transporte interestadual e intermunicipal e de comunicação. Mas ele anteviu alguns problemas que surgiriam dessa fragmentação, e constitucionalizou diversas garantias para que tal fragmentação não significasse descontrole, tais como: a determinação da não cumulatividade; a unificação das alíquotas das operações interestaduais e de exportação pelo Senado; o estabelecimento dos principais aspectos da sua regra-matriz por lei complementar; e a forma como os benefícios tributários fossem concedidos se desse por deliberação entre os Estados.

Analisando de forma objetiva, tais desígnios constitucionais foram relativizados (na recuperação de créditos, por exemplo), quando não mesmo deturpados (como em relação aos benefícios concedidos de

[4] "A ampliação do grau de autonomia fiscal dos estados e municípios resultou de diversas alterações na tributação até então vigente: atribuiu-se competência a cada um dos estados para fixar autonomamente as alíquotas do seu principal imposto, o ICMS (imposto sobre operações relativas à circulação de mercadorias e sobre a prestação de serviços de transporte interestadual e intermunicipal e de comunicação), sucessor do ICM; eliminou-se a faculdade, atribuída pela Constituição anterior à União, de conceder isenções de impostos estaduais e municipais; e vedou-se a imposição de condições ou restrições à entrega e ao emprego de recursos distribuídos àquelas unidades". (VARSANO, R. De ônus a bônus: política governamental e reformas fiscais na transformação do Estado brasileiro. In: IPEA. *A economia brasileira em perspectiva* – 1996. IPEA, 1996, p. 13).

[5] Lei nº 5.172, de 25 de outubro de 1966.

[6] Imposto Estadual sobre Operações Relativas à Circulação de Mercadorias (ICM)

forma inconstitucional) por atuação legislativa e executiva; o que deve nos levar à questão: por que isso ocorreu?; bastaria alterar a competência tributária na Constituição?; quais foram as questões políticas e, principalmente, econômicas, que levaram a esse desrespeito?; como evitar que ocorra com uma nova tributação?

Os novos gastos com financiamento da seguridade social implicaram aumento das contribuições sociais, cuja competência constitucional está no capítulo da seguridade social (art. 195). Tornou-se comum a crítica ao exponencial aumento dessas contribuições por parte da União após a Constituição de 1988, considerando-se principalmente o fato de que a arrecadação não seria repartida com os demais entes. Criticou-se o constituinte por essa concentração da arrecadação, mas isso se deu pela sua opção para a criação de um sistema universal de bem-estar social, com a necessidade de financiamento para sua efetivação. Colocando sob perspectiva muitos anos depois, é interessante notar que numa emergência de saúde pública vivenciado pelo Covid-19, o sistema único de saúde construído após a Constituição de 1988 se tornou peça central para a sua superação.

Em relação à técnica de tributação, é um consenso que há um grave problema nas contribuições para o programa de integração social (PIS) e para o financiamento da seguridade social (Cofins). Destaca-se que ambas as contribuições surgiram antes da atual Constituição. A contribuição ao PIS foi instituída pela Lei Complementar nº 7, de 7 de setembro de 1970, ou seja, muito antes da vigência da atual Constituição. Já a Cofins teve origem com o Fundo de Investimento Social (Finsocial), e foi criada pelo Decreto-Lei nº 1.940, de 25 de maio de 1982, incidente sobre a receita bruta. A atual denominação da Cofins foi dada pela Lei Complementar nº 70, de 1991, incidente sobre o faturamento, com o complemento da Lei nº 9.718, de 1998, e da Lei nº 10.833, de 2002. O alargamento da base tributável das mencionadas contribuições ocorreu com o acréscimo de alíquotas, chegando a 0,65% e a 3% sobre a receita mensal, respectivamente, para o PIS e para a Cofins. Essas alíquotas tornaram-se extremamente prejudiciais à competitividade externa dos produtos brasileiros, principalmente industriais, pela sua cumulatividade na cadeia de produção. A solução dada pelo legislador foi criar um regime específico, supostamente não cumulativo, com alíquotas maiores e possibilidade de creditamento das contribuições incidentes sobre insumos para a produção do bem, numa tentativa de compatibilizar uma técnica de tributação de consumo num tributo incidente sobre receita, em paralelo ao já complexo ICMS.

A Constituição trouxe diversos arranjos para solucionar conflitos de competência entre entes federativos no âmbito do ICMS, mas não foi só. Foi reafirmado o papel central do Senado Federal com este intuito, como se depreende da sua competência para instituir alíquotas, não só para operações interestaduais, mas também para estabelecer alíquotas mínimas e máximas para operações internas, neste último caso para resolver conflito específico.

Ainda, a Emenda Constitucional nº 42, de 19 de dezembro de 2003, concedeu-lhe competência para avaliar periodicamente a funcionalidade do Sistema Tributário Nacional, em sua estrutura e seus componentes, e o desempenho das administrações tributárias da União, dos Estados e do Distrito Federal e dos Municípios (art. 52, inciso XV). Vale dizer, há uma centralidade no papel do Senado para avaliação e melhoramento, de forma contínua, para avaliar a funcionalidade do sistema tributário e o desempenho das administrações tributárias. Note-se que é uma competência abrangente, e não apenas para os tributos sobre o consumo.

Se uma menor fragmentação da tributação sobre o consumo seria o tecnicamente mais adequado, preferencialmente pela unificação dos tributos, diversas questões mencionadas, caras para um melhor ambiente de negócios, podem ser resolvidas por atuação infraconstitucional e administrativa. A Constituição, se trouxe essa problemática fragmentação, trouxe também alguns caminhos que, se aplicados, reduzem o custo de conformidade tributária. Afinal, a tributação sobre o consumo exercida pelos três entes não vai desaparecer da noite para o dia, mesmo que seja aprovada emenda para unificar tal tributação, uma vez que ambos os sistemas continuarão coexistindo na transição, conforme propõem algumas PEC que estão em tramitação.[7]

Assim, deve-se avaliar alternativa para a reforma tributária em relação à tributação sobre o consumo. O legislador, especialmente com a atuação

[7] A PEC nº 110/2019, que tramita no Senado Federal, possui cinco anos de transição. A PEC nº 45/2019, que tramita na Câmara dos Deputados, possui 10 anos de transição.

decisiva do Senado, pode atuar no aperfeiçoamento das leis complementares do ICMS e do ISS para estabelecer um padrão nacional, especialmente unificando os deveres instrumentais visando à redução dos custos de conformidade. Especificamente com relação ao ICMS, é necessário estabelecer limitação de número de alíquotas e fixação de alíquota máxima; permitir o aproveitamento imediato de crédito na aquisição de bens de capital; regular o regime de substituição tributária; disciplinar a devolução de créditos acumulados, dentre outras medidas.

No âmbito federal, o aperfeiçoamento das contribuições pode ser realizado por lei ordinária para eliminar, por exemplo, a grande litigiosidade existente devido à ausência de tratamento adequado para os direitos creditórios de insumos na sistemática não cumulativa, bem assim para promover avaliação dos regimes especiais, sob a perspectiva de sua eficácia. É possível tornar essas contribuições mais transparente aos contribuintes ao deixar de ser incluído nas próprias bases de cálculo o tributo incidente, comumente chamado "tributação por fora".

Evidentemente, nem todos os problemas do sistema tributário serão solucionados por alterações infraconstitucionais, no entanto, uma boa parte sim.

2. A carga tributária excessivamente incidente sobre o consumo e alterações possíveis na legislação sobre a renda

Há certo consenso que a nossa carga está demasiadamente concentrada no consumo. Utilizando os dados de 2019[8], a base de incidência sobre a renda equivale a 7,45% do PIB, sobre a propriedade equivale a 1,6% e sobre bens e serviços equivale a 14,37%. A tributação sobre o consumo equivale a 43,3% de toda a arrecadação tributária nacional. Fazendo um comparativo com os países da Organização para a Cooperação e Desenvolvimento Econômico (OCDE), foi visto que "quando se compara a tributação por base de incidência, observa-se que o Brasil tributa menos

[8] Receita Federal do Brasil. Carga Tributária no Brasil 2019. Disponível em: https://www.gov.br/receitafederal/pt-br/acesso-a-informacao/dados-abertos/receitadata/estudos-e-tributarios-e-aduaneiros/estudos-e-estatisticas/carga-tributaria-no-brasil/carga-tributaria-no-brasil capa Acesso em 27 de abril de 2021.

para a base "Renda" do que a média dos países da OCDE, enquanto que, a base "Bens e Serviços", tributa, em média, mais"[9].

Uma carga tributária excessivamente incidente sobre o consumo implica dificuldades para sua alteração, uma vez que um cálculo equivocado pode implicar prejuízo à arrecadação, criando empecilhos para a alteração de seu desenho, abstraindo-se outros fatores econômicos. No entanto, há espaço para aprimoramento da tributação sobre a renda para que ela possa ter maior fatia na arrecadação total e para que se torne mais progressiva.

Como exemplo, a tributação do imposto de renda das pessoas jurídicas (IRPJ) na sistemática de apuração pelo lucro presumido, que é opcional, pode ser aprimorada para que os percentuais de presunção fossem aproximados ao do nível médio real de lucratividade, proporcionando maior justiça tributária. Adicionalmente, há a necessidade de reavaliar a isenção da distribuição do lucro contábil aos sócios em montante superior ao da presunção legal, pois tal situação implica perda de equivalência entre a renda tributada na pessoa jurídica daquela recebida pelos sócios. A questão da distribuição de lucros também é identificada no caso das pessoas jurídicas optantes pelo Simples Nacional, instituído pela Lei Complementar nº 123, de 123, de 14 de dezembro de 2006.

Ainda, as legislações do IRPJ e da contribuição social sobre o lucro das pessoas jurídicas (CSLL) incidentes sobre a sistemática do lucro real necessitam de aperfeiçoamento para evitar as inúmeras adições e exclusões motivadas pela adoção das normas internacionais de contabilidade, o que desincentiva o seu uso, que é o mais adequado para o respeito ao princípio da capacidade contributiva. Tal aperfeiçoamento resguarda eventuais dúvidas de interpretação e, por consequência, reduz o contencioso. A tributação sobre bases universais e sobre preço de transferência também pode ser aperfeiçoada, com as alterações necessárias para aplicação do projeto BEPS (*Base Erosion and Profit Shiftng*)[10] no Brasil e, conse-

[9] Op. Cit, p.6

[10] Plano de ação composto de quinze diretrizes a serem implementadas pelos países, tendentes a harmonizar e trazer transparência às práticas tributárias e evitar o deslocamento artificial de bases tributáveis. Iniciativa capitaneada pela Organização para Cooperação e Desenvolvimento Econômico (OCDE), em conjunto com o G20.

quentemente, evitar erosão da base tributável sobre renda. Para permitir maior inserção do Brasil no cenário internacional, cabe também rever as regras aplicáveis à apuração do lucro tributável no Exterior.

Mas há uma situação ainda mais periclitante para a base tributária, em que o legislador não age de forma omissiva, mas comissivo e que enseja a perda de efetividade do sistema tributário: a aprovação constante de generosos parcelamentos especiais, com exclusão de parte do crédito tributário que fomenta a inadimplência e o constante descumprimento das obrigações fiscais por uma parcela dos contribuintes[11].

Um ponto positivo em debate ultimamente foi a análise mais aprofundada nos benefícios fiscais concedidos. As renúncias fiscais, apenas em âmbito federal, foram estimadas para 2021 em 4,02% do PIB e em 20,71% das receitas administradas pela Secretaria Especial da Receita Federal do Brasil (RFB)[12].

Em 1993, a Emenda Constitucional (EC) nº 3 alterou o § 6º do art. 150 para dar maior transparência para benefícios de natureza tributária, na medida em que exigiu que fosse concedido apenas por lei específica que regule exclusivamente tal matéria ou o tributo. Excetuou-se o ICMS, pois havia previsão para lei complementar regular a concessão de benefícios por Estados, mediante deliberação entre eles.

A recente EC nº 109, de 15 de março de 2021, em seu art. 4º, impôs ao Presidente da República o dever de encaminhar ao Congresso Nacional, em até seis meses contados da data de promulgação, plano emergencial de redução gradual de incentivos e benefícios federais de natureza tributária, acompanhado das correspondentes proposições legislativas e das estimativas dos respectivos impactos orçamentários e financeiros. O objetivo é propiciar redução do montante total dos incentivos e benefícios para o exercício em que forem encaminhadas as medidas de

[11] Receita Federal do Brasil. Estudo sobre Impactos dos Parcelamentos Especiais, 2017. Disponível em: " https://www.gov.br/receitafederal/pt-br/acesso-a-informacao/dados-abertos/arquivos-e-imagens/20171229-estudo-parcelamentos-especiais.pdf". Acesso em 29 de abril de 2021.

[12] Receita Federal do Brasil. Demonstrativo dos Gastos Tributários PLOA 2021. Disponível em: " https://www.gov.br/receitafederal/pt-br/acesso-a-informacao/dados-abertos/receitadata/renuncia-fiscal/previsoes-ploa/arquivos-ploa/ploa-2021/dgt-ploa-2021-base-conceitual-versao-1-0.pdf". Acesso em 29 de abril de 2021.

pelo menos 10% (dez por cento), em termos anualizados, em relação aos incentivos e benefícios vigentes por ocasião da promulgação da Emenda Constitucional; e endereçar, no prazo de até oito anos, o estabelecimento de benefícios no patamar de até 2% (dois por cento) do PIB. Contudo, trata-se de alcance bastante ousado pois para o atingimento das metas tal redução não será aplicada uma série de benefícios concedidos[13].

Também foi estabelecido que lei complementar tratará de critérios objetivos, metas de desempenho e procedimentos para a concessão e a alteração de incentivo ou benefício de natureza tributária, financeira ou creditícia para pessoas jurídicas do qual decorra diminuição de receita ou aumento de despesa; regras para a avaliação periódica obrigatória dos impactos econômico sociais dos mencionados incentivos ou benefícios, com divulgação irrestrita dos respectivos resultados; e redução gradual de incentivos fiscais federais de natureza tributária, sem prejuízo do plano emergencial. O cumprimento da EC será um alento para evitar erosões na base tributária que a torna mais complexa.

3. O papel da administração tributária para aprimorar o funcionamento do sistema tributário e reduzir o custo de conformidade do contribuinte

O retorno da previsão da capacidade contributiva, inexistente na Constituição de 1967, mas que possuía previsão na de 1946 (art. 202), deve ser comemorado. O texto da atual Constituição (§ 1º do art. 145) foi mais analítico, trazendo um duplo aspecto: (i) substantivo, dispondo que a graduação do caráter pessoal do imposto "segundo a capacidade econômica"; (ii) adjetivo, na medida em que é facultado a administração tri-

[13] Foram excepcionados das regras os benefícios às microempresas e às empresas de pequeno porte de que trata a Lei Complementar nº 123, de 14 de dezembro de 2006, que instituiu o Simples Nacional; a entidades sem fins lucrativos com fundamento na alínea "c" do inciso VI do caput do art. 150 e no § 7º do art. 195 da Constituição Federal; à Zona Franca de Manaus e às áreas de livre comércio e zonas francas estabelecidas na forma da lei; os incidentes sobre produtos que compõem a cesta básica; aos programas estabelecidos em lei destinados à concessão de bolsas de estudo integrais e parciais para estudantes de cursos superiores em instituições privadas de ensino superior, com ou sem fins lucrativos, dentre outros.

butária, para tal mister, "identificar o patrimônio, os rendimentos e as atividades econômicas do contribuinte".

Como direitos têm custo, a Constituição de 1988 consolidou o Estado Fiscal, o qual "limita a atividade econômica dos entes públicos, que não pode se justificar pelo escopo de captação de receitas, já que essa é a função constitucionalmente designada aos tributos"[14]. Como medida efetiva, o constituinte içou a administração tributária à categoria de instituição constitucional e fundamental para aplicação do princípio da capacidade contributiva. Não é de se surpreender que a Constituição, na sua redação original, prevê que "a administração fazendária e seus servidores fiscais terão, dentro de suas áreas de competência e jurisdição, precedência sobre os demais setores administrativos, na forma da lei" (inciso XVIII do art. 37). A Emenda Constitucional nº 42, de 2003, promoveu modificações no texto constitucional que visam o fortalecimento das administrações tributárias, como possuir recursos prioritários para seu mister (inciso XXII ao artigo 37), com a ressalva de vedação da vinculação de receita de impostos a órgão, fundo ou despesa para realização de atividades da administração tributária, conforme consta no artigo 167, inciso IV.

Apenas uma administração tributária eficaz tem condições de identificar o patrimônio, os rendimentos e as atividades econômicas, concretizando o princípio da capacidade contributiva, da generalidade e da universalidade. O aumento da receita pública em termos reais ou como proporção do PIB não requer necessariamente uma ampliação da carga estabelecida na legislação, isto é, a criação de novos tributos ou aumentos das alíquotas ou bases de cálculo de tributos existentes. Esse crescimento pode resultar do fortalecimento da administração tributária por maior eficácia na cobrança dos impostos e contribuições, notadamente na sua face fiscalizatória dirigida a contribuintes recalcitrantes e que utilizam esquemas evasivos para redução dos tributos, propiciando concorrência desleal.

A atual Constituição está alinhada com o atual movimento internacional de se combater de forma conjunta formas de evasão fiscal. O Fórum

[14] Mendes, Gilmar; Branco, Paulo Gonet. Curso de Direito Constitucional. 13ªed. São Paulo: Saraiva, 2018, p. 1540.

Global para Transparência e Troca de Informações Tributárias[15], cuja origem data do ano de 2000, sendo reestruturado em 2009, conta hoje com mais de 160 jurisdições e, embora seja administrativamente conduzido pela OCDE, é uma iniciativa consensual de seus membros. Seu objetivo é promover a ampla transparência em relação ao acesso a informações sobre bens e rendas dos contribuintes, visando à erradicação da elisão e evasão fiscal internacional. É nesse diapasão que o Projeto BEPS se desenvolveu. O seu fim é a aplicação do princípio da capacidade contributiva em nível global. Essa ferramenta deve ser observada no Brasil para se evitar a erosão da base tributável da renda, ajudando no aumento dessa base tributável para se permitir maior folga quanto à arrecadação sobre a base de consumo.

Em relação às administrações tributárias, foi previsto no inciso XXII ao artigo 37 que as administrações tributárias "atuarão de forma integrada, inclusive com o compartilhamento de cadastros e de informações fiscais, na forma da lei ou convênio". Tal previsão não foi uma novidade em nosso ordenamento jurídico na medida em que o CTN já trazia a previsão, em seu art. 199, de que as administrações tributárias "prestar-se-ão mutuamente assistência para a fiscalização dos tributos respectivos e permuta de informações, na forma estabelecida, em caráter geral ou específico, por lei ou convênio".

Foi com este diapasão que foi concebido o Sistema Público de Escrituração Digital, denominado SPED[16], incluindo a escrituração digital contábil e fiscal e a nota fiscal eletrônica Trata-se de mudança de paradigma da relação administração tributária e contribuinte, pois racionalizou e unificou diversas obrigações acessórias dos três entes federativos, com efetiva redução de custos, bem assim promoveu a integração dos fiscos, dentre outros[17]. Conforme consta dos desígnios constitucionais, tal sistema permitiu a melhoria do controle dos processos, a rapidez no acesso

[15] OECD. Disponível em: The Global Forum on Transparency and Exchange of Information for Tax Purposes https://www.oecd.org/tax/transparency/. Acesso em 29 de abril de 2021.

[16] Decreto n º 6.022, de 22 de janeiro de 2007.

[17] SPED – vide apresentação em: http://sped.rfb.gov.br/pagina/show/964. Acesso em 30 de abril de 2021.

às informações e a fiscalização mais efetiva das operações com o cruzamento de dados e auditoria eletrônica. No entanto, há necessidade de novos avanços para melhor aproveitamento das informações disponíveis no SPED e reduzir, ou mesmo eliminar, obrigações acessórias. Com a implantação de padrão único para as notas fiscais eletrônicas de prestação de serviços, em âmbito municipal, a exemplo do que ocorreu com as de mercadorias, poderá haver uma efetiva unificação da documentação fiscal entre todos os entes e possibilitará, mediante melhor controle da administração tributária para concessão créditos aos exportadores em curto prazo, decorrente da não-cumulatividade, dando cumprimento pleno aos anseios constitucionais.

Quanto ao compartilhamento de cadastros constante do mesmo inciso XXII do art. 37, não se vê motivo para que o Cadastro Nacional de Pessoas Jurídicas (CNPJ), administrado pela RFB, não seja o único cadastro a ser adotado pelas administrações tributárias dos Estados, Distrito Federal e Municípios no âmbito da Rede Nacional para a Simplificação do Registro e da Legalização de Empresas e Negócios – Redesim, criada pela Lei nº 11.598, de 3 de dezembro de 2007. É mais uma forma de simplificação e redução da excessiva burocracia para fazer negócios.

Assim, é com o fortalecimento da administração tributária que pode ocorrer um aumento da base tributável, notadamente sobre a renda, sem um aumento efetivo de tributos. Quando se diz fortalecimento, não é apenas na sua capacidade fiscalizatória e sancionatória, mas também numa atuação mais cooperativa com os contribuintes de boa-fé que buscam corretamente, mas de forma mais simples e isonômica, pagar os seus tributos.

4. A utilização da competência nacional para regular normas gerais via lei complementar

O art. 146 do CTN incluiu três hipóteses para regulação por lei complementar com alcance nacional (para os três entes federativos, portanto): (i) conflitos de competência em matéria tributária entre os entes federativos; (ii) limitações constitucionais ao poder de tributar; e (iii) normas gerais em matéria de legislação tributária.

Muitas dessas matérias foram tratadas de forma não exaustiva no CTN, mas com foco nas normas gerais do direito tributário. A despeito de tratar isoladamente de algum ou outro ponto relacionado às duas primeiras hipóteses contidas no art. 146, tais competências não foram exercidas pelo legislador complementar de forma exaustiva. Certamente diversos problemas surgidos da excessiva fragmentação da tributação entre os entes federativos poderiam ter sido minorados caso tal competência tivesse sido exercida.

Em relação às normas gerais do direito tributário, as hipóteses assim consideradas nas quatro alíneas do inciso III do art. 146 são exemplificativas, já que este é finalizado pela expressão "especialmente sobre". Vale dizer, as hipóteses contidas nas alíneas devem necessariamente ser estabelecidas via lei complementar, mas isso não quer dizer que outras matérias, desde que se refiram a normas gerais em matéria de legislação tributária, não possam também ser objeto de lei complementar federal.

O CTN foi a norma mais importante acerca das normas gerais. Ele possui inegável qualidade técnica e muito do que estabelece em relação às matérias citadas na alínea "b" do inciso III do art. 146 (obrigação, lançamento, crédito, prescrição e decadência tributários) ainda são atuais. Contudo, ele foi editado no mundo da década de 1960 e demanda certa atualização para o momento econômico atual, mais complexo. Quando se fala em atualização, não significa apenas alterar a redação de seus dispositivos de forma generalizada, mas também regular outras matérias relacionadas a normas gerais e efetivar uma mutação hermenêutica para torná-la menos formalística e mais aderente à Constituição, com destaque ao princípio da capacidade contributiva. Citam-se algumas matérias que poderiam ser assim analisadas:

a) previsão de direitos e deveres do contribuinte para uma relação mais cooperativa entre estes e as administrações tributárias, objetivando menor custo de conformidade, maior cumprimento voluntário e eficácia no pagamento de tributos;
b) uniformização dos procedimentos de fiscalização e processos administrativos tributários mediante estabelecimento de princípios comuns e mais efetivos para cumprimento do disposto no inciso LXXVIII do art. 5º da Constituição[18];

[18] LXXVIII – a todos, no âmbito judicial e administrativo, são assegurados a razoável duração do processo e os meios que garantam a celeridade de sua tramitação.

c) estabelecimento de formas mais céleres para cobrança e execução do crédito tributário inadimplido, com redução do papel exclusivo do Poder Judiciário para atividades que não sejam estritamente jurisdicionais;
d) uniformização de procedimentos para restituição e ressarcimento de créditos decorrentes da não-cumulatividade.

Conclusões

É compreensível que o tema reforma tributária tenha por foco a tributação sobre o consumo para que, em algum grau, se chegue a um modelo de imposto sobre valor agregado, preferencialmente com uma ou poucas alíquotas. Mas há diversos condicionantes de ordem política e econômica que impediram uma reforma de tal monta na tributação sobre consumo.

A busca de um evento único para a reforma ocasiona tal situação, não obstante ela tratar, em regra, apenas do desenho de competência entre tributos. Porém, a própria Constituição contém soluções para diversas questões existentes no sistema, como a cooperação entre administrações tributárias, o seu fortalecimento para dar base ao Estado fiscal, e limitações para benefícios fiscais.

Torna-se paradoxal tentar uma alteração radical sobre a tributação sobre o consumo sem alterar ou reformar o sistema tributário nacional e a base econômica de financiamento, que não se resume aos tributos em si, mas também (e principalmente) na legislação infraconstitucional, incluído o Código Tributário Nacional. Se uma pequena alteração difusa pode não ser significativa, no seu conjunto pode alterar substancialmente o sistema tributário, respeitando as particularidades brasileiras.

Tais aprimoramentos podem criar condições para alterações mais substanciais posteriormente na tributação sobre o consumo na medida em que se resolva o financiamento estatal num aprimoramento de tributação sobre a renda, por exemplo, que pode se dar não pelo aumento de alíquotas, mas pela revisão de isenções ou pela maior efetividade no cumprimento do princípio da capacidade contributiva, dentre outras.

É eminente a necessidade permanente aprimoramento da tributação, a exemplo dos avanços da digitalização da economia e da nova ordem de sustentabilidade. Evidentemente, nem todos os problemas do sistema tributário serão solucionados por alterações infraconstitucionais, no entanto, uma boa parte poderá ser eliminada, propiciando simplificação e maior segurança jurídica, elementos indispensáveis para a expansão dos investimentos produtivos no país. Na medida do possível, soluções que demandem mudanças constitucionais devem ser consideradas como último passo de uma reforma tributária". em virtude do seu exigente processo de aprovação e por tornar menos flexível o sistema tributário.

Assim, a reforma tributária como processo é preferível, podendo ser mais abrangente para enfrentar os mais diversos desafios do financiamento estatal e para que o sistema tributário se torne mais justo e eficiente.

3.
A EVOLUÇÃO DA ECONOMIA BRASILEIRA E OS OBSTÁCULOS AO CRESCIMENTO[1]

FELIPE SCUDELER SALTO

Introdução

A economia brasileira vive um quadro de semiestagnação. Após a crise financeira de 2008, o país cresceu, por alguns anos, até 2013, para então iniciar um período de baixo desenvolvimento entremeado por recessões. O biênio 2015-2016 foi o pior da série histórica do Produto Interno Bruto (PIB) divulgada pelo Instituto Brasileiro de Geografia e Estatística (IBGE). A chegada da crise da Covid-19 ao Brasil, em 2020, colocou a economia numa nova recessão, difícil de ser superada, mesmo a partir de 2022, dado o contexto de queda da produtividade.

As contas públicas, por sua vez, têm refletido o baixo desempenho da economia, mantendo-se em quadro deficitário já há oito anos, incluindo 2021. A dívida pública bruta passou de 51,5% do PIB, em 2013, para 88,8%, em 2020. A perspectiva é de que seguirá crescendo na próxima década, de acordo com as projeções da Instituição Fiscal Independente (IFI) do Senado Federal e do Fundo Monetário Internacional (FMI). O problema do desequilíbrio fiscal deverá ser resolvido para que se possa abrir espaço ao crescimento econômico sustentado.

[1] Agradeço pelo tratamento dos dados de PIB per capita realizado pelo economista Rafael Bacciotti.

Esse quadro econômico e fiscal frágil, exacerbado pela crise sanitária, convida à reflexão sobre o que fazer após a crise sanitária. As medidas que serão necessárias para reorganizar as contas públicas e restabelecer um ambiente profícuo ao desenvolvimento e à redução das desigualdades são complexas, incluindo: a reforma tributária, a reforma administrativa e a adoção de mecanismos de planejamento e gestão no âmbito do setor público. A maior inserção do país nas cadeias globais de valor e a melhoria do ambiente de negócios são pontos igualmente fundamentais.

1. A evolução da economia brasileira e o nó fiscal

O desenvolvimento econômico é um processo que resulta da combinação de uma série de fatores: mão-de-obra, capital físico, produtividade, incorporação de novas tecnologias, ambiente de negócios e políticas públicas, nas quais a política econômica está incluída. Isso sem contar os fatores históricos, a oferta de recursos naturais e, em geral, aquilo que se convencionou chamar de vantagens comparativas de um país em relação ao resto do mundo[2].

De 1930 a 1980, o Brasil passou por um processo de industrialização que gerou taxas elevadas de crescimento econômico. O PIB per capita, em média, cresceu a 3,8% ao ano acima da inflação. De 1981 a 2020, a taxa de avanço do PIB per capita passou a 0,6% ao ano. Tomado o período mais recente, de 2011 a 2020, houve queda do PIB per capita de 0,6% ao ano[3].

O Gráfico 1, a seguir, apresenta as taxas de crescimento e queda do PIB per capita, ano a ano, de 1930 a 2020, calculadas a partir de dados do IBGE e da base de dados do Instituto de Pesquisa Econômica e Aplicada (Ipeadata).

Ficam nítidos, na figura acima, quatro períodos históricos importantes: i) de 1930 a 1980, o período de políticas de desenvolvimento baseadas na chamada substituição de importações e na proteção da indústria nacional; ii) de 1981 a 1990, conhecida como a década perdida, em que

[2] Ver Blanchard, O. Macroeconomia. 2017 (7ª edição). Editora Pearson Universidades e Simonsen, M.H. & Cysne, R.P. 2007 (3ª edição). Macroeconomia. Editora Atlas.

[3] Fontes dos dados: Ipeadata e IBGE. Acesso em: www.ipeadata.gov.br e www.ibge.gov.br. Elaboração própria.

a hiperinflação e as crises externas levaram a uma queda expressiva do PIB per capita; iii) de 1990 a 2013, quando houve aceleração do PIB per capita, na tendência medida pela média móvel de 10 anos, impulsionada pela alta dos preços das *commodities* exportadas pelo país; e iv) de 2014 a 2020, período marcado por uma tendência negativa, explicada por diversos fatores.

GRÁFICO 1: **PIB per capita do Brasil – taxa de variação percentual real (linha cinza) e média móvel de 10 em 10 anos (linha preta): 1930 a 2020**

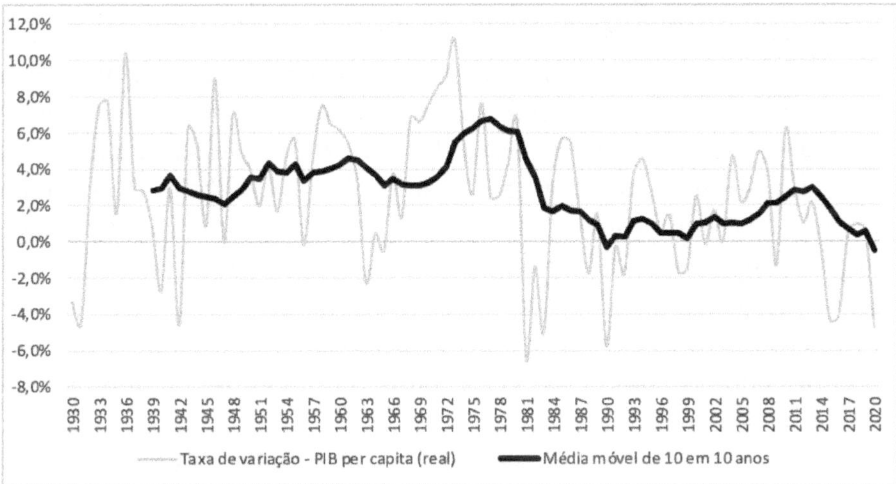

Fonte: Ipeadata e IBGE. Elaboração do autor.

Esse período mais recente reflete as políticas econômicas adotadas de 2008 a 2013, notadamente, a chamada "Nova Matriz Econômica (NME)". Evidentemente, outros vetores de natureza institucional e política também afetaram o desempenho econômico do país no período recente. Mas, neste capítulo e nesta seção, discutem-se os aspectos das políticas econômicas escolhidas, para, em seguida, abordar o debate fiscal e as saídas possíveis. Não existe solução única ou reforma "milagrosa" capaz de restabelecer as condições de crescimento econômico, senão um conjunto de medidas organizados sob um efetivo planejamento na esfera estatal.

Em artigo para o jornal *Valor Econômico*, em dezembro de 2012[4], o então Ministro da Fazenda Guido Mantega descreveu a Nova Matriz Econômica (NME). De certo modo, esse novo arcabouço de política econômica substituiu, parcial e temporariamente, o chamado "Tripé Macroeconômico". Este era pautado na flutuação livre da taxa de câmbio, nas metas para a inflação (com autonomia operacional para o Banco Central) e na responsabilidade fiscal (metas para o resultado primário[5], isto é, receitas menos despesas, exceto gastos com juros da dívida). A NME, por sua vez, baseava-se na redução de tributos (particularmente, a desoneração da folha), na desvalorização da taxa de câmbio (preço do dólar medido em reais) e na redução dos juros básicos.

Ainda que, de fato, se pudesse atribuir o mau desempenho da economia a uma espécie de "equilíbrio ruim" – juros altos e moeda apreciada –, o descuido com a responsabilidade fiscal foi um grande erro cometido. Na verdade, taxas de juros mais baixas estão relacionadas a questões estruturais e não ao voluntarismo político. Se o equilíbrio fiscal gerado pela adoção e cumprimento de metas de resultado primário, de 1999 a 2008[6], tivesse persistido, é possível que o país experimentasse outro tipo de desempenho econômico entre 2014 e 2019. É claro que a crise global de 2008 e 2009 requereu medidas de estímulo, dentro da lógica de políticas contracíclicas. O erro, no entanto, foi mantê-las e ampliá-las nos anos seguintes.

A redução dos juros e a possibilidade de desvalorização do câmbio resultam de uma política fiscal austera. A responsabilidade fiscal reduz a percepção de risco e incerteza dos agentes econômicos, amaina o prêmio

[4] Ver Mantega, G. 2012. Valor Econômico, 19 de dezembro de 2012. *"O primeiro ano da nova matriz econômica"*. Consultado pelo portal eletrônico do jornal. Acesso em: https://valor.globo.com/brasil/noticia/2012/12/19/o-primeiro-ano-da-nova-matriz-economica.ghtml.

[5] Ver Bogdanski, J., Tombini, A. & Werlang, S. 2000. *"Implementing Inflation Targeting in Brazil"*. Working Paper Series nº. 1, de julho de 2000. Banco Central do Brasil (BCB). Acesso em: https://www.bcb.gov.br/pec/wps/ingl/wps01.pdf.

[6] Em 2008, iniciou-se a prática da chamada "contabilidade criativa", que passou a distorcer os resultados das metas fiscais fixadas na Lei de Diretrizes Orçamentárias (LDO) anualmente. Formalmente, essa regra fiscal continuou em vigência durante o período e permanece no arcabouço fiscal até hoje.

exigido pelo mercado nas taxas de juros da dívida pública (para diferentes prazos) e permite à autoridade monetária reduzir os juros de curto prazo (Selic). A redução dos juros internos diminui o diferencial entre os juros internos e externos, reduzindo o incentivo à entrada de capital externo volátil, isto é, guiado unicamente pela possibilidade de auferir ganhos de curtíssimo prazo.

Claro que os mecanismos acima descritos não são verdades absolutas, mas expectativas a partir da teoria econômica. A boa gestão fiscal é a base para uma política macroeconômica equilibrada e benéfica aos investimentos e às exportações – fatores condicionantes fundamentais ao crescimento. A intervenção nesses preços – juros e câmbio – produz o efeito simétrico oposto ao desejado: piora a percepção de risco, retração de decisões de investimento de boa qualidade, instabilidade na moeda e inflação. Taxa de câmbio depreciada por razões erradas não é positiva à atividade econômica, às exportações.

Aliás, vale dizer que o termo aqui empregado – "política fiscal austera" – deve ser entendido como um conjunto de decisões que resultem em dívida pública sustentável, a partir da consolidação fiscal alicerçada no lado das despesas e/ou das receitas. Austeridade, ao contrário do senso comum, não é só sanear as despesas públicas, mas também recuperar a capacidade de aumento da arrecadação do Estado. Nas duas frentes, há bastante tempo, o Brasil vai mal.

A esse respeito, Alesina, Giavazzi e Favero (2019)[7] apresentam amplo trabalho compilando a experiência internacional de programas de ajuste fiscal. Na verdade, a boa gestão das contas públicas não requer políticas permanentes e imutáveis de corte de despesas. Ela deve ser executada sob normas claras e pautar-se por decisões que levem em conta a conjuntura fiscal, econômica e social. É óbvio que, em momentos de crise, como em 2020 e 2021 – biênio marcado pela evolução da Covid-19 –, o Estado teve agir de maneira intensa. A questão não é essa. O fundamental é ter um plano coeso, composto dos instrumentos adequados a balizar as ações durante e após os períodos de crise.

[7] ALESINA, A., FAVERO, C. & GIAVAZZI, F. 2019. *"Austerity – When It Works and When It Doesn't"*. 2019. Princeton University Press.

A verdade é que, depois da estabilização monetária conquistada pelo Plano Real, em 1994, o Brasil não conseguiu mais voltar a sustentar taxas de crescimento econômico elevadas. O Gráfico 2 ilustra bem os ganhos derivados do Real, que, na verdade, foi o resultado de três fenômenos: a) a Unidade Real de Valor (URV), um mecanismo sofisticado para debelar a inércia inflacionária e resgatar a confiança na moeda nacional[8], b) o aprendizado com o fracasso dos planos anteriores e c) a criação da nova moeda só depois que a URV já havia ganhado força. Vale dizer, a força da URV derivou dos meses em que vigorou como unidade de conta com paridade em relação ao dólar garantida pelo Banco Central. Assim, quando a nova moeda surgiu, em julho de 1994, a confiança no Real já era elevada. O ganho promovido por este plano de estabilização é o grande feito realizado no Brasil no século XX.

Gráfico 2 **Evolução da inflação medida pela variação percentual do IPCA mensal**

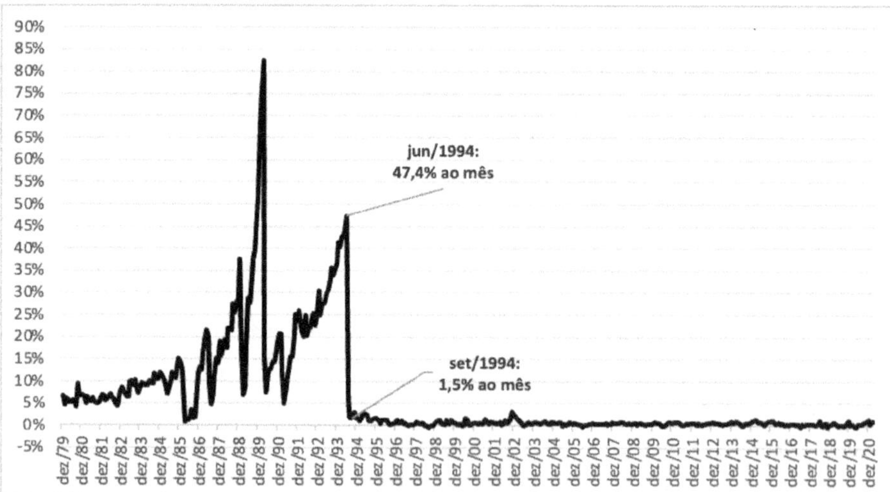

Fonte: Ipeadata. Elaboração do autor.

[8] Ver Moura, A. "O PAEG e o Real – dois planos que mudaram a economia brasileira". 2007. FGV Editora.

Em realidade, remanesce o objetivo de crescer com moeda forte, fundamental para ampliar a distribuição de renda e reduzir a pobreza. O aumento do poder de compra das populações mais pobres só se dará, de maneira contundente, se houver inflação baixa com crescimento econômico mais alto.

Isso dependerá do avanço da agenda da produtividade, do investimento em infraestrutura e do aumento das exportações. A política econômica tem papel central nessa tarefa. Evitar os erros do passado e formular medidas que conjuguem o melhor investimento em educação básica, técnica e superior, ao uso adequado do Banco Nacional de Desenvolvimento Econômico e Social (BNDES) para guarnecer projetos de infraestrutura com elevada externalidade positiva.

A respeito da evolução da produtividade do trabalho, segundo Veloso et al (2020):

> (...) a jornada de trabalho provavelmente continuará a cair como nas últimas décadas, seguindo tendência observada em outros países. A taxa de ocupação, devido ao seu caráter cíclico, também não oferecerá contribuição positiva no longo prazo. Como observamos anteriormente, a taxa de participação não tem aumentado desde 2010. Finalmente, com o fim do bônus demográfico, o crescimento da população em idade ativa será inferior ao da população como um todo.[9] (Veloso et al, 2020, página 4).

Dado esse contexto de esgotamento do bônus populacional e de mudanças aparentemente permanentes na jornada de trabalho, os autores indicam que a "agenda de reformas" será fundamental para elevar a produtividade do trabalho nos próximos anos. A esse respeito, é preciso ter claro: não se trata de qualquer reforma. As mudanças legais e constitucionais relacionadas ao aumento da produtividade podem estar relacionadas a: maior abertura comercial; redução de custos de produ-

[9] Ver Veloso, F., Matos, S. & Peruchetti. 2020. "Produtividade do trabalho: o motor do crescimento econômico de longo prazo". Texto publicado pelo Instituto Brasileiro de Economia da Fundação Getúlio Vargas – FGV/IBRE. 13 de outubro de 2020. Acesso em: https://ibre.fgv.br/sites/ibre.fgv.br/files/arquivos/u65/produtividade_do_trabalho_o_motor_do_crescimento_economico_de_longo_prazo_-_final.pdf

ção, por meio de alterações na legislação tributária; investimentos em infraestrutura; melhoria no ambiente de negócios; melhor regulação dos mercados; dentre outras.

O Brasil aprovou a Lei nº 13.467, de 2017 (reforma trabalhista), que alterou as regras para contratação de trabalhadores temporários e para a negociação de acordos entre empregadores e empregados. Em 2019, foi promulgada a Emenda Constitucional n º 103, que alterou as regras de aposentadoria no serviço público e no setor privado. A fixação da idade mínima foi, sem dúvida, a principal inovação trazida. Pode-se acrescentar à lista a aprovação do teto de gastos, em 2016, por meio da Emenda Constitucional nº 95 (EC 95).

Essas três mudanças, no entanto, não foram suficientes para alterar o quadro geral da economia. O país não avançou na reforma tributária, que poderia melhorar as condições para se fazer negócios no Brasil. A reforma fiscal mais recente, introduzida pela Emenda Constitucional nº 109 (criação de nova regra fiscal complementar ao teto de gastos), será inócua para melhorar a organização das contas públicas e o reordenamento de gastos na direção de maior nível de investimentos. Na política externa, a ampliação de acordos comerciais com vistas ao aumento das exportações está em segundo plano desde 2019.

A respeito do ambiente de negócios no Brasil, vale ver o relatório *"Doing Business"*, de 2020, publicado pelo Banco Mundial[10]. Essa análise anual e abrangente dá algumas pistas sobre as áreas em que o país precisa melhorar a legislação, isto é, promover reformas.

No quesito facilidade para abertura de empresas, o Brasil ocupa a 138ª posição, de um total de 190 países. No tópico pagamento de impostos, a 184ª posição (total de 190), com uma média de 1.501 horas dedicadas pelas empresas ao cumprimento de obrigações com o Fisco. Neste assunto, o Brasil só está melhor que a Somália, a Venezuela, o Chade, a República Centro-Africana, a Bolívia e a República do Congo.

O Brasil está na 104ª colocação no quesito obtenção de crédito (dentre 186 países). Destaca-se, nesta matéria, a edição das agendas "BC+"

[10] Banco Mundial. 2020. Relatório Doing Business de 2020. Acesso em: https://portugues.doingbusiness.org/pt/doingbusiness.

e "BC#"[11], cujos objetivos podem ser resumidos no aumento da transparência e da competitividade e na queda do custo de crédito no Brasil. Mas a questão central remanesce: a alta concentração bancária, que afeta o custo dos financiamentos na ponta. Os *spreads* bancários seguem elevados. Este é um obstáculo central a ser superado para destravar investimentos e novos negócios no Brasil.

Já na avaliação sobre o comércio internacional, isto é, na apuração das dificuldades para exportar e importar, o Brasil figura no 108º lugar (dentre 188 países). Aqui, registre-se a preocupação com o acordo Mercosul-União Europeia. Há vários pontos que, potencialmente, poderiam beneficiar o setor produtivo nacional. Mas isso dependerá de uma discussão aprofundada, por meio de uma política externa voltada, pragmaticamente, à expansão da corrente de comércio brasileira[12].

Por fim, há algo que perpassa todos esses entreves ao crescimento econômico, porque trata do financiamento do Estado e de todas as políticas públicas, além de afetar uma variável fundamental: a credibilidade do país. Refiro-me ao compromisso com a responsabilidade fiscal. O Brasil ainda tem uma situação crítica, com dívida pública superior à média dos países comparáveis, e uma alocação de recursos públicos ineficientes, que assegura privilégios no Orçamento Federal. Discutiremos esse tema nas próximas seções.

A chave para voltar a crescer é a responsabilidade fiscal.

2. O desafio da sustentabilidade fiscal

O Brasil tem uma das legislações mais modernas na área da responsabilidade fiscal. A Lei Complementar nº 101, de maio de 2000, conhecida como LRF – Lei de Responsabilidade fiscal –, consolidou avanços importantes iniciados na segunda metade dos anos 1990. A renegociação das dívidas dos estados e municípios (1997) e a fixação de metas para o resultado primário (1999) foram as duas mais importantes.

[11] Mais informações aqui: https://www.bcb.gov.br/acessoinformacao/bchashtag.

[12] Ver Bacha, E. 2021. "Fechamento ao comércio e estagnação: por que o Brasil insiste?" Texto para Discussão nº 66 do Instituto de Estudos de Política Econômica/Casa das Garças (IEPE/CdG), de 7 de abril de 2021. Acesso em: https://iepecdg.com.br/wp-content/uploads/2021/04/210407PorQueInsistimos_V10.pdf.

O problema central está na aplicação da LRF e nas interpretações que vêm sendo dadas, nos diversos estados, pelos órgãos de controle. Nunes (2019)[13] mostra que a interpretação da LRF pelos Tribunais de Contas Estaduais não foi homogênea. Muitos problemas contábeis, com reflexos sobre as contas fiscais e a economia acumularam-se para produzir um quadro em que as conquistas do fim dos anos 1990 e início dos 2000 foram, em boa medida, prejudicadas.

A prática foi também adotada pela União. O governo federal utilizou-se, por exemplo, de abatimentos de despesas realizadas na meta fiscal de resultado primário para promover uma expansão fiscal sem precificá-la na meta legal. Isso levou à geração de esforços fiscais mais baixos em relação à meta de resultado primário da LDO. A dinâmica ficou conhecida como "contabilidade criativa" e foi amplamente documentada em críticas de especialistas em contas públicas. Na época, ainda não existia a Instituição Fiscal Independente (IFI). Ela foi criada em 2016, dentre outras razões, como uma resposta do Senado Federal ao quadro de desequilíbrio das contas públicas.

Salto e Almeida (2016)[14] destacam que as contas públicas foram prejudicadas pela prática dos abatimentos contábeis na meta fiscal legal e pelos empréstimos do Tesouro Nacional ao BNDES. Neste último caso, o Tesouro emprestava ao banco de fomento, mas o custo dos subsídios implícitos nas operações de crédito não era contabilizado como despesa primária. De outro lado, as receitas de dividendos eram parte da receita primária da União. Assim, produzia-se um resultado primário artificial, dado pela não contabilização de gastos e pelo registro dos dividendos pagos.

A falência do regime de metas de resultado primário levou à adoção do teto de gastos públicos, em 2016, por meio da já mencionada EC 95. Estabeleceu-se que as despesas primárias (aquelas que não incluem os juros da dívida pública) passariam a ser limitadas por um valor máximo

[13] Nunes, S.P. 2019. "A dinâmica institucional da Lei de Responsabilidade Fiscal : uma análise na perspectiva institucionalista". Tese de doutoramento pela Universidade de Brasil. Acesso em: https://repositorio.unb.br/handle/10482/35149.

[14] Salto, F. & Almeida, M. Finanças públicas – da contabilidade criativa ao resgate da credibilidade. 2016. Editora Record.

constitucional. Esse teto, fixado para 2017 com base nos gastos observados de 2016, é corrigido pela inflação acumulada em 12 meses medida pelo IPCA até junho do ano anterior. O chamado "Novo Regime Fiscal (NRF)" ou simplesmente teto de gastos passou a ser "*binding*" apenas recentemente. Entre 2017 e 2019, o risco de rompimento do teto não foi elevado. Esse risco passou a ser mais alto a partir de 2020, como alertado pela IFI em diversas publicações[15].

A chegada da crise da Covid-19 ao Brasil e a adoção do Orçamento de Guerra, por meio da promulgação da Emenda Constitucional nº 106, de 2020, permitiu que mais de R$ 524 bilhões fossem gastos sem necessidade de observar a regra de ouro das contas públicas, o teto de gastos e a meta de resultado primário fixada na LDO de 2020. Ocorre que o teto voltou a ficar sob risco, em 2021, sobretudo após a aprovação do Orçamento (tardiamente, em abril do próprio ano) que, segundo cálculos da IFI, continha um rombo de R$ 31,9 bilhões na regra do teto[16].

A solução endereçada pelo governo federal, em 2019, foi a Proposta de Emenda à Constituição (PEC) Emergencial. A proposta visava permitir o acionamento dos gatilhos – medidas automáticas de ajuste fiscal – para controlar a evolução do gasto de pessoal e outros. Preconizava-se acionar os gatilhos, já previstos na EC 95, por meio do rompimento da regra de ouro ou pelo rompimento de uma nova regra fiscal, isto é, quando os gastos obrigatórios ultrapassassem 95% das despesas primárias (ambos sujeitos ao teto).

A regra de ouro, prevista no inciso III do artigo 167 da Constituição, diz que as operações de crédito (dívida) não podem financiar gastos correntes. Como essa regra já vem sendo rompida desde 2019, o constrangimento de acionar os gatilhos seria reduzido. Dito de outra forma, não seria preciso romper o teto de gastos para acionar as medidas de ajuste, que incluem: não reajuste salarial a servidores e impedimento a qualquer medida que implique aumento das despesas acima da inflação.

[15] Ver Instituição Fiscal Independente (IFI). Relatórios de Acompanhamento Fiscal (RAF). Diversas edições. 2018 a 2020. Acesso em: www.senado.leg.br/IFI.

[16] Ver Salto, F. & Couri, D. 2021. "Projeções finais para o Orçamento de 2021". Nota Técnica nº 46. Instituição Fiscal Independente (IFI), de 29 de março de 2021. Acesso em: https://www2.senado.leg.br/bdsf/bitstream/handle/id/586456/NT46.pdf.

A PEC Emergencial só ganhou força, no entanto, em 2021. A solução para combater a crise, em 2020, foi viabilizada pelo Orçamento de Guerra (EC 103), que resolveu o dilema regras fiscais *versus* necessidade de aumentar gastos em meio à crise pandêmica. Em 2021, o governo conseguiu aprovar a PEC Emergencial (EC 109) em troca da inclusão da autorização de um novo Auxílio Emergencial[17], limitado a R$ 44 bilhões. Mas o texto da EC 109 ficou distinto do plano original. Os gatilhos não podem ser acionados pela regra de ouro, mas apenas pela regra dos 95%. Projeções mostram que isso acontecerá apenas em 2025. Isto é, perdeu-se um tempo precioso para aprovar uma "reforma fiscal" com baixíssimo efeito de curto prazo.

Um balanço do teto de gastos, até o momento em que este capítulo está sendo escrito, mostra alguns pontos positivos e outros negativos. A regra está levando a uma redução importante no nível de despesas discricionárias do Poder Executivo. Em 2021, essa fatia do Orçamento corresponderá a R$ 74,6 bilhões, o menor nível da série histórica. Isso coloca em risco políticas públicas essenciais e leva a um quadro de *"shutdown"* ou paralisação da máquina pública, ainda que parcial.

É fato que esse resultado não deriva da regra fiscal, apenas, mas da não adoção de medidas de controle de gastos compatíveis com o limite constitucional, daí a importância do planejamento, mesmo em um contexto de eventual flexibilização do teto[18]. Dificilmente, será possível alterar a dinâmica dos gastos a ponto de torná-la compatível com a trajetória de redução das despesas como proporção do PIB imaginada em 2016. Era algo previsível, de certa forma, e vários artigos alertaram para o problema.

Afonso, Salto e Ribeiro (2016)[19], em artigo publicado na Revista Conjuntura Econômica da Fundação Getúlio Vargas (FGV), apresentaram comparação internacional mostrando que a regra brasileira seria uma das

[17] Em 2020, em razão da crise da Covid-19, foram editados créditos extraordinários para o pagamento de transferências de renda (Auxílio Emergencial) aos chamados "vulneráveis".

[18] O artigo 108 do Ato das Disposições Constitucionais Transitórias (ADCT) prevê uma primeira revisão do indexador do teto (IPCA acumulado em 12 meses até junho do ano anterior) no décimo ano do teto, isto é, em 2026.

[19] Ver Afonso, J.R.R., Salto, F. & Ribeiro, L. 2016. "A PEC do teto e o resto do mundo". Revista Conjuntura Econômica. FGV Editora. Outubro de 2016. Acesso em: https://bibliotecadigital.fgv.br/ojs/index.php/rce/article/view/67082

mais rígidas, ainda que com válvula de escape configurada pela não contabilização de despesas realizadas por meio de créditos extraordinários (previstos na Constituição).

Do lado positivo, Cavalcanti (2020)[20] mostrou, em cálculos preliminares, que o teto teria produzido efeitos sobre a redução das taxas de juros. A melhora das expectativas e sua ancoragem, a partir da EC 95, teria permitido a redução do custo da dívida pública. Contudo, é importante registrar que o teto já sofreu alterações: pela EC 109, pela edição de créditos extraordinários que poderiam ter sido previstos no Projeto de Lei Orçamentária Anual (PLOA) de 2021 e pela mudança constitucional para excepcionalizar os gastos com a chamada cessão onerosa da Petrobras do limite de despesas.

Salto, Couri e Pellegrini (2020)[21] mostram como o teto de gastos corre risco de ser desmontado por medidas que, paulatinamente, o modificam ou o ameaçam. A contabilidade criativa está novamente presente nas discussões. Em 2020, por exemplo, tentou-se utilizar um espaço contábil produzido pela incorporação dos dispêndios do Programa Bolsa Família (despesa ordinária e sujeita ao teto) na rubrica orçamentária do Auxílio Emergencial (despesa não sujeita ao teto de gastos, por ter sido originada em Medida Provisória de crédito extraordinário) para financiar outros dispêndios.

Após esse breve histórico, pode-se concluir que estamos em uma nova encruzilhada fiscal. Os problemas anteriores à crise da Covid-19 remanescem. As regras fiscais não serão suficientes para produzir um cenário de retorno à sustentabilidade da relação dívida bruta/PIB.

Não há clareza, por parte do atual governo, sobre quanto a receita pública terá de aumentar, mesmo considerando os efeitos do ciclo de atividade econômica sobre a arrecadação, e sobre qual a contribuição a ser

[20] Ver Cavalcanti, M.A. 2020. "Consolidação fiscal, taxa de juros de longo prazo e PIB no Brasil: resultados preliminares". Carta de Conjuntura do IPEA nº 48 – 3º trimestre de 2020. Acesso em: https://www.ipea.gov.br/portal/images/stories/PDFs/conjuntura/200525_cc48_nt_fiscal.pdf.

[21] Salto, F., Couri, D. & Pellegrini, J. 2020. "Considerações sobre o teto de gastos da União". Comentários da IFI nº 9, de 19 de agosto de 2020. Instituição Fiscal Independente (IFI). Acesso em: https://www2.senado.leg.br/bdsf/bitstream/handle/id/575583/CI9_AGO2020_Consideracoes_teto_gastos.pdf.

dada pelo lado das despesas. Isso tudo tendo como referência a obtenção de um superávit primário mínimo para, ao menos, equilibrar um endividamento bruto que caminha para 95% do PIB até 2023. O próprio FMI[22], no Monitor Fiscal de abril de 2021, mostrou uma tendência crescente para a dívida/PIB brasileira, nos próximos anos, sem horizonte de estabilização na próxima década[23].

É importante ressaltar que a dívida bruta já avançou de 51,5% do PIB, em dezembro de 2013, para 88,8% do PIB, em dezembro de 2020, como mencionado na introdução deste capítulo. O resultado primário do setor público consolidado, que era superavitário em 1,7% do PIB, em 2013, terminou 2020 deficitário em 9,4% do PIB. Incluídos os pagamentos de juros da dívida, esses números para o déficit nominal foram de: 3% do PIB (2013) e 13,6% do PIB (2020).

É verdade que o ano de 2020 foi marcado por um volume expressivo de gastos realizados no bojo do combate à Covid-19 e aos seus efeitos sobre a renda, o emprego e as empresas. Se tomarmos os dados de 2019, podemos observar que a situação das contas públicas era distinta, mas já bastante grave. Déficit primário de 0,8% do PIB, déficit nominal (incluídos os juros) de 5,8% do PIB e dívida bruta de 74,3% do PIB.

Números negativos, sobretudo quando cotejados com o fato de que houve entrada de recursos extraordinários relevantes em razão dos leilões de petróleo em 2019. De acordo com o Relatório do Tesouro Nacional (RTN), o leilão da chamada cessão onerosa trouxe "(...) R$ 70,0 bilhões no mês de dez/19. Adicionalmente, ainda em dez/19, houve ingressos de R$ 8,9 bilhões associados à 16ª rodada de concessões de campos de petróleo e de R$ 5,0 bilhões relativos à 6ª rodada de partilha do petróleo do pré-sal"[24].

[22] O indicador de dívida bruta do FMI é distinto do calculado pelo Banco Central do Brasil. O segundo não considera os títulos livres na carteira do Banco Central como sendo parte do indicador. De todo modo, a tendência de alta é calculada por instituições como a IFI, em trajetória prospectiva similar à estimada pelo FMI no Monitor Fiscal de abril de 2021.

[23] FMI. 2021. *"Fiscal Monitor"* de abril de 2021. Acesso em: https://www.imf.org/en/Publications/FM/Issues/2021/03/29/fiscal-monitor-april-2021.

[24] Tesouro Nacional. 2020. Resultado do Tesouro Nacional (RTN) de dezembro de 2020. Acesso: https://sisweb.tesouro.gov.br/apex/f?p=2501:9::::9:P9_ID_PUBLICACAO:37105.

Propõe-se, as seguir, uma simulação da equação de sustentabilidade da dívida pública[25] para o caso brasileiro. Em um contexto de novo ciclo de alta das taxas de juros, toma-se por referência uma taxa real de juros de 3,5% e um crescimento do PIB de 2,5%. Neste cenário, um endividamento bruto de 95% do PIB requereria superávit primário de 1% do PIB para ser estável. Com juros reais mais baixos, de 2%, por exemplo, para uma mesma premissa de crescimento econômico, os mesmos 95% do PIB de dívida requereriam zerar o déficit primário.

Os exercícios acima ajudam a entender o tamanho do desafio fiscal. Partindo de um déficit primário de cerca de R$ 180 bilhões, em 2022, em um cenário mais otimista (de resultado primário igual a zero para estabilizar a dívida), o esforço anual necessário para reequilibrar a dívida até 2025, por exemplo, seria de R$ 60 bilhões ao ano, num cálculo linear simples. Evidentemente, se o PIB crescer mais do que a premissa acima explicitada ou se os juros ficarem mais baixos, a magnitude do ajuste será distinta. A recuperação cíclica da economia poderá colaborar, também, com a alta das receitas. Se, desde já, forem tomadas medidas para melhorar as expectativas do mercado, o desafio não será intransponível.

Finalmente, cabe ressaltar que estabilizar uma dívida elevada em proporção do PIB seria apenas a primeira etapa do processo. É recomendável que o Brasil diminua a relação dívida/PIB a patamares mais próximos dos observados nos países comparáveis, isto é, no grupo de países com condições macroeconômicas similares (em desenvolvimento ou emergentes).

O fundamental é sinalizar com clareza quais as estratégias de aumento de receitas e de cortes de gastos imaginadas para os próximos anos. A transparência é peça fundamental desse jogo, pois afeta a dinâmica dos juros e do crescimento, facilitando (ou dificultando) a vida dos gestores da política fiscal. A próxima seção deste capítulo discutirá o potencial das reformas sobre o quadro geral das contas públicas.

3. As reformas com efeito fiscal e econômico

No debate público, é recorrente a defesa das "reformas", *lato sensu*, como forma de pavimentar a retomada do crescimento. De fato, há medidas

[25] Ver Carlin, W. & Soskice, D. 2006. *"Macroeconomics: Imperfections, Institutions, and Policies"*. Oxford University Press.

que estão correlacionadas ao desenvolvimento econômico, a exemplo da abertura comercial e de melhorias que afetem o ambiente de negócios, como já discutido neste capítulo. No entanto, não existe uma "bala de prata", por assim dizer. Esta seção aborda a reforma tributária e traz alguns comentários sobre a reforma administrativa.

A simplificação tributária pode ajudar a ampliar o crescimento econômico, mas esta é apenas uma das dimensões relevantes nessa matéria. A reforma do Estado ou administrativa, por sua vez, poderia ter dois ganhos: tornar o Estado mais eficaz e eficiente na provisão de serviços essenciais e reduzir os gastos de pessoal do setor público como proporção do PIB.

Há diversas propostas de reforma tributária em tramitação no Congresso Nacional. Duas delas ganharam maior importância no debate público: as PECs 45 e 110[26], ambas de 2019. A primeira tem como artífice o economista e especialista em tributação Bernard Appy. A segunda, o ex-Deputado Federal Luiz Carlos Hauly, também estudioso do assunto. Em geral, pretende-se unificar impostos federais, municipais e estaduais sob um Imposto de Valor Agregado (IVA).

De fato, o ICMS, principal tributo do país em termos arrecadatórios, hoje sob responsabilidade dos estados, gera uma miríade de contendas tributárias e responde por fatia importante dos custos de *"compliance"*, incluídas aí uma parte das mais de 1.500 horas anuais médias gastas pelas empresas para atender às obrigações legais, conforme relatório do Banco Mundial supracitado. A guerra fiscal entre estados é também originada por este imposto, na esteira das diferenças entre as alíquotas interestaduais.

A saber, a existência de alíquotas interestaduais (além das alíquotas internas), que variam conforme a direção do comércio interestadual (de 7% ou 12%, na origem), abriu espaço para a concessão de benefícios ou incentivos tributários pelos estados que podem recolher 12%. O ensejo a esse incentivo está na possibilidade de presunção de acumulação de créditos maior do que nos estados onde a alíquota interestadual é de ape-

[26] Ver Pellegrini, J. 2019. "Principais propostas de reforma tributária em tramitação no Congresso Nacional". Nota Técnica nº 38, de 11 de outubro de 2019. Instituição Fiscal Independente (IFI). Acesso em: https://www2.senado.leg.br/bdsf/bitstream/handle/id/562755/NT38.pdf.

nas 7%. Estados mais pobres recolhem 12%, na origem, enquanto estados mais riscos recolhem 7%.

O sistema foi pensado para criar certo mecanismo fiscal redistributivo entre as regiões do país. Na prática, transformou-se em ferramenta para atrair iniciativas empresariais para estados mais pobres, por meio do incentivo tributário. O resultado econômico é a distorção alocativa de recursos, numa espécie de jogo de soma negativa. Uma forma de resolver o problema seria reduzir paulatinamente a diferença entre as alíquotas interestaduais. Para isso, seria preciso criar instrumentos compensatórios. Não há dúvida.

A ideia de uma reforma tributária não é nova. Nos anos 1990, com participação de especialistas do calibre de Ricardo Varsano, a tentativa fracassou. Nos anos 2000, já no governo Lula, mais uma empreitada frustrada (e em período de elevada popularidade do governo da época). Mais adiante, nova proposta foi feita. O foco era a redução da diferença entre as alíquotas interestaduais (por meio de Resolução do Senado Federal), mas não prosperou.

É preciso ter claro: quando se discute a reforma tributária, o primeiro passo é definir o objetivo. A minirreforma de 2003, por exemplo, preconizava aumentar a arrecadação federal. Foi bem-sucedida. No período em que redigimos esse livro, predomina a ideia da "simplificação", mas têm entrado no debate, com maior intensidade, outros vetores, como discutiremos a seguir. Basicamente, a simplificação em tela consiste em unificar ICMS (estadual), ISS (municipal), PIS, COFINS e IPI (federais) sob um IVA cobrado no destino. Potencialmente, a medida reduziria custos para os contribuintes, tornaria o sistema mais racional e terminaria com a guerra fiscal.

Por outro lado, há setores que se beneficiariam, de imediato, e outros que perderiam. A indústria, que possui, em geral, cadeias complexas de produção, seria beneficiada pela migração da tributação para o destino combinada com o sistema de acumulação de créditos. O setor de serviços seria, possivelmente, onerado. Argumenta-se que hoje estaríamos em um equilíbrio ruim e que a reforma, com regras de transição, ajudaria o país a transitar para um equilíbrio melhor.

Além da trincheira setorial, a reforma tributária trava-se numa outra, de natureza federativa: governos estaduais, prefeituras e governo federal. Como o quadro fiscal é complexo, sobretudo após os efeitos da crise da Covid-19 na economia e nos orçamentos públicos, o anseio geral dos governos é ampliar a arrecadação. Renunciar ao comando da arrecadação do ISS e do ICMS, no caso de prefeitos e governadores, não seria algo trivial, mesmo na presença de mecanismos automáticos de partilha. A incerteza tenderá à inação, muito provavelmente, ao menos a curto prazo.

Numa terceira frente, está o debate sobre a regressividade/progressividade do sistema tributário. Essa questão, antes restrita a grupos de especialistas e economistas mais à esquerda (no espectro tradicional de classificação política), ganhou adeptos em outros campos. A crise sanitária colaborou para isso, trazendo à tona o debate fundamental a respeito das desigualdades sociais e da extrema pobreza no Brasil.

Maciel & Ceccato (2020)[27] mostram, de fato, que o Estado brasileiro gasta muito e gasta mal. Na verdade, após a atuação do Estado via transferências e subsídios creditícios e tributários (renúncias fiscais), a desigualdade cai muito pouco. O índice de Gini, indicador importante a medir a desigualdade de renda, pode ser calculado antes e após a intervenção estatal. Segundo os autores:

> Os governos dos países desenvolvidos conseguem reduzir a desigualdade por meio da tributação e despesas, em média, em torno de 0,16 pontos, ou seja, redução de 34% do índice. O setor público brasileiro só consegue reduzir o índice de Gini em 0,10 pontos (17% do nível inicial) (...). (Maciel & Ceccato, 2020, in Salto & Pellegrini, página 170).

É assim que o aumento da progressividade do sistema tributário não é mais um tópico secundário. Passou a fazer parte da maioria das discussões sobre o assunto, incluindo seminários organizados por instituições públicas e privadas, dentro e fora da academia. O avanço de qualquer proposta de reforma tributária, no Congresso Nacional, deverá levar em conta essas "novas (velhas) questões".

[27] Maciel, P.J. & Ceccato, G. 2020. "Gasto social no Brasil: evolução recente e aspectos distributivos". In Salto & Pellegrini: Contas públicas no Brasil. Editora SaraivaJur.

A respeito dos efeitos da reforma tributária (PEC 45) sobre o crescimento econômico, Borges (2020)[28] estimou, em Nota Técnica preparada para o Centro de Cidadania Fiscal (CCiF), que o PIB potencial poderia ser fortemente afetado a longo prazo. Questões metodológicas a respeito do trabalho foram levantadas por Valls Pereira e Marçal (2020)[29] e Afonso et al (2020)[30]. De todo modo, esse debate sobre a melhor forma de realizar estimativas de impacto de mudanças legislativas é complementar, ainda que deva influenciar a discussão política a respeito das propostas em tramitação no Congresso Nacional.

No campo da reforma administrativa, a PEC 32, de 2020, apresenta um conjunto de mudanças na contratação, avaliação, remuneração e evolução de servidores públicos na carreira. A PEC, se aprovada, não resultaria em ganhos fiscais imediatos. Dependeria de regulamentação e discussão sobre as legislações ordinárias que tratam do assunto e os estatutos dos servidores nas três esferas de governo.

Estudos do Instituto de Pesquisa Econômica e Aplicada (Ipea) e da IFI simularam os ganhos fiscais decorrentes de mudanças nesta matéria. No caso da IFI, Casalecchi (2021) mostra que o alongamento das carreiras e a redução dos salários iniciais dos servidores poderia gerar economia global de R$ 128 bilhões[31], no setor público consolidado, em 10 anos (efeito acumulado). Não é um resultado expressivo e os efeitos não

[28] Borges, B. 2020. "Impactos macroeconômicos da proposta de reforma tributária consubstanciada na PEC 45/2019". Nota Técnica do Centro de Cidadania Fiscal (CCiF). Acesso em: https://ccif.com.br/wp-content/uploads/2020/06/Nota_Tecnica_Reforma_PEC45_2019_VF.pdf.

[29] Valls Pereira, P.L. & Marçal, E. "Comentários sobre a Nota Técnica de Bráulio Borges sobre os impactos macroeconômicos da PEC 45/2019". Nota Técnica do Centro de Estudos Quantitativos em Economia e Finanças da Fundação Getúlio Vargas – 3 de dezembro de 2020. Acesso em: https://ceqef.fgv.br/node/705.

[30] Afonso, J.R., Ardeo, V. & Biasoto, G. "Críticas à (única) nota sobre impactos da PEC 45". Publicado em Blog do IBRE em 24 de setembro de 2020. Acesso em: https://blogdoibre.fgv.br/posts/criticas-unica-nota-sobre-impactos-da-pec-45#_ftnref13

[31] Casalecchi, A. 2021. "Impactos de medidas de gestão de pessoas sobre as despesas com pessoal". Estudo Especial nº 15, publicado em 9 de abril de 2021. Instituição Fiscal Independente (IFI). Acesso: https://www12.senado.leg.br/ifi/publicacoes-1/estudos-especiais/2021/abril/estudo-especial-no-15-impacto-de-medidas-de-gestao-de-pessoas-sobre-as-despesas-com-pessoal-abr-2021.

seriam distribuídos linearmente ao longo da década, mas, sem dúvida, a redução dos salários iniciais e o alongamento das carreiras, simulados no estudo em tela, poderiam ser um ponto de partida.

Finalmente, vale dizer que a reforma administrativa não tem o objetivo principal de produzir economias de recursos públicos. Este seria um efeito secundário. O mais importante: rearranjar o "RH do Estado", como costuma dizer a especialista Ana Carla Abrão Costa, para tornar a máquina pública mais eficiente e reduzir distorções salariais. Isso produziria ganhos na prestação de serviços públicos, ampliando, com sorte, a produtividade dos servidores.

Conclusões

Neste capítulo, apresentamos dados históricos do PIB per capita e da inflação e discutimos as mudanças recentes na política econômica que levaram a um período de baixo crescimento e recessão, sobretudo a partir de 2015. Indicamos que, após o Plano Real, em 1994, o país superou o histórico problema da inflação alta, mas não conseguiu voltar a crescer distribuindo renda.

O desafio fiscal perpassa todos os obstáculos que ainda precisam ser superados para o país retomar o caminho do desenvolvimento. O financiamento adequado e sustentável das políticas públicas precisará ser alcançado por meio de uma combinação de medidas e regras fiscais. A LRF, o teto de gastos e a meta de resultado primário não foram suficientes para gerar contas públicas equilibradas e garantir o atingimento das condições de sustentabilidade da dívida pública. Nos próximos anos, o esforço fiscal necessário para estabilizar uma dívida de 95% do PIB será o de recuperar a geração de superávits primários nas contas do setor público.

As reformas fiscais recentemente aprovadas, desde a adoção do teto de gastos, passando pela recém-promulgada Emenda Constitucional nº 109, não bastam para constituir um plano coeso na gestão fiscal. O risco de retorno da contabilidade criativa está presente ao lado de outro igualmente importante: o de paralisação da máquina pública ou *"shutdown"*. Nesse contexto, reformas que permitam elevar o crescimento econômico e reorganizar as contas públicas seriam bem-vindas.

A reforma tributária poderia resultar em ganhos para o crescimento econômico a médio e longo prazo, mas a amplitude das PECs 45 e 110, ambas de 2019, poderá representar entrave ao avanço mais acelerado desse debate no Congresso Nacional. De fato, o Doing Business, do Banco Mundial, mostra o Brasil em 184º lugar no quesito pagamento de impostos, em um grupo de 190 países. Melhorar essa classificação, entretanto, pode passar por mudanças paulatinas, como a redução da diferença entre as alíquotas interestaduais do ICMS, ou mais ambiciosas, a exemplo da criação de um IVA nacional. A política ditará o rumo desse debate.

Além da reforma tributária, as agendas da produtividade, da abertura comercial, da reforma administrativa e da redução do custo do crédito são igualmente relevantes. O Estado terá de se reinventar, nos próximos anos, para dar conta de responder a todos os problemas e avançar em todas essas frentes da guerra pela retomada do desenvolvimento, combatendo a pobreza extrema e reduzindo as desigualdades. Isso dependerá do binômio eficácia e eficiência, não apenas de abertura de espaço orçamentário, seja por meio de aumento de arrecadação seja pela contenção do gasto público.

4.
REFORMA TRIBUTÁRIA, PARA QUÊ? O MITO

MARY ELBE QUEIROZ

É recorrente o clamor por Reforma Tributária como uma salvação para o Brasil! Isto é um mito. Sai governo entra governo e ninguém sabe precisar o que é Reforma Tributária. Muitos querem ter uma proposta, às vezes um monte de remendos, para chamar de sua. Para o Contribuinte Reforma Tributária é simplificação e desoneração; para o Estado, é aumento de arrecadação. Com esse conflito de interesses não se avança.

Temos um Sistema Tributário complexo, oneroso, regressivo, cumulativo, a tributação por dentro, tudo isso estimula a litigiosidade, causa insegurança jurídica e se reflete em carga tributária mais alta. Como uma país "em desenvolvimento", no Brasil a tributação incide mais sobre o consumo do que sobre a renda para garantir maior arrecadação. Vale ressaltar que essa necessidade de arrecadar sempre mais resta agravada em virtude da atual crise econômica mundial em decorrência da pandemia COVID (2020-2021); e a necessidade, legítima, de mais recursos para fazer frente aos imprescindíveis auxílios sociais.

Exatamente por isso este momento de comoção social não parece ser adequado para se mexer no nosso Sistema Tributário com propostas de Reformas Tributárias, especialmente aquelas que ora se encontram tramitando no Congresso Nacional!

Quem reclama da carga tributária se esquece de que ela é a medida para cobrir o custo do Estado. Ninguém quer reduzir despesas, mas todos querem reduzir tributos. Daí se falar em Reforma Tributária e ela nunca acontecer. Não existe mágica: não se pode aumentar a arrecadação e os gastos e querer reduzir tributo, a conta não fecha.

A carga tributária é alta para quem paga, mas é insuficiente para o Estado prestar serviços de qualidade. A média da carga tributária da OCDE (2017) é de 34,2% enquanto a do Brasil é de 32,3%, a da França de 46,2% e a dos Estados Unidos de 27,1%. Comparando-se a carga tributária de 29,77% dos países do G-7 e um PIB/habitante de U$ 39.675, com a do Brasil de 33,56% e um PIB/habitante de U$ 11.314, constata-se que o Brasil precisaria arrecadar 3 vezes mais ou ser 3 vezes mais eficiente para dar o retorno social que a população necessita. Sob esta ótica a carga tributária precisaria era aumentar.

A qualidade da tributação é ruim, pois o peso dos tributos é sobre a produção. Os que ganham menos têm um ônus maior. Em relação à carga tributária indireta, sobre consumo de bens e serviços, quem ganha até 2 salários mínimos (SM), paga mais que o dobro de tributos do que aqueles que ganham acima de 30 salários mínimos. Até 2 SM paga-se 3,1% de tributos diretos e 45,8% de tributos indiretos, total de 48,8%. Já acima de 30 SM: paga-se 9,9% de tributos diretos e 16,4% de tributos indiretos, total de 26,3%.

Acrescente-se a babel legislativa e judicial que contribui para a insegurança dos investimentos; a "guerra fiscal" para atrair importantes investimentos regionais e a ilusão da não-cumulatividade do PIS/COFINS que não desonerou a cadeia produtiva e criou um emaranhado de leis que ninguém entende e serviram para aumentar a litigiosidade.

Somente em litígios tributários são mais de R$ 5 trilhões de Reais, grande parte resultante de cobranças indevidas em decorrência de interpretações equivocadas ou de leis inconstitucionais, o que tem levado a uma verdadeira Reforma Tributária Judicial, pois na omissão do legislador o STF está promovendo uma verdadeira alteração na configuração do nosso Sistema Tributário.

Some-se a tudo isso o custo adicional da burocracia decorrente da complexidade e excesso de normas, exigências de várias inscrições em cadastros, papéis e procedimentos repetidos em vários órgãos federais, estaduais e municipais. Perda de tempo e dinheiro para todos, inclusive para o Estado, criando o "tributo da insatisfação" dos que têm que cumprir esse cipoal de exigências.

Para abrir uma empresa, no Brasil gastam-se 120 dias e são mais de 18 procedimentos em 12 órgãos. Na Nova Zelândia são apenas 15 minutos. Se abrir é difícil, fechar é pior, levam-se anos. Em média, há um custo de mais ou menos 1% do faturamento para cumprir a burocracia. Segundo o Banco Mundial (*Doing Business – 2020*), entre 190 países pesquisados, o Brasil está classificado entre os menos desenvolvidos com relação à facilidade de fazer negócios (124ª).

No ano de 2019 foram apresentadas várias propostas de Reformas Tributárias por meio de emendas constitucionais, entre as quais as de maior repercussão foram as PEC 45 e PEC 110. Tais propostas, contudo, apenas continham alterações da tributação sobre o consumo, para ser criado um novo tributo, o IBS (imposto sobre bens e serviços) e juntar 5 tributos: federais – PIS, COFINS e IPI; estadual – ICMS; e o municipal – ISS.

Estas propostas, curiosamente, traziam como bandeira, apenas, a simplificação e nenhuma promessa de redução de carga tributária, ao contrário, iriam aumentar de sobremaneira (entre 300% e 600%) a tributação sobre serviços. Enquanto todos teriam uma alíquota uniforme resultante da soma dos 5 tributos extintos (seria entre 25 ou 35%), as instituições financeiras teriam uma alíquota reduzida.

E mais, a complexidade somente iria aumentar, pois apesar de unir cinco tributos, paralelamente iriam ser criados mais dois, sendo que durante 10 anos (PEC 45) ou 5 anos (PEC 110) todos iriam conviver com 7 tributos, os 5 já existentes e mais os 2 IBS que seriam criados.

Como alternativa, o governo federal apresentou em 2020 uma alternativa de reforma fatiada em 4 etapas, sendo que a primeira, que já foi enviada ao Congresso – PL 3887 – criaria a CBS com a junção do PIS e da COFINS com uma alíquota geral de 12% para todos, exceto instituições financeiras que teriam uma alíquota de 5,4% sob a alegação de que essas não teriam créditos a compensar. Aqui resta indagar por que as empresas prestadoras de serviço que também têm poucos créditos a compensar não teriam tratamento idêntico?

Estamos em maio de 2021, ainda em plena pandemia, e a discussão de reforma tributária entrou em compasso de espera, o que é bom. Apesar de várias discussões sobre reformas do IPI (apenas para torná-lo mais seletivo), Imposto sobre a Renda (para tributação de lucros e dividendos, aumento das faixas de isenção, maior alíquota para os mais ricos), redução de incentivos fiscais e desoneração da folha (última etapa da reforma). Algumas dessas propostas laboram em nome de uma maior justiça fiscal, entretanto, o bloco não pode ser fatiado terá que haver aprovação conjunta sob pena de se criar distorção e onerar mais a tributação.

Esperamos, efetivamente, que o debate possa continuar para que prevaleça o bom senso e se faça uma efetiva reforma de forma independente e equilibrada. Pequenos ajustes, apenas, em uma das pontas sem que se reduza o impacto do outro lado a reforma poderá ensejar, posteriormente, mais problemas do que soluções e daqui a dois anos, com nova eleição tenhamos que retornar às mesmas discussões. É bom sempre lembrar que cada país tem suas peculiaridades sociais, econômicas e culturais próprias; nem sempre um modelo que dá certo em outro lugar poderá ser importado de forma acrítica para o Brasil, sem que estudos substanciais sobre o impacto na nossa realidade sejam apresentados.

É preciso combater a sonegação, fraudes e desvios, mas esse controle não pode alimentar a burocracia e estimular tais desvios e aumentar o gasto da sociedade. Propostas como a do imposto único, aparentemente importante para combater a sonegação, na verdade, com grande cumulatividade, gera injustiça e distorção.

Embora haja luz no horizonte com as desonerações tributárias, como não se pode diminuir a arrecadação, a alternativa é tornar eficiente a máquina hoje existente e reduzir o gasto público, as demandas judiciais, simplificar e desburocratizar o cumprimento de obrigações.

Deve-se reduzir a quantidade de tributos uma vez que a destinação, a partilha dos recursos e as disputas federativas não podem gerar complexidade e ônus para quem paga. Tem-se que unificar os tributos com bases idênticas: o IRPJ e a CSLL; o PIS, a COFINS e a CIDE; o IPI, o ICMS e o ISS. Dos 8 só restariam 3! É necessário transparência para saber a real alíquota dos tributos que incidem sobre eles mesmos, como o ICMS em que uma alíquota de 18% representa 21,95%. Muitos desses ajustes não necessitam de emendas constitucionais, podem ser implementadas por simples leis ordinárias!

Ressalte-se que mais de 200 alterações na Constituição, como trazem as PECs, com certeza, somente ensejarão mais discussões e litígios. Já chega de ser estimulada a litigância como resultado das modulações de efeitos que sonete têm gerado mais insegurança jurídica;

Para simplificar precisa-se: reduzir o excesso de certidões, licenças, alvarás e declarações; criar um só cadastro e inscrição para fins fiscais e societários (algumas medidas nesse sentido já começam a aparecer). Os tributos devem ser recolhidos em um só documento e a repartição dos recursos caberia ao Estado. A solução é tecnológica, tome-se a ideia do Simples Nacional.

Do lado dos gastos precisa-se de racionalidade. Veja-se a saúde e a educação com obrigações e despesas repartidas e triplicadas pelas três esferas de governo, sem que a população seja atendida nas suas necessidades.

Conclusão: sem saber o que é, e para que é a Reforma Tributária, ela não acontecerá, pois, a carga tributária é baixa para o Estado e é alta e injusta para quem paga, além de os serviços serem de pouca qualidade.

Enfim, governo e sociedade precisam se unir em torno de uma proposta que consiga pelo menos simplificar o sistema e trazer bons ventos sobre: custos, arrecadação, desenvolvimento, competitividade e governabilidade do País.

5.
REFORMAS TRIBUTÁRIAS E SEUS DESAFIOS NO FEDERALISMO BRASILEIRO: ALGUNS *CAVEATS*

ULISSES SCHWARZ VIANA

Introdução

No Brasil, nas últimas décadas os debates mais recorrentes, seja na teoria geral do direito tributário, seja na esfera dos estudos macroeconômicos, têm seu eixo na ideia da necessidade de uma ampla reforma do sistema tributário nacional.

Ou seja, por ângulos diversos de observação, questões ligadas ao atual sistema normativo tributário têm conduzidos a diagnósticos macroestruturais que o identificam como um modelo confuso, obsoleto e disfuncional, como também visto por especialistas como um dos aspectos que obstaculizam o desenvolvimento nacional.

A temática é extremamente polêmica, tanto política quanto juridicamente, de modo que as propostas de emendas à constituição – além de um projeto de lei ordinária – que atualmente tramitam no Congresso Nacional[1] encontram dificuldades, apesar dos defensores de sua 'extrema urgência' e do *slogan* da simplificação.

Dentro deste contexto, o presente ensaio tem por propósito propor algumas reflexões sobre o tema das 'reformas tributárias' a partir do grande tema constitucional fundamental do *federalismo*, ao tentar colocar

[1] Referimo-nos à PEC 45/2019, à PEC 110/2019 e ao PL nº 3387/2020.

em debate o que entendemos como necessários *caveats*[2] sobre o impacto das propostas de reforma sobre a *autonomia* dos Estados-membros e Municípios dentro de um contexto teórico mais constitucional que propriamente tributário, em sentido estrito.

Em outras palavras, o presente ensaio jurídico se projeta sobre eventuais cautelas que deveriam ser observadas nas discussões das propostas, por necessidade de aprofundamento da análise da estrutura global proposta e da superação de perplexidades profundas decorrentes da reformulação, digamos total, de um renovado e moderno sistema tributário que se pretende introduzir em substituição ao modelo constitucional tributário originário da Constituição de 1988.

Para que seja atingido o escopo deste texto, são delineadas algumas indagações que se relacionam com o futuro eficacial das propostas, que exige se reflita sobre possibilidades de efeitos negativos de uma mudança radical e, quiçá, um tanto apressada, do *design* do Pacto Federativo Fiscal brasileiro, apesar de seus inegáveis propósitos positivos.

Para tanto, a análise, como não poderia deixar de ser, inicia-se com o reconhecimento da disfuncionalidade de alguns aspectos estruturais do sistema de tributação vigente, colocando mira na identificação de elementos que possam caracterizar o tão sonhado sistema tributário 'ideal'.

Na sequência, analisa-se a problemática de alterações abruptas e radicais que podem ocasionar futuras disfuncionalidades e, até mesmo, eventuais conflitos federativos, em razão de características problemáticas, no plano primacialmente federativo-operacional, das duas propostas de emenda à Constituição atualmente em apreciação pelas Casas do Congresso Nacional.

Por fim, o ensaio busca apresentar a conclusões que visam a contribuir para a ampliação do horizonte analítico das possibilidades de evolução normativa do sistema tributário brasileiro rumo a sua simplificação, mas, sem deixar de refletir sobre os grandes desafios do projeto que podem, apesar de indesejados, gerar novos riscos ao funcionamento equilibrado do federalismo, com vistas ao aumento da eficiência de nosso tão decan-

[2] Vocábulo latino extraído da expressão "*caveat emptor*", que traz o sentido de um **conselho,** de uma **advertência** ou de um **aviso**, que no caso se dirige ao adquirente (*emptor*) de um bem.

tado Pacto Federativo brasileiro, que, por diversas razões, ainda certamente não atingiu a plenitude de suas potencialidades.

1. Na busca do sistema tributário ideal: entre os modelos idealizados e as possibilidades do 'real'

Para dar início a nossas reflexões sobre o tema deste artigo, deve ser delineada uma visão geral, a partir da teoria do direito tributário, de quais as características que deveriam estar presentes para aferir-se o grau de funcionalidade ideal de um modelo de tributação.

Não há como deixar de ressaltar que, na superfície do problema e de suas soluções, todos estejam de acordo com a concepção de que um modelo ideal deveria conter as seguintes características fundamentais (Mendes, 2008, pp. 15-18; Schoueri, 2021, pp. 25-75):

1) Capacidade de *gerar receitas* que sejam suficientes para o custeio das despesas públicas;
2) *Eficiência*, como aspecto de neutralidade na alocação de recursos econômicos;
3) *Simplicidade*, como baixo custo da arrecadação, tanto para a Administração Tributária quanto para o contribuinte. Ou seja, redução da complexidade do sistema;
4) *Harmonização com padrões internacionais de tributação*, percebida como garantia de competitividade para o setor industrial brasileiro no mercado internacional;
5) *Efetividade*, vista como capacidade gerencial e administrativa das instituições fazendárias implementar o sistema tributário definido em lei;
6) *Transparência* da legislação tributária aplicável e limitação da discricionariedade das autoridades fiscais;
7) *Equidade*[3], seja vertical seja horizontal, na garantia de que pessoas com maior capacidade contributiva paguem mais e as que estejam no mesmo padrão financeiro paguem o mesmo valor;

[3] Podemos colocar este aspecto também pela terminologia de justiça tributária (Lang & Tipke, 2008, p. 1).

8) *Previsibilidade*, como resultado das influências da tributação no processo econômico e da necessidade de planejamento de custos de produção e dos preços praticados no mercado;
9) *Equilíbrio federativo-fiscal* distribuição do poder de tributar ou da renda de forma proporcional às obrigações de gasto de cada esfera de governo. Mecanismos de equalização e cooperação financeira.

No plano da idealidade, todos estes pressupostos de um bom sistema tributário não encontram resistências, dissonâncias ou divergências.

Entretanto, diante de propostas de radical *re-design* do sistema, como as expressas na PEC 45/2019 e na PEC 110/2019, impõe-se algum tempo dedicado à reflexão sobre questões que colocam o problema tributário face a face com uma visão sistemática do modelo constitucional brasileiro e, assim, diante da estrutura constitucional *federativa* (artigos 1º e 18 da CF) voltada à preservação de espaços mínimos de *funcionalidade* da autonomia aos Estados-membros, Distrito Federal e Municípios.

A questão do federalismo se coloca, desde sempre, na encruzilhada entre os conceitos de *soberania* (como atributo do Estado Federal como unidade no plano internacional) e a *autonomia*, como elemento indispensável para que os entes parciais da Federal (entidades federativas) possam exercer suas atribuições e suas finalidades constitucionais, postas por meio da distribuição originária de competências no texto da Constituição, dentre elas as competências denominadas de *tributárias*. Não à toa, o Constituinte de 1988, como bem observa José Afonso da Silva (1999, p. 478), lançou mão do critério da ***predominância do interesse***, distribuindo as competências em esfera nacional (União), regional (Estados) e local (Municípios), importante para os questionamentos que serão mais adiante expostos.

Essa capacidade de auto-organização, denominada de autonomia é assim sintetizada por Paulo Gonet Branco (Branco & Mendes, 2021, p. 934): "A autonomia importa, necessariamente, descentralização de poder. Essa descentralização não é apenas administrativa, como, também, política". Neste aspecto político de descentralização está incluído o poder de elaborar sua própria Constituição estadual e suas leis (art. 25, CF), como, por ex. no caso dos Estados-membros.

A autonomia federativa também apresenta sua faceta *tributária*, o que em sede doutrinária é bem exposto por Roque Antonio Carrazza (2010, pp. 134-197). Sendo também oportuno observar com Aliomar Baleeiro (2008, p. 76) de que no caso do vigente sistema tributário, fundado no princípio federativo de Estado, nem mesmo a possibilidade de edição de Normas Gerais de Direito Tributário (NGDT) pela União é capaz de inibir a competência legislativo-tributária dos Estados, Distrito Federal e Municípios, para instituir os tributos de sua competência ou de organizar sua atividade tributante por meio de seus códigos tributários (subsistemas tributários).

Importante ressaltar, em síntese, a arquitetura tributário-orçamentária originária na Constituição se fixou em dois eixos: (1) divisão rígida de competências tributárias para instituir os tributos, em especial os impostos; e (2) a divisão das receitas auferidas (tributário-orçamentário). Deste modo, resta perceptível a preocupação do Constituinte de 1988 com estas duas dimensões, com vista a tanto a preservar o aspecto das receitas públicas (derivadas dos tributos) e a capacidade contributiva aferível sobre cada uma das manifestações da riqueza (fatos tributáveis).

Quando nos dedicamos à leitura das propostas contidas na PEC 45/2019 e na PEC 110/2019, não há como não observar o que já denominamos acima de profundo *re-design* do sistema tributário brasileiro.

Na PEC 45/2019, a unificação (ou simplificação, como se fala alhures) de tributos ficaria assim representada: PIS+COFINS+IPI+ICMS+ISS ➔ **IBS** (tributo sobre bens e consumo, no modelo IVA – imposto de valor agregado).

Já na PEC 110/2019, a unificação se daria na seguinte representação: PIS+ PASEP + IOF +COFINS+IPI+ Cide Comb. + Salário Edu. + ICMS + ISS ➔ **IBS**.

As representações acima sintetizadas demonstram bem a profunda restruturação e o redimensionamento do modelo tributário *federativo* brasileiro, com a supressão e correspondente unificação no IBS de dois dos mais importantes impostos federativos, no âmbito dos Estados e DF, o ICMS (art. 155, I, CF), e no âmbito dos Municípios (e DF, de acordo com a parte final do art. 147 da CF), do ISS (art. 156, III, CF). Por isso, falamos de *re-design* do modelo existente atualmente.

Por sua vez, há de ser registrado que os defensores das propostas de reforma tributária apontam como aspectos positivos o seguinte binômio: **(a)** as reformas manteriam o mesmo nível de receita arrecadada de cada ente federativo; e **(b)** sem aumentar a carga tributária para o contribuinte.

Neste passo, importante, por outro lado, ressaltar as dúvidas que surgem quando observamos que o sistema ideal de tributação também envolve o postulado do equilíbrio federativo-fiscal, em que põe a questão da distribuição do poder de tributar, como expressão agora de autonomia federativa.

Sem dúvida com a unificação dos tributos teremos uma *simplificação* do sistema tributário, atendendo a vários pressupostos do sistema tributário *ideal*, mas com que consequências práticas para o funcionamento do sistema federativo?

Vejamos alguns pontos das propostas de emenda à Constituição que estão em trâmite sob aspectos, digamos assim, *operacionais* das reformas articuladas, o de suas repercussões como 'modo de pensar' o sistema. Perspectiva extraímos do direito tributário comparativo, quando no direito alemão, Klaus Tipke e Joachim Lang (2008, pp. 76-77) reforçam os aspectos sistêmicos do sistema tributário, ao mencionar o "pensar o sistema", como questão de eficiência, como problema da aplicação do direito por um ângulo sistêmico-metodológico (teleológico, preservação da isonomia tributária e prevençao e superação das chamadas *lacunas* do sistema normativo tributário).

O "pensar o sistema" envolve uma análise, em uma reforma tributária de reconfiguração global de um modelo tributário federativo, por ângulos de alta de complexidade em torno de sua *funcionalidade*.

2. Desafios funcionais das reformas tributárias dentro de uma estrutura federativa de Estado

Para ater-se aos limites deste ensaio, que não tem pretensões de exaustão do tema, mas somente de propor reflexões sobre os desafios federativos das reformas propostas, passemos à análise de aspectos *operacionais* da *simplificação* baseada na decantada *unificação* de tributos já esquematizada acima.

Vejamos, de modo específico, os elementos centrais de cada proposta a seguir.

Na PEC nº 45/2019, apresentada junto à Câmara dos Deputados, temos os seguintes elementos:

a. período de transição para a mudança total do modelo no prazo de 10 anos;
b. nos dois primeiros anos, como teste, só se altera a alíquota do PIS/COFINS (calibragem do modelo).

Deparamos com o *ideal* – é dizer, ao menos como uma projeção de expectativas, para nós um tanto questionáveis – de que quando completado o período de transição para o IBS teríamos em linhas gerais:

a. arrecadação fica centralizada e com a distribuição de receitas para os entes federativos;
b. desoneração completa das exportações, incidência sobre base ampla, não cumulatividade, rapidez no ressarcimento dos créditos, incidência sobre o preço líquido de tributos;
c. Alíquota única para todos os bens e serviços;
d. impossibilidade de concessão de benefício fiscal;
e. alíquota de referência fixada em lei federal – Estados e Municípios poderão alterar dentro dos limites fixados para manter a arrecadação
f. nas operações interestaduais e intermunicipais vale a alíquota de destino;
g. a distribuição da receita irá observar o consumo (destino) – transição de 50 anos (20 anos iniciais compensação de receita, a partir do 21 ano, a parcela será reduzida em 1/30 avos, observando a receita a ser distribuída no destino;
h. alíquota total 25% = União 9,2%, Estados 13,8%, Municípios 2,0%;
i. a vinculação da arrecadação será de parcela das sub-alíquotas de cada ente;
j. estabelecimento por Lei Complementar (nacional) e regulamento único;
k. gestão da arrecadação pela Agência Nacional Tributária (Comitê Gestor) – responsável pela administração financeira, interpretação e consulta, participação paritária da União, Estados e Municípios;

l. fiscalização e cobrança compartilhada pela União, Estados, DF e Municípios
m. estabelecimento de contencioso administrativo específico do IBS;
n. contencioso judicial, na competência da Justiça Federal.

Já na PEC nº 110/2019, apresentado ao Senado, a reforma se caracteriza:

a. com o IBS proposto como imposto estadual, instituído pelo Congresso Nacional por meio de lei complementar, com poder de iniciativa reservada a representantes dos Estados e Municípios;
b. alíquotas determinadas por Lei Complementar, com alíquota padrão que poderá ser diferenciada dependendo do bem ou serviço, mas uniforme no território nacional
c. autoriza a concessão de benefícios fiscais por Lei Complementar nas operações com alimentos, medicamentos, transporte coletivo de passageiros urbano, bens do ativo imobilizado, saneamento básico, educação infantil, ensino fundamental, médio e superior e educação profissional;
d. partilha da arrecadação entre União, Estados, DF e Municípios de acordo com um percentual previsto sobre a receita bruta do IBS, repassando cotas-parte correspondentes;
e. vinculação da arrecadação de acordo com o percentual previsto na PEC para a entrega direta de recursos aos Fundos Constitucionais e do gasto mínimo com saúde e educação;
f. período de transição para a mudança total do modelo em 5 anos: (i) no primeiro ano alíquota de teste de 1% com mesma base do IBS, (ii) em seguida redução de 1/5 avos ao ano, sem possibilidade de alteração da alíquota pelos entes).
g. Período de transição da partilha de recursos: (i) nos primeiros 15 anos de acordo com a receita de cada um dos tributos que estão sendo substituídos; (ii) 10 anos sendo para a substituição da regra pelo princípio do destino à razão de 1/10 avos ao ano.
h. Matérias previstas só na PEC 110/2019: (i) extinção da CSLL – base incorporada ao IR; (ii) ITCMD passa para a competência federal com arrecadação dirigida aos municípios; (iii) autoriza a criação de IBS adicional para financiar a previdência social; (iv) criação de Fundos Municipal e Estadual para reduzir desigualdade

Não se pode deixar de mencionar que com relação à PEC nº 110/2019 foi apresentada a Emenda Substitutiva Global nº 144, na qual não se propõe mais a unificação de tributos, mas somente a uniformização normativa dos tributos com base nacional, como modelo defendido pelo denominado "Movimento Simplifica Já".

Da síntese das propostas acima produzida em seus elementos centrais, já podemos extrair alguns desafios ao modelo federativo que não são desprezíveis, mas, na verdade, de grande alcance no que tange à rígida dicotomia do modelo constitucional tributário atualmente vigente, qual seja a da rígida repartição constitucional das competências tributárias (mormente nos impostos) e divisão das receitas tributárias auferidas com cada espécie tributária, afora as regras do art. 157 a 159 da CF (regras de coparticipação em receitas alheias).

Ambas as propostas acabam por alterar profundamente um ou simultaneamente as regras de fixação de competência tributária e o modelo originário de repartição das receitas atual existentes no capítulo do Sistema Tributário Nacional, com inequívocas implicações e mutação do sistema federativo brasileiro.

O primeiro aspecto que se poderia chamar de 'formal', mas que não deixa de ser material, é o da supressão de competências legislativas dos Estado-membros, do DF e dos Municípios, seja, paralelamente, pela extinção de impostos de sua competência privativamente, seja pela unificação da legislação em legislação para dar-lhe um caráter de 'uniformidade' nacional (Lei Complementar da União), criando o denominado IBS (Imposto sobre Bens e Serviços).

Daí se pode formular um questionamento de ordem constitucional, que poderia ser taxado de meramente acadêmico, mas que tem no fundo um ponto relacionado com a rigidez da Constituição de 1988, principalmente com seu núcleo intangível, ou, simplesmente, 'cláusulas pétreas', tal como a regra da vedação de proposta de emenda constitucional 'tendente a abolir' a forma federativa de Estado (inciso I do §4º do art. 60 da CF).

Não estariam as Propostas de Emenda aqui em exame promovendo, ainda que tendencialmente, a abolição parcial da forma federativa de Estado fundada no que tange às autonomias tributária e administrativo-financeiras?

Por uma perspectiva de uma interpretação restritiva da regra do inciso I do §4º do art. 60 da Constituição de 1988 não seria de todo despido de razoabilidade a resposta afirmativa a esta questão.

Mais importantes para os fins do presente ensaio, são outras perplexidades federativo-constitucionais de índole *operacional*. Como funcionará, no plano prático, o modelo, de certo, *delineado* na PEC º 45/2019 e PEC nº 110/2019, visto que muitos elementos de *funcionalidade* do novel sistema ficarão reservados para a regulação infraconstitucional, por meio de Leis Complementares nacionais, ou seja, para a segunda fase do *re-design* do modelo atual.

O fato que não pode ser objetado é que as duas propostas de reforma tributária trazem profunda alteração da arquitetura originária da Constituição no que tange à autonomia tributário-financeira no modelo de arrecadação e de ingresso de receitas tributárias nos cofres públicos, visto que entrada dos recursos públicos sairiam da esfera autônoma dos Estados-membros, DF e Municípios com a transferência de sua *gestão* seja a uma Agência Nacional Tributária (PEC 45) – ou Comitê –, seja por meio da entrega direta de recursos aos Fundos Constitucionais, respeitada o gasto mínimo com saúde e educação.

Este ponto tem gerado divergências de concepções de como seria constituído a Agência ou Comitê (PEC 45/2019), ou mesmo, a quem caberia a *gestão* – ou qual dos entes federativos assumiria o protagonismo – das atividades distributivas das receitas arrecadas e sua entrega aos Fundos (PEC 110/2019).

Já aqui se vislumbra novas possibilidades de conflitos federativos, sendo que as regras de transferência de recursos – ou a omissão em estabelecê-las *adequadamente* – sempre geraram debates e até mesmo judicialização[4], com eventuais controvérsias sobre, por exemplo, a transparência e a correção de tais transferências. O que ser fonte de desarmonia federativa, em vez da tão propalada harmonização e simplificação do sistema.

[4] Veja-se, como um relevante exemplo, a controvérsia federativa formada no âmbito da Ação Direta por Omissão (ADO) nº 25 (Min. Gilmar Mendes), que aguardou anos para seu desenlace final, com a celebração de difícil 'acordo' entre Estados/DF e a União, homologado pelo STF, ainda em fase de cumprimento.

Há que ser colocado em debate, igualmente, as denominadas regras de *transição* do modelo atual para o modelo 'reformado', sendo que nas duas propostas apresentadas, como quer parecer-nos, tais regras, ao mesmo tempo em que se inseridas em contexto de pretendida *simplificação* do sistema, geram dúvidas e *novas complexidades*, ainda que restritas aos períodos de tempo especificados. Isto se funda no fato de que teremos dois modelos diferentes funcionando, ainda que temporariamente, de forma *simultânea*.

Ainda temos, na PEC 45/2019, a regra de vedação da concessão de benefícios fiscais, o que, de forma direta, suprime a autonomia dos entes federados de promoverem algumas políticas públicas, econômicas e sociais, que sirvam para dar efetividade a valores constitucionais, como aqueles expressos nos incisos do art. 3º da Constituição de 1988. A intenção da proposta é, contudo, salutar, como expressão da vontade de criar limites às possibilidades de *conflitos federativos* tributários, mas, sem dúvida, suprime mecanismo que, se utilizado dentro de parâmetros claros, serve à promoção do desenvolvimento regional e local, reduzindo desigualdades estruturais na matriz econômica e no campo social.

Este mesmo problema surge na PEC nº 110/2019, mas de forma atenuada, ao permitir a concessão de benefícios fiscais, dentro de limites e condições a serem criados por Lei Complementar nacional, mas acaba produzindo, também, um grau de redução da autonomia federativa ao fixar um elenco, *a priori* taxativo, restringindo-os a operações com alimentos, medicamentos, transporte coletivo de passageiros urbano, bens do ativo imobilizado, saneamento básico, educação infantil, ensino fundamental, médio e superior e educação profissional. Elementos que, talvez, fossem melhor discutidos e fixados na legislação infraconstitucional, em sede de Lei Complementar nacional. O que se diz, em face do óbvio fato de que qualquer alteração deste elenco de hipóteses de operações passíveis de serem objeto de benefícios fiscais demandaria *nova* proposta de emenda constitucional, dando maior flexibilidade legislativa ao sistema, apesar de que se possa cogitar que talvez seja exatamente o contrário disso o que se deseja na PEC nº 45/2019, uma rigidez de critérios. Mas, isso é realmente 'desejável'?

Restam ainda três outros aspectos, diretamente extraídos da PEC nº 45/2019, que são: (i) fiscalização e cobrança compartilhada pela União,

Estados, DF e Municípios; (ii) estabelecimento de contencioso administrativo específico – ou seja, *unificado* – do IBS; e (iii) contencioso judicial, na competência da Justiça Federal.

Estes três temas são muito relevantes quando colocados em confronto com o modelo atual de autonomia dos entes federativos, os quais instituem por legislação tributária própria as regras de fiscalização e arrecadação, bem como dispõem, por lei, de seu próprio contencioso administrativo.

Muitas indagações surgem a partir destes dois aspectos, como, dentre outros, a questão do destino da *estrutura* da Administração Tributária (órgãos de fiscalização, arrecadação e os tribunais administrativos tributários) atualmente existente nos Estados/DF e Municípios. Esta estrutura se tornaria desnecessária no âmbito estadual, distrital e municipal? Poder-se-ia cogitar da possibilidade de perda de parcela substancial da autonomia administrativa dos entes federados? Como pode ser lido, por ângulo estritamente jurídico-constitucional, esta radical virada estrutural do sistema tributário nacional?

Na PEC nº 110/2019, por outro lado, encontra-se a proposta de inserção do art. 165-A no texto da Constituição, deixando praticamente todas as *especificidades* e *modos* de funcionamento da Administração Tributária, nos âmbitos da União, Estados-membros, DF e Municípios, o que deixa um espaço amplíssimo que terá que ser definido no segundo *round* da reforma, com a edição de Lei Complementar nacional para estabelecer as normas gerais e, posteriormente, no terceiro *round* serem editadas as normas específicas por leis da União, Estados, DF e Municípios (?!).

Pode-se, por outro lado, pressupor que este 'amplo' espaço de regulamentação infraconstitucional abra mais espaços para dúvidas do que certezas. Talvez não fosse o caso de estabelecer um modelo que correspondesse ao espírito de unificação de tributos, legislação tributária, esboçando soluções na própria emenda para questões federativas, como, por exemplo, uma básica que é a seguinte: ainda que se cogite de que a fiscalização dos fatos geradores ocorridos no âmbito federal corresponda à União, ao âmbito estadual, aos Estados, e assim por diante, deve ser pensado que os fatos geradores do tributo único (IBS) vai ocorrer, como efeito da unificação em si, no território de um Município, o qual, por sua vez, se insere no território do Estado-membro, o qual, ao fim, está inserido no território nacional. Como ficaria, neste quadro, como elemento fundamental, o espaço de competência territorial dos órgãos de fiscalização federais, estaduais e municipais? Não haveria uma competência territorial superposta e, deste modo, necessariamente *concorrente*? Daí, como se fixaria o critério da competência de cada esfera federativa da Administração Tributária?

Como se tenta demonstrar, ainda temos muitos debates federativos que ficarão em aberto, sem nenhum parâmetro ao menos indicativo de solução pelas emendas propostas. Após aprovadas, elas deixarão aspectos federativos constitucionais importantíssimos para a esfera da Lei Complementar nacional de normas gerais, seguida por leis específicas reguladoras da 'autonomia' estrutural, competencial e funcional, em geral, da Administração Tributária a serem 'autonomamente'.

Restam somente questionamentos e dúvidas que remetem não a aspecto de *simplificação* do sistema, como está no *slogan* genérico das propostas apresentadas de reforma tributária, mas a demandas de soluções federativas *complexas* que demandarão muito da capacidade de *engenharia normativa* do legislador infraconstitucional.

Por fim, na PEC nº 45/2019 surge outro ponto apto a gerar alguns questionamentos bastantes substanciais, o da fixação do contencioso judicial tributário na competência da Justiça Federal.

Basta consultarmos as estatísticas do Conselho Nacional de Justiça (CNJ), além de outros estudos qualitativos e quantitativos por ele produzidos, para chegarmos à conclusão de que esta proposta se apresenta, a nosso ver, insustentável quando confrontada com a atual realidade do contencioso judicial tributário.

A propósito do tema, observe-se que, de acordo com o CNJ, o congestionamento do Poder Judiciário em razão das execuções ficais é alarmante, com a constatação por dados empíricos de que a maior taxa de congestionamento de execução fiscal está na Justiça Federal (93%), seguida da Justiça Estadual (86%)[5].

Daí não ser necessário nenhum grande esforço analítico, ou mesmo imaginativo, para chegar-se à conclusão de que no plano *ideal* tudo pode

[5] Confira-se em: <<Justiça em Números: Execução fiscal eleva arrecadação do Judiciário – Portal CNJ>>.

parecer perfeito, mas, a realidade sempre bate às portas e traz graves problemas de *operacionalidade*. Ou seja, concentrar todo o contencioso tributário na Justiça Federal somente poderá resultar na total inviabilização de seu funcionamento. Com efeitos deletérios para a garantia da razoável duração do processo (inciso LXXVIII do art. 5º da CF). Sem dúvida, esta proposta em especial merece renovada e profunda reflexão.

Bem, a esta altura do presente ensaio jurídico, é possível verificar que as mesmas argumentações sobre o aspecto *material* de constitucionalidade da PEC nº 45/2019, no que tange, novamente, ao *design* da forma federativa originária na Constituição de 1988, coloca-se a dúvida sobre a viabilidade desta alteração, que suprime, ainda que não revogando dispositivo preexistente na Constituição, espaço competencial da Justiça dos Estados.

Mais ainda, deixando em seu lugar, vasto espaço de dúvida sobre a competência da Advocacia Pública dos Estados e do DF (art. 132, CF). O contencioso judicial tributário restaria *unificado* na Procuradoria da Fazenda Nacional? Haveria competência *concorrente* entre a PGFN e as Procuradorias Tributárias e Fiscais dos Estados/DF? Como se operacionalizaria esta *concorrência* de atribuições? Isto, sem esquecer, das Procuradorias Tributárias e Fiscais dos Municípios.

Estão aí os paradoxos da *simplificação*, do sistema resultante da unificação de tributos e da legislação tributária, e dos efeitos paralelos de aumento de *complexidade* na criação de soluções para harmônico funcionamento de setores institucionais fundamentais na estrutura das autonomias federativas, Administração Tributária, PGFN e Procuradorias-Gerais dos Estados/DF e Municípios, como também da Justiça dos Estados e do DF e da Justiça Federal.

Conclusões

Não são poucos os desafios de uma reforma tributária que pretende fazer um radical *re-design* da estrutura do sistema tributário nacional, o qual, se finalmente aprovado (à luz de umas das propostas de emenda à Constituição apresentadas) deixará diversos horizontes de dúvidas em aberto, os quais são suficientes para prolongar ainda mais o debate sobre a regulamentação infraconstitucional do modelo que vier a ser adotado, para quais se abrem também diversas janelas de previsíveis debates federativos bastante *conflitivos* e *complexos*.

Este ensaio pretendeu provocar reflexões federativas essenciais, apresentado, especulativamente, alguns *caveats* sobre a reengenharia geral do sistema, na esperança de que sejam de algum proveito para o debate tão relevante para o futuro de nossa República Federativa do Brasil.

6. REPERCUSSÕES DO FEDERALISMO FISCAL NA REFORMA TRIBUTÁRIA

RAFAEL CAMPOS SOARES DA FONSECA

Introdução

De início, impende o registro da alegria com que nos desincumbimos deste honroso convite dos companheiros nas Jornadas da Reforma Tributária, realizadas no segundo semestre de 2020, Daniel Corrêa Szelbracikowski e Laís Porto, juntamente com a amiga Tarsila Fernandes, para aportar contributo acadêmico para esta obra que certamente será importante referência para guiar a comunidade jurídica e o Congresso Nacional no que toca às reformas constitucionais do Sistema Tributário Nacional. De minha parte, resta o agradecimento pela parceria e pela oportunidade de convergir esforços para tão meritório projeto.

Este artigo versa sobre as repercussões do conteúdo constitucional do federalismo fiscal brasileiro na condição de balizas aos Poderes Legislativo e Constituinte Derivado. Com esteio na literatura de direito financeiro referente à dimensão fiscal da ordem constitucional, perquiriremos o que pode a doutrina desse ramo jurídico informar às lideranças públicas envolvidas no projeto reformista do Sistema Tributário Nacional.

Nesse sentido, o restante do itinerário argumentativo desta obra desenvolve-se cinco partes. *Primeira*, intentaremos definir a gramática jurídica relevante às preocupações de uma Reforma Tributária, notadamente pelas lentes da Constituição Financeira e do federalismo fiscal, ambas as categorias com guarida constitucional. *Segunda*, investigaremos o que se concebe como um federalismo fiscal equilibrado no sistema jurídico. *Terceira,* igual expediente será perseguido quanto ao federalismo fiscal cooperativo. *Quarta,* argumentaremos em prol da incidência do princípio da subsidiariedade no direito financeiro. *Quinta,* aportaremos considerações finais a título de interligar as conclusões dos argumentos anteriores ao contexto de uma Reforma Tributária.

1. Constituição financeira e o federalismo fiscal

Em um prisma substantivo, a atividade financeira do Estado deve ser funcionalizada para a realização de um critério de justiça distributiva previsto na Constituição da República por intermédio dos fundamentos e dos objetivos do Estado brasileiro. "Pela Constituição brasileira o orçamento deve ser utilizado de forma a tratar desigualmente os desiguais, na medida de suas desigualdades socioeconômicas, de forma a arrecadar de quem mais possui riquezas e gastar mais com quem as possui em menor monta."[1] Portanto, torna-se necessário realizar um exame das incidências e gastos públicos prioritários em cada ordenamento jurídico nacional historicamente considerado. Nesse sentido, torna-se relevante construir um arquétipo normativo de federalismo fiscal cooperativo e equilibrado baseado na Constituição Financeira. Portanto, a adjetivação do federalismo financeiro experimentado no Brasil pauta-se nos vetores da cooperação e do equilíbrio.

Esses vetores normativos operam e conformam a realidade a partir da Constituição Financeira, por sua vez definível como parcela material de normas jurídicas que regulam a atividade financeira do Estado ao formatar uma unidade entre obtenção de receitas, orçamento, realização de despesas, gestão do erário e controle. Nessa linha, do pensamento de Heleno Torres extraímos o que é essa parcela da ordem constitucional:

> A Constituição Financeira consiste na parcela material de normas jurídicas integrantes do texto constitucional, composta pelos princípios fundamentais, as competências e os valores que regem a atividade financeira do Estado, na unidade entre obtenção de receitas, orçamento, realização de

[1] Scaff, Fernando Facury. **Orçamento Republicano e Liberdade Igual: ensaio sobre direito financeiro, república e direitos fundamentais no Brasil.** Belo Horizonte: Fórum, 2018, p. 291.

despesas, gestão do patrimônio estatal e controles internos e externos, bem como a intervenção do Estado, na relação com as Constituições Econômica ou Social. A Constituição Financeira visa a garantir a certeza do direito a estabilidade sistêmica ao longo de toda a aplicabilidade das competências do direito financeiro, segundo princípios e valores uniformes, nos limites dos direitos e liberdades fundamentais, com máxima efetividade das Constituições Econômica, Político-Federativa e Social.[2]

Com referência à hodierna experiência de redemocratização brasileira, a Constituição Financeira cria o atual Estado Fiscal em seus aspectos formais e materiais. Na dimensão formal, a ordem constitucional financeira coincide com os arts. 145 a 169 da CR/88 (Título VI – Da Tributação e do Orçamento). Noutra banda, é a perspectiva material que transforma o sistema financeiro em um problema político, espraiando-se para outros dispositivos constitucionais, topograficamente deslocados do Título VI da CR/88, como, por exemplo, as competências administrativas e políticas dos entes federativos e dos Poderes da União, a Seguridade Social e o ADCT. A propósito, Torres examina o texto constitucional à exaustão, identificando ao longo de toda ordem constitucional normas referentes ao orçamento, precatórios, despesas públicas (qualquer forma de gasto, como indenizações etc., afora as competências gerais), receitas, débito com crédito público, patrimônio, fundos, transferências entre os entes

[2] A Constituição Financeira consiste na parcela material de normas jurídicas integrantes do texto constitucional, composta pelos princípios fundamentais, as competências e os valores que regem a atividade financeira do Estado, na unidade entre obtenção de receitas, orçamento, realização de despesas, gestão do patrimônio estatal e controles internos e externos, bem como a intervenção do Estado, na relação com as Constituições Econômica ou Social.
A Constituição Financeira visa a garantir a certeza do direito a estabilidade sistêmica ao longo de toda a aplicabilidade das competências do direito financeiro, segundo princípios e valores uniformes, nos limites dos direitos e liberdades fundamentais, com máxima efetividade das Constituições Econômica, Político-Federativa e Social." (Torres, Heleno Taveira. **Direito Constitucional Financeiro: teoria da constituição financeira**. São Paulo: Revista dos Tribunais, 2014, p. 75)

federativos, fomento público, estímulos e incentivos, controles interno e externos e Fazenda Pública.[3]

Por isso, é possível depreender das leis orçamentárias uma visão de governo do conjunto temporalmente determinado das receitas arrecadas e das despesas públicas fixadas, mesmo que diante de reduzida margem de mobilidade financeira. Segundo Paul Kirrchhof, a Constituição Financeira dedica-se a normatizar o poder mediado pelo dinheiro nas mãos do Estado, assim se assegura a continuidade do Estado Constitucional. Para atingir esse intento, a ordem constitucional é um "camaleão", porque conquanto preserva e consolida a vida pública por meio da juridicidade, também rege a renovação política do Estado, garantindo liberdades e ações financeiras. Portanto, o legislador e o governo devem ser concretamente capacitados e encarregados de liderar o Estado de maneira contemporânea e voltada para o futuro. Em palavras mais sintéticas, sob a perspectiva jusfinanceira, deve-lhes ser facultado ousar o novo na medida do financeiramente possível.[4]

No âmbito dessas ideias nucleares, o federalismo fiscal deve ser concebido como um conceito político-jurídico lastreado por fundamentação crítico-reflexiva depreendida da moralidade política e passível de explicitação em um critério de justiça, à luz da Teoria da Constituição Financeira. Nesse ponto, a própria dimensão contrafactual da ordem jurídica incentiva, ou pelo menos facilita, a produção de parâmetros ideais, positivados ou não, de correção da conduta das instituições. Conforme se depreende das lições de Humberto Ávila, os direitos tributário e financeiro têm muito a ganhar caso sejam informados por um estruturalismo argumentativo, de modo que a ciência do Direito agregue uma fusão de

[3] "Uma simples conferência do texto constitucional dá mostras do erro de redução da Constituição Financeira a uns poucos dispositivos. E isso porque ao longo de todo o texto constitucional persistem regras sobre matérias conexas com a atividade financeira do Estado." (TORRES, Heleno Taveira. **Direito Constitucional Financeiro: teoria da constituição financeira**. São Paulo: Revista dos Tribunais, 2014, p. 92-93, n. 52)

[4] KIRCHHOF, Paul. Kontinuität dank Finanzverfassung. In: HUFELD, Ulrich; KUBE, Hanno; REIMER, Ekkehart (coord.). **Entwicklungslinien der Finanzverfassung**. Heidelberg: Institu fur Finanz- und Steuerrecht, 2016, p. 25 e 48.

proposições descritivas e normativas, sob as luzes de uma função criativa, e não só descritiva, por parte dessa literatura acadêmica.[5]

Assim, o "federalismo fiscal é o tema do direito financeiro de maior expressão na atualidade e que dominará a pauta política e jurídica dos próximos anos, a envolver a reforma do pacto federativo e do seu financiamento."[6] Nesse quadrante, justifica-se a necessidade de engajamento acadêmico e cívico em temática jurídica fundamental, de modo a compreender a linha de raciocínio segundo a qual o Estado brasileiro estabeleceu o rateio dos valores arrecadados entre os entes federados.

Na verdade, considerada a definição segundo a qual "o federalismo fiscal significa a partilha dos tributos pelos diversos entes federativos, de forma a assegurar-lhes meios para atendimento dos fins. Não só dos tributos, no entanto, mas também das receitas não tributárias,"[7] o escopo de preocupação teórica proposto por este artigo é mais amplo, tendo em vista que considera a estrutura federativa da atividade financeira do Estado em sua totalidade, isto é, além das receitas públicas, há uma tensão entre cooperação e competição em prol da unidade entre receitas, despesas e dívidas públicas, assim como a forma de gestão mediante orçamento e instituições federativas e o controle financeiro dessa dinâmica. Daí porque parte da doutrina jurídica passou a denominar a dinâmica das relações entre diferentes níveis de governança de federalismo financeiro.[8]

[5] Ávila, Humberto. Função da Ciência do Direito Tributário: do formalismo epistemológico ao estruturalismo argumentativo. In: **Revista Direito Tributário Atual,** n. 29. São Paulo: Dialética, 2013, p. 199-204.

[6] Torres, Heleno Taveira. **Direito Constitucional Financeiro – teoria da constituição financeira**. São Paulo: Revista dos Tribunais, 2014, p. 245.

[7] Oliveira, Regis Fernandes de. **Curso de Direito Financeiro**. 7 ed. São Paulo: Revista dos Tribunais, 2015, p. 115.

[8] "Dentro do estudo do federalismo, um capítulo que se destaca, que é o do federalism fiscal, curioso nome para significar a *descentralização do poder financeiro dentre os entes subnacionais*. A curiosidade decorre do fato de dois aspectos: (1) tal repartição de poder existe mesmo em países que não se organizam sob o sistema federativo, como ocorre com a Espanha, e, (2) por outro lado, não se refere apenas às renúncias tributaries, pois existem outras dimensões desse fenômeno descentralizador; como no âmbito das receitas patrimoniais (como os *royalties* da extração petrolifera e mineral), das despesas, da dívida pública, dos consórcios públicos (CF, art. 241), dos fundos de participação, rateio e de equalização, e muitos outros, extrapolando a usual perspectiva centrada no âmbito da

2. Federalismo fiscal equilibrado

Perfectibilizado suficiente arcabouço conceitual atinente à Constituição Financeira e ao federalismo fiscal, passo a expor haver na ordem constitucional um sistema de financiamento do Estado federal, o qual no plano vertical distribui renda pela competência tributária e no horizontal autoriza meios funcionais de financiamento recíproco, à luz do desenvolvimento sustentável equilibrado e da redução das desigualdades locais e regionais. Igualmente, busca-se "implantar um federalismo de equilíbrio, na correlação entre fortalecimento da União para planejamento e ordenação das políticas públicas e aprimoramento das competências das unidades periféricas."[9]

Portanto, o modelo normativo em questão funda-se no ideal de equilíbrio financeiro consistente em uma série de mecanismos legislativos e regulamentares pelos quais a divisão dos recursos públicos e respectivas despesas são critérios relevantes ao grau de autonomia e interdependência política dos entes federados, com sustentabilidade financeira, estabilidade econômica e satisfação do interesse público.[10] O objetivo último desses arranjos federativos está em guarnecer de condições de possibilidade a autonomia das unidades constituintes:

> A autonomia dos entes político-administrativos garante-lhes a possibilidade de administração dos recursos públicos atribuídos constitucionalmente para a consecução das atividades próprias. Nessa tarefa, caberá ao orçamento de cada ente federado a definição de sua despesa em decorrência da eleição de prioridades e programas que pretende atingir/executar, e, bem assim, a opção do grau e a modalidade de endividamento necessário ao desenvolvimento das atividades e/ou financiamento de investimento. Cada ente federativo tem a tarefa de estabelecer seu próprio orçamento, respeitando o

repartição das receitas tributárias." (SCAFF, Fernando Facury *et al.* Prefácio: o federalism como uma forma de organização do poder. In: SCAFF, Fernando Facury *et al* (coord.). **Federalismo (s)em Juízo.** São Paulo: Noeses, 2019, p. XIV)

[9] Torres, Heleno Taveira. **Direito Constitucional Financeiro – teoria da constituição financeira.** São Paulo: Revista dos Tribunais, 2014, p. 262.

[10] Scaff, Fernando Facury; Rocha, Francisco Sergio Silva. Princípios, elementos e conceitos do estado federal. Ramos, Dircêo Torrecillas (coord.). **O Federalista Atual: teoria do federalismo.** Belo Horizonte: Arraes, 2013, p. 74.

princípio da legalidade e a autonomia de cada unidade política, sem a supervisão ou responsabilização da outra.[11]

Ademais, além da referida união indissolúvel e mutuamente vantajosa que promove uma correlação entre fortalecimento da União para planejamento e ordenação das políticas públicas e aprimoramento das competências das unidades subnacionais, restam também pertinentes o princípio da correspondência fiscal e a dialética entre autonomia fiscal e solidariedade financeira.

Quanto à correspondência ou outra terminologia que se adote, Régis Oliveira é enfático ao afirmar que "como a Constituição estabeleceu as atribuições de cada ente federal, evidente que deve dar-lhes instrumentos ou recursos para que possa atendê-las."[12] Por isso mesmo, o sistema tributário deve ser repartido em três níveis de governo, pois "[s]e a Constituição distribui as competências político-administrativas de cada qual, forçosamente deve atribuir os recursos necessários para que possam cumprir suas finalidades."[13]

Embora a atual Constituição da República não disponha de dispositivo previsto no anteprojeto da Comissão Provisória de Estudos Constitucionais da Presidência da República – que explicitava a imperatividade dos recursos necessários ao financiamento das funções constitucionalmente atribuídas –, essa relação é ínsita ao pacto federativo, compondo, no mínimo, poder implícito decorrente da autonomia fiscal dos entes federativos.

A regra jurídica da correspondência fiscal tem por função interligar as relações financeiras intergovernamentais e respectivas atribuições, ocasionando uma série de relações jurídicas entre os recursos públicos, responsabilidades e competências. Ao estabelecer uma plêiade norma-

[11] SCAFF, Fernando Facury; ROCHA, Francisco Sergio Silva. Princípios, elementos e conceitos do estado federal. RAMOS, Dircêo Torrecillas (coord.). **O Federalista Atual: teoria do federalismo.** Belo Horizonte: Arraes, 2013, p. 74.

[12] OLIVEIRA, Regis Fernandes de. **Curso de Direito Financeiro.** 7 ed. São Paulo: Revista dos Tribunais, 2015, p. 114.

[13] OLIVEIRA, Regis Fernandes de. **Curso de Direito Financeiro.** 7 ed. São Paulo: Revista dos Tribunais, 2015, p. 112.

tiva entre receitas, despesas e competências, a correspondência complementa-se, ainda, com o princípio da separação dos governos, porquanto permite que a unidade constituinte consiga por si só desincumbir-se de suas responsabilidades, sem a indevida interferência dos demais centros governamentais.

Decerto, o que se denomina por correspondência fiscal possui referenciais distintos em um vasto espectro de regimes constitucionais e regras operacionais,[14] embora com o mesmo *leitmotiv*, o que permite para efeitos comparativos a acomodação de formas variadas de relações financeiras intergovernamentais. Cuida-se de equivalente funcional indispensável em uma estrutura federativa, desimpedindo que a variante linguística constitua obstáculo intransponível no campo dos estudos comparados sobre federalismo fiscal

A problemática exsurge, de início, a partir da pluralidade de exceções à correspondência como regra operacional no regime constitucional. No caso brasileiro, basta verificar os incisos XIII e XIV do art. 21 da Constituição para observar que compete à União manter o Poder Judiciário, o Ministério Público, as polícias civil e militar, o corpo de bombeiros militar do Distrito Federal, bem como prestar assistência financeira para execução de serviços públicos. Igualmente, são notáveis as emendas constitucionais destinadas a federalizar o funcionalismo dos ex-territórios e dos Estados criados à época da Constituição de 1988, como Amapá, Rondônia e Roraima. Ao inverso, também de um exame detido das emendas constitucionais percebe-se que o governo federal promoveu "descentralização administrativa por ausência" (ou no jargão econômico *unfunded mandates*), ao reduzir sua participação para a esfera de complementação, bem como ao deslocar responsabilidades antes suas para os entes estaduais e

[14] "However, a rapid survey of the different federal (and regional) constitutional design discloses a great variety of financial arrangements (...) We have to examine the Babel of the naming, and the try to accommodate correspondence, separation, and linguistic variety. This is due to the fact that such variety reflects how constitutional term their 'domestic' mechanisms for the allocation of fiscal powers and the distribution of the estimates of revenue to be raised throughout the country." (NICOLINI, Matteo. The principles of separation and correspondence, the comparative method, and the problem of semantic change. In: VALDESALICI, Alice; PALERMO, Francesco (eds.). **Comparing Fiscal Federalism**. Leiden: Brill, 2018, p. 85)

municipais, sem o devido lastro financeiro para tanto, o que é patente no caso do financiamento da saúde, desde a EC 29.

3. Federalismo fiscal cooperativo

Quanto ao federalismo cooperativo, tornam-se objetos de preocupações jurídicas as questões da subsidiariedade, da descentralização de funções públicas e da equalização fiscal de unidades desiguais. A esse respeito, a evocação de um federalismo cooperativo pode servir tanto para opor-se ao federalismo dual de origem norte-americana, quanto, de forma mais abrangente, para representar uma construção teórica a respeito da análise conceitual do princípio federativo. Opta-se pela segunda forma de tratamento por ser mais condizente com a linha de raciocínio deste artigo.

Nesse sentido, uma tentativa de explicar a teoria da federação por um caminho clássico significa identificá-la com uma divisão de poderes entre autoridades centrais e regionais em que cada um tem autonomia e coordenam-se mutuamente. O critério de repartição é, portanto, a independência dos níveis de governo. Essa noção pode desbordar para um formalismo legal pouco producente, ao não explicar a realidade crítica decorrente de guerras, depressão e planejamento econômicos e a prestação compartilhada de serviços públicos. Arrisca-se ao isolamento de cada nível de governo como resultante da independência relativa.

Sob pena de despolitizar-se a ordem constitucional, deve-se ter em mente que o federalismo é a solução para um problema eminentemente político, isto é, a divisão territorial do poder, por conseguinte resulta de uma negociação política em que as unidades constituintes (e seus atores relevantes) cedem soberania em troca de centralização de atividades essenciais. Supera-se a discussão taxonômica a respeito do federalismo dual e cooperativo, ao entender o fenômeno federal como processo, ao invés de causa da união aglutinadora. A propósito, Paleker compreende que a combinação dialética das variações de federalismo dual e cooperativo permitem entender o princípio federativo como ideal regulatório da sociedade em que se cria sistema político com múltiplos níveis de governo com poderes e funções definidas e oriundas de fatores e barganha políticos, em permanente processo de adaptação com vistas a responder aos desafios que surgem na comunidade internacional e no relacionamento financeiro entre as unidades constituintes.[15]

Isso porque o sistema federativo move-se entre os polos de dualismo e integração, o que leva a movimento similar no desenho fiscal da estrutura estatal entre autonomia fiscal e solidariedade. A primeira demanda alocação de competências tributárias, ação independente, auto-suficiência e auto-governo de cada ente decisório, conquanto a segunda exige a interdependência, interesses comuns e alocação de soberania em ente estatal único com competências espraiadas nas esferas de governo. Segundo Saunders, embora cada federação tenha um desenho fiscal único, todas possuem alguma composição entre a autonomia fiscal e a solidariedade financeira, a ser definida pelo contexto econômico, lutas políticas internas e externas e implementação de políticas, assim como passíveis de mudanças por reforma formal da Constituição ou interpretação constitucional. Sendo assim, o controle de constitucionalidade e a interpretação constitucional de medidas que interfiram na engenharia federativa e respectiva dimensão financeira deve não apenas controlar os limites do federalismo fiscal em uma acepção negativa, mas também auxiliar de forma propositiva na promoção de princípios nos quais se assenta o arranjo federativo financeiro.[16]

Igualmente, os exatos contornos jurídicos de uma categoria jurídica referente à solidariedade são objeto de constante revisitação e polêmica, de modo a explicitar os deveres jurídicos decorrentes dessa norma, assim como sua autonomia no que diz respeito à moral ou à metafísica, em um exato contexto sócio-histórico.[17] Na ordem constitucional vigente, a adoção da solidariedade financeira como ideal de legitimação do federalismo

[15] Paleker, S. A. Federalism: a conceptual analysis. In: **The Indian Journal of Political Science**, v. 67, n. 2, p. 303-310, abr./jun. 2006, p. 309.

[16] Saunders, Cheryl. Financial autonomy *vs.* solidarity: a dialogue between two complementary opposites. In: In: Valdesalici, Alice; Palermo, Francesco (eds.). **Comparing Fiscal Federalism**. Leiden: Brill, 2018, p. 41 e *ss.*

[17] "Bevor ein etwaiger rechtlicher Inhalt diskutiert warden kann, ist zunächst zu klären, wie sich das Verhältnis zwischen Solidarität und Verfassungsrecht konkret ausgestaltet: Ob Solidarität als verfassungsspezifische Rechtnorm fungiert ode rob sie auf dieser Ebene ausschlie•lich als moralisches, vorrechtliches Postulat oder gar faktischer Zustand begriffen warden muss?"(Federer-Meyer, Christiana. **Finanzielle Solidarität im Bun-**

cooperativo de equilíbrio é justificada em termos metodológicos pela teoria da Constituição Financeira e a necessária correlação entre meios e fins no projeto constitucional, haja vista que a construção de uma sociedade livre, justa e solidária é um dos objetivos republicanos (art. 3º, I, CR/88), o que tem implicações no plano deontológico ao conjunto de direitos e deveres financeiros das unidades constituintes entre si, sob uma lógica de lealdade à Federação.

A juridicidade do federalismo fiscal encontra-se no objetivo de estudar as fundações constitucionais das competências financeiros e os mecanismos por meio dos quais os governos centrais e periféricos apropriam-se de recursos públicos para financiar suas responsabilidades constitucionais, notadamente a promoção de direitos fundamentais. Almeja-se, então, aumentar e distribuir rendas, equalizar as condições de vida da população vivente em diversas unidades constituintes e promover riqueza social na forma de gastos. Sob a perspectiva do Direito, são preocupações teóricas relevantes a autonomia fiscal dos entes federativos, a solidariedade financeira como princípio legitimador do pacto federativo e a capacidade de realização de despesas públicas para redução de desigualdades sociais e regionais.

Em síntese, na Constituição da República de 1988, essa tensão dialógica entre autonomia e solidariedade reproduz-se ao longo de toda ordem constitucional financeira, sendo, a depender do contexto, modificada por ação do Poder Constituinte Derivado e dos Poderes republicanos constituídos.

4. O princípio da subsidiariedade no direito financeiro

Diante dos esforços e pressões de descentralização e equalização de bens e recursos públicos, essa visão funcional de federalismo perpassa necessariamente por um debate acerca da subsidiariedade na Constituição Financeira,[18] sendo que esta dispõe essencialmente sobre o finan-

desstaat: der horizontale Länderfinanzausgleich des Grundgesetzes und die bundesstattliche Solidargemeinschaft. Berlin: Duncker & Humblor, 2017, p. 82)

[18] "Wir wollen uns fragen, wie weit diese Anlage normative reicht, was sie verlangt oder auch ermörglicht, wie und inwieweit der Subsidiaritätsgrundsatz also sachgerecht konkretisiert warden kann und soll." (KUBE, Hanno. Subsidiarität in der Finanzverfassung

ciamento do Estado orientado por tarefas. Por isso, a subsidiariedade tomada no contexto de desenvolvimento nacional e de equalização federativa engloba a distribuição de funções governamentais.

Tradicionalmente, localiza-se a origem do princípio da subsidiariedade na Doutrina Social da Igreja, notadamente na carta encíclica do Papa Pio XI "*Quadragesimo anno*", de 15 de maio de 1931, sobre a restauração e aperfeiçoamento da ordem social, em conformidade com a Lei Evangélica, no quadragésimo aniversário da encíclica "*Rerum Novarum*" de Leão XIII.[19] Na esteira de uma doutrina católica que rejeitava o socialismo, mas também criticava os excessos do capitalismo, defendia-se que o fim da ação social seria coadjuvante aos seus membros, sem absorvê-los ou destruí-los. Na verdade, segundo Gilberto Bercovici, a gênese desse ideal de regulação jurídica da economia encontra-se na *Carta del Lavoro* italiana, editada por Benito Mussolini em 1927, por isso estaria fadada a esconder pretensões autoritárias.

Por sua vez, em sentido crítico à caracterização da subsidiariedade na condição de princípio jurídico, sendo, ao reverso, mera forma de gestão do direito e do Estado, Regis Fernandes de Oliveira identifica na "Ilíada",

– Einführung in die Thematik. In: Kube, Hano; Reimer, Ekkehart (ed.). **Subsidiarität in der Finanzverfassung**. Heidelberg: Institut für Finanz- und Steuerrecht, 2015, p. 4)

[19] "Verdade é, e a história o demonstra abundantemente, que, devido à mudança de condições, só as grandes sociedades podem hoje levar a efeito o que antes podiam até mesmo as pequenas; permanece contudo imutável aquele solene princípio da filosofia social: assim como é injusto subtrair aos indivíduos o que eles podem efectuar com a própria iniciativa e indústria, para o confiar à colectividade, do mesmo modo passar para uma sociedade maior e mais elevada o que sociedades menores e inferiores podiam conseguir, é uma injustiça, um grave dano e perturbação da boa ordem social. O fim natural da sociedade e da sua acção é coadjuvar os seus membros, não destruí-los nem absorvê-los.

Deixe pois a autoridade pública ao cuidado de associações inferiores aqueles negócios de menor importância, que a absorveriam demasiado; poderá então desempenhar mais livre, enérgica e eficazmente o que só a ela compete, porque só ela o pode fazer: dirigir, vigiar, urgir e reprimir, conforme os casos e a necessidade requeiram. Persuadam-se todos os que governam: quanto mais perfeita ordem hierárquica reinar entre as várias agremiações, segundo este princípio da função « supletiva » dos poderes públicos, tanto maior influência e autoridade terão estes, tanto mais feliz e lisonjeiro será o estado da nação." Disponível em: <https://w2.vatican.va/content/pius-xi/pt/encyclicals/documents/hf_p-xi_enc_19310515_quadragesimo-anno.html>. Acesso em 13 de junho de 2019.

de Homero,[20] a origem conceitual dessa regra, precisamente no momento em que Zeus impede os demais deuses de interferir na Guerra de Tróia, pois os humanos seriam capazes de resolverem seus problemas nesse contexto beligerante, sem auxílio do divino. Tendo como único limite a liberdade e concebendo o direito como objeto de manipulação do dominador sobre o dominado, o jurista bem clarifica que "[a] subsidiariedade é simplesmente uma forma de ação em face de alguém que se encontra impossibilitado, temporariamente, de ter o comportamento exigido pelo ordenamento, para falar em termos jurídicos."[21]

De nossa parte, já tivemos alhures a pretensão de enfrentar a existência e a incidência do princípio da subsidiariedade na economia de mercado, haja vista que o art. 2º, III, da Lei 13.874/2019, popularmente conhecida como lei da liberdade econômica, positivou explicitamente essa norma no ordenamento jurídico brasileiro.[22] Assim, deslocamos agora nosso enfoque para a possibilidade de aplicação do princípio da subsidiariedade ao direito financeiro.

Por outra linha de pensamento,[23] torna-se possível defender a ocorrência, pelo menos, de vestígios do ideal de subsidiariedade como norma estruturante da Constituição Financeira e do federalismo fiscal. Isso porque além de visar à alocação ótima de execução de tarefas públicas,

[20] Homero. **Ilíada.** 4 ed. Trad. Frederico Lourenço. Lisboa: Cotovia, 2010.

[21] Oliveira, Regis Fernandes de. **Curso de Direito Financeiro.** 7 ed. São Paulo: Revista dos Tribunais, 2015, p. 97.

[22] Fonseca, Reynaldo Soares da; Fonseca, Rafael Campos Soares da. Existe um princípio da subsidiariedade na Economia? In: Cunha Filho, Roberto Ricomini Piccelli Carneiro; Maciel, Renata Mota (orgs.). **Lei da Liberdade Econômica Anotada.** v. 2. São Paulo: Quartier Latin, 2020.

[23] Por todos, cita-se: Baracho, José Alfredo de Oliveira. **O Princípio da subsidiariedade: conceito e evolução.** Rio de Janeiro: Forense, 2000. "Cogita-se, na formulação do princípio da subsidiariedade, do equilíbrio entre o poder central e o poder local. A idéia concretriza-se na compreensão da absorção da substância local e da vitaliciedade local, pelo poder central. O poder local deve dispor de condições que crie situações para a formação do cidadão e do município. A repertição de competências vincula-se à compreensão do princípio da subsidiariedade, pelo que o Estado deve transferir ou delegar às coletividades, os poderes que têm a capacidade de exercer." (Baracho, José Alfredo de Oliveira. O Princípio da subsidiariedade: conceito e evoluçao. In: **Revista da Faculdade de Direito da UFMG,** n. 35, p. 13-52, 1995, p. 39)

a partir de critério de necessidade-eficiência, essa categoria jurídica tem como função declarar a liberdade política dos entes federados menores, inclusive sob a forma de autonomia financeira, e orientar a atuação do indivíduo. Com efeito, promove-se uma estruturação mais adequada e eficiente da vida pública mobilizada pela comunidade política entre Estado e sociedade.[24] Por servir de vetor axiológico de orientação das tarefas públicas, inclusive em dinâmica com a iniciativa privada, *v.g.* atividades de fomento e Parcerias Público-Privadas, a subsidiariedade guarda relevância para com a Constituição Financeira. Decerto, essa parcela da ordem constitucional em uma acepção substantiva é eminentemente orientada por objetivos, cujas consecuções devem ser lastreadas por recursos públicos advindos, em regra, de receitas próprias ou derivadas.[25]

Na esteira de Seiler, a Constituição Financeira ecoa o conceito de subsidiariedade, ao, por exemplo, repartir e discriminar as rendas tributárias. Toma-se, mediante abordagem cautelosa, a subsidiariedade como "regra de sabedoria" que fundamenta as pretensões normativas dos sujeitos de direito segundo a qual deve-se dar prioridade ao indivíduo e associações humanas menores na persecução de suas tarefas e interesses mais específicos, sendo que os entes maiores somente devem agir caso possuam maior aptidão para tanto. A resultante é uma organização do poder caracterizada pela liberdade e responsabilidade social.[26]

Ao indagar-se sobre o aprendemos sobre subsidiariedade a partir da relação federal-estadual, verificamos que o conceito gera ganhos de conhecimento, e não imediatamente políticos, haja vista que a normatividade do conceito está mais ligada à ordenação da atividade dogmática e legislativa, inclusive como imaginação constitucional. A propósito, Reimer subdivide o conteúdo jurídico da subsidiariedade de um lado em

[24] Droege, Michael. Subsidiarität als Strukturprinzip. In: Kube, Hano; Reimer, Ekkehart (ed.). **Subsidiarität in der Finanzverfassung**. Heidelberg: Institut für Finanz- und Steuerrecht, 2015, p. 21-23.

[25] Drüen, Klaus-Dieter. Staatliche und private Finanzierung öffentlicher Aufgaben. In: KUBE, Hano; Reimer, Ekkehart (ed.). **Subsidiarität in der Finanzverfassung**. Heidelberg: Institut für Finanz- und Steuerrecht, 2015, p. 103.

[26] Seiler, Christian. Subsidiarität im finanzverfassungsrechlichen Bund-Länder-Verhältnis. In: Kube, Hano; Reimer, Ekkehart (ed.). **Subsidiarität in der Finanzverfassung**. Heidelberg: Institut für Finanz- und Steuerrecht, 2015, p. 30-35.

uma dimensão positiva que denota obrigação de assistência pelo ente maior, o que gera segurança, e, de outro, em perspectiva negativa a qual representa um interdito à interferência desnecessária ante a responsabilidade própria dos entes menores, produzindo-se maior liberdade e descentralização das lideranças locais. De toda forma, aponta-se para a ambivalência do conceito a depender do ponto de vista que se adote, o que eventualmente pode gerar deturpação do pacto federativo. Sob a perspectiva do ente superior, a subsidiariedade pode ser instrumentalizada como oferta paternalista de auxílio, ao passo que para o ente inferior pode significar perda de autoridade e frutos do seu próprio esforço, atribuindo-se a culpa por problemas locais às esferas políticas centrais.[27]

Conclusões

Em termos gerais, a formação de um pacto federativo pressupõe a institucionalização de um critério de justiça, atribuindo-se responsabilidade alocativa aos entes menores na medida das respectivas autonomias financeiras e para fins de persecução de seus próprios interesses. Sendo assim, a configuração fático-normativa do federalismo fiscal implica em assumir a dupla necessidade de perseguir-se a cooperação e o equilíbrio na dimensão financeira da estrutura federativa do Estado brasileiro, haja vista que uma ideia somente plenifica-se na presença da outra, sendo possível unificar o padrão normativo de comportamento entre as unidades constituintes sob o signo do federalismo cooperativo equilibrado.[28]

[27] REIMER, Ekkehart. Querschnitte und Folgegragen – ein Resümee. In: KUBE, Hano; REIMER, Ekkehart (ed.). **Subsidiarität in der Finanzverfassung**. Heidelberg: Institut für Finanz- und Steuerrecht, 2015, p. 107-110.

[28] "Por fim, com a Constituição de 1988, a lembrar movimentos de sístoles e diástoles, retoma nova centralização, ao instituir um federalismo cooperativo equilibrado, coerente com os fins do Estado Democrático de Direito. Neste atual modelo, destacam-se os poderes da União para estabelecer normas gerais de direito financeiro (generosamente ampliadas em suas competências), para melhor promover a uniformização dos critérios e procedimentos para o controle, fiscalização e gestão das finanças públicas, orçamentos, responsabilidade fiscal e outros mecanismos inerentes à atividade financeira do Estado. (...) De fato, uma das grandes contribuições da Constituição de 1988 foi efetivamente esta: implantar um federalismo de equilíbrio, na correlação entre fortalecimento da União para planejamento e ordenação das políticas públicas e aprimoramento das competências das unidades periféricas, para criar um sistema que não prioriza extremos, mas que alcança

Esse argumento importa para a concepção e a viabilização de uma Reforma Tributária com a extensão e o escopo que se põe nos Projetos de Emendas Constitucionais em trâmite tanto na Câmara dos Deputados quanto no Senado Federal na medida em que no âmbito da Assembleia Nacional Constituinte de 1987 e 1988 optou-se por positivar no texto constitucional a forma federativa de Estado na qualidade de cláusula pétrea. Logo, exige-se das lideranças públicas atenção a essas limitações pré-concebidas pelo Poder Constituinte originário, sob pena de o STF em específico ou o Poder Judiciário em geral serem acionados a invalidar aspectos de eventual reforma constitucional formal.

Além disso, concluo que a assunção da subsidiariedade no campo do direito financeiro e das finanças públicas pode ser muito produtiva para (re)imaginar-se a organização político-administrativa do Estado brasileiro. Com efeito, acredito ser necessário aprimorar as práticas e a realidade constitucional pátria para alinhar a engenharia estatal aos melhores propósitos federalistas, isto é, que as soluções sejam nacionais onde se justifique a presença da União e sejam regionais ou locais nos temas em que as jurisdições mais diretamente responsáveis na resolução de problemas sociais possuam melhores capacidades para expressar as preferências relevantes da população e instrumentos para saná-los.

no equilíbrio duas melhores virtudes a serem concretizadas." (TORRES, Heleno Taveira. **Direito Constitucional Financeiro – teoria da constituição financeira**. São Paulo: Revista dos Tribunais, 2014, p. 251 e 262)

7.
REFORMA TRIBUTÁRIA – ALGUMAS POSSIBILIDADES NO ÂMBITO INFRACONSTITUCIONAL

MÁRIO LUIZ OLIVEIRA DA COSTA

Introdução

O presente artigo apresenta breves considerações sobre eventuais alterações do sistema tributário nacional que poderiam ser implementadas no âmbito infraconstitucional. As alterações infraconstitucionais caracterizam importante alternativa para viabilizar ao menos algumas etapas das "reformas tributárias", independentemente das também necessárias mudanças no texto constitucional, há décadas debatidas, mas não implementadas (além da prévia reforma administrativa para redimensionar o tamanho do Estado). Tendo por norte a busca de simplicidade, modernidade, eficácia, competitividade e segurança jurídica, assim como pressupondo bom senso, boa-fé, confiabilidade e transparência nas relações entre todos os agentes envolvidos, são objeto de análise possíveis mudanças infraconstitucionais atinentes a: PIS e COFINS; IRPJ e CSL; contribuições e taxas; ICMS; custos de conformidade; multas moratórias e punitivas; decadência e prescrição; contencioso administrativo e judicial; e soluções consensuais.

Tive o prazer e a honra de participar, em 27 de outubro de 2020, a convite do caro amigo Daniel Szelbracikowski, de um dos painéis da "Jornada de Debates Sobre as Reformas Tributárias", organizada pelo Instituto Brasileiro de Ensino, Desenvolvimento e Pesquisa – IDP. Foram então abordados, juntamente com os ilustres professores Mary Elbe Queiroz e Roque Antonio Carrazza, sob a competente mediação de Hadassah Santana e Rafael Fonseca, determinados aspectos atinentes ao tema que nos coube, qual seja, "Alternativas de Reformas Infraconstitucionais".

Agora, convidado por Lais Porto e novamente por Daniel, reitero algumas sugestões objetivando aprimorar nosso Sistema Tributário com alterações de natureza infraconstitucional. Ressalvo desde logo dois aspectos fundamentais: há, indubitavelmente, muito mais a ser feito além das sugestões ora apresentadas e não parece viável modernizar e simplificar a verdadeira "colcha de retalhos" em que se transformou o Sistema Tributário Nacional (STN) sem uma criteriosa e competente revisão constitucional. De fato, mesmo não sendo objeto de análise nesse momento, registre-se a urgência de uma ampla reforma (ou "limpeza") tributária no âmbito constitucional, que será ainda mais eficaz se implementada por etapas previamente programadas e, em especial, precedida de adequada reforma administrativa que delimite o tamanho do Estado (redimensionando, por consequência, a carga tributária necessária para custear suas despesas), de modo a não apenas reduzir o número de tributos como torná-los mais simples e eficientes.

Tudo em busca da justiça tributária, com menor regressividade, incentivo à formalidade e geração de emprego e renda. Ou, nos dizeres de Marcus Abraham[1], estimulando "o pagamento espontâneo dos tributos" e promovendo "a previsibilidade jurídica e uma nova cultura à administração tributária de facilitar a difícil relação entre Fisco e contribuinte, o que contribuirá positivamente ao ambiente de negócios e reduzirá a imensa litigiosidade fiscal", ressalvado ser "utópico (...) acreditar que uma reforma tributária possa, neste momento, propor a redução da carga fiscal sem antes tornar o gasto público mais eficiente", até porque "Reforma tributária e reforma na despesa pública são lados de uma mesma moeda".

Ocorre que a longa espera pela reforma tributária no âmbito constitucional[2] em nada obsta – antes, justifica – a implementação de alterações infraconstitucionais objetivando simplificar obrigações principais

[1] A reforma tributária que queremos. O Globo, 28/10/2019 – www.oglobo.globo.com/opiniao/artigo-reforma-tributaria-que-queremos-24047506.

[2] A que todos anseiam desde o longínquo ano de 1993. Tantos foram os avanços e alterações advindos da Constituição Federal de 1988, inclusive em relação ao STN, que o artigo 3º do Ato das Disposições Constitucionais Transitórias (ADCT) determinou fosse

e acessórias, uniformizar procedimentos, desburocratizar e melhorar o ambiente de negócios, quiçá incrementando a arrecadação e viabilizando a redução da carga tributária mesmo na ausência das necessárias alterações constitucionais. Por que não implementar, autonomamente, alternativas infraconstitucionais[3] direcionadas ao aumento da segurança jurídica, à simplificação (ou à menor complexidade) do sistema tributário e à redução da carga tributária?!

São esses os princípios norteadores das sugestões ora comentadas.

1. PIS e COFINS

As contribuições ao PIS (Programa Integração Social) e à COFINS (Contribuição para o Financiamento da Seguridade Social) há muito deveriam ter sido unificadas e tornadas verdadeiramente não cumulativas, sem majoração de alíquotas.

No que respeita à não cumulatividade, o "balão de ensaio" ocorreu com o PIS, quando da edição da Medida Provisória nº 66, de 29 de agosto de 2002 (convertida na Lei nº 10.637/2002), que instituiu a sistemática de forma restrita àquela contribuição e apenas para determinadas hipóteses, majorando, contudo, a alíquota a elas aplicável (de 0,65% para 1,65%). No ano seguinte (2003), foi editada a Medida Provisória n. 135, convertida na Lei nº 10.833/2003 e, desta feita, instituindo a sistemática não cumulativa para a COFINS, bem como majorando sua alíquota de 3% para 7,6%.

Ora, implementar sistemática não cumulativa (e, pior, parcialmente) acompanhada de expressiva majoração das alíquotas (quase triplicadas)

feita uma "revisão constitucional" após cinco anos de sua promulgação, revisão esta que também deveria abranger o STN, mas jamais procedida.

[3] Concordando-se ou não com os argumentos de Heleno Taveira Torres (dentre outros) no sentido de que "a melhor e mais eficiente reforma tributária, sem dúvidas, será aquela que se possa operar mediante leis complementares e ordinárias ou mesmo com adoção de atos infralegais, que não tolham direitos dos contribuintes e garanta a continuidade das competências tributárias dos estados e municípios, ao mesmo tempo que contribua para a superação da crise, estimule a volta dos investimentos e garanta melhores horizontes fiscais para as finanças dos entes federativos" (A reforma tributária mais urgente é infraconstitucional. Revista eletrônica Conjur, 01/07/2020 – www.conjur.com.br/2020-jul-01/consultor-tributario-urgente-reforma-tributaria-infraconstitucional).

caracterizou mais do que "dar com uma mão e tirar com a outra". Para a grande maioria dos contribuintes, a nova sistemática implicou não apenas aumento da carga tributária como, também, maiores custos operacionais para a apuração desses tributos, além de riscos e contingências antes impensáveis.

Se tanto não bastasse, desde as edições das MPs ns. 66 e 135 e respectivas Leis de Conversão ns. 10.637/2002 e 10.833/2003, foram introduzidas, como se sabe, diversas alterações na legislação e nos atos regulamentares atinentes a ambas as contribuições, com diretrizes cada vez mais complexas e onerosas, incidências monofásicas e plurifásicas, cumulativas e não cumulativas, repletas de exceções das mais diversas. A racionalidade do sistema e a redução da carga imaginadas quando dos pleitos de "*modernização*" de tais contribuições, infelizmente, não se concretizaram. Como registram, dentre outros, Luís Eduardo Schoueri e Matheus Cherulli Alcântara Viana, "*o sonho se transfigurou em pesadelo*", tendo sido implementada sistemática "*ainda mais danosa que o 'efeito cascata' que se pretendeu mitigar na origem das discussões*", fazendo com que as contribuições de que se cuida "*se tornassem um verdadeiro 'frankenstein tributário*'"[4].

É preciso evitar que tal se repita na atualidade. O Projeto de Lei n. 3887/2020, por exemplo, ao propor a substituição do PIS e da COFINS pela "CBS" (Contribuição sobre Bens e Serviços), apresentou o percentual de 12% (e não 9,25%, que resultaria da simples somas das atuais alíquotas na sistemática dita não cumulativa) como "*alíquota geral da CBS*" (artigo 8º) e propôs diversas exceções: isenções, incidências monofásicas, alíquota diferenciada de 5,8% para determinadas pessoas jurídicas, vedação à apropriação de créditos em algumas situações, exclusões de base de cálculo etc. A própria Exposição de Motivos do PL 3887 pretende justificar a adoção de "*alíquota uniforme de 12%*" ou "*alíquota positiva única (e alíquota zero aplicada apenas a exportações)*" (item 12) para, logo a seguir, mencionar hipóteses de isenção (item 13) e regimes diferenciados (item 14.1).

[4] *O termo "insumos" na legislação das contribuições sociais ao PIS/PASEP e à COFINS: a discussão e os novos contornos jurisprudenciais sobre o tema*, em "PIS e Cofins à luz da jurisprudência do Conselho Administrativo de Recursos Fiscais", Coord. Marcelo Magalhães Peixoto e Gilberto de Castro Moreira Junior. São Paulo: Ed. MP, 2011, pág. 409.

Não cabe, nessa oportunidade, aprofundar o exame acerca desse tema específico[5], mas, por mais apropriadas que possam eventualmente ser tais exceções, não há como afastar o temor de continuarmos no "*pesadelo*" e lidando com o "*frankenstein tributário*" referidos por Schoueri e Viana, tudo a contrariar o discurso de simplificação, modernização e redução da litigiosidade. Ademais, como justificar que, apesar de tantas exceções, setores que sabidamente não terão créditos relevantes em razão de suas peculiaridades (tendo sido, inclusive e por esse motivo, anteriormente mantidos na sistemática cumulativa[6]) não tenham sido por elas abrangidos?

Não incorramos nos mesmos erros do passado; antes, aprendamos com eles. Como alerta Everardo Maciel, "Claro que existem problemas no PIS/Cofins, como a equivocada interpretação dos direitos creditórios dos insumos no regime não cumulativo, a controvérsia sobre o conceito de receita e a utilização abusiva dos regimes especiais. Por que não se debruçar sobre esses problemas e elaborar soluções? O que não se deve, como no dito popular, é matar a vaca para acabar o carrapato"[7].

A não cumulatividade há de ser plena, simples e eficaz, algo prometido há vinte anos e ainda não cumprido. Para tanto, basta assegurar o creditamento correspondente aos valores de PIS e COFINS a serem lançados a débito pelos prestadores de todos os serviços e pelos fornece-

[5] Além de vasta doutrina examinando inúmeros aspectos atinentes ao tema, reporto-me a dois artigos nos quais me manifestei acerca de alguns deles: *Déjà vu* no PIS / COFINS x CBS. Revistas Eletrônicas Jota (www.jota.info), de 27/07/2020, e Conjur (www.conjur.com.br), de 31/07/2020; e PIS e COFINS não cumulativos. Artigo constante do livro "Direito dos Negócios Aplicado", vol. III – Dos direitos conexos, coordenado por Elias Marques de M. Neto e Adalberto Simão Filho. São Paulo: Almedina, 2016.

[6] Como os prestadores de serviços sujeitos ao lucro presumido, cujos gastos mais relevantes se concentram na remuneração de empregados e autônomos. Causa estranheza, aliás, que o próprio PL 3887 tenha proposto alíquota reduzida (5,8%, ao invés dos 12% propostos em relação aos demais contribuintes) para determinadas instituições financeiras sob a justificativa de que a CBS deva ser "apurada de forma diferenciada em razão de especificidades que dificultam a tributação do valor adicionado em cada operação", sem, no entanto, fazer a mesma distinção para prestadores de serviços, que também possuem especificidades que assim justificariam e são grandes geradores de emprego, bem como responsáveis por expressiva parcela do PIB nacional, estimada em mais de 60%.

[7] Reforma deve resolver, não criar problemas. Revista Veja de 09/08/2020.

dores de todos os insumos, em ambas as situações desde que adquiridos para ou no exercício da atividade cuja receita será igualmente onerada pelas mesmas contribuições. Qualquer sistema distinto, em que não se assegure ao menos isso, será apenas parcialmente não cumulativo (ou, por óbvio, parcialmente cumulativo).

As alíquotas, de seu turno, já foram indevidamente majoradas (quase triplicadas!) no início do século. Nada justifica nova majoração, nem mesmo a alegação de que assim seria necessário para "compensar" a exclusão do ICMS das bases de cálculo do PIS e da COFINS. Afinal, fato é que – à vista do entendimento fixado pelo Supremo Tribunal Federal (STF) – tais contribuições jamais deveriam ter incidido sobre o valor do imposto estadual, de modo que "calibrar" as alíquotas em razão da necessária exclusão implicaria perpetuar, obliquamente, a inconstitucionalidade já declarada, tal como perpetuou-se ou mesmo agravou-se, também obliquamente, a sistemática cumulativa quando da majoração das alíquotas sob o pretexto de evitar perda de arrecadação.

Se o pressuposto seria manter a carga fiscal, o que justificaria impor sistemática mais complexa e operacionalmente muito mais onerosa? Impõe-se seja ao menos possibilitado a cada contribuinte optar, periodicamente, pelo sistema que melhor lhe aprouver, ou seja, podendo adotar as alíquotas e bases de cálculo originais e mantendo a apuração sob a sistemática cumulativa. A simplificação e unificação do PIS e da COFINS nos moldes referidos certamente implicaria até mesmo majoração da arrecadação decorrente tanto destas contribuições quanto de outros tributos, pois incentivaria a formalidade e reduziria em muito os custos operacionais das empresas em geral, otimizando suas atividades e incrementando sua lucratividade.

Muitas outras alterações aumentariam a eficiência do PIS e da COFINS ou da contribuição que vier a substituí-los, como a adoção apenas do regime de caixa (não competência, pelo qual o contribuinte se vê obrigado a adiantar ao Fisco parcela de algo de que sequer usufruiu de fato) e a possibilidade de recuperar valores pagos em relação a receitas não auferidas e/ou inadimplidas (o que já seria de rigor na atualidade, pois não se pode aceitar que o tributo incidente sobre a receita acabe por incidir, definitivamente, sobre a "não receita"). Vale dizer, aceita-se o pagamento das contribuições sobre a receita não auferida, mas, a partir do momento em que a inadimplência do tomador do serviço ou adquirente do produto tornar-se definitiva, há de ser recuperado o respectivo montante, sendo essa, a meu ver, a melhor interpretação acerca do quanto decidido pelo STF nos autos do RE nº 586.482 (Rel. Min. Dias Toffoli, j. 23/11/2011).

Quanto antes forem tais ajustes implementados, com ou sem unificação ou criação de uma nova contribuição que os substitua, tanto melhor será para o atingimento dos objetivos retro indicados.

2. IRPJ e CSL

Obviamente, a complexidade do imposto de renda das pessoas jurídicas e da contribuição social sobre o lucro demanda estudos aprofundados para melhor identificar os diversos aspectos passíveis de simplificação, o que não condiz com o propósito verificado na presente oportunidade.

Ainda assim, há diretrizes fundamentais para balizar referidos estudos, a começar pelas necessárias redução e simplificação de tantas regras, muitas delas desnecessárias, contraditórias entre si ou ultrapassadas. Basta lembrar que o Regulamento do Imposto de Renda atual (RIR – Decreto n. 9.580, de 22/11/2018) possui de 1.050 artigos, o que, por si só e independentemente de tantos outros dispositivos legais e infralegais existentes, caracteriza claro indício de excessiva regulamentação.

Há, de outro lado, várias distorções passíveis de rápida correção. Tal como referido em relação ao PIS e à COFINS, por exemplo, deve ser evitada a tributação da renda e do lucro apurados no regime de competência (disponibilidade apenas jurídica), justificando-se tão somente em situações excepcionais nas quais a adoção do regime de caixa possa implicar distorções, como benefício exacerbado ao contribuinte ou mesmo desequilíbrio concorrencial. Diversos exemplos adicionais poderiam ser mencionados, como as distorções verificadas na tributação de mera atualização monetária indevidamente equiparada a ganho de capital (ou a receita financeira) e a dedutibilidade apenas de tributos pagos e não quando objeto de depósito judicial mesmo sendo os recursos igualmente destinados ao erário, dentre tantas outras irracionalidades atualmente existentes.

Apenas haverá justiça fiscal e previsibilidade em matéria de imposto de renda e de contribuição social sobre o lucro, incentivando a formalidade e incrementando a arrecadação, se a tributação se limitar a onerar efetivos "renda" e "lucro". Tributar realidades distintas de renda e lucro incentiva a informalidade e a sonegação, sendo o fato muitas vezes adotado como justificativa para a evasão. Assim é que tanto a legislação ordinária quanto sua regulamentação e sua interpretação – em especial pela fiscalização e pelo Poder Judiciário – devem ter como norte, como principal diretriz, a imperiosidade de não se admitir exigência de IRPJ e/ou CSL sobre realidades distintas de renda e lucro. "Simples assim".

Sempre atual o conhecido alerta feito há décadas pelo ministro Luiz Galotti: "Se a lei pudesse chamar de compra o que não é compra, de importação o que não é importação, de exportação o que não é exportação, de renda o que não é renda, ruiria todo o sistema tributário inscrito na Constituição"[8]. E de fato, há anos nosso sistema tributário está a ruir, pouco a pouco. No mesmo sentir, dentre outras, a lição do ministro Carlos Velloso de que "tanto a expressão renda quanto a expressão proventos implicam a ideia de fluxo, de alguma coisa que entra, que é recebida. (...) não me parece possível a afirmativa no sentido de que possa existir renda ou provento sem que haja acréscimo patrimonial, acréscimo patrimonial que ocorre mediante o ingresso ou o auferimento de algo, a título oneroso"[9].

Importa destacar, por fim, que a busca por justiça fiscal deve ser neutra e isenta, com todos os cuidados para evitar verdadeiras "armadilhas", ainda que bem-intencionadas, mas que deixem de considerar todas as nuances envolvidas em cada situação, quando não demagógicas ou populistas. Cite-se, como exemplo, a questão atinente à isenção do imposto de renda sobre lucros e dividendos distribuídos pelas pessoas jurídicas a seus sócios ou acionistas.

Há quem defenda a volta da tributação de lucros e dividendos sem considerar os vários benefícios resultantes da isenção em vigor há mais de vinte e cinco anos[10], acompanhada que foi da majoração do imposto de renda das pessoas jurídicas, da redução dos custos de fiscalização de milhares de pessoas físicas para apuração de eventual prática de distribuição disfarçada de lucros e da otimização da arrecadação com o desin-

[8] STF, RE n. 71.758, DJ 31/08/1973 (RTJ 66/165).

[9] RE n. 117.887, Rel. Min. Carlos Velloso, Tribunal Pleno, DJ 24/03/1993.

[10] Desde o ano base de 1996, conforme artigo 10 da Lei nº 9.249/95.

centivo à informalidade e os controles mais efetivos das pessoas jurídicas, maior geração de empregos etc.[11]. Aliás, a própria Receita Federal do Brasil já atestou que "A não tributação do lucro distribuído obedece a lógica econômica da integração tributária entre a pessoa física e a jurídica. Como o lucro já sofre a incidência na empresa, o sócio ou acionista é desonerado, evitando dupla incidência sobre o mesmo valor"[12].

O retorno ao passado não pode se dar sem estudos mais aprofundados e ajustes a impedir ou ao menos minimizar verdadeiro retrocesso a todos prejudicial. Como alerta Everardo Maciel, não se pode comparar "o tratamento tributário dos dividendos vis-à-vis do trabalho assalariado, sem considerar o ciclo impositivo completo e as respectivas bases de cálculo", além dos vários efeitos negativos que poderiam decorrer da reintrodução da tributação de lucros e dividendos, como "ressurgimento da Distribuição Disfarçada de Lucros (DDL) a níveis patológicos"; "intensificação de Planejamentos Tributários Abusivos"; "fuga de investimentos para jurisdições de tributação combinada mais favoráveis"; "fechamento de capital das companhias familiares hoje do tipo aberto, para evitar auditorias independentes e fiscalização da CVM"; e "aumento da já elevada carga tributária nominal e, pela reação dos contribuintes, perda de arrecadação (Curva de Lafer – ultrapassagem do limite impositivo aceitável)"[13].

Tenha-se presente, ademais, a referida majoração da tributação dos resultados das pessoas jurídicas quando da implementação da atual sistemática, de modo que sua eventual revogação exigiria, necessariamente,

[11] Aponta Everardo Maciel, com propriedade, ter havido à época "ampla reforma no IRPJ, com extinção da dedutibilidade da correção monetária do patrimônio líquido, redução de alíquotas, instituição dos juros remuneratórios do capital próprio e dos preços de transferência", dentre outras providências em decorrência das quais "entre 1996 e 2002 a arrecadação do IRPJ cresceu 116,7%, em termos reais, e sua participação no PIB aumentou de 1,51% para 2,26%". Tributação de dividendos, Wolf e Lagarde. Jornal O Estado de São Paulo, 04/04/2019.

[12] Estudos tributários. Prestação de serviços no lucro presumido. Nota de rodapé 13, p. 16 (www.receita.economia.gov.br/dados/receitadata/estudos-e-tributarios-e-aduaneiros/estudos-e-estatisticas/estudos-diversos/prestacao-servicos-no-lucro-presumido).

[13] Tributação de Dividendos. Apresentação feita no 3º Congresso CODECON – Conselho Estadual de Defesa do Contribuinte, aos 17/10/2019.

proporcional redimensionamento da carga a elas imposta, a fim de ao menos minimizar alguns dos efeitos previstos por Everardo Maciel.

Igualmente indispensável o tratamento distinto às sociedades empresariais e não empresariais, em especial aquelas criadas para o regular exercício de profissões regulamentadas[14]. Dentre outras distinções, enquanto naquelas o reinvestimento dos lucros caracteriza-se muitas vezes como condição de sobrevivência[15], nestas, o reinvestimento dos lucros é exceção ou insignificante, pois, deduzidas as despesas incorridas, procede-se ao rateio do saldo remanescente a fim de remunerar o trabalho exercido em determinado período, em geral atividade intelectual pessoalmente desenvolvida pelos sócios. Mais ainda, nas sociedades de profissões não regulamentares os sócios assumem risco ainda maior de não auferirem receitas suficientes a cobrir os custos fixos da sociedade e sequer terem qualquer remuneração ao final de cada mês.

Contam, exclusivamente, com o rateio dos lucros que possam auferir, rateio esse verificado após a regular tributação da própria sociedade (da qual são exigidos também outros tributos além do imposto de renda), o que justifica não ser a mesma verba onerada pelo IRPJ e pelo IRPF. No mínimo, há de subsistir vantagem fiscal relevante no tratamento dado a quem possa desenvolver duas atividades tanto individualmente quanto por intermédio de pessoas jurídicas, de modo a compensar todos os custos e encargos daí decorrentes e incentivar esta opção tão mais vantajosa ao erário em relação à redução da informalidade, à facilitação da fiscaliza-

[14] Listadas na IN RFB nº 23/86, tais como: advocacia, análise clínica laboratorial, arquitetura, assistência social, auditoria, avaliação e perícia, biologia e biomedicina, contabilidade, economia, engenharia, ensino e treinamento, fisioterapia, fonoaudiologia, geologia, medicina (exceto a prestada por ambulatório banco de sangue, case de saúde, casa de recuperação ou repouso sob orientação médica, hospital e pronto-socorro), nutricionismo, odontologia, psicologia e psicanálise, raio X e radioterapia, despachante, terapêutica ocupacional, tradução e veterinária, dentre outras atividades ali indicadas.

[15] Conforme Nelson Eizirik, "*a função econômica essencial do mercado de capitais é a de permitir às empresas, mediante emissão pública de seus valores mobiliários, a captação de recursos não exigíveis para o financiamento de seus projetos de investimento ou mesmo para alongar os prazos de suas dívidas (...) a companhia não está obrigada a devolver os recursos aos investidores (...), mas, isto sim, a remunerá-los, sob a forma de dividendos, caso apresente lucros em suas demonstrações financeiras*". Mercado de Capitais – Regime Jurídico. 3ª ed., Rio de Janeiro: Renovar, 2011, p.8.

ção e ao incremento da arrecadação atinente a todos os demais tributos envolvidos. Mais uma razão, portanto, a demonstrar o grande equívoco de se pretender tributar a distribuição de lucros e dividendos nos mesmos patamares da renda auferida no trabalho autônomo ou assalariado.

Não bastasse o quanto antes demonstrado, é certo que, se o propósito for manter a carga fiscal atual, não há por que modificar a sistemática; já se for reduzi-la, basta fazê-lo em relação às próprias pessoas jurídicas tributadas. Portanto, fica claro o propósito de aumentar a carga fiscal sobre o lucro e a renda das pessoas jurídicas (ainda que na parte distribuída a seus acionistas ou proprietários). Ainda que não fosse esse o propósito, certamente seria o efeito, como bem demonstram simulações, dados e exercícios divulgados por diversos trabalhos técnicos produzidos sobre o tema.

Em suma, há e sempre haverá diversos e relevantes aspectos a demandar ponderação e exame cautelosos em relação às alterações em geral objetivando simplificar, modernizar e equilibrar a tributação do lucro e da renda, o que apenas confirma a vasta gama de alternativas existentes no âmbito infraconstitucional.

3. Contribuições e taxas

Há muito têm sido as contribuições utilizadas como se impostos fossem, o que exige urgente correção. Como alertam Hamilton Dias de Souza, Humberto Ávila e Roque Antonio Carrazza,

Contribuições não são impostos. Estes últimos são tributos desvinculados de qualquer atividade estatal relacionada ao contribuinte (CTN, artigo 16). Daí, inclusive, terem os impostos sido distribuídos entre os entes federativos a título exclusivo, como fontes próprias para custeio de suas despesas gerais. Já as contribuições são tributos finalísticos e, como tal, vinculados a ações estatais voltadas a objetivos específicos, relativos a determinados grupos econômicos, profissionais e/ou sociais constitucionalmente indicados. Disso resulta que somente os integrantes desses segmentos possam ser seus sujeitos passivos, impondo-se, ainda, que haja proporcionalidade entre o quantum cobrado e o custo da atuação estatal que justifique a exigência, proibida sua utilização para outros fins.[16]

[16] A reforma tributária que o Brasil precisa parte III. Revista eletrônica Conjur, 10/11/2019 – www.conjur.com.br/2019-nov-10/opiniao-reforma-tributaria-brasil-parte-iii.

Imperioso, assim, na esteira da mesma lição, melhor fixar os limites para sua exigência, que impeçam o uso indiscriminado da figura sem a devida observância de "destinação obrigatória dos recursos arrecadados a órgão, fundo ou despesas específicas", se possível "com a definição de sanções ao descumprimento dessa regra". Há, ainda, que se tornar "expresso o princípio da referibilidade, proibindo-se contribuições cujos sujeitos passivos não pertençam ao grupo interessado na atividade estatal financiada, bem como cobranças que não sejam proporcionais aos respectivos custos".

O mesmo se diga em relação às taxas, "tributos vinculados e finalísticos, de modo que sua cobrança só é admitida se houver atividade estatal diretamente relacionada ao contribuinte" e desde que com "equivalência razoável entre o respectivo valor a o custo estimado daquela atividade, proibida a utilização para despesas outras"[17].

Ainda que preferível fosse a adoção desses ajustes no âmbito constitucional, poderiam ser suficientemente fixados em lei complementar, com maior agilidade e eficácia. A rigor, não seria necessária qualquer alteração constitucional ou infraconstitucional, demandadas apenas em razão da recalcitrância das autoridades fiscais e da instabilidade da jurisprudência, vez que bastaria a observância dos reais contornos constitucionais já existentes, tanto das contribuições quanto das taxas, conforme melhor doutrina. Mostram-se, contudo, necessários à vista (i) de tantos excessos e desvios de finalidade, ou, nas palavras de Scaff, "exóticas imposições", verdadeiras "aberrações tributárias"[18] que há décadas pululam – e continuam a pulular – em todas as esferas da federação; e (ii) da errática, quando não por demais condescendente, jurisprudência do STF relativa ao menos às contribuições, cuja orientação, em determinados casos,

[17] Hamilton Dias de Souza, Humberto Ávila e Roque Antonio Carrazza, A reforma tributária que o Brasil precisa – parte III, cit.

[18] Fernando Facury Scaff. Por uma reforma tributária (quase toda) infraconstitucional. Revista eletrônica Conjur, 12/06/2019 – www.conjur.com.br/2019-jun-17/justica-tributaria-reforma-tributaria-toda-infraconstitucional.

"eliminou *perigosamente* alguns dos principais critérios de controle dessa espécie tributária"[19].

4. ICMS

O ICMS é outro exemplo de imposto cuja complexidade – acompanhada de várias distorções – só aumentou desde a Constituição Federal de 1988 e que demanda profundas alterações constitucionais. Só assim, eventualmente até mesmo com sua substituição por um novo imposto sobre valor agregado (desde que atendidos diversos requisitos, o que não cabe discutir nessa oportunidade), poderão ser definitivamente superados tantos problemas gerados por um sistema que se tornou caótico, com 27 legislações distintas e em muitos casos inconciliáveis, efeitos deletérios da chamada "guerra fiscal", fatos geradores confrontantes com o ISS, sobreposições com o IPI etc.

Ainda assim, enquanto não se verifica a reforma constitucional e mesmo no período de transição que precisará ser fixado, há de se regular, uniformizar e simplificar o ICMS, o quanto possível, por lei complementar. Por que não regular por esse veículo normativo temas como prevenção e solução de conflitos de competência / sujeição ativa, hipóteses de tributação na origem e no destino, alíquotas e créditos em geral e substituição tributária?

No que tange à substituição tributária, mesmo não parecendo viável simplesmente extingui-la como sugere Scaff[20] (não obstante assim fosse desejável em muitas hipóteses em que se apresenta, enquanto noutras

[19] Como bem exemplificam Hamilton Dias de Souza e Thúlio José M. M. de Carvalho, remetendo aos ensinamentos de Marco Aurélio Greco, Paulo Ayres Barreto, Eliana Alonso Moyses e Daniel Gatschnigg Cardoso e indicando dois precedentes em que assim se verificou (RE n. 603.624/SC, RE n. 878.313/SC). Desafios para uma Reforma Tributária no Brasil, pendente de publicação quando da redação do presente artigo.

[20] "Outro exemplo é *acabar com a sistemática de substituição tributária*, o que não geraria maior problema em face da tecnologia digital que já existe e está implantada (como o *Sped Fiscal*). Voltaríamos a ter a velha e boa sistemática *normal* de apuração dos tributos." Fernando Facury Scaff. Por uma reforma tributária (quase toda) infraconstitucional. Revista eletrônica Conjur, cit.

a sistemática se mostre aceitável desde que não cause distorções[21]), há muito a ser feito no âmbito infraconstitucional. Como bem apontam Hamilton Dias de Souza, Humberto Ávila e Roque Antonio Carrazza, não se pode admitir a exigência de recolhimento complementar quando for a operação substituída praticada por valor superior ao presumido, sob pena de "subverter a lógica interna desse sistema" e tornar "a substituição tributária algo similar ao regime de estimativa". Afinal, sendo o regime instituído unilateral e obrigatoriamente pelo Fisco "no seu próprio interesse", é seu "o ônus de arcar com prejuízos resultantes de pautas mal calculadas. Ademais, a substituição tributária deve restringir-se aos setores indicados em lei complementar, para haver uniformidade a nível nacional"[22].

Também aqui, portanto, o que se propõe são medidas simples que muito auxiliariam a minimizar riscos de distorções e desequilíbrios concorrenciais, exigindo-se para sua adoção, contudo, coragem, imparcialidade e razoabilidade.

5. Custos de conformidade

Diversos exemplos demonstram o quanto desproporcionais e distorcidos são os custos de conformidade em geral e, em especial, atinentes às obrigações acessórias, a provocar perda de eficiência e monumental custo operacional às empresas brasileiras ou aqui operantes.

Conforme apurado pelo Instituto Brasileiro de Pesquisas Tributárias (IBPT), entre outubro/1988 (quando da promulgação da Constituição Federal) e outubro/2019 foram editadas 403.322 normas sobre tributação no Brasil e 16 emendas constitucionais em matéria fiscal. Vale dizer, foram criadas naquele período, em média, 52 normas tributárias por dia útil[23]. A burocracia e a complexidade do sistema tributário brasileiro exi-

[21] Em especial nos casos de grande difusão de revendedores que possam ser substituídos com razoável estimativa dos valores das operações subsequentes e rápida comprovação e restituição do excesso tanto na hipótese de não realização do fato gerador subsequente quanto na de sua realização por valor inferior ao estimado (como assegurado pelo STF – RE n. 593.849), otimizando a fiscalização e dificultando a sonegação.

[22] A reforma tributária que o Brasil precisa – parte III, cit.

[23] Instituto Brasileiro de Pesquisas Tributárias (IBPT). Quantidade de normas editadas no Brasil: 31 anos da Constituição Federal de 1988, www.migalhas.uol.com.br/arqui-

gem, de acordo com o Banco Mundial, média de 1501[24] horas por ano apenas para "preparar, arquivar e pagar (ou reter)" os tributos devidos pelas empresas, contra a média de apenas 158,8 horas por ano dos países membros da OCDE[25]. Enquanto nas empresas brasileiras, em média, a "cada 200 funcionários, 1 trabalha na área contábil (...), nos Estados Unidos, a proporção é 1 para mil e, na Europa, 1 para 500"[26].

É fato, que, nos últimos anos, foram verificados diversos avanços com a adoção de procedimentos eletrônicos (tais como nota fiscal eletrônica, Sistema Público de Escrituração Contábil – SPED, eSocial e outros) e a eliminação de algumas redundâncias. Todavia, há ainda muito a ser feito no sentido tanto da simplificação quanto da desburocratização, de modo a unificar ainda mais os sistemas de registros e de controle e, em especial, não ser o contribuinte obrigado a praticamente proceder ao trabalho da fiscalização, como se verifica atualmente.

Informes, declarações e guias de pagamento de quaisquer tributos federais, estaduais e municipais devem ser unificados e simplificados ao máximo. Deve-se, de fato e realmente, "sistematizar a coleta de informações fiscais, muitas vezes repetidas e redundantes, e reduzir a complexidade de PIS, Cofins e ICMS, nos quais se tem quase uma sistemática de apuração para cada segmento econômico"[27]. Não há justificativa lógica, por exemplo, para a exigência de apresentação de tantos informes e declarações atinentes aos mais variados tributos federais, estaduais e municipais (como IRPJ, CSL, PIS, COFINS, IPI, ICMS, ITCMD, ITBI, ITR, ISS, taxas diversas etc.), muitas vezes repetindo informações que poderiam constar de um único banco de dados de modo a, inclusive, dificultar a sonegação e inviabilizar a prestação de informações distintas a depender do tributo envolvido.

vos/2019/10/art20191025-11.pdf (acesso em 29/04/2021).

[24] Ou 1958, como informa a reportagem referida a seguir.

[25] Doing Business – medindo a regulamentação do ambiente de negócios (2020), www.portugues.doingbusiness.org/pt/data/exploreeconomies/brazil#DB_tax (acesso em 29/04/20201).

[26] www.g1.globo.com/economia/noticia/empresas-gastam-1958-horas-e-r-60-bilhoes--por-ano-para-vencer-burocracia-tributaria-apontam-pesquisas.ghtml

[27] Fernando Facury Scaff. Por uma reforma tributária (quase toda) infraconstitucional. Revista eletrônica Conjur, cit.

6. Multas moratórias e punitivas

Como se sabe, no âmbito federal – assim como em diversos estados e municípios – exige-se multa de mora no espontâneo recolhimento extemporâneo de tributos vencidos em percentuais escalonados[28], até o limite de 20% do valor do respectivo imposto. Já no que respeita à multa de ofício, imposta quando da constituição do crédito tributário considerado devido e vencido, há diversas situações em que se pretende exigi-las em percentuais próximos (como 75%), iguais ou muito superiores a 100% do valor do respectivo tributo, citando-se quanto aos superiores, exemplificativamente, os percentuais de 150% e 225% no âmbito federal e de até 300%, no âmbito estadual[29].

Independentemente da orientação jurisprudencial do STF no sentido da inconstitucionalidade, por manifesta natureza confiscatória, de multas excedentes a 100% do valor do respectivo tributo[30] e de o tema aguardar definição final em sede de repercussão geral[31], nada impede – muito ao contrário, é premente – a revisão dos percentuais aplicados a título de multas moratórias e punitivas.

Com efeito, se em tempos de elevada inflação poder-se-ia considerar razoável a exigência de tão significativos percentuais (como a, de certa forma, compensar eventual defasagem não recomposta pelos índices de atualização e/ou juros adotados), há muito essa realidade não mais se verifica, tampouco se justifica tamanha desproporção. Ademais, há muito foi a multa moratória atinente a relações privadas de consumo limitada a

28 Em se tratando de tributo administrado pela RFB, 0,33% ao dia, até o referido limite.

29 Como em São Paulo (e em outros estados), em que se exige a multa punitiva, em determinadas hipóteses, no valor correspondente tanto a 300% do imposto não apurado quanto a 50% do valor da operação (conforme artigo 85, g, h e n, da Lei n. 6.374/89).

30 ADI n. 551-1, j. 24/10/2002, Rel. Min. Ilmar Galvão; ARE 905685 AgR-segundo/GO, Rel. Min. Roberto Barroso, j. 26/10/2018 e RE 748257 AgR, Rel. Min. Ricardo Lewandowski, j. 20/08/2013, dentre outros precedentes.

31 RE n. 1.335.293/SP (Tema 1195), Relator atual o Ministro Nunes Marques. Refira-se, também, o RE n. 736.090/SC (Tema 863), em que se discute a legitimidade da multa qualificada, excedente a 100% do valor do respectivo imposto exigido.

2%[32] ou, em se tratando de aquisição não realizada por adquirente final ou de aluguéis, a 10%[33].

Inequívoca a desproporção, assim, tanto do percentual de 20% para multas moratórias (ainda que se possa considerar de alguma forma razoável o percentual de 0,33% ao dia quando não atinja índice acumulado superior a 10%, por exemplo) quanto, em especial, de 75% a 300% para multas punitivas. Esses percentuais acabam por, paradoxalmente, desincentivar o pagamento extemporâneo de tributos e incentivar o litígio, muitas vezes benéfico a longo prazo, considerando a incidência de juros simples (não cumulativos) e a possiblidade de posterior parcelamento ou mesmo redução dos encargos exigidos, quando não a elevada probabilidade de redução de multas superiores a 100% do valor do respectivo tributo exigido.

Assim é que, também como medida de incentivo à adimplência e desincentivo ao litígio, mostra-se de todo pertinente a alteração da legislação ordinária a fim de limitar a multa de mora ao máximo de 10% (computando-se 0,33% ao dia até tal limite) e as multas punitivas aos percentuais, quando muito, de 50% do valor do respectivo tributo e, nas hipóteses de sonegação, fraude ou conluio, eventualmente 100%.

7. Decadência e prescrição

Os prazos quinquenais de decadência e prescrição em matéria fiscal, fixados há quase 60 anos nos artigos 173 e 174 do Código Tributário Nacional (Lei nº 5.172/66 – CTN), não condizem com a realidade atual.

Não há dúvida de que os controles e o fluxo de informações eram muito mais difíceis e reduzidos na década de 1960. Com os avanços tecnológicos tem-se, atualmente, acesso instantâneo a dados e informações como patrimônio, renda, lucro, receita e movimentações financeiras em geral. O fluxo de informações e as inovações verificadas em atuais 5 anos certamente equivalem ao que ocorria em 50 anos, quando da publicação do CTN.

[32] Conforme artigos 52, § 1º, do Código de Defesa do Consumidor (Lei nº 8.078/1990, na redação da Lei nº 9.298/1996) e 22 do Decreto nº 2.181/1997, o mesmo se verificando em relação a débitos de condomínio, nos termos do artigo 1.336, § 1º, do Código Civil.

[33] Percentual máximo previsto no Decreto nº 22.626/33 (artigo 9º).

A existência de cinco anos para a constituição do crédito tributário e para sua posterior cobrança, assim como para o contribuinte pleitear a restituição do indébito, implicam, atualmente, mais desvantagens do que vantagens a todos os envolvidos, gerando incertezas, surpresas e insegurança jurídica para os dois lados. Justifica-se, assim, sua redução para dois, ou, no máximo, três anos, quando muito mantendo-se os cinco anos apenas para as hipóteses de simulação, nas quais é razoável que, tendo o contribuinte agido dolosamente para ocultar a ocorrência do fato gerador, tenha o Fisco prazo superior para detectar a infração.

Várias seriam as vantagens decorrentes dessas reduções, dentre as quais limitar os períodos em que tanto contribuintes quanto Fisco fiquem sujeitos a surpresas e contingências até então ocultas ou desconhecidas, assim como possam reduzir e otimizar suas atividades de guarda e análise de documentos e informações. Anote-se, ademais, que o prazo prescricional mais reduzido para os contribuintes pleitearem a repetição do indébito certamente reduziria em muito – ou mesmo tornaria desnecessária – a modulação de efeitos de determinadas decisões do STF no sentido da inconstitucionalidade de exigências fiscais. De fato, não obstante o prazo prescricional previsto no CTN já assegure a devida modulação de forma equânime a todos, não há dúvida de que, vindo ele a ser reduzido, muito menor seria o efeito decorrente do ajuizamento de novas medidas judiciais após determinado julgamento relevante do STF, vez que limitados apenas aos dois ou três anos anteriores à propositura de cada ação.

Evitar-se-ia a distorção verificada nas modulações procedidas pelo STF em processos tributários (quando consideradas necessárias pela Corte) e por força das quais, em geral, mesmo tendo observado o prazo prescricional fixado no CTN, contribuintes que haviam proposto ações judiciais com apenas um ou poucos dias de diferença, acabaram sendo prejudicados por esse mero detalhe, adotado como único discrímen para impedir a recuperação de valores indevidamente pagos ao longo de cinco anos!

8. Contencioso administrativo e judicial

O contencioso tributário (administrativo e judicial) demanda diversos aprimoramentos cuja análise integral, nessa oportunidade, não é viável.

Apenas a título exemplificativo, quanto ao contencioso administrativo seria de todo oportuna a edição de lei complementar pela qual fossem uniformizados os procedimentos atinentes aos processos federais, estaduais e municipais (quanto aos prazos e recursos cabíveis, realização de diligências, observância de orientações firmadas no âmbito dos tribunais judiciais superiores etc.), assim como fixados critérios para a composição dos tribunais administrativos tais como, na esteira das sugestões de Hamilton Dias de Souza, Humberto Ávila e Roque Antonio Carrazza[34]:

a) nomeação por concurso e, se distintas as origens de atuação nas esferas pública e privada, determinação de paridade de membros integrantes de cada órgão julgador, com paridade e alternância nas posições de desempate (em geral, a presidência de cada turma ou câmara); e
b) fixação de mandatos por períodos predeterminados, eventualmente admitindo uma ou duas reeleições se em prazos razoáveis, de modo a evitar a perpetuação, bem como assegurar a provisoriedade do exercício da função de julgador administrativo e, consequentemente, constante renovação dos quadros.

Seria extremamente positivo, ainda, ampliar as hipóteses para apresentação e exame de consultas fiscais, a fim de poderem versar não apenas sobre interpretação da legislação tributária, mas, também, sobre sua aplicação à vista das peculiaridades e provas de cada caso concreto, tal como ocorre nos procedimentos fiscalizatórios em geral. Teriam as autoridades fiscais o dever de analisar as consultas em seu mérito, restringindo ao máximo as hipóteses excepcionais em que pudessem declarar

[34] "O Brasil é composto pela União, 27 estados e por volta de 5.570 municípios, que possuem regramento próprio para processamento de defesas e recursos administrativos em matéria fiscal. Essa quantidade de normas procedimentais gera insegurança e custos excessivos, especialmente para empresas que operam em diferentes locais e têm que se adaptar aos ritos aplicáveis e cada um deles. Assim, convém uniformizar procedimentos mediante lei nacional. Nesta, deverão ser introduzidas garantias de imparcialidade no controle da atividade dos agentes fiscais, como paridade dos órgãos de julgamento, alternância de juízes nas posições de desempate etc." A reforma tributária que o Brasil precisa – parte III, cit.

ineficácia apenas a situações em que o exame do mérito se mostrasse efetivamente inviável.

Auxiliaria em muito, ainda, a reduzir o contencioso tributário judicial se, na hipótese de resposta desfavorável a determinada consulta, pudesse o contribuinte, ao invés de optar entre aguardar a autuação fiscal com imposição de multa e juros ou recorrer ao Judiciário (o que, por óbvio, incentiva a adoção da segunda alternativa), apresentar recurso na própria esfera administrativa, com a consequente formação de processo administrativo tal como se fosse, a resposta, uma autuação fiscal. O contribuinte que tivesse se adiantado à fiscalização para espontaneamente formular sua consulta seria recompensado com a ausência de imposição de qualquer multa, além da suspensão de exigibilidade dos respectivos créditos tributários envolvidos até final exame por todas as instâncias administrativas cabíveis, nas esferas federal, estaduais e municipais.

Já no âmbito judicial, inúmeras providências poderiam ser implementadas objetivando a simplificação de procedimentos, a eliminação da chamada jurisprudência defensiva, a efetiva priorização do exame de mérito, a busca da verdade material e o tratamento equânime a contribuintes em situações análogas, observando-se o amplo acesso à Justiça e a necessária neutralidade fiscal para fins concorrenciais. No entanto, para o momento, ao menos duas simples alterações – dentre tantas outras possíveis – auxiliariam a reduzir o enorme volume de recursos submetidos aos tribunais em geral, com discussão de temas distintos do próprio mérito das exigências fiscais envolvidas.

A primeira seria assegurar a subsistência de garantias apresentadas pelos contribuintes, desde que hígidas e suficientes, até o trânsito em julgado das decisões finais proferidas nos respectivos feitos, exceto apenas quando a tese de mérito em debate tivesse sido objeto de decisão final, com efeitos *erga omnes* ou em processo repetitivo, proferida pelo tribunal competente para exame do tema em última instância.

Além do enorme volume de recursos atualmente existentes e continuamente interpostos objetivando meramente preservar garantias apresentadas, não é sequer razoável assegurar, de um lado, a discussão na esfera administrativa desvinculada de qualquer garantia e, de outro, autorizar a excussão das garantias apresentadas na esfera judicial antes de ser a respectiva exigência definitivamente legitimada. Estando os interesses fiscais assegurados, nada justifica impor ao contribuinte ônus ainda maior do que aquele decorrente da manutenção da garantia enquanto não se saiba se, afinal, procede ou não sua resistência em relação a determinada exigência fiscal.

Outro tema que demanda urgente solução diz respeito à concomitância de ações anulatórias de lançamento fiscal ou mandados de segurança com execuções fiscais e respectivos embargos envolvendo as mesmas exigências fiscais. Isto porque, com o término da discussão administrativa, tem o contribuinte o direito de tentar obter tutela judicial suspendendo a exigibilidade do suposto crédito tributário, ao que procede por intermédio de mandado de segurança ou ação anulatória do lançamento fiscal. Todavia, não sendo obtida a tutela – o que pode ocorrer por diversas razões distintas da decretação liminar de improcedência do pedido – tem o contribuinte, igualmente, o direito de efetuar o depósito judicial dos respectivos montantes ou aguardar a propositura da execução fiscal, caso queira apresentar garantia que considere menos onerosa.

Nessas hipóteses, contudo, tem sido comum a extinção dos embargos à execução fiscal por suposta litispendência com a medida judicial anterior, muitas vezes com determinação de prosseguimento da execução fiscal e excussão da garantia apresentada.

Não obstante o correto fosse a mera suspensão tanto da execução quanto dos embargos até final julgamento da medida judicial anterior (conforme artigo 313, V, "a", do CPC – Código de Processo Civil), o tema subsiste controvertido e indefinido no âmbito dos tribunais pátrios. Considerando o grande volume de recursos existentes e a efetiva necessidade de ser a execução fiscal suspensa, após garantida, até final julgamento da ação anterior atinente à mesma exigência, é de todo aconselhável a alteração da legislação ordinária a fim de assim ser expressamente determinado, inclusive com a explicitação da desnecessidade de oposição de embargos à execução fiscal, salvo se atinentes a eventuais novos temas, não debatidos nas ações anteriores.

9. Soluções consensuais

As medidas de negociação e composição extrajudicial caracterizam, igualmente, importante mecanismo para auxiliar a descongestionar o Poder Judiciário, assim como para pacificar as relações entre Fisco e contribuintes. Nelas se vislumbram possível solução ou, ao menos, importante auxílio para reduzir a litigiosidade fiscal e aumentar a recuperação de créditos tributários, mesmo porque não há como negar a total inviabilidade de serem todos os litígios fiscais adequada e corretamente solucionados pelo Judiciário.

Aponta Heleno Torres, ressaltando serem o artigo 14 da LRF (Lei de Responsabilidade Fiscal – Lei Complementar n. 101/2000) e o artigo 156 do CTN de mesma hierarquia, que ao menos a partir da entrada em vigor do novo CPC há de se reconhecer o "dever estatal de rápida solução dos litígios, e não sua eternização, com custos vários para o Estado", como "o custo do próprio processo, os custos de perdas de oportunidades, pela não utilização dos recursos públicos, dentre outros", impondo-se, também por força do disposto no artigo 3º, § 3º, do CPC, "estimular, inclusive no processo judicial, o uso da conciliação, a mediação e outros métodos de solução consensual de conflitos"[35].

Como observa Eduardo Rehder Galvão,

A transação tributária, instituída na esfera federal por meio da Lei nº 13.988/2020 – ato normativo que supriu a lacuna do artigo 171 do Código Tributário Nacional –, além de servir como instrumento legítimo de incrementação da arrecadação, oferta às empresas em grave crise financeira, ou seja, que não apresentam capacidade de pagamento de seu passivo fiscal, a possibilidade de alcançar a denominada conformidade fiscal[36].

Destaque-se, com efeito, o relevante avanço verificado, ao menos no âmbito da União Federal, com o advento da Lei n. 13.988/2020.

Mostra-se indispensável, porém, incrementar as hipóteses de transação e de negócio jurídico processual em matéria fiscal, incentivando-se negociação que envolva também redução do valor principal exigido, substituição de multas de ofício por multas de mora, suspensão da exigibili-

[35] Reforma tributária infraconstitucional precisa avançar. Revista eletrônica Conjur, 05/06/2019 – www.conjur.com.br/2019-jun-05/consultor-tributario-reforma-tributaria-infraconstitucional-avancar.

[36] A transação tributária como estratégia para a retomada da atividade econômica. Revista eletrônica Conjur, 10/05/2021 – www.conjur.com.br/2021-mai-10/galvao-transacao-tributaria-retomada-atividade-economica.

dade de tributos *sub judice* em situações específicas que assim se justifique face às peculiaridades envolvidas (como estar a empresa em recuperação judicial, haver decisões favoráveis aos argumentos apresentados, dentre outras), produção de provas, utilização de prejuízos fiscais, precatórios e direitos creditórios, definição e exclusão do rol de corresponsáveis etc.

Tudo sem prejuízo da aconselhável implementação (i) das mesmas possibilidades em relação a tributos estaduais e municipais, bem como (ii) da arbitragem em questões tributárias (outra possível e interessante opção para a solução de litígios sem envolver o Poder Judiciário).

Conclusão

Como ressalvado ao início, o quanto ora exposto, longe de pretender esgotar a matéria, objetiva apenas e tão somente demonstrar que as "reformas tributárias" envolvem diversas possíveis etapas e soluções independentes umas das outras, que podem ser prontamente adotadas também no âmbito infraconstitucional.

Há, além das sugestões aqui apresentadas, muitas outras alterações infraconstitucionais possíveis e necessárias, para cuja implementação bastam vontade, competência e dedicação por parte dos legisladores, das autoridades fiscais e dos contribuintes. Todas elas devem ser sempre norteadas pela busca de simplicidade, modernidade, eficácia, competitividade, pressupondo e assegurando que haja bom senso, boa-fé, confiabilidade e transparência nas relações entre todos os agentes envolvidos, sempre em observância ao princípio maior da segurança jurídica.

As simples providências ora sugeridas, ainda que longe de resolverem integralmente os problemas e distorções decorrentes de nosso complexo sistema tributário, certamente em muito auxiliariam a reduzir a litigiosidade fiscal e o custo Brasil, assim como proporcionariam relevante incremento da arrecadação.

Concluo como o fiz aos 27 de outubro de 2020: Seria pedir muito o que ora se apresenta ou trata-se apenas do mínimo razoável que se espera de um país que pretenda avançar, modernizar seu sistema tributário, incentivar a atividade econômica, incrementar a geração de empregos e atrair investimentos?!

8.
REFORMA TRIBUTÁRIA, DADOS FISCAIS E DIREITOS FUNDAMENTAIS DOS CONTRIBUINTES

REBECA DRUMMOND DE ANDRADE MÜLLER

Introdução

Unificação de impostos e contribuições, valor agregado, benefícios fiscais, simplificação. Esses são termos que, não de hoje[1], têm rondado os debates da Reforma Tributária e reapareceram a partir de 2019, com a apresentação das Propostas de Emenda à Constituição (PECs) nº 45/2019, em trâmite na Câmara dos Deputados, e a nº 110/2019, de iniciativa do Senado Federal, além do Projeto de Lei nº 3.887/2020, do Poder Executivo, que institui a Contribuição Social sobre Operações com Bens e Serviços (CBS).

A análise que aqui será feita assume como ponto de partida normativo-dogmático o comando do inciso XXII do art. 37 da Constituição Federal de 1988[2], que mira no uso intensivo, pela Administração Tributária, das

[1] A sociedade, o Congresso Nacional e o Poder Executivo há muito ensaiam a reforma do Sistema Tributário brasileiro. Fernando Rezende, então Diretor do IPEA, por exemplo, sinalizava que "[e]ntender que a Reforma Tributária é um processo e não um ato isolado é o primeiro passo para superar divergências". Tal afirmação fora feita ainda em 1996, o que nos mostra a longevidade dos debates. Cf.: REZENDE, Fernando. **O Processo da Reforma Tributária.** Brasília: IPEA, 1996. p. 6.

[2] O inciso XXII do art. 37 da Constituição Federal tem o seguinte teor: "as administrações tributárias da União, dos Estados, do Distrito Federal e dos Municípios, atividades essenciais ao funcionamento do Estado, exercidas por servidores de carreiras específicas, terão recursos prioritários para a realização de suas atividades e atuarão de forma integrada,

informações fiscais sigilosas, fruto da cooperação entre os Fiscos Federal, Estaduais e Municipais em busca da proteção à arrecadação e das bases tributáveis, a partir de um esforço conjunto que envolve a modernização das obrigações acessórias (ou deveres instrumentais[3]) e o Sistema Tributário Nacional como um todo.

A inspiração para tanto aflora a partir dos frutíferos encontros virtuais mantidos ao longo das Jornadas de Debates sobre as Reformas Tributárias, realizadas pelo Grupo de Pesquisa do IDP "Democracia e Instituições: Crises e Desafios" e coordenada por excelentes e comprometidos profissionais.[4]

O objetivo, todavia, não incursiona com grande profundidade na mineração de dados[5], mas introduz a massificação e o compartilhamento de dados fiscais sigilosos como um dos pontos que, dentro da construção de uma nova política fiscal aliada à Reforma, merece atenção, e preocupa-

inclusive com o compartilhamento de cadastros e de informações fiscais, na forma da lei ou convênio."

[3] Takano, Caio Augusto. **Deveres instrumentais dos contribuintes: fundamentos e limites**. São Paulo: Quartier Latin, 2017.

[4] Como destaque, podemos rememorar a fala do Professor Roque Antonio Carrazza, quando, na reunião realizada no dia 27.10.2020, afirmara a necessidade de eliminação do excesso de deveres instrumentais tributários, minimizando a burocracia envolvida, com a criação de um cadastro unificado, substituindo os mais de seis mil cadastros atualmente existentes, além da necessidade de proteção dos direitos fundamentais dos contribuintes. O Professor José Maria Arruda de Andrade, em sua exposição, no dia 25.08.2020, partindo da premissa de que "dados são a moeda da economia digital", chamou a atenção, também quanto a esses deveres, para a necessidade de unificação e parametrização por meio de plataformas digitais. As reuniões estão disponíveis, respectivamente, nos *links*: <https://bit.ly/2PDtDuY> e <https://bit.ly/3xCTKmM>. Acesso em 18.04.2021.

[5] A mineração de dados (*data mining*) se vale de tecnologias envolvendo análise estatística, inteligência artificial e *machine-learning* para identificar padrões, extraindo informações da enorme quantidade de dados armazenados. É uma técnica utilizada na Segunda Guerra Mundial e que passou a ser desenvolvida a partir dos anos 90. Para a Administração Pública, a extração de informação que é possível com a mineração de dados pode servir como uma ferramenta para melhorar a governança e para o processo de tomada de decisões. Cf. Wang, John. Hu, Xiaohua. Zhu, Dan. Data mining in Public Administration. In Rahman, Hakikur (Coord.). **Social and Political Inplications of Data Mining: Knowledge Management in E-Government.** New York: Information Science Reference, 2009. p. 302-303.

ção, a partir da perspectiva dos direitos fundamentais dos contribuintes em contraposição à nova face do sigilo, da privacidade e da intimidade, já em voga.

O conteúdo aqui abarcado, desse modo, tem como pontapé inicial o reconhecimento de que o universo dos deveres instrumentais, ainda que fiel escudeiro da simplificação e da unificação de tributos, poderá permanecer crescendo em velocidade, volume e variedade diante das informações que são entregues pelos contribuintes e coletadas pela Autoridade Fiscal, munindo, em busca da proteção da arrecadação, não apenas o órgão central, que hoje se resume à Receita Federal e os fiscos locais, mas, futuramente, compreenderá a possível figura do Comitê Gestor, em uma teleologia que busca a modernização da Administração Tributária e, em contrapartida, exigirá, na mesma proporção, o reforço da confiança no uso dos dados e o reequilíbrio das informações exigidas dos contribuintes.[6]

Na era dos dados, o Sistema Tributário que uma nação busca remodelar, seja essa reconstrução baseada no consumo, seja na reformulação da estrutura tributária sobre a renda, deve acompanhar a modernização, o avanço da economia, cada vez mais digital, e da civilização, essa, por seu turno, cada vez mais exposta em sua intimidade.[7]

Portanto, iniciaremos abordando, sempre brevemente, a evolução dos direitos à intimidade, à privacidade e ao sigilo, incluindo o entendimento mais atual do Supremo Tribunal Federal, para traçarmos o panorama onde as informações fiscais hoje se concentram e o volume que elas

[6] Esses são vetores que compõem o cenário desenhado pela Organização para a Cooperação e Desenvolvimento Econômico (OCDE) para a Administração Tributária 3.0, baseada na transformação digital. Nele, a conexão entre diferentes agentes, incluindo o setor privado, e o citado reforço da confiança no uso dos dados, é prevista como pilar fundamental nessa nova fase. Cf. OECD. **Tax Administration 3.0: The Digital Transformation of Tax Administration**. Paris: OECD publishing, 2020. Disponível em: https://www.oecd.org/tax/forum-on-tax-administration/publications-and-products/tax-administration-3-0-the-digital-transformation-of-tax-administration.pdf

[7] Como anota Michael Hatfield, "[t]o invoke Samuel Warren and Louis Brandeis, the goal should be a tax system appropriate for both an advancing economy and an advancing civilization". Cf.: HATFIELD, Michael. Privacy in Taxation. **Florida State University Law Review**, Florida, v. 44, 2018. p. 633.

representam. Por fim, a relação entre a Reforma Tributária e os cuidados que a nova era da massificação dos dados deverá exigir do legislador.

1. Os direitos à intimidade, à privacidade e ao sigilo

Privacidade, intimidade (inciso X do art. 5º da Constituição Federal) e sigilo (inciso XII do art. 5º) são elementos que compõem a equação de direitos fundamentais, cujo resultado confere importante sustentação ao modelo democrático. São eles o reflexo do que é intrínseco a cada indivíduo, o que separa "aquilo que lhe é próprio (*idion*) e o que é comum (*koinon*)"[8], ou seja, aquilo que, na percepção de Hannah Arendt, foi internalizado pela era moderna como um "enorme enriquecimento da esfera privada por meio do moderno individualismo".[9]

A ligação dos três elementos – privacidade, intimidade e sigilo – é uma constatação que Tércio Sampaio Ferraz Júnior trouxe no paradigmático estudo[10] que deu suporte à jurisprudência do Supremo Tribunal Federal a partir dos anos 90, a qual sedimentara o entendimento de que a imprescindibilidade da reserva jurisdicional, prevista pelo inciso XII do art. 5º, seria aplicável apenas para a quebra de sigilo dos dados em comunicação (ou seja, uma interceptação, tal qual a telefônica). Não atingiria, portanto, os "dados estáticos", aqueles que permanecem armazenados em alguma estrutura, os quais poderiam transitar dentro da esfera pública sem a necessidade de uma autorização judicial prévia.[11]

As duas concepções retratadas pela filósofa alemã Hannah Arendt e por Ferraz Júnior – *ie,* de um lado o individualismo e, do outro, a inviolabilidade do sigilo da comunicação de dados, salvo por autorização judicial – contrastam com a era da informação, de *Big Data*, em que vivemos. É nessa nova era onde o sigilo, à luz dos recentes precedentes do Supremo

[8] Arendt, Hannah. **A condição humana**. Trad. Roberto Raposo. 13ª ed. Rio de Janeiro: Forense Universitária, 2020. p. 82.

[9] Ibidem, p. 92.

[10] Ferraz Júnior, Tércio Sampaio. Sigilo de dados: o direito à privacidade e os limites da função fiscalizadora do estado. **Cadernos de Direito Constitucional e Ciência Politica**, São Paulo, v. 1, n. 1. p. 77-90, 1992.

[11] *e.g* RE nº 418.416/SC, Rel. Min. Sepúlveda Pertence, Tribunal Pleno, DJ 19.12.2006.

Tribunal Federal, ganha flexibilização e cede lugar para o seu equivalente funcional contemporâneo: a proteção de dados.

Inicialmente, partindo dos ensinamentos de Ferraz Júnior e do princípio de que a intimidade, ou a privacidade, em sentido estrito se refere a assuntos que não são expostos a terceiros, classificamos os dados fiscais sigilosos como pertencentes à privacidade em sentido amplo[12]. Isso se dá em razão de reconhecermos que as informações fiscais são (e podem ser) tratadas[13], desde que haja previsão em lei, pela Autoridade Tributária, além da possibilidade de compartilhamento com outros órgãos da Administração, tal como o Ministério Público[14] – ou seja, nessa relação, terceiros têm acesso ao conteúdo.

A partir daqui, portanto, entra também a nova concepção da privacidade, e do sigilo, contrapondo ao que Arendt interligou com o individualismo, cuja linha de pensamento era similar à do "direito de ser

[12] À luz da doutrina de Gilmar Ferreira Mendes, por outro lado, o "direito à privacidade, em sentido mais estrito, conduz à pretensão do indivíduo de não ser foco da observação por terceiros, de não ter os seus assuntos, informações pessoais e características particulares expostas a terceiros ou ao público em geral". Cf. MENDES, Gilmar Ferreira. BRANCO, Paulo Gustavo Gonet. **Curso de direito constitucional**. 7ª ed. São Paulo: Saraiva, 2012. p. 411.

[13] Tratamento de dados, conforme o inciso X do art. 5º da Lei nº a LGPD, inclui a coleta de dados, a sua transferência, o seu armazenamento, dentre outras formas.

[14] Todavia, o compartilhamento de dados fiscais sigilosos com o Ministério Público Federal ainda comporta questionamentos constitucionais e legais. Atualmente, o envio de informações protegidas pelo sigilo fiscal a partir da requisição do MPF é um dever da Receita Federal. Esse posicionamento se dá com base na interpretação feita pela Administração Pública, originada da Nota Técnica nº 179/DENOR/CGU/AGU, aprovada pelo então Advogado-Geral da União, hoje Ministro do STF, Dias Toffoli, na qual, em resumo, consta o entendimento de que o rol do art. 198 do CTN não é exaustivo. O STF, até o momento, não debateu, no âmbito de seus precedentes, a possibilidade de requisições de informações pelo MPF diretamente à Receita Federal, pois as razões de decidir que compõem o julgamento do RE nº 1.055.941/SP (Tema nº 990 da Repercussão Geral) acobertaram, nesse aspecto, apenas a transferência do sigilo e do repasse das informações no bojo das Representações Fiscais para Fins Penais (RFFP), ou seja, no fluxo da Receita Federal para o Ministério Público – e não o contrário. Vale lembrar, também, que o repasse via RFFP está expressamente previsto no rol do art. 198 do CTN, no inciso I de seu §3º, enquanto a requisição pelo MP tem sido utilizada com apoio da Lei Complementar nº 75/1993, que trata da organização do órgão.

deixado só", reavivada por Warren e Brandeis ao parafrasearem Thomas Cooley[15]. Hoje, devendo ser respeitada a proporcionalidade, o pêndulo desses direitos fundamentais se alinha mais ao aspecto social do que individual.[16]

A utilização das informações pelo Poder Público, com destaque para a Autoridade Tributária, marca o instrumento dos tempos modernos na busca, baseada no interesse público, da proteção das bases tributáveis, no combate à evasão e à elisão fiscal abusiva[17]. Trata-se, por sua vez, do principal impulso à horizontalização do sigilo, onde os sigilos bancário e fiscal são revestidos com uma carga maior entre um particular e o outro, e reduzida na relação entre o particular e o Estado.

Na construção da nova vertente, a nossa Suprema Corte teve papel relevante ao chancelar a concepção de que, não sendo o sigilo um direito fundamental absoluto, em determinadas circunstâncias não poderia ser ele oponível à Administração Pública, hipótese em que, em verdade, se trataria de uma transferência do sigilo.

[15] WARREN, Samuel D. BRANDEIS, Louis D. The right to privacy. **Harvard Law Review**, v. 4, n. 5, 1890. p.195.

[16] Conforme anota Tercio Sampaio Ferraz Jr., o "princípio da proporcionalidade, nascido da doutrina e jurisprudência alemãs, corresponde à necessidade de adequar o juízo de direito a uma certa circunstancialidade, impedindo juízos subsuntivos excessivamente rigorosos (...) em matéria de sigilo, dada sua dimensão constitucional, passa a ser necessário determinar as hipóteses em que existe uma proporcionalidade nessa determinação, ainda que necessária a intervenção coativa para decidir a sua quebra para efeitos de investigação criminal". Cf. FERRAZ JÚNIOR, Tercio Sampaio. O acesso a dados sigilosos e o direito à privacidade contra o Estado. *In*: SARAIVA FILHO, Oswaldo Othon de Pontes. **Direitos Fundamentais dos Contribuintes: Homenagem ao jurista Gilmar Ferreira Mendes.** São Paulo: Almedina, 2021. p. 310.

[17] Tércio Sampaio Ferraz Júnior, ao rever, 25 anos depois, o seu estudo desenvolvido nos anos 90 sobre o sigilo de dados, ponderando a comunicação das informações no mundo atual, afirmou que "nós estamos aqui diante de uma concepção de privacidade diferente, ela está mudando. (...) O *privos* de antigamente era aquilo que ficava dentro de mim ou dentro de um círculo fechado". E continua: "nesse novo mundo, aquilo que nós chamamos privacidade extrapola a ideia do mundo físico antiga (...) de que a liberdade é uma questão de delimitação de espaços". Cf. FERRAZ JÚNIOR, Tercio. Sigilo de dados, o direito à privacidade e os limites do poder do Estado: 25 anos depois. *In* Abreu, Jacqueline de Souza Abreu. ANTONIALLI, Dennys. (Ed.). **Direitos Fundamentais e Processo Penal na Era Digital: Doutrina e Prática em Debate**. Vol. I. São Paulo: InternetLab, 2018. p. 34-35.

Todavia, há critérios para que isso ocorra e um deles é o da legalidade, ou seja, não basta a premissa isolada de transferência do sigilo quando falamos de compartilhamento de dados dentro das estruturas públicas. Para que não ocorra a quebra do sigilo, portanto, é imprescindível que haja lei prévia conferindo competência à autoridade, além de parâmetros sólidos que garantam a segurança das informações.[18]

2. A nova face do sigilo a partir do Supremo Tribunal Federal

O Supremo Tribunal Federal dota os direitos à privacidade e à intimidade, assim como o sigilo, com carga reduzida quando do outro lado está o interesse público e a proteção da arrecadação tributária.

Essa é a máxima encontrada nos precedentes mais recentes sedimentados pelo STF, no que toca a proteção de dados (fiscais ou gerais), os quais transitaram entre a proteção da arrecadação (art. 145, §1º da Constituição Federal), a garantia das atividades de inteligência, o combate contra o crime organizado até a proteção do cidadão em face do Estado, com o reconhecimento da proteção de dados como um direito autônomo e fundamental.[19]

Em 2016, por exemplo, analisou-se a constitucionalidade dos arts. 5º e 6º da Lei Complementar nº 105/2001 e dos Decretos nºs 3.724/2001 e

[18] Ferraz Júnior delimita que a possibilidade de "quebra de sigilo" (nesse caso, entendemos que seria, em verdade, transferência de sigilo) é revestida por "duas facetas: uma refere-se ao *fundamento objetivo*, isto é, em nome de que interesse a privacidade pode ser excepcionada; outra, ao *fundamento subjetivo*, isto é, quem pode excepcionar. Cf. em: O acesso a dados sigilosos e o direito à privacidade contra o Estado. *In*: Saraiva Filho, Oswaldo Othon de Pontes. **Direitos Fundamentais dos Contribuintes: Homenagem ao jurista Gilmar Ferreira Mendes.** São Paulo: Almedina, 2021. p. 306.

[19] Lembrando, ainda, que a PEC nº 17/2019 aguarda a votação pela Câmara dos Deputados e é responsável por inserir a proteção de dados pessoais como um direito fundamental, além de estabelecer a competência privativa da União para legislar sobre o tema. Os precedentes em referência, todos julgados pelo Pleno do STF, são: (i) proteção da arrecadação: ADIs nºs 2390, 2386 e 2397, Rel. Min. Dias Toffoli, e RE nº 601.314/SP, Tema nº 225-RG, Rel. Min. Edson Fachin, julgados em 24.02.2016, DJe 21.10.2016; (ii) garantia das atividades de inteligência e persecução penal: RE nº 1.055.941/SP, Tema nº 990-RG, Rel. Min. Dias Toffoli, julgado em 28.11.2019, DJe 18.03.2021; (iii) proteção dos dados como um direito autônomo e fundamental: ADIs nºs 6.387, 6.388, 6.389, 6.390 e 6.393, Rel. Min. Rosa Weber, julgadas em 7.05.2020, DJe 12.11.2020.

4.489/2002, além art. 1º da Lei Complementar nº 104/2001, que inseriu o inciso II do §1º e o §2º ao art. 198 do Código Tributário Nacional e o §3º do art. 3º da Lei Complementar nº 105/2001. Todo o arcabouço se referia, em resumo, à (im)possibilidade de as instituições financeiras transferirem informações protegidas pelo sigilo bancário à Receita Federal sem a necessidade de decisão judicial prévia. Hugo de Brito Machado Segundo, a esse respeito, anotou que:

> A jurisprudência do Supremo Tribunal Federal, que em um momento anterior sinalizava pela possibilidade de quebra apenas mediante ordem judicial, terminou, apreciando a validade da aludida LC 105/2001, decidindo pela sua constitucionalidade, em julgado que discutiu menos a importância de uma prévia autorização judicial, e mais os efeitos de referidas quebras sobre o combate à evasão fiscal.[20]

A discussão, baseada na ponderação da busca da proteção da arrecadação e a preservação da isonomia de acordo com a capacidade contributiva a partir do reconhecimento de que a tributação tem como finalidade a produção de igualdade e o financiamento de direitos (ou seja, estamos diante de um Estado fiscal), ensejou a fixação da tese no Tema nº 225 da Repercussão Geral nos seguintes termos:

O art. 6º art. 6º da Lei Complementar 105/01 não ofende o direito ao sigilo bancário, pois realiza a igualdade em relação aos cidadãos, por meio do princípio da capacidade contributiva, bem como estabelece requisitos objetivos e o traslado do dever de sigilo da esfera bancária para a fiscal.

Já em 2019, o compartilhamento de dados bancários e fiscais volta à tona com o RE nº 1.055.941 (Tema nº 990), mas, dessa vez, com a inclusão de outros atores no fluxo da sistemática, como o Ministério Público Federal e o Conselho de Controle de Atividades Financeiras (Coaf). Vale relembrar que, em 2016, estava sob a análise o envio de informações entre instituições financeiras e a Receita Federal.

[20] Machado Segundo, Hugo de Brito. CONJUR. **Autorizou-se a quebra do sigilo bancário: e agora?.** Disponível em: https://www.conjur.com.br/2019-dez-11/consultor-tributario-autorizou-quebra-sigilo-bancario-agora . Acesso em 18.04.2020.

Em resumo, em ambas as situações a Suprema Corte reconheceu que não há um direito absoluto ao sigilo de dados fiscais, podendo ele ser relativizado pelo Poder Judiciário e pelo legislador – tal como fez na Lei Complementar nº 105/2001 – diante de critérios, como o da excepcionalidade, razoabilidade e o da proporcionalidade. Portanto, obedecidos parâmetros como o acesso amplo e depois o incidental (art. 5º, §2º e art. 6º, ambos da LC nº 105/2001), o compartilhamento dos dados representaria uma transferência do sigilo, permanecendo, inclusive, o dever de as autoridades envolvidas o preservarem.

3. Massificação dos dados pela administração tributária

A integração de novas tecnologias, baseadas nos dados coletados, em busca do aprimoramento da arrecadação, é um fenômeno mundial, acompanhado por estudos desenvolvidos pela Organização para a Cooperação e Desenvolvimento Econômico (OCDE) e pela *Intra-European Organisation of Tax Administrations* (IOTA).[21]

Nesse aspecto, o Brasil é uma referência. Conforme testemunha Everardo Maciel, "malgrado todas as queixas contra seu complexo sistema tributário, [o Brasil] conquistou merecido prestígio internacional, em termos de capacidade de inovação e aperfeiçoamento da administração tributária".[22]

Além das escriturações digitais, a criação do Serviço Federal de Processamento de Dados (Serpro) é um dos realces do pioneirismo do país "na utilização da informática na área fiscal". A empresa pública – "uma prestadora de serviços de tecnologia da informação, que tem como seu principal cliente a Receita Federal do Brasil"[23] – exerce, sobretudo na era digital, um importante protagonismo no tratamento de dados fis-

[21] SCARCELLA, Luisa. Tax compliance and privacy rights in profiling and automated decision making. **Internet Policy Review**. v.8. Issue 4. p. 3.

[22] MACIEL, Everardo. Tópicos de administração tributária. *In* VASCONCELLOS, Roberto França de (coord.). **Política fiscal**. Série GVLaw. São Paulo: Saraiva, 2016, 2ª ed. p. 394.

[23] https://intra.serpro.gov.br/sobre/lei-de-acesso-a-informacao-1/perguntas-frequentes/respostas/receita-federal-do-brasil

cais[24]. Há, ainda, a Empresa de Tecnologia e Informações da Previdência (Dataprev).

Por todo esse cenário, é justo que tomemos à frente também nos cuidados com o fluxo das informações e da proteção da intimidade dos contribuintes. Não à toa que Lucas Bevilacqua e Rayanne Gomes anotaram que "no âmbito tributário a proteção aos dados pessoais é fragilizada e no Brasil a discussão ainda tem um longo caminho a percorrer".[25]

A afirmação não poderia ser mais verdadeira. A ausência de uma robusta governança de dados fiscais foi constatada, por exemplo, pelo Tribunal de Contas da União, em auditoria realizada em 2018, evidenciando que a gestão de dados não deve alcançar apenas as informações protegidas pelo sigilo, mas também aquelas que, em nome da transparência, são públicos:

> 173. A RFB não possui Plano de Dados Abertos próprio, utilizando-se o plano do Ministério da Economia, o que está de acordo com as normas vigentes. Entretanto, constatou-se que somente duas bases custodiadas pela RFB estão listadas no plano do ministério, o quadro societário das pessoas jurídicas e o relatório de atendimento, tendo em vista que são elementos de divulgação obrigatória.
> 174. Embora a RFB divulgue outras informações na página de dados abertos mantidas no próprio portal na internet, constatou-se que a maioria das informações está disponível apenas de maneira individualizada e sem possibilidade de leitura por máquina.

[24] Foi o Serpro, por exemplo, o responsável por oferecer um *lago de* dados, denominado Plataforma de Soluções Analíticas, à Procuradoria-Geral da Fazenda Nacional (PGFN), com capacidade para armazenamento e cruzamento de dados em grande velocidade. Veja mais em < https://bit.ly/32ZkIan >. Acesso em 18.04.2020. Ressalte-se que a implementação de tal sistema ocorrera após a solução dada pelo Grupo de Trabalho, criado pela Portaria MF nº 421/2018, para que a PGFN contratasse um *data lake* com o Serpro, a teor do que consta do Relatório de Avaliação da Controladoria-Geral da União sobre a Secretaria-Executiva do então Ministério da Fazenda, no exercício de 2018.

[25] Bevilacqua, Lucas. Gomes, Rayanne. A utilização da tecnologia *blockchain* nas relações tributárias no Brasil. **Revista de Direitos Fundamentais e Tributação**, v. 1, n. 3, 2020. p. 78.

175. Além disso, falta explicação sobre os critérios adotados e a legislação vigente no que diz respeito aos dados abertos, de forma clara à sociedade, cabendo melhoria da política de governança digital, especialmente em relação à publicidade e disseminação de dados e informações públicos, de forma aberta e estruturada.[26]

A partir de uma consulta realizada em meados de agosto de 2020 com o apoio da Lei de Acesso à Informação, a Secretaria Especial da Receita Federal nos sinalizou que estaria em elaboração, no processo de nº 12100.104762/2019-53, o Plano de Dados Abertos do Ministério da Economia.[27] De qualquer sorte, para além de assimetrias com as informações fiscais públicas, ainda mais delicadas são as informações sigilosas que circulam por meio do compartilhamento dentro da Administração.[28] Conforme alerta Everardo Maciel:

> Ao ciclo de existência do tributo se vincula um fluxo de informações, cuja consistência, articulação e fluidez são fundamentais para determinar o grau de eficiência de uma administração tributária.
> As informações são alimentadas pelo contribuinte e pela própria administração tributária. Sua confiabilidade impõe a aplicação de critérios permanentes de verificação.
> O cadastro é a pedra angular dos sistemas de informações fiscais. Sem um cadastro minimamente confiável não há possibilidade de sucesso na utiliza-

[26] TCU, TC 021.258/2018-0, Rel. Min. Raimundo Carreiro, Plenário, Sessão de 22.5.2019.
[27] Cf. Despacho nº 0.015/2020 -/Cotec/Sucor/RFB no âmbito do Processo Digital nº 13035.102061/2020-15, no qual consta a resposta à consulta por nós formulada nos seguintes termos: "Solicito informações sobre a existência de um Plano de Dados Abertos próprio da Receita Federal e, caso haja, a informação de quais bases custodiadas pela Receita Federal estão listadas nesse Plano (ex., quadro societário das pessoas jurídicas, etc). Na hipótese de não existir referido Plano, por meio de qual forma e métodos a RFB exerce a governança dos dados sob a sua guarda?". Ademais, confira-se: https://www.gov.br/economia/pt-br/acesso-a-informacao/dados-abertos/plano-de-dados-abertos
[28] O próprio fornecimento de dados públicos e sigilosos, pela Receita Federal, a outros órgãos e entidades da Administração Pública foi parametrizado anos atrás, pelas Instruções Normativas SRF nºs 19/1998 e 20/1998, evitando-se a chamada *fishing expeditions* e o consequente compartilhamento indiscriminado, sem controles mínimos.

ção das informações fiscais, para fins de fiscalização ou de prestação de serviços aos contribuintes.[29]

A pedra angular, mencionada por Maciel, pode ser traduzida em ferramentas de dados como, no caso do comércio exterior, o Sistema de Seleção Aduaneira por Aprendizado de Máquina (SISAM), "a primeira inteligência artificial de uso generalizado pela Receita Federal do Brasil" e que "está disponível online para todas as unidades aduaneiras e trata absolutamente todas as declarações de importação registradas no Brasil".[30]

Na tributação do comércio nacional, o Sistema Público de Escrituração Digital (SPED), instituído pelo Decreto nº 6.022, de 22 de janeiro de 2007, é uma verdadeira revolução na forma com a qual a Autoridade Fiscal brasileira disponibiliza a escrituração contábil e fiscal, abarcando obrigações que vão desde a Nota Fiscal, a e-Financeira (via, inclusive, utilizada pelas instituições financeiras para transmitirem os dados à Receita Federal) até aquelas previdenciárias, com o eSocial.

Esses são instrumentos que, para além de refletir a tecnologia por meio da massificação dos dados dos contribuintes e de terceiros, traduzem a utilização da matéria prima da era digital para garantir o espírito cooperativo, por meio do compartilhamento, previsto pela Constituição Federal, em seu inciso XXII do art. 37, entre as Administrações Tributárias federal e subnacionais.

A Lei Geral de Proteção de Dados (Lei nº 13.709/2018), por outro lado, não preenche todas as lacunas quando o assunto é dado fiscal. A análise de sua aplicação exigiria um estudo inteiro dedicado ao tema, por isso iremos nos valer apenas de breves ponderações que valem a pena ser refletidas.

A primeira delas se resume à constatação de que, por se tratar de proteção a dado pessoal, as pessoas jurídicas não podem ser acobertadas pela

[29] MACIEL, Everardo. Tópicos de administração tributária. *In* VASCONCELLOS, Roberto França de (coord.). **Política fiscal**. 2ª ed. São Paulo: Saraiva, 2016. p. 409.

[30] KÖCHE, Rafael. Inteligência artificial a serviço da fiscalidade: Sistema de seleção aduaneira por aprendizado de máquina (SISAM). *In* MACHADO, Hugo de Brito (Coord.). **Tributação e novas tecnologias**. São Paulo: Ed. Foco, 2021. p. 189.

lei em referência. A dinâmica tributária, diferentemente da que diz respeito, por exemplo, ao consumidor, coloca em posição de fragilidade ou hipossuficiência tanto o indivíduo como a empresa frente ao Estado. A consequência dessa relação é a de que o sigilo individual da pessoa natural e o da pessoa jurídica devam ser resguardados com todos os mecanismos de proteção possíveis.

O panorama trazido por Luisa Scarcella sobre a automação do processamento de dados fiscais, já amplamente utilizada no Brasil, ilustra a dinâmica no tratamento das informações e a preocupação que a sistemática deve ensejar tanto para os indivíduos como para as empresas:

> ao processar essa grande quantidade de dados, as administrações tributárias podem agrupar os contribuintes com base em seu perfil para monitorar e decidir quais contribuintes serão auditados. Por fim, esse perfil automático dos contribuintes pode, em última instância, levar à automação de decisões que podem afetar os contribuintes. Além disso, podem surgir preocupações em relação a quem deve fornecer o sistema de TI, seja ele construído pela mesma agência ou terceirizado.[31]

A segunda ponderação se refere à autodeterminação informacional (ou autodeterminação informativa), responsável por colocar sobre a mesa a premissa de que o titular dos dados não apenas possui conhecimento das etapas de tratamento, como também deve conceder, por meio de seu consentimento, o acesso a eles. Todavia, essa é uma regra que não se aplica à esfera tributária, sob pena de inviabilizar o desempenho da missão constitucional reservada à Autoridade Fiscal.[32]

À medida em que reconhecemos a importância do compartilhamento de dados na busca pela concretização de pilares importantes à isonomia

[31] Scarcella, Luisa. Tax compliance and privacy rights in profiling and automated decision making. **Internet Policy Review**, v.8, Issue 4, 2019. p. 2.

[32] No voto proferido na ADI nº 6.529 MC/DF – em que o Supremo Tribunal Federal discutiu a possibilidade de compartilhamento de informações entre o Sistema Brasileiro de Inteligência (Sisbin) e a Agência Brasileira de Inteligência (Abin) –, o Ministro Gilmar Mendes, ao citar Miriam Wimmer, destacou que "o tratamento de dados pessoais pelo Estado é imprescindível para o desempenho do seu mandato constitucional".

e ao funcionamento do Estado (*e.g.*, pagamento dos tributos, combate ao crime organizado e à lavagem de dinheiro), também visualizamos que o plexo normativo atual, com destaque para o art. 198 do Código Tributário Nacional e sobretudo para a Lei Complementar nº 105/2001, responsável por conferir parâmetros ao compartilhamento de dados bancários e fiscais sigilosos, não é capaz de acompanhar as demandas que surgem com a intensificação do uso dos dados dos contribuintes.

Exemplo disso são fenômenos como o ocorrido com a exposição de dados sigilosos (faturamento, folha de pagamento, rendimentos etc.) ao Fisco no âmbito da transação tributária, instituída pela Lei nº 13.988/2020, e a justa insegurança sobre a utilização dessas informações para outras finalidades e contextos.[33]

Ainda, no Regime Especial de Regularização Cambial (RERCT), instituído pela Lei nº 13.254/2016, foi preciso que o Pleno do Supremo Tribunal Federal assegurasse a constitucionalidade da "vedação ao compartilhamento de informações prestadas pelos aderentes ao RERCT com os Estados, o Distrito Federal e os Municípios, bem como a equiparação da divulgação dessas informações à quebra do sigilo fiscal".[34]

4. Reforma Tributária, os dados e os direitos fundamentais dos contribuintes

Michael Hatfield, professor da Universidade de Direito de Washington, ao tratar da dicotomia privacidade e tributação na era atual, defende que reformas estruturantes sejam concretizadas para evitar a "carga da privacidade" no campo tributário, a qual pode ter a mesma carga de um sistema tributário complexo: "parece que seria melhor se ambas [as cargas] fossem reduzidas".[35]

[33] Cf. Mascitto, Andréa. Betoni, Marco Aurelio Louzinha. Estadão. **A preocupação dos contribuintes com o sigilo de informações divulgadas ao Fisco numa transação.** Disponível em < https://bit.ly/331a8Q1 >. Acesso em 20.04.2021. Há, ainda, o Projeto de Lei nº 1147/2021, de autoria do Deputado Christino Aureo (PP/RJ), que trata do tema.

[34] ADI nº 5.729/DF, Rel. Min. Roberto Barroso, Pleno, DJe 17.03.2021.

[35] Hatfield, Michael. Privacy in Taxation. **Florida State University Law Review**, Florida, v. 44, p. 579-634, 2018. p. 630.

A simplificação, portanto, deveria se atentar também para a redução de informações devidas ao Fisco, como a passagem de um "pente fino", a fim de eliminar o excesso, em tudo aquilo que seria necessário para que a Autoridade Fiscal desempenhe o seu papel ao, por exemplo, cotejar o sistema de créditos e débitos para fins de compensação ou, como corriqueiro no caso do Imposto sobre a Renda, a sistemática de dedução atrelada a gastos diretamente ligados a dados pessoais e empresariais. Hatfield, ao questionar se o peso da carga sobre a privacidade é justificável, traçou os primeiros passos na direção desse sopesamento:

> Em geral, há a probabilidade de que as invasões à privacidade podem, em regra, ser justificadas em razão da necessidade da avaliação de circunstâncias pessoais. Todavia, os estudiosos do Direito Tributário devem buscar responder à pergunta [sobre a carga da privacidade] de maneira particular, procurando equilibrar prejuízos e benefícios específicos.[36]

Para além da revisão da quantidade de informações fornecidas ao Fisco, o legislador deve, hoje, ter especial atenção à finalidade no uso das informações fiscais, bem como o tempo em que elas estarão disponíveis. Apesar do interesse público por detrás do compartilhamento de dados, a nova face da privacidade e do sigilo não se abstém da devida proteção, uma vez que, apesar da roupagem mais flexível, esses direitos fundamentais permanecem sob o manto constitucional. Conforme Roman Seer destaca, as informações fiscais:

> proporcionam um vasto panorama sobre as relações profissionais, empresariais e corporativas, além de outras relações econômicas (...). Mesmo a conservação e o emprego de tais dados, ainda que eles apresentem baixo conteúdo informativo, podem repercutir consideravelmente na liberdade do indivíduo quando objetos de técnicas de tratamento e cruzamento de dados.[37]

[36] Ibidem.

[37] Seer, Roman. Proteção de dados e tributação na Alemanha: repercussões do Regulamento Geral sobre Proteção de Dados. **Revista Jurídica da Presidência**. Tradutor Diogo Brandau Signoretti. Brasília, v.22, n.126, p. 20-47, fev./maio. 2020. p. 23.

À luz da experiência da Alemanha, retratada por Seer, podemos enxergar o avanço daquele país na temática. Lá, à semelhança do que decidido pelo STF, o compartilhamento de dados fiscais atende a um interesse público, mas deve observar a "reserva de lei, o mandamento de certeza da norma e o princípio da proporcionalidade"[38] – um reconhecimento baseado, segundo o Tribunal Constitucional Federal (*Bundesverfassungsgericht*), na doutrina do "limite-do-limite". Por outro lado, a discussão no campo tributário avançara mais em solo alemão do que em território brasileiro, a exemplo da seguinte constatação, sedimentada pelo Tribunal Constitucional:

> o cidadão titular dos dados deve poder se preparar para o acesso a seus dados, de modo que o motivo, a finalidade e os limites da restrição ao seu direito fundamental [à privacidade] sejam estabelecidos de forma clara e precisa. O Tribunal vê uma especial ameaça à liberdade civil, quando a informação pode ser usada para uma variedade de finalidades ou ser cruzada com outros dados.[39]

Por essa razão, ao lado da simplificação do Sistema Tributário, é preciso que, atentando-se aos deveres instrumentais – os quais permanecerão ainda que haja a unificação de tributos –, pensemos não apenas nos tipos de dados fornecidos, mas também na finalidade da coleta, no acesso por autoridades autorizadas e a delimitação de que o tratamento das informações será atrelado à competência do ente ou órgão[40].

[38] Ibidem, p. 24.

[39] Ibidem, p. 25.

[40] É interessante trazer as lições de Jürgen Wolter, as quais, nada obstante se refiram ao debate no âmago do processo penal, é perfeitamente cabível à área tributária, que, tal como aquela, está sujeita a atividades estatais com impacto nas liberdades individuais e econômicas. Ao tratar da autodeterminação informacional reconhecida pela Corte Constitucional alemã e a exigência de "mecanismos processuais de proteção", Wolter diz que: "Isso não significa, naturalmente, que os perigos (abstratos) decorrentes da obtenção de informação e do processamento (automatizado) de dados conduzidos pelo Estado devam ser considerados como violação de um direito fundamental em sentido amplo. De todo modo, esses mecanismos processuais de proteção devem conduzir (...) sobretudo como diretivas de ação ao legislador, (...) à criação de regras sobre a vinculação das informações, a uma determinada finalidade, sobre o apagamento de dados, sobre a valoração de provas encontradas fortuitamente e, ainda, sobre a notificação do afetado a respeito do levan-

Afinal, uma "estocagem de informações pessoais protegidas pelos direitos fundamentais com finalidade indeterminada ou ainda não determinável" não é compatível com a Constituição[41].

Essa, aliás, é a dinâmica que, em "uma era na qual o poder se confunde com o controle da informação", desemboca na "unidade informacional" e enseja a divisão informacional de poderes, onde "a finalidade de coleta e tratamento de dados pessoais por cada órgão público circunscreve-se à estrita definição de sua competência legal, sendo vedado o uso para outra finalidade dentro da Administração"[42].

Com base nesse reconhecimento, o Código Tributário Alemão foi alterado para adaptar a necessidade dos novos tempos à realidade do Regulamento Geral de Proteção de Dados europeu – este utilizado como referência para a construção da nossa LGPD – considerando, nesse cenário, que o dever do contribuinte em cooperar com o Fisco por meio da divulgação de seus dados só é aceitável quando houver a proteção "contra o uso e o repasse indevidos de seus dados".[43]

Conclusões

Alec Ross, ao traçar o caminho das indústrias do futuro, deu aos dados o *status* que um dia fora concedido à terra e ao ferro[44]. Na era da informa-

tamento ou uso de seus dados. Por fim, esses mecanismos devem conduzir, em geral, à prevenção, tanto antes quanto possível, de perigos aos direitos fundamentais, bem como de que estes se vejam esvaziados em seu conteúdo." Cf. WOLTER, Jürgen. **O inviolável e o intocável no direito processual penal: reflexões sobre dignidade humana, proibições de prova, proteção de dados (e separação informacional de poderes) diante da persecução penal**. Tradução Luís Greco, Alaor Leite, Eduardo Viana. 1ª ed. São Paulo: Marcial Pons, 2018, p. 86-87.

[41] SEER, Roman. Proteção de dados e tributação na Alemanha: repercussões do Regulamento Geral sobre Proteção de Dados. **Revista Jurídica da Presidência**. Tradutor Diogo Brandau Signoretti. Brasília, v.22, n.126, p. 20-47, fev./maio. 2020. p. 25.

[42] MARANHÃO, Juliano. CAMPOS, Ricardo. JOTA. **A divisão informacional de poderes e o cadastro base do cidadão.** Disponível em < https://bit.ly/3t0oIlv > Acesso em 20.04.2021.

[43] SEER, Roman. Proteção de dados e tributação na Alemanha: repercussões do Regulamento Geral sobre Proteção de Dados. **Revista Jurídica da Presidência**. Tradutor Diogo Brandau Signoretti. Brasília, v.22, n.126, p. 20-47, fev./maio. 2020. p. 26.

[44] ROSS, Alec. **The industries of the future**. Nova York. Simon & Schuster Paperbacks, 2016.

ção, são eles um dos bens mais valiosos, e tê-los sob controle significa não apenas riqueza, mas poder. Trata-se de uma verdadeira matéria prima.

É com o pontapé desse novo movimento que a formulação de políticas públicas tributárias e a Reforma, cujo principal objetivo é o de refazer, ainda que parcialmente, o emaranhado sistema que possuímos, também deve se preocupar. Importante lembrar que a segurança jurídica do contribuinte da mesma forma perpassará pela proteção de seus dados sigilosos, massificados nas "obrigações acessórias".

Isso, ainda, com base no reconhecimento de que o sigilo fiscal, na releitura atual, onde há a sua transferência entre os entes e órgãos, e não uma quebra, resultou no fenômeno da horizontalização, onde os sigilos bancário e fiscal são dotados com uma carga maior quando na relação estão dois particulares – e não mais entre o particular e o Estado.

Apesar da mudança, jamais se poderá perder de vista que, no Estado de Direito, a privacidade e a intimidade também permanecem vigentes, razão pela qual o sistema atual precisa reconhecer que, no lugar da antiga face do sigilo, está a premente necessidade de garantir a proteção de dados.

No campo tributário, porém, a LGPD terá as suas limitações de proteção. Para além disso, a coleta de dados em massa é traduzida, à luz da doutrina alemã, como "unidade informacional", ou seja, existe a concentração demasiada de informações dentro da Administração Pública e critérios que regulem a coleta e o uso desses dados são necessários, incluindo, nessa soma, aspectos como a finalidade e aqueles autorizados a receberem e enviarem as informações.

Também devemos nos preocupar com a revisitação das informações fornecidas pelos contribuintes, selecionando aquelas que realmente são essenciais para o fim arrecadatório e o de fiscalização.

Não apenas as regras e princípios da Constituição Federal, mas sobretudo o Código Tributário Nacional, em sua forma atual, não está preparado para a recepção dessa nova realidade envolvendo os dados e o sigilo fiscal. Ainda que o STF reconhecesse a necessidade de balizas fundamentadas na existência da citada unidade informacional, a estrutura infraconstitucional brasileira precisaria se adequar para receber as previsões necessárias à separação informacional.

Diante de todo esse arcabouço, já que falamos em modificações e edificações de nossa estrutura tributária, importante lançar o olhar que sistemas à frente no debate nos mostram, adequando-o à necessidade brasileira. A Reforma Tributária deve ser pioneira e sensível em abraçar, tanto quanto possível, essa realidade.

9.
REFORMA TRIBUTÁRIA E ESTADO CONSTITUCIONAL FRATERNAL: GÊNERO, RAÇA E SUSTENTABILIDADE[1]

ARIANE COSTA GUIMARÃES

Introdução

A Reforma Tributária está entre os assuntos mais abordados na arena política nos anos de 2019 e 2020, no mercado e, sem sombra de dúvida, na academia, por meio de diversos aprofundamentos e simulações que tanto a área jurídica quanto econômica vêm realizando, e ainda será no ano-calendário de 2021, podendo ser estendida por algum tempo ainda nos debates do Congresso Nacional.

Entre críticos desconstrutivistas e entusiastas iludidos, a grande maioria dos operadores do Direito e acadêmicos dedicaram parte de seu tempo, uns mais, outros menos, ao estudo das proposições legislativas sobre a Reforma Tributária e concordam em um ponto, ao menos: o Brasil necessita de uma Reforma Tributária. A questão é saber qual reforma e em que bases.

O Brasil é o país com o pior índice de retorno de bem-estar à sociedade, conforme ranking divulgado pelo Instituto Brasileiro de Planejamento Tributário (IBPT)[2], ou seja, apesar de não ter a maior ou estar em as

[1] Este artigo contou com a revisão de Marina da Silva Costa e Thalita Lima, profissionais entusiastas e crentes de que o direito deve ser instrumento de transformação social.

[2] O GLOBO. **Brasil é o país com o menor índice de retorno de bem-estar à sociedade**. Divulgado em 01.06.2019. Disponível em: < https://g1.globo.com/pr/parana/noticia/2019/07/04/brasil-e-o-pais-com-o-menor-indice-de-retorno-de-bem-estar-

maiores cargas tributárias no mundo, segundo a OCDE, o gasto público com a arrecadação de tributos não é retornado e devolvido à sociedade na mesma proporção da exação fiscal. Outro estudo, dessa vez publicado pelo IPEA, revela que a carga tributária brasileira é, do ponto de vista econômico, regressiva[3], ou até ousamos afirmar altamente regressiva, o que implica dizer que "o excesso de tributação sobre bens e serviços, de 18,8% do PIB, [é] maior do que em qualquer país da OCDE, onde a média é de 11,6% do PIB", sendo a parte mais afetada a camada mais pobre da sociedade brasileira.

Daí que o objetivo maior e comum das proposições de Reforma Tributária possui, em síntese, as ideias de: simplificação do sistema brasileiro, redução de litígios administrativos e judiciais, eliminação de alguns benefícios fiscais setoriais e redução de outros, atribuição de mais transparência ao sistema e adoção de um sistema de tributação do consumo inspirado no imposto sobre valor agregado (IVA), com ampla não cumulatividade, ou seja, de efeito neutro para os empresários.

Neste contexto, foram apresentadas as Propostas de Emendas Constitucionais nº. 45/19 e 110/19 com vistas à outorga de competência à União para instituir o Imposto sobre Bens e Serviços (IBS), imposto que pretende simplificar a arrecadação de tributos sobre o consumo no Brasil, unificando cinco diferentes tributos de diversas competências federativas para um único imposto sobre valor agregado. O imposto agruparia operações onerosas com bens tangíveis e intangíveis e teria alíquota, ainda a ser definida em lei, que giraria em torno de 25%.

Em um modelo de transição progressiva, o IBS deverá ser instituído com uma alíquota única, mantida por dois anos, enquanto se reduz a alíquota dos tributos a serem extintos (ISS, ICMS, PIS, COFINS, IPI, na PEC no. 45/2019), com o objetivo de avaliar e dimensionar a dinâmica do novo imposto e seu potencial de arrecadação. Posteriormente, o IBS

-a-sociedade-pesquisa-foi-feita-com-30-paises-de-maior-carga-tributaria-no-mundo.ghtml>. Acesso em: 29 set. 2020.

[3] Gomes, Marcel. As distorções de uma carga tributária regressiva. *In* **Revista de Informações e Debates do Instituto de Pesquisa Econômica Aplicada**. Disponível em: <http://www.ipea.gov.br/desafios/index.php?option=com_content&view=article&id=3233&catid=30&Itemid=41>. Acesso em: 20 mai. 2019.

seria elevado de forma progressiva e linear simultaneamente à redução da alíquota dos tributos atuais que, ao fim, seriam extintos.

O governo, por seu turno, apresenta o seu plano de Reforma Tributária em algumas etapas, sendo que a primeira delas, a reunião do PIS e da COFINS, está endereçada no PL nº. 3.887/20, e as demais fases se relacionam à desoneração da folha de pagamentos, à criação de um imposto para operações digitais e ao ajuste da legislação do imposto sobre a renda.

A promessa do IBS é de não cumulatividade e de direito de crédito amplo, em que o método de apuração seria o sistema de débito e crédito com recolhimento periódico referente à diferença do imposto lançado nas operações. Em regime de crédito financeiro, a proposta é que ele tenha incidência sobre bens e serviços e gere créditos a serem acumulados e ressarcidos após a solicitação do contribuinte.

Por envolver diretamente as principais fontes de arrecadação dos Estados e Municípios, impostos sobre a circulação de mercadorias e prestação de serviços, as PECs 45/19 e 110/19 vêm sendo amplamente discutidas ainda com alguma resistência. Atualmente, o ICMS, de competência estadual, e o ISS, de competência municipal, são regidos por uma infinidade de legislações e esse emaranhado normativo gera insegurança e falta de calculabilidade para as transações, além de uma disputa entre os entes da Federação, afetando e muito no valor do produto final ou nos serviços prestados pelos contribuintes. Essa insegurança afeta inclusive nas intenções de investidores e empresários estrangeiros que poderiam encontrar no Brasil um ambiente de negócios mais favorável às suas práticas comerciais.

Desse modo, a principal preocupação das propostas de Reforma Tributária neste aspecto é com a instabilidade que a implementação do novo modelo terá, essencialmente no que diz respeito ao pacto federativo. Para impedir isso, é importante que o projeto inclua estratégias de manutenção dos níveis de arrecadação, de gestão de receitas e poder de fiscalização.

Além disso, há algumas incertezas em relação à tributação dos bens e serviços, tais como ao efetivo impacto em relação aos preços relativos a bens e serviços, inconsistências no desenho do fato gerador, ausência de garantias e prazos no sistema de ressarcimento do saldo credor do regime atual, tanto de ICMS quanto de PIS/COFINS, possibilidade de acúmulo de créditos em alguns setores, além da relevância vital que determinados benefícios fiscais possuem em alguns segmentos de longo prazo.

Aliás, no bojo do debate, sobreleva ainda a relação entre os modelos propostos de Reforma Tributária e a desigualdade social nas suas mais diversas acepções. É dizer, importante refletir, neste ínterim, quais são os atualmente previstos? Sendo ainda escassos, há a possibilidade de a alteração do ordenamento jurídico contemplar essas preocupações ao disciplinar novo modelo de tributação sobre o consumo e sobre a renda, levando em conta as camadas sociais de baixa renda e, além disso, os grupos com pouca ou nenhuma representatividade na arena política?

Para conduzir esta investigação, a primeira abordagem a ser feita diz respeito ao grau de obrigatoriedade imposto na Constituição Federal, tanto ao poder constituinte derivado quanto ao legislador, de observância dos direitos fundamentais na elaboração das emendas e das leis, em especial a tributária. Neste momento, serão levantadas as formas pelas quais a lei tributária pode e/ou deve assumir papeis e funções que sobreponham à eminentemente fiscal (ficou um pouco ruim na leitura, acho que daria para facilitar a frase) para alcançar objetivos não tipicamente tutelados no direito tributário.

No segundo momento, serão tecidas considerações e fornecidos exemplos sobre formatos possíveis de disposições tributárias que possam servir ao propósito da concretização de objetivos constitucionais e políticas públicas voltadas ao desenvolvimento social e à redução das desigualdades. Nessa análise, o marco teórico será o constitucionalismo fraterno como base argumentativa.

1. O constitucionalismo social e o direito tributário

O Brasil optou pelo desenho constitucional de Estado de bem estar social para permitir ao indivíduo o acesso à proteção social integral. Por essa razão, a Constituição brasileira reconhece ferramentas institucionais para fornecimento de condições de desmercadorização do cidadão, como a Previdência Social, os modelos de Assistência Social, o Sistema Único de Saúde, e a Educação Pública[4].

[4] Boschetti, Ivanete. **Seguridade social:** a armadilha dos conceitos. Disponível em: <http://vsites.unb.br/ih/dss/gesst/seguridade.pdf.> Acesso em: 20 mar. 2019.

Para dar conta dessas despesas, o tributo tem função primordial, tanto para servir de fonte para as novas receitas públicas decorrentes dos novos compromissos públicos, como para interferir nas relações sociais[5]. Por conseguinte, a introdução desses contornos da relação entre Estado e sociedade, promovida com a construção do *welfare state (não seria mais didático explicar ao menos em nota de roda-pé o welfare state)*, como modelo a ser implantado, ensejou a releitura do sistema tributário liberal.

O ideal da construção de uma sociedade comprometida com a promoção das liberdades substantivas de todos os indivíduos é definir tais objetivos como prioritários na consecução da definição de políticas públicas. Uma primeira frente de ação é o enfrentamento da pobreza, o qual, enquanto subsistir, deve atrair maiores esforços e foco aos interesses dos menos favorecidos. Consectariamente, flagrante consequência dessa perspectiva "é a possibilidade de que um movimento em direção à justiça acarrete uma perda significativa de renda e riqueza para os que agora estão no topo da escala social"[6]. Ou seja, é necessário instituir normas para alterar as estruturas sociais e uma ferramenta para isso é a relação jurídico-tributária estabelecida.

Os tributos não podem significar apenas o suporte financeiro do Estado, mas devem ser lidos como institutos que combatem as privações de liberdades políticas. Esta premissa baliza as normas jurídicas, pois "não se pode nem justificar nem criticar um regime econômico tomando-se como norma independente algo que, na verdade, é uma consequência desse regime"[7]. Daí que a percepção de justiça tributária deve ser conferida, também, a partir do destino que o governo dá aos recursos públicos, critério este que não está incorporado na concepção liberal de igual-

[5] Marcus Faro afirma que o sistema tributário reflete o poder coercitivo do Estado de intervenção indireta. Faro, Marcus. **A administração da justiça e os reflexos na economia**. Disponível em: <http://www2.cjf.jus.br/ojs2/index.php/cej/article/viewFile/459/640>. Acesso em 12 out. 2013.

[6] Murphy, Liam; Nagel, Thomas. **O mito da propriedade**. Tradução de Marcelo Brandão Cipolla. São Paulo: Martins Fontes, 2005, p. 192.

[7] Murphy, Liam; Nagel, Thomas. **O mito da propriedade**. Tradução de Marcelo Brandão Cipolla. São Paulo: Martins Fontes, 2005, p. 13.

dade tributária[8]. No particular, conforme critério de análise de liberdade substantiva proposto por Amartya Sen[9], não se leva em consideração o elemento "funcional", o qual, na realidade, deveria ser entendido como necessário para que seja avaliado o destino dado à renda.

Do mesmo modo, aponta-se a insuficiência do princípio do benefício como forma de definição da justiça tributária. Para este postulado, cada contribuinte seria tributado em conformidade com sua demanda por serviços públicos. No Brasil, é o que se chama de Princípio da Referibilidade Estrita. Neste caso, o problema reside no fato de que jamais será alcançada a redistribuição da renda por esta metodologia. Considerando o conceito de justiça social, o princípio do benefício passa a ser incompatível, visto que, "se os muito pobres obtêm menos benefícios do governo do que os ricos, eles ainda assim se beneficiam deveras em comparação com seu estado na guerra de todos contra todos"[10].

Outra crítica desenvolvida contra a concepção tradicional do sistema tributário se refere ao princípio da capacidade contributiva. A ideia de capacidade contributiva refletiria a "tributação pelo talento", segundo a qual os indivíduos devem recolher os impostos conforme as suas habilidades, definidas como a capacidade de auferir renda e acumular riqueza. No entanto, mais uma vez, pode-se pensar que o critério da riqueza pré-tributária, juntamente com a ausência de vinculação com o direcionamento dos gastos, faz com que a identificação do "talento" das pessoas seja equivocada[11].

[8] Outro problema da equidade vertical consiste no fato de que "está implícita uma concepção de governo como um prestador de serviços cujas exigências de pagamento intrometem-se indevidamente numa economia de mercado capitalista do tipo laissez-faire, a qual supostamente produziria uma distribuição legítima dos direitos da propriedade": "Justa partilha dos ônus tributários entre os indivíduos, uma partilha avaliada a partir daquela base". MURPHY, Liam; NAGEL, Thomas. **O mito da propriedade**. Tradução de Marcelo Brandão Cipolla. São Paulo: Martins Fontes, 2005, p. 21.

[9] SEN, Amartya. **Desenvolvimento como liberdade**. São Paulo: Companhia das Letras, 2010, p. 377.

[10] MURPHY, Liam; NAGEL, Thomas. **O mito da propriedade**. Tradução de Marcelo Brandão Cipolla. São Paulo: Martins Fontes, 2005, p. 25.

[11] "uma vez que a justiça na tributação não é uma realidade isolada, não podemos afirmar com segurança que o Estado deve cobrar sacrifícios tributários iguais de todas as pessoas, tendo por base a renda pré-tributária, e, ao mesmo tempo, não nos pronunciar acerca de

Por outro lado, a capacidade contributiva traz uma concepção importante: a de que quem tem mais acesso às formas de auferir rendas poderá contribuir com maior quantidade para o custeio dos serviços imprescindíveis para garantia do direito de todos por meio da distribuição de renda pelo Estado.

Logo, a Constituição Federativa do Brasil de 1988 propõe diversos instrumentos para conformar a imposição fiscal com os vetores da justa distribuição da renda e do patrimônio. Mas, conforme afirma Klaus Tipke, "o Brasil pertence, todavia, àquele grupo de países em que a Constituição e a realidade constitucional claramente divergem"[12]. Um dos exemplos para tal crítica está no fato de que, como a Constituição brasileira prevê a capacidade contributiva apenas para os impostos, a leitura literal do texto constitucional que faz esta previsão afasta a possibilidade de inseri-la como pano de fundo dos demais tributos, como taxas, contribuições de melhoria e contribuições. Nesse sentido, diz Geraldo Ataliba[13] apesar de esses tributos não se sujeitarem ao princípio da capacidade contributiva, sujeitam-se ao princípio da igualdade, o qual contempla o sentido de capacidade contributiva que tem previsão constitucional expressa para os impostos.

No estado democrático de direito, na opinião de Betina Grupenmacher[14], só é admissível que incida tributação sobre as manifestações de capacidade contributiva do cidadão, de modo a preservar seus direitos fundamentais de acesso a bens de consumo para a sua subsistência. A tri-

qual seria a política de gastos". MURPHY, Liam; NAGEL, Thomas. **O mito da propriedade**. Tradução de Marcelo Brandão Cipolla. São Paulo: Martins Fontes, 2005, p. 32.

12 TIPKE, Klaus. **Moral tributária do Estado e dos contribuintes**. Tradução de Luiz Dória Furquim. Porto Alegre: Sergio Antonio Fabris Editor, 2012, p. 46.

13 DOMINGUES, José Marcos. O princípio da capacidade contributiva, o acesso à justiça e outros desafios à Jurisprudência do Supremo Tribunal. **Estudo de Caso**: o Imposto sobre Serviços, a Locação de coisas e o afretamento de embarcações. In GOMES, Marcus Lívio; VELLOSO, Andrei Pitten (org.). Sistema constitucional tributário: dos fundamentos teóricos aos hard cases tributários. 1. ed. Porto Alegre: Livraria do Advogado Editora, 2014, p. 104.

14 GRUPENMACHER, Betina Treiger. Tributação e direitos fundamentais. *In* FISCHER, Octavio Campos (org.). **Tributos e direitos fundamentais**. 1. ed. São Paulo: Dialética, 2004, p. 13-16.

butação da capacidade econômica do contribuinte de satisfação de suas necessidades básicas é incompatível com a manutenção da dignidade do indivíduo, pois impede que ele tenha recursos mínimos para seu sustento e o de sua família.

A intributabilidade do mínimo existencial deveria ser reconhecida, assim, como corolário da capacidade contributiva, isto é, como forma de superação do olhar formalista da tributação. Deve haver a correspondência entre a perspectiva jurídica e a econômica para permitir que a consequência seja considerada no questionamento dos tributos. O direito serve a algo e, na relação Estado-indivíduo, quanto ao pagamento de impostos, o alcance da lei deve observar a concretização da capacidade contributiva e da isonomia[15].

Dessa forma, já preconizava na doutrina de Geraldo Ataliba[16] a referência à capacidade contributiva como limitadora da tributação ou como instrumento de proteção do mínimo existencial. Em verdade, não se pode dizer que haja capacidade contributiva quando o contribuinte gasta tudo o que ganha para sobreviver. A capacidade contributiva, para fins de tributação pelo imposto de renda, deve estar sujeita ao enriquecimento e efetivo aumento de patrimônio do contribuinte.

Para dar reforço à força da capacidade contributiva, a proibição de excesso na tributaçao nao é uma característica intrínseca da capacidade contributiva. É, de fato, limitação constitucional quantitativa e decorre dos direitos fundamentais, independentemente da capacidade contributiva, mas por ela reforçada. A cobrança de tributo além do limite definido pelo espectro de atuação econômica do contribuinte é suscetível de controle jurisdicional.

Em outras palavras, é como se o princípio da capacidade contributiva consistisse em uma das ferramentas pelas quais a dignidade da pessoa humana e da liberdade se concretizassem. No plano econômico, por meio da observância à capacidade contributiva, o Estado efetua escolhas de

[15] Torres, Ricardo Lobo. A legitimação da capacidade contributiva e dos direitos fundamentais do contribuinte. *In* **Direito tributário**. V. I. São Paulo: Editora Quartier Latin do Brasil, 2003, p. 435.

[16] Ataliba, Geraldo. Limitações constitucionais ao poder de tributar. *In* **Revista de Direito Tributário**, n. 62. São Paulo: Malheiros Editores, 1992, p. 116.

tributação de modo a fazer com que o indivíduo mantenha riqueza suficiente para a satisfação de direitos cujo usufruto dependa diretamente de recursos financeiros.

O Estado pode fornecer os bens por meio de transferência, ou pode permitir que o indivíduo explorasse a atividade econômica e não a tributasse até o montante necessário à satisfação do mínimo existencial. A propósito, sobre o mínimo existencial, o Tribunal Constitucional alemão deliberou que o Estado, ao garantir bases mínimas de existência condigna aos hipossuficientes, precisa, também, inseri-los gradualmente, além de estruturar as bases administrativas necessárias para lhes conferir a assistência adequada.

Veja-se que o mínimo existencial não tem, em seu âmago, uma fotografia estática, mas há de ser interpretado como marco inicial, objetivando a estruturação de políticas públicas no sentido de, paulatinamente, tornar-se a vida em comunidade mais digna.

Nessa perspectiva, de acordo com a reflexão levada a efeito por Marcos Faro de Castro[17] sobre a interpretação das regras jurídico-tributárias – segundo ele, o sistema tributário deve estar articulado de tal modo que permita a fruição empírica e concreta dos direitos fundamentais – não se pode falar em crescimento econômico sem que o Estado salvaguarde os direitos mínimos dos indivíduos, em especial do ponto de vista do direito de consumir.

Com base nessas considerações, é possível afirmar que o sistema tributário deve ser compreendido como um instituto de que dispõe o Estado para a redução da desigualdade social e a pobreza, não apenas como uma forma de suporte financeiro, mas que seja instituído com base nas peculiaridades sociais próprias. Não é só. Há, mais recentemente, abordagem do Estado Constitucional Fraternal, que agrega alguns fatores ao constitucionalismo social, abordado a seguir.

[17] Castro, Marcus Faro de. **Direito, tributação e economia no Brasil**: aportes da análise jurídica da política econômica. Disponível em: <http://www.pgfn.fazenda.gov.br/revista-pgfn/ano-i-numero-ii-2011/007.pdf>. Acesso em 28 abr. 2017.

2. O constitucionalismo fraternal e o direito tributário

No constitucionalismo fraternal[18], o indivíduo deve ocupar o centro do ordenamento jurídico e as diretrizes dos poderes estatais devem ter em vista a garantia de sua dignidade. É neste contexto que se inserem as reflexões para que o ser humano seja o centro do ordenamento jurídico, incorporando na garantia do mínimo existencial a preservação do indivíduo, não apenas do ponto de vista de subsistência, como se preocupa o constitucionalismo social, mas, igualmente, na busca do bem da vida. O bem da vida aqui é empregado como aquilo que seja comunitariamente considerado como valorado por intermédio de tutela jurídica principalmente constitucional, mas não apenas.

A Constituição Federal de 1988 consagrou, no seu preâmbulo, a igualdade e a justiça como valores supremos de uma sociedade fraterna, pluralista e sem preconceitos, embasada na harmonia social e comprometida com a inclusão e a busca pelo consenso na arena política, deliberadas democraticamente. Neste particular, "quando a Constituição proíbe preconceitos contra as mulheres, os negros, os pobres, os homossexuais e os deficientes físicos, está atuando no campo da fraternidade"[19].

O assunto é ainda pouco abordado, principalmente quando confrontado com a sua relevância. É fato, no entanto, que o Poder Constituinte objetivou viabilizar a construção de uma sociedade fraterna e plural, sem preconceitos. O compromisso firmado na Constituição Federal não se assenta na vertente puramente liberal (Estado Liberal Clássico) ou, ainda, social, mas, sim, com o Estado fraterno, que emerge com a convivência harmônica e plural dos diversos grupos, acomodando crenças, credos, origens.

Evidentemente que este conjunto de fatores são concretizados na esfera político-institucional e o direito funciona como instrumento das políticas públicas definidas para alcançar os propósitos da Constituição. Há, porém, de modo inegável, influência do Poder Judiciário na consoli-

[18] Britto, Carlos Ayres. **Teoria da Constituição.** Rio de Janeiro: Forense, 2003, p. 37.

[19] Fonseca, Reynaldo da. **Princípio constitucional da fraternidade**. Disponível em: <http://www.stj.jus.br/sites/portalp/Paginas/Comunicacao/Noticias/Ministro-Reynaldo-Fonseca-lanca-obra-sobre-principio-constitucional-da-fraternidade.aspx>. Acesso em: 29 set. 2020.

dação desses *standards*, em especial quando se examinam questões legais confrontadas com os princípios que simbolizam o ideal de fraternidade, podendo haver a declaração de inconstitucionalidade ou a interpretação judicial de acordo com esses direitos constitucionais.

Sobre o assunto, Sonia Fleury entende que o Brasil, em que pese as "conquistas sociais inscritas na Constituição de 1988", é notório ainda o enfrentamento pelo país dos muitos empecilhos para a sua concretização, o que se deve, em grande parte, ao modelo de *welfare state* conservador, prestigiando pela manutenção das desigualdades sociais que assolam o país desde sempre[20].

Diferente não é a posição defendida por Maria Lucia Werneck Vianna, que destaca a presença do lobismo no Brasil desde a era Vargas. Para ela, "conflitos latentes entre Executivo e Legislativo, a estrutura partidária fraca e pouco enraizada na sociedade, entidades de representação dos grupos sociais segmentadas, com baixa capacidade de interlocução, e uma disseminada cultura de privativismo"[21], fatores que demonstram o *welfare state* corporativo, seja pelo fato de que o efetivo acesso aos serviços públicos de ordem social sempre beneficiou os grupos influentes no processo de tomada de decisões, a despeito do atual sistema normativo brasileiro contemplar a proteção social universal.

E, nesse cenário, se indaga qual a relação que o tributo pode assumir no contexto institucional político para concretização do constitucionalismo fraternal. No Brasil, conforme explica Mizabel Derzi,[22] os tributos têm a função de custeio dos serviços públicos realizados pelo Estado a

[20] "As mudanças introduzidas pela Carta Constitucional de 1988, embora eivadas de contradições, representam uma clara intenção do legislador no sentido de atingir uma ordem social mais justa. No entanto, a impossibilidade de sustentar esta posição hegemonicamente em um governo baseado em uma transição pactuada entre os setores conservadores e progressistas, levou a que muitos dos conflitos revelados por ocasião da elaboração da Constituição tenham sido adiados para posterior definição". FLEURY, Sonia. **Estado sem cidadãos**: seguridade social na América Latina. São Paulo: Fio Cruz, 1992, p. 225.

[21] VIANNA, Maria Lucia Teixeira Werneck. **A americanização da seguridade social no Brasil.** Rio de Janeiro: Revan, 2000, p. 131.

[22] BALEEIRO, Aliomar. DERZI, Misabel (atual). **Direito Tributário Brasileiro.** Rio de Janeiro: Forense, 2003, p. 42-43.

fim de que sejam reduzidas as desigualdades de modo a garantir vida digna a todos e proteger os direitos fundamentais e a justiça social.

Esse contexto conflita com o princípio constitucional da capacidade contributiva, que encontra previsão no art. 145, § 1º, da Constituição Federal, segundo o qual os impostos, sempre que possível, de acordo com patrimônio, renda e atividade econômica, "terão caráter pessoal e serão graduados segundo a capacidade econômica do contribuinte, facultado à administração tributária, especialmente para conferir efetividade a esses objetivos, identificar, respeitados os direitos individuais". Além disso, pode deixar de concretizar o Estado Constitucional Fraternal.

Para tanto, tratando de Reforma Tributária, deve começar a ser lançada a questão de como se relaciona a análise da carga fiscal com a dignidade e a implementação dos direitos devidos aos grupos sociais com menor representatividade política e institucional, como negros, mulheres, homoafetivos. Se, numa primeira acepção, a impressão é de que a tributação não seria um instrumento de reforço de desigualdades, na medida em que, em verdade, não haveria uma tributação mais onerosa com base neste critério, recentes pesquisas têm, por outro lado, denunciado o impacto que os tributos possuem nesta perspectiva.

É o caso de pesquisas levadas a efeito nos Estados Unidos, com a economista americana Janet Stotsky, com o texto *Gender Bias in Tax Systems*, além das acadêmicas Caren Grown, americana, and Imraan Valodia, africana, com a coletânea *Taxation and Gender Equity*, na ONU Mulheres, no estudo *Orçamentos sensíveis a gêneros*, os materiais da brasileira Isabelle Resende Alves Rocha sobre gênero e tributação, além da dedicação à temática de influxos entre raça e tributação, de Tathiane Piscitelli, *Tributação e gênero*, Luciane Freitas Mazzardo e Heleno Taveira Torres, a americana Glace Blumberg, com o estudo *Sexism in the code: a comparative study of income taxation of working wives and mothers.*

Tratando da perspectiva de tributação e raça, é importante mencionar alguns poucos estudos, a saber, o de Evilasio Silva Salvador e Silvia Cristina Yannoulas *As Implicações do Sistema Tributário Brasileiro nas Desigualdades de Renda*, a americana Chye-Ching Huang e Roderick Taylor no *How the Federal Tax Code Can Better Advance Racial Equity* e Dorothy Brown, com *Tax Law and Critical Race Theory*.

Há, ainda, reflexões sobre como o tributo ambiental pode ser implementado, com série de autores que propõem ferramentas tributárias para alcançar este propósito, já mais amplamente difundido entre os acadêmicos, mas timidamente tratado na legislação.

Nesse sentido, é importante dizer que a análise e as sugestões endereçadas nessa frente de utilização do tributo como ferramenta de concretização do Estado Constitucional Fraternal demanda incursões em outras áreas para além do direito, como economia, gestão pública e contabilidade. No entanto, a necessidade de um estudo interdisciplinar do assunto não é um empecilho para que reflexões sobre estruturas sejam sugeridas no campo jurídico para alcançar este propósito preambular e fundante da sociedade brasileira.

3. Tutela dos direitos fundamentais para desenvolvimento e redução das desigualdades sociais: a oportunidade da Reforma Tributária

A Reforma Tributária não endereça pontos para redução das desigualdades sociais. Segundo Regina Helena Costa, "a reforma tributária seria uma excelente oportunidade de se pensar em Justiça tributária e eu não vi em nenhuma dessas propostas uma preocupação com isso. É uma pena"[23]. A título de exemplo, objetiva-se a revogação das isenções das cestas básicas.

Como se verifica, o objetivo maior das proposições de Reforma Tributária, de forma resumida, tem em comum a ideia de simplificação do sistema brasileiro, a redução de litígios administrativos e judiciais, a eliminação em uns e a redução de benefícios fiscais setoriais, conferir mais transparência ao sistema, importância de adoção de um sistema (duas vezes seguida a palavra sistema) de tributação do consumo inspirado no imposto sobre valor agregado (IVA), com ampla não cumulatividade, ou seja, de efeito (mais?) neutro para os empresários.

Assim, abaixo estão algumas reflexões que podem ser endereçadas em relação ao assunto, a partir das suas especificidades.

[23] Costa, Regina Helena. **Regina Helena Costa**: nenhuma proposta de reforma se preo cupa com Justiça tributária. Disponível em: <www.jota.com.br>. Acesso em: 29 set. 2020.

3.1 Gênero e tributação

Para a professora Misabel Derzi[24], a preocupação com o impacto da tributação tem assento em deliberação no Tribunal Constitucional Federal da Alemanha, em 1957, no qual foi declarada inconstitucional a obrigatoriedade da declaração conjunta do imposto de renda de pessoas casadas. É que a obrigatoriedade eleva a tributação do casal quando confrontada com a tributação separadamente, tudo em função da tributação progressiva. A Corte, portanto, recomendou a utilização do *splitting*, utilizando o parâmetro americano. Em 1976, a Corte Constitucional italiana reconheceu a inconstitucionalidade da declaração conjunta de homem e mulher, bem como o Tribunal Constitucional espanhol.

No Brasil, não há obrigatoriedade de declaração conjunta. Nada obstante, atesta-se que 57% dos declarantes são homens e 42% mulheres. Do total das declarações conjuntas enviadas num determinado exercício, apenas 30% foi enviada por mulheres, sugerindo de forma veemente a preferência do homem na administração dos rendimentos (não seria interessante colocar a fonte desses dados?). Além disso, "mesmo sendo elas as principais responsáveis pelo trabalho de cuidado dos dependentes, além de auferirem uma renda inferior, as mulheres acabam não se valendo das deduções dos dependentes pelo fato destas se mostrarem mais relevantes para reduzir o montante tributável da renda somada do casal"[25].

Trazendo esta realidade para o âmbito da política pública, é conveniente refletir, no contexto da Reforma Tributária, as considerações de Isabelle Rocha que, após analisar impactos econômicos da incidência do imposto de renda na perspectiva de gênero, concluiu a existência de:

a) aumento dos limites de dedução com dependentes e com instrução, para além da atualização monetária urgente e necessária; tal medida pode beneficiar mulheres, reduzindo desigualdades frente

[24] Derzi, Misabel. **Os conceitos de renda e de patrimônio**. Belo Horizonte: Editora Del Rey, 1992, p. 1.200.

[25] *Apud* Alves, Isabelle Resende. **Gênero, direito tributário e imposto de renda da pessoa física**: aspectos sobre a influência da tributação nas desigualdades entre homens e mulheres. Dissertação de Mestrado na Universidade Católica de Minas Gerais, 2020.

a dedução integral do valor pago pelos homens (predominantemente) a título de pensão alimentícia;

b) concessão de crédito para mães e chefes de família, que exerçam a responsabilidade econômica pelo núcleo familiar; é que a maternidade revela-se como instrumento de nivelamento no mercado de trabalho;

c) dedução de empregadores da contribuição previdenciária patronal paga para empregado doméstico, na medida em que as mulheres são as que mais exercem esses trabalhos;

d) dedução do IRPF de empregadores com despesas com instrução e saúde de empregadas domésticas e suas filhas e filhos.

Além disso, há sugestões de tributação mais branda, ou até zerar as alíquotas incidentes a produtos utilizados e consumidos pelas mulheres, como absorventes, e porque não sobre fraldas?.

3.2 Raça e tributação

De início, malgrado não seja o foco deste ensaio uma reflexão mais apurada sobre a categoria de sentido "raça", saliento ser sabido o latente debate em torno do conceito. "É claro que a falta de precisão da palavra raça em seus sentidos sociais e políticos modernos é uma das razões para sua influência vaga e nociva. Foi usada contra grupos tão diferentes em termos de classificação (...). As diferenças físicas, culturais e socioeconômicas assumem-se, projetam-se, generalizam-se e confundem-se a ponto de fazer que diferentes espécies de variação se representem ou se impliquem mutuamente"[26]. Nesse ínterim, importante trazer a tona ao debate sobre como garantir dignidade prevista no constitucionalismo social e, especialmente, na virada hermenêutica do direito constitucional fraternal, ao se operacionalizar os institutos tributários como meios para a redução de desigualdade.

O Sistema Tributário Nacional não beneficia explicitamente uma raça em detrimento da outra. Porém, por conta do racismo estrutural, segundo

[26] WILLIAMS, Raymond. **Palavras-chave: um vocabulário de cultura e sociedade**. Trad. Sandra Guardini Vasconcelos. São Paulo: Boitempo, 2007, p. 334.

o professor Silvio Almeida, "é um ato ou um conjunto de atos e tampouco se resume a um fenômeno restrito às práticas institucionais; é, sobretudo, um processo histórico e político em que as condições de subalternidade ou de privilégio de sujeitos racializados é estruturalmente reproduzida", esta realidade é perpetuada.

É também institucionalizada diante da ausência de tutela específica do impacto da tributação sobre, especialmente a comunidade negra ajuda a moldar os fatores que determinam a responsabilidade fiscal das famílias, como sua renda, riqueza e consumo. A distribuição de renda reflete uma longa história de políticas afetadas pelo racismo, combinado com o preconceito racial e a discriminação contínua, que reduzem sistematicamente oportunidades para famílias de cor.

Destaca-se nas pesquisas que as mulheres são as maiores reprimidas pelo sistema de tributação regressivo. Quando se analisa pelo fator de raça são grandes as diferenças entre mulheres negras e mulheres brancas. Em média, as mulheres negras gastam cerca de 32% de sua renda apenas com tributos, enquanto pessoas brancas gastam somente 21% do que recebem com carga fiscal[27].

As dimensões de gênero e raça estão no cerne das desigualdades sociais brasileiras, mas ausentes do debate tributário. Como negros estão na base da pirâmide social, a elevada carga tributária regressiva onera fortemente esse segmento da população. As desigualdades sociais em relação a população negra são vistas desde a sua inserção na sociedade brasileira, como no mercado de trabalho e pelo acesso à educação, perpassando pelos direitos básicos de assistência social. Consequentemente isso sobrecai nos valores dos rendimentos obtidos e nas condições de vida.

Pelo fato de a maior parte da carga tributária incidir sobe o consumo, a consequência é que as pessoas com menor renda (por exemplo, mulheres negras) pagam proporcionalmente mais tributos do que aquelas com renda mais elevada. Dito isto, o financiamento das políticas públicas brasileiras quanto ao peso dos tributos recai sobre as mulheres e aos negros.

[27] Salvador, Evilásio. **As implicações do Sistema Tributário Brasileiro nas desigualdades de renda**. Brasília: INESC, 2014.

Em representação, as mulheres negras pagam proporcionalmente, em relação aos seus rendimentos, muito mais tributos do que os homens brancos.

Nosso sistema tributário deveria considerar a assimetria do ônus e do sacrifício maior suportado pela comunidade negra e estabelecer ferramentas tributárias para alcançar a isonomia, como modalidades de dedução de despesas, por exemplo, da base de cálculo do imposto de renda ou, ainda, concessão de créditos financeiros para consumo por determinados grupos. Há, ainda, a possibilidade de se refletir sobre incentivos para os que empregam negros. A presença do racismo institucional na construção da nação brasileira faz com que seja importante um olhar para além da inciativa meramente universalista de redistribuição de renda.

4. Proteção ambiental e tributação

Em que pese a possível contribuição da experiência internacional sobre a instituição de um "*carbon tax*", a adaptação de tais experiências à realidade brasileira deveria levar em consideração (i) especificidades da economia brasileira e (ii) o modo como o sistema tributário brasileiro se organiza.

Quanto ao primeiro aspecto, o atingimento dos pretendidos efeitos econômico-indutores da tributação sobre o carbono no Brasil – independentemente da forma jurídica que se venha a adotar – deveria considerar particularidades relacionadas aos principais destinatários da norma e a forma como se organizam as atividades econômicas responsáveis pela geração de gases de efeito estufa no país.

Além disso, quanto ao segundo aspecto, o sistema tributário brasileiro se caracteriza pela imposição de uma maior carga tributária sobre o consumo que aquela incide sobre a renda, ao contrário do que ocorre em muitos países desenvolvidos. Eventual criação de um "*carbon tax*" no Brasil poderia implicar nova oneração sobre o consumo, possivelmente agravando distorções no sistema tributário e gerando efeitos econômicos indesejados (tais como a possível regressividade da tributação sobre o consumo, além de impactos à competitividade de determinadas atividades e risco de "*carbon leakage*").

Adicionalmente, a depender do formato concebido, a criação de um "*carbon tax*" poderia ter o potencial de aumentar a complexidade do sistema tributário brasileiro já excessivamente complexo, além de resultar em um aumento da carga tributária, na contramão dos princípios que norteiam a reforma tributária nos moldes em que vem sendo discutida no Brasil.

10. REGRESSIVIDADE, ALÍQUOTAS DIFERENCIADAS NOS TRIBUTOS SOBRE O CONSUMO E REFORMA TRIBUTÁRIA NO BRASIL

MELINA ROCHA
LEONEL CESARINO PESSOA

Introdução

Nos debates da reforma tributária no Brasil muito se tem discutido sobre a questão da regressividade do IVA – Imposto sobre o Valor Adicionado – e sobre a necessidade de criação de alíquotas reduzidas ou isenções a certos produtos e serviços – tais como cesta básica, saúde e educação – por conta de sua essencialidade e importância, principalmente para as famílias de mais baixa renda.

Esta é uma questão particularmente importante em países como o Brasil em que *i*) a arrecadação e a carga tributária se concentram prioritariamente em tributos sobre o consumo e *ii)* apresentam um elevado grau de desigualdade de renda. Em 2018, os tributos sobre bens e serviços corresponderam à maior parcela – 44,74% – da arrecadação total e à maior porcentagem – 14,88% de um total de 33,26% – do PIB[1]. Ao contrário de países desenvolvidos, que concentram a carga tributária na tributação da renda e patrimônio (média de 13,4% do PIB nos países da OCDE), a tributação do consumo é muito mais relevante em países em desenvolvimento e, por consequência, a discussão sobre a sua regressivi-

[1] Receita Federal do Brasil. *Carga Tributária no Brasil*, 2018.

dade se torna, sem dúvidas, ainda mais importante. Além disso, o debate também é importante em razão do elevado grau de desigualdade social do país, que tem piorado ainda mais com a crise trazida pela pandemia, conforme dados do IBRE/FGV[2].

Apesar de sua evidente importância, o debate sobre a "regressividade" dos tributos sobre o consumo tem sido feito de forma no mínimo apressada no Brasil, sem o aprofundamento que a questão merece e, muito menos, sem levar em consideração a literatura internacional e nacional e todas as discussões e análises empíricas existentes que questionam *i)* se os tributos são mesmo regressivos e qual a melhor forma para medir a regressividade; *iii*) quem são os verdadeiros beneficiários de reduções nos tributos e qual o custo-benefício em termos fiscais e distributivos e, por fim, *iii)* qual a maneira mais eficiente, do ponto de vista econômico e jurídico, para remediar a regressividade.

Todas estas questões foram levantadas e debatidas em artigo recentemente publicado pelos professores Rita de la Feria e Michael Walpole[3], com a finalidade de responder, a partir de um viés da economia política, à seguinte pergunta: "*por que o fascínio de aplicar alíquotas reduzidas de IVA tem sido tão difícil de resistir*"? Ao discutir a literatura internacional sobre a questão de alíquotas diferenciadas em sistemas de IVA, os autores mostram que a quase unanimidade dos estudos empíricos aponta que alíquotas reduzidas e isenções podem não ter os efeitos econômicos, sociais e distributivos esperados, tendo em vista que *i)* são as rendas mais altas que se beneficiam de medidas de redução e *ii)* as reduções e isenções não são repassadas totalmente no preço ao consumidor final. Além disso, demonstram que diferenciação de alíquotas aumenta a complexidade e a litigiosidade do sistema em razão dos debates sobre a qualificação e enquadramento dos produtos ao regime mais benéfico.

O objetivo deste artigo será discutir e trazer para o contexto brasileiro apenas uma destas questões: os debates sobre as formas de mensuração da regressividade e dos reais beneficiários de medidas de redução de IVA.

[2] https://blogdoibre.fgv.br/posts/distribuicao-de-renda-do-trabalho-tem-piora-recorde-no-segundo-trimestre#_ftn2

[3] De la Feria, R. e Walpole, M. The Impact of Public Perceptions on General Consumption Taxes. *British Tax Review*, n.5, 2020.

Artigos futuros poderão discutir os estudos empíricos que estimam os efeitos das alíquotas diferenciadas nos preços (se reduções de alíquota ou isenções são efetivamente repassadas ao preço pago pelo consumidor) e no contencioso tributário, além dos argumentos centrais dos professores De la Feria e Walpole sobre as resistências políticas à alíquota única e as formas superação destas resistências.

1. Como medir a regressividade do IVA?

Primeiramente, a discussão sobre a regressividade do IVA não é tão evidente quanto o debate público sugere e há questões ainda distantes de serem resolvidas, conforme bem apontam De la Feria e Walpole. Em estudo sobre a regressividade do IVA no Canadá, os professores Bird e Smart[4] igualmente apontaram que, na falta de estudos empíricos, "a regressividade presumida dos impostos sobre o consumo pode ser considerada tanto uma questão de fé quanto de fato". Nesse sentido, de acordo com De la Feria e Walpole, há discussões em aberto sobre como a regressividade do IVA deve ser medida, se em relação à renda ou ao consumo: "o IVA é particularmente regressivo se a regressividade for avaliada em relação ao rendimento, mas muito menos quando é avaliado em relação ao consumo, que é considerado um melhor indicador de bem-estar de vida"[5].

Em recente publicação sobre os efeitos distributivos do IVA em 27 países da OCDE, Alastair Thomas também aponta que a escolha das diferentes metodologias se mostrou determinante nos resultados sobre a regressividade do IVA: "a conclusão comum de que o IVA é regressivo decorreu da análise da carga do IVA medida como uma porcentagem da renda corrente em relação a toda distribuição de renda"[6]. Por outro lado, "estudos que apresentam a carga do IVA como uma proporção das des-

[4] Bird, R. and M. Smart. "Taxing Consumption in Canada: Rates, Revenues, and Redistribution", *Canadian Tax Journal*, 64(2), 2016, pp. 417–42.

[5] De la Feria, R. e Walpole, M. The Impact of Public Perceptions on General Consumption Taxes. *British Tax Review*, n.5, 2020.

[6] Thomas, A. Reassessing the Regressivity of the VAT. *OECD Taxation Working Papers 49*, 2020.

pesas correntes (...), tendem a concluir que os sistemas IVA são relativamente proporcionais ou mesmo ligeiramente progressivos"[7].

Conforme apontado por inúmeros autores, o problema da metodologia baseada na renda é não levar em conta o impacto da poupança e o fato de que "a renda poupada no ano corrente ainda incorrerá em IVA quando eventualmente for consumida"[8]. Bird e Smart igualmente apontam que a alíquota efetiva calculada com base na renda tende a exagerar a regressividade dos impostos sobre o consumo devido ao "fato de a renda familiar poupada não estar imediatamente sujeita a impostos sobre o consumo, e a poupança aumentar com a renda familiar"[9]. Por outro lado, conforme indica Thomas, as despesas correntes em um ano e o IVA incorrido sobre elas "podem ter sido financiados por receitas auferidas em anos anteriores"[10]. No mesmo sentido, Bird e Smart afirmam que "o consumo tende a ser menos volátil do que a renda no curto prazo, porque muitas famílias podem, e usam, a poupança e outros recursos financeiros para suavizar o consumo durante mudanças temporárias de renda"[11].

Desta forma, como a poupança tende a aumentar com o aumento da renda, a carga do IVA calculada com base na renda "diminui em níveis de renda mais elevados – daí a conclusão comum de que o IVA é regressivo"[12]. De la Feria e Walpole, entretanto, contrapõem o pressuposto de que poupança é mero consumo diferido, argumentando que também pode ser geradora de mais renda e que, potencialmente e *ad extremis,* "transmitida intergeracionalmente a uma época em que o consumo não é mais tributado"[13]. Assim, para os autores, parece ser mais realista considerar o IVA como imposto proporcional para os estratos

[7] Idem.

[8] Idem.

[9] Bird, R. and M. Smart, Taxing Consumption in Canada: Rates, Revenues, and Redistribution, *Canadian Tax Journal,* 64(2), 2016, pp. 417–42.

[10] Idem.

[11] Bird, R. and M. Smart. Taxing Consumption in Canada: Rates, Revenues, and Redistribution, *Canadian Tax Journal,* 64(2), 2016, pp. 417–42.

[12] Idem.

[13] De la Feria, R. e Walpole, M. The Impact of Public Perceptions on General Consumption Taxes. *British Tax Review,* n.5, 2020.

mais baixos de renda, em que toda a renda é gasta no consumo, tornando-se regressivo uma vez que parte dessa renda é poupada.

No caso do Brasil, nos estudos sobre a distribuição da carga tributária indireta, inicialmente prevaleceu a metodologia que a calculava tendo como base a renda. Nesse sentido é o estudo de Vianna, Magalhães, Silveira e Tomich[14]. Outros estudos seguiram-se que procuravam calcular a distribuição da carga tributária direta e indireta. Os estudos de Pintos-Payeras[15] utilizando a Pesquisa de Orçamento Familiar (POF) 2002/2003, e Silveira, Rezende, Afonso e Ferreira[16], utilizando a POF 2008/2009, igualmente utilizaram a renda como base para o cálculo da distribuição da carga tributária indireta. Em todos estes estudos concluiu-se que a carga tributária indireta seria regressiva, prejudicando mais as famílias de menor poder aquisitivo. Paes e Bugarin[17], por sua vez, também calcularam a distribuição da carga tributária direta e indireta a partir da POF 2002/2003. Entretanto, para calcular a carga tributária sobre o consumo, não utilizaram como base a renda, mas as despesas correntes e chegaram à conclusão contrária: a de que não há variação entre as famílias nas diferentes faixas de renda.

No Brasil, quem se aprofundou mais sobre esse tema foi Siqueira e seu grupo na Universidade Federal de Pernambuco. Assim, Siqueira outros[18] igualmente discutiram qual a melhor metodologia para medir

[14] Vianna, S.W.; Magalhães, L.C.; Silveira, F.G.; e Tomich, F.A. Carga tributária direta e indireta sobre as unidades familiares no Brasil. *Texto para Discussão IPEA nº 757*, Instituto de Pesquisa Econômica Aplicada – IPEA, Brasília, 2000.

[15] Pintos-Payeras, J.A. Análise da progressividade da carga tributária sobre a população brasileira. *Pesquisa e Planejamento Econômico*, v. 40, n. 2, 2010, pp. 153-186.

[16] Silveira, F.G.; Rezende, F.; Afonso, J.R.; Ferreira, J. Fiscal equity: distributional impacts of taxation and social spending in Brazil. *Working Paper 115*, International Policy Centre for Inclusive Growth, Brasília, 2013.

[17] Paes, N.L.; Bugarin, M.N. Parâmetros tributários da economia brasileira. *Estudos Econômicos*, v. 36, n. 4, 2006, p. 699-720.

[18] Siqueira, R. B.; Nogueira, J. R.; Souza, E. S., Luna, C.F. O Sistema Tributário Brasileiro é Regressivo? em Afonso, Lukic, Orair e Gaiger "*Tributação e Desigualdade*", 2018. Cf também, entre outros: Siqueira, R.B.; Nogueira, J.R.; Souza, E.S. Os impostos sobre consumo no Brasil são regressivos? *Economia Aplicada*, vol. 4, nº 4, 2000, p. 705-722 e Siqueira, R.B.; Nogueira, J.R.; Souza, E.S. Alíquotas efetivas e distribuição da carga tributária indireta sobre as famílias no Brasil. *XV Prêmio do tesouro Nacional. Secretaria do Tesouro*

a regressividade dos impostos indiretos do país, ressaltando, na linha dos debates internacionais, que "há dois fortes argumentos para o uso da despesa de consumo como referência para o cálculo da carga tributária indireta"[19]. O primeiro, de ordem teórica, é que a 'renda permanente', medida pelo consumo corrente, seria a metodologia mais adequada do que a renda corrente porque "as famílias tendem a manter um padrão de consumo ao longo do ciclo de vida, via poupança ou endividamento, mesmo quando a renda sofre flutuações de curto prazo"[20]. O segundo argumento, relativo especificamente ao contexto brasileiro e de ordem prática, "deriva do fato de que os rendimentos das famílias mais pobres são fortemente sub-reportados nas pesquisas de orçamentos familiares", o que é evidenciado pela presença de elevados déficits nos orçamentos das famílias situadas nos estratos inferiores de renda, nos quais a renda reportada é muito inferior às despesas. (...) Como resultado, uma vez que o pagamento dos tributos indiretos é estimado com base na despesa de consumo das famílias, a regressividade da tributação indireta é fortemente superestimada quando se utiliza a renda (principalmente a renda monetária) como base de avaliação da carga tributária"[21].

2. Afinal, os tributos sobre o consumo são regressivos?

Conforme discutido acima, os estudos de Thomas, Bird e Smart e, no caso brasileiro, de Siqueira e outros, apontam que a melhor forma de medir a regressividade de tributos sobre o consumo é usar como parâmetro a despesa de consumo e não a renda corrente. Desta forma, os estudos que analisaram a regressividade sob este viés concluíram que os tributos sobre bens e serviços são, em geral, proporcionais ou levemente progressivos (ou seja, alíquota efetiva do tributo equivalente ou muito próxima para os diferentes patamares de renda ou consumo).

Os resultados do estudo de Thomas em 27 países da OCDE demonstraram que o IVA parece ser regressivo quando medido como uma porcen-

Nacional, Ministério da Fazenda, 2010. Disponível em: http://www.tesouro.fazenda.gov.br/premio_TN/XVPremio/financas/MHtefpXVPTN/Tema_4_MH.pdf

19 Idem.

20 Idem.

21 Idem

tagem da renda corrente em todos os países estudados, mas geralmente proporcional ou ligeiramente progressivo quando mensurado como uma porcentagem das despesas. O artigo também mostrou, tal como discutido acima, "o efeito de distorção do comportamento da poupança sobre os resultados quando medidos como uma porcentagem da receita, mostrando que os resultados baseados nas despesas provavelmente fornecem uma estimativa mais significativa do efeito distributivo do IVA"[22].

O estudo de Thomas conclui que o fato de o IVA ser, em geral, aproximadamente proporcional ou ligeiramente progressivo, se deve à presença de alíquotas reduzidas e isenções e que sistemas de IVA de base ampla (com poucas alíquotas reduzidas ou isenções), tais como Chile, Hungria, Letônia e Nova Zelândia, ainda podem produzir um pequeno grau de regressividade. Em estudo sobre a regressividade dos tributos sobre o consumo no Canadá utilizando também a metodologia baseada no consumo, Bird e Smart concluem que a alíquota efetiva do GST Federal aumenta levemente com o aumento de renda, o que indica uma pequena progressividade e isso ocorre "em razão das isenções" existentes no sistema; já os tributos provinciais são aproximadamente proporcionais e os tributos seletivos (*excise taxes*) são regressivos[23].

Com relação ao Brasil e tal como as conclusões da literatura internacional, os estudos de Siqueira e outros[24] mostram que, quando a renda familiar é usada como parâmetro para avaliar o peso dos tributos sobre o consumo, estes se revelam bastante regressivos, com a carga variando entre 34,2% para os mais pobres e para 11,9% para os mais ricos. Entretanto, quando a despesa familiar de consumo é usada como base para medir a carga tributária dos tributos indiretos, a distribuição da carga entre as famílias é proporcional, variando em torno de 17% para todas as rendas. Mais recentemente, ao analisar o ICMS do Estado do Rio Grande do Sul, Gobetti igualmente constatou que o imposto é ligeiramente

[22] Thomas, A. Reassessing the Regressivity of the VAT, *OECD Taxation Working Papers* 49, 2020.

[23] Bird, R. and M. Smart, *Taxing Consumption in Canada: Rates, Revenues, and Redistribution, Canadian Tax Journal,* 64(2), 2016, p. 439.

[24] Siqueira, R. B., Nogueira, J. R., Souza, E. S., Luna, C.F. O Sistema Tributário Brasileiro é Regressivo? em Afonso, Lukic, Orair e Gaiger. *Tributação e Desigualdade*, 2018.

regressivo, com alíquotas calculadas em relação ao consumo variando entre 15% para as rendas mais baixas a 13,5% para as rendas mais altas[25].

Importante ressaltar que, em geral, estes estudos são realizados a partir de sistemas com a presença de alíquotas diferenciadas e isenções, fato que impacta nos resultados. Ou seja, conforme discutido no estudo de Thomas, a proporcionalidade ou leve progressividade do IVA (e, portanto, a sua não-regressividade) provavelmente é alcançada por conta da presença de alíquotas reduzidas e isenções nos sistemas analisados. Por conta disso, as conclusões dos estudos acima descritos podem ser vistas apressadamente por alguns como algo positivo, haja vista que, ao concluírem que os tributos são proporcionais e não regressivos, confirmariam que alíquotas reduzidas e isenções são capazes de eliminar a regressividade do sistema. Na verdade, porém, o que os resultados parecem demonstrar é justamente o contrário.

Primeiro, os resultados parecem mostrar que alíquotas reduzidas e isenções podem não ter o impacto esperado no sentido de tornar o sistema mais progressivo e como meio de redistribuição de renda, já que são no máximo capazes de produzir proporcionalidade ou uma progressividade muito limitada. Neste sentido, Thomas destaca que, "mesmo nos países com o uso mais amplo de alíquotas reduzidas e isenções, há muito pouco impacto que o IVA pode ter sobre a redistribuição". Esta questão também foi levantada por Bird e Smart no estudo sobre os tributos canadenses: se estas não-uniformidades da tributação (tais como isenções ou alíquota zero) estivessem tendo o efeito pretendido (de reduzir o impacto regressivo dos impostos sobre o consumo), "esperaríamos que as alíquotas efetivas baseadas no consumo aumentassem com a receita, em vez de serem aproximadamente constantes"[26].

O trabalho de Thomas utiliza três indicadores para medir os ganhos em termos de progressividade e redistribuição alcançados com a tribu-

[25] Gobetti, Sérgio. *Reforma Tributária no Brasil: alternativas à luz da experiência e tendências internacionais,* 2020.

[26] Bird, R. and M. Smart, Taxing Consumption in Canada: Rates, Revenues, and Redistribution, *Canadian Tax Journal,* 64(2), 2016, p. 436.

tação pelo VAT: o '*kawkani progressivity index*'[27], o '*Reynolds-Smolensky redistribution index*'[28] o '*Atkinson inequality index*'. E os três confirmam o impacto muito pequeno das alíquotas reduzidas sobre a distribuição. De acordo com ele, "os resultados do índice Kawkani são todos baixos". Ele atinge 0,0822 na Itália e só é maior que 0,05 em outros 4 países. Para efeitos de comparação do quanto os tributos podem impactar sobre a progressividade, ele aponta que o trabalho recente de Causa e Hermansen[29], ao examinar os efeitos redistributivos do imposto sobre a renda pessoa física em 15 países da União Europeia, encontrou índices Kawkani entre 0,1 e 0,25 em 13 desses países.

Se utilizado o índice Reynolds-Smolensky o efeito redistributivo do IVA (com alíquotas diferenciadas) é novamente muito baixo. Ele alcança o maior valor na Bélgica, onde corresponde a 0,0082, enquanto, de acordo com os resultados do trabalho de Causa e Hermansen a respeito do imposto de renda pessoa física, em 14 dos 15 países pesquisados por eles, o índice é superior a 0,01. Os resultados da aplicação do índice de Atkinson[30] são os mesmos, com a desigualdade se reduzindo nos mesmos 22 países e aumentando em outros 4, sempre em valores muito pequenos.

Em segundo lugar, os resultados indicando a proporcionalidade dos tributos parecem apontar para um elemento crucial ao debate: que as alíquotas reduzidas e isenções beneficiam mais as rendas mais altas, já que estas consomem mais os produtos desonerados em termos absolutos e, a depender do produto, também em termos relativos. Um estudo da OCDE[31] que examinou a efetividade das alíquotas reduzidas de IVA

[27] Sobre a construção e funcionamento deste índice: Kakwani, N.C. Measurement of tax progressivity: an international comparison. *Economic Journal*, v. 87, n. 345, p. 71-87, 1977.
[28] Sobre a construção e funcionamento deste índice: Reynolds, M. e Smolensky, E. Post-fisc distributions of income in 1950, 1961 and 1970. In: *Public Finance* Quarterly, vol 11, pp. 109-120, 1977.
[29] Causa, O. e Hermansen. Income Redistribution Through Taxes and Transfers Across OECD Countries, In: *OECD Economics Department Working Papers*, nº 1453, 2017.
[30] Sobre o índice proposto por Atkinson: Atkinson, AB. On the measurement of inequality. In: *Journal of Economic Theory*, 2 (3), pp. 244–263, 1970.
[31] OECD/KIPF, The Distributional Effects of Consumptin Taxes in OECD Countries, *OECD Tax Policy Studies*, No. 22, OECD Publishing, Paris, 2014.

como um meio de redistribuição de renda concluiu que os resultados dependem do objetivo da política tributária que fundamentou a criação de determinada redução. Se a medida foi introduzida com a finalidade de ajudar os mais pobres, como alíquotas reduzidas para cesta básica, tais reduções podem apresentar um efeito progressivo em termos relativos, tendo em vista que o consumo de alimentos desonerados representa uma proporção maior do consumo total nas rendas mais baixas, em comparação com as rendas mais altas. Entretanto, conforme o estudo da OCDE, esta é uma medida ruim para ajudar as famílias mais pobres porque os ricos também são tanto ou muito mais beneficiados com a redução, já que consomem mais do que os mais pobres em valores absolutos[32]. Já no caso de desonerações introduzidas com finalidades sociais, culturais ou outras finalidades não-redistributivas (como, por exemplo, serviço de hotelaria e restaurante) a redução de IVA representa um benefício maior aos mais ricos tanto em termos relativos como absolutos. Segundo o estudo, "resultados semelhantes, mas em menor magnitude em termos absolutos, foram obtidos com relação às alíquotas reduzidas sobre livros, cinema, teatro e concertos"[33]. Dessa forma, parece que a única regressividade presente neste debate é a relativa ao gasto tributário: os benefícios das desonerações e o valor que se deixa de arrecadar em virtude das reduções de imposto aumentam conforme se aumenta a renda ou o consumo dos beneficiários.

Esta conclusão foi corroborada no Brasil por um relatório do Ministério da Economia que demonstrou que a política de desoneração do PIS/COFINS da cesta básica é regressiva: os benefícios destinados aos 20% mais pobres da população correspondem a 10,6% do gasto tributário total (aproximadamente R$ 1,6 bilhão em 2017), enquanto a desoneração relativa aos 20% mais ricos corresponde a 28,8% do total (R$ 4,5 bilhões)[34].

[32] Idem.

[33] Idem, p. 69.

[34] MINISTÉRIO DA ECONOMIA.Desoneração da Cesta Básica. *Boletim Mensal sobre os Subsídios da União.* Atualizado em 20/02/2020. Disponível em: https://www.gov.br/economia/pt-br/acesso-a-informacao/participacao-social/conselhos-e-orgaos-colegiados/cmap/publicacoes/subsidios-da-uniao/boletim/11-boletim-mensal-sobre-os-subsidios-da-uniao-desoneracao-da-cesta-basica-1/view

Gobetti igualmente concluiu, no caso do ICMS do RS, que entre 40% e 45% das desonerações do Estado beneficiam os 20% mais ricos[35]. Estes dados estão na mesma linha das conclusões de De la Feria e Walpole, para os quais "a análise dos padrões de consumo e distribuição de pagamentos de IVA por decil ou quantil de renda parece indicar (que) (...), tendo em vista que o consumo, até mesmo de itens essenciais, é esmagadoramente (realizado) pelas famílias de maior renda, quando há uma redução de IVA – assumindo que esta redução seja repassada – são essas famílias que principalmente se beneficiam das reduções de IVA"[36].

Por fim, importante também mencionar os estudos de Orair e Gobetti[37] que, medindo a regressividade em relação à renda e não ao consumo, estimaram que o IBS (Imposto sobre Bens e Serviços) com alíquota única, tal como proposto na PEC 45/2019, poderia ter um potencial menos regressivo do que os atuais tributos sobre bens e serviços, mesmo com todas as alíquotas diferenciadas e isenções hoje existentes.

Esse potencial distributivo da implementação de uma alíquota única, tal como proposta na PEC 45, se explicaria, de acordo com Bernard Appy basicamente por duas razões[38]. No sistema atual, a tributação do consumo por faixa de renda (como porcentagem do consumo) é, em linhas gerais, constante. Ao citar os estudos de Siqueira e outros, Appy mostra que a carga tributária incidente sobre o consumo no Brasil seria, em média, de 18% do montante das despesas de consumo: ela é de 17,5% no primeiro decil e de 17,6 no último decil, e um pouco superior a 18% nos decis intermediários[39]. As famílias mais pobres são beneficiadas pela desoneração dos itens que compõem a cesta básica, mas telefonia celular e energia elétrica são fortemente tributados e oneram muito a cesta

[35] Gobetti, Sérgio. Aspectos Econômicos da Reforma Tributária. *Seminário GTAX-PUC*, 2020.

[36] De la Feria, R., Walpole, M. The Impact of Public Perceptions on General Consumption Taxes. *British Tax Review*, n.5, 2020.

[37] Orair, R., Gobetti, S. Reforma Tributária e Federalismo Fiscal. IPEA, *Texto para discussão 2530*, 2019.

[38] Appy, Bernard. PEC 45 e distribuição de renda. *O Estado de São Paulo*, 20 de agosto de 2019. Disponível em: https://economia.estadao.com.br/noticias/geral,pec-45-e-distribuicao-de-renda,70002974448

[39] Idem.

de consumo dessas famílias. Portanto, em primeiro lugar, o potencial distributivo da alíquota única prevista na PEC 45, conforme Appy, se explicaria porque haveria redução da tributação sobre telefonia e energia elétrica e, nos termos da PEC, o tributo incidente sobre os itens da cesta básica seria devolvido para as famílias de menor renda. A segunda razão está relacionada ao fato de que no atual sistema brasileiro, os serviços são menos tributados que as mercadorias o que beneficia as famílias de renda mais elevada, pois "quanto maior a renda, maior o dispêndio com serviços como proporção do consumo". Ao equiparar a tributação de bens e serviços, portanto, a reforma proposta na PEC aumentaria os impostos dos serviços, que são consumidos pelos mais ricos.

Os estudos empíricos internacionais e nacionais aqui analisados demonstram, assim, que a mensuração da regressividade dos tributos sobre o consumo não é evidente e que os resultados dependem da metodologia utilizada. Metodologia que calcula a regressividade com base na renda pode trazer resultados distorcidos, já que não leva em consideração o impacto da renda poupada. Dessa forma, o método com base no consumo parece ser o mais acertado. Conforme visto, os estudos baseados neste método demonstram que os tributos sobre o consumo são, em geral, aproximadamente proporcionais ou levemente progressivos, ou seja, a alíquota efetiva suportada por todas as faixas de renda ou de consumo é quase a mesma. Além do mais, os padrões de consumo das famílias indicam que as de mais alta renda se beneficiam mais de alíquotas reduzidas e isenções, já que consomem mais os produtos desonerados em termos absolutos e, a depender do produto ou serviço, também em termos relativos. Por último, para se corrigir as desigualdades, tem que se ter em vista o sistema tributário como um todo. As pesquisas empíricas nos países da União Europeia mostraram como alíquotas diferenciadas de IVA, além de todos os problemas que acarretam, como o aumento de complexidade e litigiosidade no sistema, são muito pouco efetivas na redução da desigualdade.

11.
A TRIBUTAÇÃO SOBRE O CONSUMO É REGRESSIVA? DISCUTINDO A REFORMA TRIBUTÁRIA BRASILEIRA E A POLÍTICA DE DESONERAÇÃO DA CESTA BÁSICA

PEDRO JÚLIO SALES D'ARAÚJO

Introdução

A política de desoneração da cesta básica tem sido objeto de severas críticas, sob os mais diversos contextos e a partir dos mais variados ângulos. Seja no bojo dos debates acerca da reformulação de nossa matriz tributária, por meio das Propostas de Emenda à Constituição que tramitam no Congresso Nacional e objetivam uma política de uniformização de alíquotas, seja para desafogar as contas públicas em um cenário de ajuste fiscal, a revisão da política de benefícios fiscais sobre o consumo de produtos essenciais busca potencializar a arrecadação, propondo, em substituição a este gasto tributário indireto, a expansão de políticas de transferência direta de renda às famílias mais pobres. Para tanto, parte-se de um argumento geral de que a política de transferência de renda seria mais focalizada e, consequentemente, mais eficiente na busca pela concretização dos objetivos constitucionalmente assegurados de erradicação da pobreza e redução das desigualdades socioeconômicas.

É alegado, entre outros fundamentos, que, ao se desonerar a cesta básica, a política fiscal brasileira estaria beneficiando mais as famílias do topo da pirâmide social, uma vez que estas também consumiriam itens de primeira necessidade, inclusive em volume mais significante que as famílias mais pobres, transformando o tratamento favorecido em renúncia indevidamente apropriada por aqueles que dela não necessitariam. Partindo de dados colhidos nas Pesquisas de Orçamentos Familiares, defende-se que certos itens que integram a cesta básica não auxiliariam na focalização do programa, seja por serem consumidos em maior grau pelas classes mais ricas da população, seja por uma suposta elasticidade na demanda, que não permitiria que a redução da carga tributária fosse repassada ao consumidor final.

Por entendermos que o debate está a merecer um novo olhar, analisamos no presente ensaio algumas das premissas adotadas, sempre reconhecendo os avanços que têm sido alcançados no debate em torno da reforma tributária. Mas também questionando se o desenho da política fiscal voltada para reduzir a desigualdade social deva passar necessariamente pela ampliação da carga tributária das famílias mais pobres.

Como será possível observar, não pretendemos questionar a eficiência das políticas de transferência direta de renda no combate às mazelas da pobreza e desigualdade social. Acreditamos que essas medidas são essenciais para concretização de uma sociedade mais justa e igualitária, razão pela qual a endossamos dentro das propostas hoje em discussão. O escopo do trabalho será justamente problematizar a forma como se pretende financiar tal política redistributiva, com o cancelamento de benefícios fiscais que, estendidos para o consumo de todas as famílias brasileiras, embora alcance sim as famílias ricas, tendem, a priori, a favorecer proporcionalmente mais as parcelas mais pobres da sociedade.

1. Endereçando a discussão: a matriz tributária e a desigualdade social

Nos últimos tempos, a regressividade econômica de nossa matriz tributária tem suscitado uma série de estudos acadêmicos voltados por denunciar as injustiças da tributação brasileira[1]. Ainda assim, e embora atrelada

[1] Nesse sentido, entre as diversas obras que cuidam do tema, destacamos GASSEN, Valcir (Org.). **Equidade e eficiência da matriz tributária brasileira**: Diálogos sobre Estado, Constituição e Direito Tributário. Brasília: Consulex, 2012; AFONSO, J.R. *et al.* (Org.). **Tributação e desigualdade.** Belo Horizonte: Letramento, 2017; FAGNANI, Eduardo (Org.). **A Reforma Tributária Necessária**: diagnóstico e premissas. Brasília: ANFIP: FENAFISCO:

aos objetivos fundamentais da República, preconizados no artigo 3º da Constituição Federal, a busca pela equidade na tributação tem perdido espaço na arena política pela preocupação com a eficiência do sistema tributário, ignorando-se como opera a distribuição do ônus tributário entre os diferentes orçamentos familiares de nossa sociedade desigual[2]. Mas para avançarmos na discussão, é necessário esclarecer o contexto social sobre o qual se dá tal debate, qual seja, a extensão desta desigualdade.

Em que pese toda a série de políticas sociais implementadas pelos governos com o objetivo de ver reduzida a distância social, diversos estudos têm indicado que o índice de Gini brasileiro permanece estável e em um patamar elevado, em especial quando tais levantamentos consideram os dados tributários, tidos por mais precisos para aferir a renda das classes mais ricas[3]. Tais pesquisas apontam em que medida o topo da pirâmide social brasileira tem capturado o pouco crescimento econômico observado no período, desfrutando de um padrão de vida completamente diferente da grande maioria do país.

Mesmo a crise econômica mais recente tem retratado essa desigualdade social, afetando de maneira distinta os diferentes estratos sociais, com as famílias mais pobres suportando de maneira mais gravosa os efeitos da reversão econômica, inclusive com a perda dos ganhos distributivos obtidos nas décadas anteriores[4]. Ao passo que as classes mais ricas,

São Paulo: Plataforma Política Social, 2018; Ribeiro, Ricardo Lodi. **Desigualdade e tributação na Era da austeridade de seletiva**. Rio de Janeiro: Lumen Juris, 2019.

[2] Lukic, Melina de Souza Rocha. A tributação no Brasil analisada a partir da abordagem cognitiva de políticas públicas. **Revista Ética e Filosofia Política**, vol. 1, n. 15, maio 2012.

[3] Medeiros, Marcelo; Souza, Pedro; Castro, Fabio Avila. A estabilidade da desigualdade de renda no Brasil, 2006 a 2012: estimativa com dados do imposto de renda e pesquisas domiciliares. **Ciência & Saúde Coletiva**, v. 20, p. 971-986, 2015a; e Medeiros, Marcelo; Souza, Pedro; Castro, Fabio Avila. O topo da distribuição de renda no Brasil: primeiras estimativas com dados tributários e comparação com pesquisas domiciliares (2006-2012). **Dados**, v. 58, n. 1, p. 7-36, 2015b; Morgan, Marc. Desigualdade de renda e crescimento e tributação da elite no Brasil: novas evidências reunindo dados de pesquisas domiciliares e fiscais. *In:* Afonso, José Roberto de *et al.* (Org.). **Tributação e Desigualdade**. Belo Horizonte: Casa do Direito, 2017.

[4] Neri, Marcelo. **A escalada da desigualdade** – Qual foi o impacto da crise sobre a distribuição de renda e pobreza? FGV Social. Rio de Janeiro: Fundação Getúlio Vargas, 2019; Barbosa, Rogério J.; Souza, Pedro H. G. Ferreira; Soares, Sergei S. D. Distribuição De

embora tenham sofrido os efeitos da crise econômica de maneira episódica no ano de 2015, aproveitaram já em 2018 a retomada da economia, concentrando a maior parte dos ganhos no período.

Mesmo os dados oficiais, que geralmente subestimam as rendas das elites, têm apontado um crescimento massivo da concentração de renda nos últimos anos. Segundo a Síntese de Indicadores Sociais apresentada em 2020, a desigualdade de rendimentos tem crescido nas últimas amostragens, em que pesem os esforços feitos para debelar o problema, tendo em 2018, por exemplo, o pior índice desde o início da medição[5].

Tais resultados ainda refletiriam o aumento da pobreza observada no período. De acordo com o mesmo levantamento, no ano de 2019, 6,5% da população brasileira vivia com menos de US$ 1,90 diário per capita, ou seja, abaixo da linha da pobreza absoluta – ou extrema pobreza – de acordo com o Banco Mundial. Considerando o Brasil como um país de renda-média alta, com a linha da pobreza no patamar de US$ 5,50 diário *per capita*, observaríamos um aumento no número de pobres para 24,7% da população. Esse número representa algo próximo de 50 milhões de pessoas vivendo com até R$ 436,00 mensais.

Conclusão similar é alcançada pela Pesquisa de Orçamentos Familiares de 2017-2018[6], cujos dados apontam que apenas 2,7% das famílias brasileiras detêm renda superior a R$ 23.850,00 mensais, ou 25 salários-mínimos, concentrando cerca de 19,9% de toda a renda familiar do período. Já, 23,9% das famílias – a parcela mais pobre – receberiam até dois salários-mínimos, ou algo em torno de R$ 1.908,00, representando 5,5% da renda nacional. Em termos de concentração de renda no 1% da

Renda Nos Anos 2010: Uma Década Perdida Para Desigualdade E Pobreza. Instituto de Pesquisa Econômica Aplicada (IPEA), **Texto para discussão n. 2610**, nov. 2020, *passim*.

[5] Instituto Brasileiro de Geografia E Estatistica – IBGE. Coordenação de População e Indicadores Sociais. **Síntese de indicadores sociais**: uma análise das condições de vida da população brasileira. Rio de Janeiro, 2020a, *passim*.

[6] Instituto Brasileiro de Geografia E Estatistica – IBGE. Coordenação de Trabalho e Rendimento. **Pesquisa de Orçamentos Familiares 2017-2018**: Análise do consumo alimentar Pessoal no Brasil. Rio de Janeiro, 2020b., *passim*.

população, entre os países com dados disponíveis, o relatório aponta sermos o segundo país do mundo em tal aspecto, apenas atrás do Qatar[7].

Combater tal quadro, portanto, é algo urgente para nossa sociedade. Para além de importante mandamento constitucional, há ainda outras razões de ordem política, econômica e social tão relevantes quanto para justificar a adoção de um viés redistributivo da política fiscal[8].

E a tributação é elemento nuclear deste debate, guardando inerente conexão com o projeto de sociedade contemplado em nossa Constituição. Isso porque, é importante termos em mente que discutir a estruturação da matriz tributária é debater as escolhas adotadas por aquela comunidade política organizada a respeito de como será financiado Estado Social e Democrático de Direito, e todas as atribuições daí decorrentes, em especial o próprio sistema de direitos positivados que por ela é garantido[9]. Ou seja, é um debate em torno de quem pagará e quem se beneficiará da atividade estatal?

E justamente por contrapor interesses tão antagônicos, temos que ter a clareza necessária quanto às premissas adotadas e a transparência quanto às opções que se encontram em jogo.

2. Enquadrando o debate: por que a tributação sobre o consumo deve ser considerada regressiva?

A definição de uma carga tributária enquanto regressiva decorre da compreensão em torno do impacto crescente de determinado tributo – ou o conjunto deles – em razão inversa à capacidade de os indivíduos suportá-

[7] ONU – Organização das Nações Unidas. **Human Development Report 2019**. Beyond income, beyond averages, beyond today: Inequalities in human development in the 21st century. New York: United Nations Development Programme, 2019, *passim*.

[8] Stiglitz, Joseph. **O preço da desigualdade**. Lisboa: Bertrand Editora, 2016; Wilkison, Richard G; Pickett, Kate E. **O Nível**: por que uma sociedade mais igualitária é melhor para todos. Rio de Janeiro: Civilização Brasileira, 2015; Ostry, J; Berg, A; Tsangarides, C. **Redistribution, inequality and growth.** IMF Staff Discussion Note, SDN/14/02, 2014.

[9] Gassen, Valcir. Matriz Tributária Brasileira: Uma perspectiva para pensar o Estado, a Constituição e a Tributação no Brasil. *In* Gassen, Valcir (Org.). **Equidade e eficiência da matriz tributária brasileira: Diálogos sobre Estado, Constituição e Direito Tributário**. Brasília: Consulex, 2012. p. 32.

-la[10]. A ideia de regressividade tributária está intimamente conectada à própria ideia de capacidade econômica, medida que, voltada à incidência tributária, afere a disposição dos indivíduos de colaborarem com a coletividade suportando direta ou indiretamente o ônus fiscal. Ou seja, costuma-se ter na análise quanto à regressividade uma preocupação da medida de impacto que certo encargo tributário vai proporcionar ao orçamento das famílias, na riqueza disponível para que aquele grupo, ou indivíduo, possa fazer frente às necessidades básicas. E a tributação sobre o consumo, por se voltar a onerar os bens consumidos, tende a apresentar certa dificuldade em atender a tal comando.

Isso se explica pelo fato de que indivíduos de diferentes capacidades contributivas, que venham a adquirir o mesmo produto estarão sujeitos, enquanto consumidores, ao mesmo ônus tributário, repassado ao longo da cadeia produtiva. Entretanto, por possuírem distintas rendas disponíveis, o peso daquele encargo será mais árduo no indivíduo que tiver menor poder aquisitivo. Exemplificando, uma pessoa de baixa renda que adquire um saco de feijão suporta idêntico ônus em relação ao indivíduo de alta renda que venha a adquirir o mesmo produto. A carga tributária daquele saco de feijão, repassada ao consumidor, é a mesma, pois a tributação sobre o consumo não irá variar a depender de quem adquire o bem. Todavia, o valor marginal daquela unidade monetária gasta para o consumo do feijão será superior para a família mais pobre do que para a família mais rica, isto é, o peso de cada tributo gasto pelo pobre será maior para o seu orçamento, do que o respectivo encargo para o rico[11].

[10] SELIGMAN, Edwin R. A. **A Study of the History, Theory and Practice of the Income Taxation at Home and Abroad**. 2. ed. New York: Macmillan Company, 1914. p. 30

[11] "A progressividade tributária está relacionada com o potencial que um determinado sistema fiscal possui em redistribuir renda por meio de seus impostos. Quanto maior esse potencial, mais progressivo é o sistema, e maior o seu impacto na redução da desigualdade de renda. Um sistema orientado para impostos diretos, em geral, tende a ser mais progressivo, enquanto um sistema voltado para tributos indiretos tende a ser mais regressivo, dado que os primeiros podem incidir diretamente sobre a renda dos contribuintes com alíquotas progressivas, por exemplo, enquanto os últimos são pagos indiretamente, como por meio da incidência no consumo de alimentos (neste caso, os mais ricos pagam uma proporção bem menor de sua renda em impostos do que os mais pobres)." CARDOSO, Dante; MARQUES, Pedro Romero; CARDOMINGO, Matias. **Qual a forma de ajuste fiscal**

E, ao observarmos os padrões de consumo das famílias brasileiras, temos que os grupos mais pobres tendem a destinar parcelas proporcionalmente maiores de suas rendas para o consumo e, consequentemente, serem proporcionalmente mais onerados por isso. É por tal razão que afirmamos que a tributação sobre o consumo assume feição regressiva.

Como bem salientado por Maria Helena Zockun, a diferença de propensão ao consumo – ou seja, a relação entre despesas de consumo e renda monetária das famílias – observada entre o décimo mais pobre e o décimo mais rico da população seria da ordem de 2,28 vezes. Isso ocorre porque, enquanto as famílias mais ricas apresentam uma propensão a consumir de 0,547, as famílias mais pobres apresentam despesas de consumo 1,249 vezes superior a renda auferida. A partir de dados extraídos da POF 2008/2009, a autora afirma que na hipótese de todas as famílias estarem sujeitas a mesma alíquota de tributação sobre consumo, a carga tributária a que submetida as classes mais vulneráveis seria 2,28 vezes superior do que o ônus suportado pelos extratos mais ricos da população, revelando a regressividade do modelo adotado[12].

O quadro se repete a partir das conclusões trazidas pela última Pesquisa de Orçamentos Familiares[13]. De acordo com o estudo, as famílias mais pobres destinam a maior parte de suas despesas para o consumo corrente (92,6%), enquanto a parcela mais rica consome proporcionalmente menos (66,3% de suas despesas são destinadas a esse gasto). A diferença se observa ainda nos tipos de gastos. Entre os mais pobres, gastos essenciais como alimentos e habitação ocupam a maior parte das despesas familiares (respectivamente 22,0% e 39,2%), enquanto o extrato mais rico dedica proporcionalmente menos com os mesmos itens (7,6% e 22,6%). Outros gastos que ainda merecem destaque no orçamento das famílias pobres são as despesas com medicamentos (4,2%) e transporte

é menos danosa para o crescimento econômico? Uma análise do efeito de tributos diretos e indiretos para países da OCDE. Nota de Política Econômica nº 18. MADE USP. 2021, p. 4

[12] Zockun, M. H. Equidade na tributação. *In:* Afonso, J. R. *et al.*(orgs). **Tributação e desigualdade**. Belo Horizonte: Letramento, 2017. p. 24.

[13] Instituto Brasileiro de Geografia e Estatistica – IBGE. Coordenação de Trabalho e Rendimento. **Pesquisa de orçamentos familiares (2017-2018)**: primeiros resultados. Rio de Janeiro: IBGE, 2019

urbano (2,1%). Esses valores se sobressaem em comparação com o extrato mais rico (1,4% e 0,4% dos seus gastos, respectivamente).

E tal diferença nos padrões de consumos, quando analisada a incidência tributária, acaba por traduzir-se em uma distribuição regressiva do ônus da tributação indireta, com esta representando para os 10% mais pobres quase um quarto da renda total, enquanto nos décimos superiores tal carga seria inferior a 9%[14].

A opção por tributar massivamente o consumo, assim, acarreta um gravame fiscal que não apenas impõe um sacrifício desproporcional às parcelas mais pobres da população, como também impede sua poupança – uma vez que destinam parte considerável de sua renda às despesas[15] – dificultando a superação do quadro de escassez.

Isso em contrariedade às famílias ricas que, considerada a renda auferida, tanto consomem quanto poupam. Por mais perdulária que possa ser uma família rica, dificilmente esta conseguirá gastar integralmente a renda auferida. Sobrará ao final uma porcentagem que passará a integrar o patrimônio familiar e, consequentemente, a reserva de riqueza. As famílias mais pobres, por outro lado, ao dedicarem quase a totalidade de seu orçamento para o consumo, acabam sofrendo um quadro de restrição severo, tendo muitas das vezes que optar quanto a qual produto adquirir, especialmente em situações de alta dos preços.

A conclusão que se faz, portanto, é que qualquer aumento no preço dos produtos amplamente consumidos por nossa sociedade – como o possivelmente causado pelo fim da política de desoneração, por exemplo – acarretará impactos proporcionalmente maiores nos orçamentos das famílias mais pobres, que já se encontram em situações de escassez, tendo que realizar escolhas difíceis quanto a qual item consumir[16]. Ao

[14] Silveira, Fernando Gaiger; Palomo, Theo Ribas; Cornelio, Fernando Moraes; Tonon, Marcelo Resende. Previdência e assistências sociais, auxílios laborais e tributos: características redistributivas do Estado brasileiro no século XXI (Working Paper nº 007). Made/USP. 2022, p. 23

[15] Higgins, Sean.; Pereira, Claudiney. **The effects of Brazil's high taxation and social spending on the distribution of household income**. Tulane Unversity, 2013. p. 8.

[16] Lahey, Kathleen A. Taxing for Growth vs. Taxing for Equality – using human rights to comb at gender inequality, poverty and income inequality in fiscal laws. *in* ALSTON, Philip; Nikki, Reisch. New York: Oxford University Press, 2019. p. 441

passo que, o mesmo aumento de preços não trará igual impacto ao orçamento das famílias mais ricas, as quais, dotadas de uma maior renda, possivelmente ajustarão suas finanças comportando tanto o consumo daquele produto em idêntica quantidade, quanto mantendo certo nível de poupança.

Com isso, quando um Estado opta pelo consumo enquanto base econômica de incidência, como é o caso brasileiro, acaba por onerar mais aqueles que menos possuem, contribuindo, assim, para que a matriz tributária apresente altos índices de regressividade. Em outras palavras, pessoas de baixo poder aquisitivo contribuem proporcionalmente mais, mesmo que esses indivíduos, localizados na base da pirâmide social, venham a receber benefícios fiscais do Estado, como faixas de isenção na tributação sobre a renda ou programas de transferência direta.

3. Qual o melhor parâmetro para aferir a regressividade da tributação indireta: renda ou consumo?

Ocorre que tal cenário tem sido colocado em dúvida por estudos recentes que, a partir de uma mudança de metodologia, tendem a defender que a tributação sobre o consumo, antes de ser regressiva, deveria ser considerada proporcional ou, ainda, levemente progressiva. Tal divergência de entendimento tem em um de seus pressupostos, o questionamento quanto a melhor forma de medir o peso da tributação sobre o consumo suportada pelas famílias: se o parâmetro de referência para medir tal ônus deve ser a renda ou o consumo[17].

No campo da reforma tributária, tal proposta de ajuste metodológico tem sido utilizada como subsídio para dar sustentação teórica à política de revisão de benefícios fiscais – entre eles o atualmente concedido à cesta básica –, com a consequente uniformização de alíquotas da tributação sobre o consumo. Entre as propostas em debate no âmbito do Congresso, talvez a que mais cristalize tal premissa atualmente seja a PEC 45/2019, muito embora também seja possível observar idêntica premissa no bojo da PEC 110/2019.

[17] Thomas, Alastair. Reassessing the regressivity of the Vat. **OECD Taxation Working Papers n. 49**. OECD Publishing, 2020; Rocha, Melina & Pessoa, Leonel. Regressividade e alíquotas diferenciadas nos tributos sobre o consumo. Jota Melina e Leonel. 2021

A defesa pela utilização do consumo como referência do peso da carga tributária indireta se dá a partir do argumento de que tal escolha reflete melhor o padrão de vida das famílias no longo prazo, considerando que os orçamentos podem ter déficits ou superávits no decorrer dos anos, de modo que a renda seria insuficiente para tal aferição. Por exemplo, em determinado ano, uma família poderia se endividar para realizar determinada despesa que venha a ser superior a renda auferida naquele momento. A despesa, portanto, mediria melhor o padrão de riqueza no longo prazo, ou a chamada renda permanente[18].

E é por tal razão que haveria um maior nivelamento da carga tributária segundo os decis de renda. Ao adotarmos o consumo das famílias para medir o peso relativo da carga tributária indireta acabamos por nivelar os diferentes poderes de compra conforme a posição social. E isso faz com que o diferente peso dos tributos indiretos também se disperse em tal nivelamento.

Uma segunda crítica direcionada à metodologia baseada na renda para aferir a regressividade da tributação sobre o consumo, esta mais voltado para o contexto brasileiro, decorreria da constatação de que os rendimentos das famílias mais pobres seriam amplamente sub-reportados nas pesquisas de orçamentos familiares, sendo observada, em muitas situações, um elevado déficit entre rendas e despesas declaradas por estes grupos populacionais.

Tal crítica metodológica costuma recorrer, no Brasil, ao estudo formulado por Siqueira e outros[19] que, analisando os dados constantes na POF 2008-2009, assentou que o sistema tributário brasileiro como um todo – considerando a tributação sobre o consumo, renda e patrimônio – não seria regressivo, mas sim proporcional, para não dizer ligeiramente progressivo. Ao assim concluir, referido estudo se contrapôs a uma série de outros levantamentos que, partindo dos mesmos dados, assentava

[18] Thomas, Alastair. Reassessing the regressivity of the VAT. **OECD Taxation Working Papers n. 49**. OECD Publishing, 2020.

[19] Siqueira, Rozane Bezerra *et al.* **O sistema tributário brasileiro é regressivo?** *In:* Afonso, José Roberto de *et al.* (Org.). Tributação e Desigualdade. Belo Horizonte: Casa do Direito, 2017.

a extensa regressividade da matriz tributária brasileira[20]. Para tanto, Siqueira e outros defendem que demais estudos "*de um lado, subestimam a rendados mais pobres e, de outro, subestimam os tributos pagos pelos mais ricos*". Assim, propondo a revisão da metodologia para corrigir a subavaliação da renda auferida pelas famílias mais pobres, os autores passam a estimar um impacto diferente do ônus tributário nos orçamentos familiares que, embora ainda permaneça regressivo, acaba por apresentar uma curva suavizada.

Discordamos de tal crítica metodológica hoje feita à tributação sobre o consumo, uma vez que compreendemos que o ônus tributário indireto não apresenta um comportamento proporcional, mas sim uma tendência altamente regressiva, justamente por ser necessário que consideremos a renda como parâmetro de aferição do peso da carga tributária, parâmetro mais próximo de uma ideia de realização da capacidade contributiva.

Tal percepção pode ser observada mesmo no estudo elaborado por Rita de la Feria e Michael Walpole, críticos das políticas desonerativas de tributos sobre o valor agregado como forma de endereçar o combate à regressividade inerente a tal forma de tributar. Segundo os autores, afirmar que a tributação sobre o consumo equivaleria a uma taxa proporcional sobre a renda consumida parece não ser um argumento convincente, justamente por não considerar o impacto das poupanças nas classes mais ricas, influenciando, inclusive, como fator de riqueza para tais grupos populacionais[21][22].

[20] SILVEIRA, Fernando Gaiger. **Equidade Fiscal**: impactos distributivos da tributação e do gasto social. XVII Prêmio Tesouro Nacional, ESAF, 2012.

[21] "It is undoubtedly true that, to the extent that all income is consumed, VAT is equivalent to a flat-rate, proportional tax, rather than a regressive one, and this will indeed be the case for those at the lower end of the income distribution. To the extent, however, that not all income is consumed and savings come into play, regressivity becomes a concern. Of course, it can be argued — and it often is—that savings are mere deferred consumption. Yet, that argument does not fully convince, for two reasons. The first is that, whilst savings can indeed be seen to some extent as deferred consumption, they are much more than that, and can also be seen as, for example, further income generators and until consumption takes place individuals will extract significant benefits from their savings holding. The second, and perhaps more important, reason is that the higher the savings, the more deferred in time the consumption will potentially be, and ad extremis it can be passed on inter-generationally to a time when consumptionis no longer taxed. It is therefore more

Retomando o exemplo do saco de feijão, temos que a carga tributária suportada será sempre a mesma, independente da pessoa que venha a consumi-lo, seja rica ou seja pobre. Se levarmos em consideração o consumo desse saco de feijão como parâmetro de aferição do ônus do tributo indireto, esse ônus também será o mesmo, tanto para o rico, quanto para o pobre. Com isso, não há como aferir o impacto redistributivo da carga tributária indireta, uma vez que o ônus tributário estará nivelado.

Por outro lado, se considerarmos a renda auferida como parâmetro, o peso desse mesmo tributo será diferente. Para cada real gasto, o peso marginal será maior para a família pobre do que para a família rica, implicando em uma redução maior da riqueza e, consequentemente, um aumento da regressividade tributária.

Em um contexto de debates em torno da reforma tributária, devemos ter em mente tais aspectos metodológicos para melhor compreendermos o significado das análises feitas, e as escolhas que existem por trás de cada cenário. Ao escolher o consumo das famílias como pano de fundo para aferição da carga tributária indireta, opta-se por um quadro em que o

realistic to argue that, whilst VAT is a proportional tax for the lowest income deciles, where all income is spent on consumption, it becomes regressive once part of that income is saved. Consequently, the higher the percentage of income saved, the more regressive the tax will be. The questionis, then, how to address this regressivity."De La Feria, Rita and Walpole, Michael, The Impact of Public Perceptions on General Consumption Taxes (December 4, 2020). (2020) British Tax Review 67/5, 637-669, Availableat SSRN: https://ssrn.com/abstract=3723750 p. 641

[22] Em idêntica Linha, cumpre apontar as críticas de Silveira e outros: " Em primeiro lugar, o parâmetro consumo inibe os objetivos redistributivos dos sistemas tributários ao ofuscar a abissal desigualdade brasileira. Enquanto os estratos mais pobres da distribuição mal conseguem satisfazer as suas necessidades de consumo mais básicas, consumindo grande parte de sua renda, os estratos mais ricos alocam uma significativa parcela de seus rendimentos em poupança. Logo, ao considerar apenas o consumo, deixa-se de fora a sua contrapartida, a parcela da renda que é alocada na forma de poupança, relevante especialmente para os mais ricos. Como consequência, as disparidades entre os rendimentos dos estratos inferiores da pirâmide com os do topo são subestimadas e, dessa forma, não há dúvidas quanto à renda ser o parâmetro que melhor capta os rendimentos das famílias como também a desigualdade na distribuição." Silveira, Fernando Gaiger; Palomo, Theo Ribas; Cornelio, Fernando Moraes; Tonon, Marcelo Resende. Previdência e assistências sociais, auxílios laborais e tributos: características redistributivas do Estado brasileiro no século XXI (Working Paper nº 007). Made/USP. 2022, p. 14-15

impacto regressivo seria substancialmente atenuado, potencializando assim um suposto efeito distributivo de um modelo de tributação uniforme. Como expõe Silveira e Vianna, trata-se de uma opção metodológica que representa a adesão a um campo ideológico específico[23], e que até por isso, deve ser colocado em debate.

Sob tal ângulo, ignorar o peso das poupanças em termos de aferir o impacto da tributação sobre o consumo não nos parece o melhor caminho. Nesse sentido, importante constatar que nem mesmo o estudo elaborado por Siqueira e outros se utiliza de tal *proxy* como parâmetro de verificação da regressividade tributária[24].

Assim, embora a crítica tenha seus méritos e se mostre importante a partir da preocupação quanto à melhor forma de retratar os impactos

[23] "Avaliar a incidência da tributação indireta tendo as despesas (consumo) como parâmetro distributivo implica a aderência às hipóteses da "suavização do consumo" e da "renda permanente", formuladas originalmente por Milton Friedman (1957).6 Em seu trabalho pioneiro sobre a hipótese de renda permanente, que se tornou o substrato teórico ortodoxo do aparato da tributação ótima (e do trade-off entre equidade e eficiência), Friedman argumentou que a correlação positiva entre a renda e a taxa de poupança observada em dados cross-section refletia o fato de os indivíduos alterarem suas poupanças, visando "suavizar" seu consumo diante de perspectivas futuras de rendimentos temporariamente altos ou baixos. Subjaz a essa teoria a hipótese da proporcionalidade, segundo a qual indivíduos com alta renda permanente consomem (e poupam) a mesma fração da renda que indivíduos com baixa renda permanente. O estudo de Dynan et al. (2004) que testou diversas especificações de modelos de renda permanente (incluindo transferências e pensões, heranças, motivos precaucionais relacionados a idade e/ou saúde) com base em microdados de pesquisas de orçamento familiar norte- -americanas mostra que empiricamente não se verifica a hipótese da proporcionalidade. Isto é, nos estratos superiores da distribuição, as taxas de poupança são substancialmente maiores que nos inferiores — e, simetricamente, a participação do consumo na renda dos mais pobres é desproporcionalmente maior que a dos mais ricos." Silveira, Fernando Gaiger; Vianna, Salvador Teixeira Werneck. Um Passo À Frente, Dois Atrás: Notas Críticas A "Estado, Desigualdade E Crescimento No Brasil", De Arminio Fraga. **Novos estud. CEBRAP**, São Paulo, v. 39, n. 2, p. 349-369, Aug. 2020. Availablefrom<http://www.scielo.br/scielo.php?script=sci_arttext&pid=S0101-33002020000200349&lng=en&nrm=iso>. access on 02 May 2021. Epub Oct 12, 2020. https://doi.org/10.25091/s01013300202000020006.

[24] Siqueira, Rozane Bezerra *et al.***O sistema tributário brasileiro é regressivo?** *In:* Afonso, José Roberto de *et al.* (Org.). Tributação e Desigualdade. Belo Horizonte: Casa do Direito, 2017.

da tributação indireta no bem estar das famílias, não nos parece de todo adequado buscar na mudança de metodologia justificativas para defender uma suposta proporcionalidade da carga tributária indireta, justamente por não termos na renda consumida um parâmetro que alcance as diferentes capacidades contributivas, o diferente peso que aquele tributo representa no orçamento individualizado das famílias e o respectivo comprometimento que um aumento no valor de determinado item pode representar para a pouca qualidade de vida desfrutada[25].

E, se eventualmente é possível afirmar que a análise do impacto da tributação a partir da renda realçaria equivocadamente a regressividade em razão da subnotificação das rendas das classes mais pobres nas pesquisas de orçamentos familiares, não podemos nos esquecer que também tem sido colocado em dúvida mesmo a estimativa dos rendimentos das classes mais ricas em tais levantamentos[26].

4. A desoneração da cesta básica é de fato mais benéfica para as classes mais ricas?

Uma vez consolidado o entendimento de que a tributação sobre o consumo é regressiva, surge necessário enfrentar um segundo ponto de crítica endereçada para a política de desoneração da cesta básica: a de que

[25] Godoi, Marciano Seabra. Tributação do consumo e efeitos redistributivos: alíquotas reduzidas conforme a essencialidade dos produtos/serviços (seletividade *versus* alíquotas uniformes com transferências financeiras (*refundable tax credits*) para famílias de baixa renda. *in* Tributação e desigualdade. FGV Direito Rio. 2017. p. 567. Em linha similar, sugerimos a leitura de Silveira, F.G. **Equidade Fiscal**: impactos distributivos da tributação e do gasto social. XVII Prêmio Tesouro Nacional, ESAF, 2012. p. 33 a 35; e Lahey, Kathleen A. Taxing for Growth vs. Taxing for Equality – using human rights to combat gender inequality, poverty and income inequalities in fiscal laws. *In:* Alston, Philip; REISCH, Nikki (Org.). **Tax, Inequality, and Human Rights**. New York: Oxford University Press, 2019. p. 436.

[26] Silveira, Fernando Gaiger; Vianna, Salvador Teixeira Werneck. Um Passo À Frente, Dois Atrás: Notas Críticas A "Estado, Desigualdade E Crescimento No Brasil", De Arminio Fraga. **Novos estud. CEBRAP**, São Paulo , v. 39, n. 2, p. 349-369, Aug. 2020. Availablefrom<http://www.scielo.br/scielo.php?script=sci_arttext&pid=S0101-33002020000200349&lng=en&nrm=iso>. accesson 02 May 2021. Epub Oct 12, 2020. https://doi.org/10.25091/s01013300202000020006.

ela seria apropriada mais pelas famílias mais ricas[27]. Para formular tal afirmação, é costume se basear na aferição dos impactos do benefício a partir de dados absolutos, indicando monetariamente que a fruição deste seria maior para as famílias de alta renda. Tal análise pode ser extraída de passagens como a constante do Boletim Mensal sobre os Subsídios da União: Desoneração da Cesta Básica[28], de nota técnica produzida pelo Centro de Cidadania Fiscal, responsável por estruturar a o texto que se converteu na PEC 45/2019[29], ou mesmo do próprio relatório final apresentado no curso da PEC 110/19[30].

A crítica é importante e bem-vinda, justamente por buscar nos possíveis campos de incidência hoje desconsiderados pelo sistema tributário brasileiro as fontes necessárias para sustentar as políticas promovidas pelo Estado, lançando salutar provocação a respeito de como a atividade financeira deste deve ser sempre analisada à luz da melhor forma de con-

[27] De La Feria, Rita and Walpole, Michael, The Impact of Public Perceptions on General Consumption Taxes (December 4, 2020). (2020) British Tax Review 67/5, 637-669, Available at SSRN: https://ssrn.com/abstract=3723750

[28] Secretaria de Avaliação, Planejamento, Energia e Loteria Boletim Mensal sobre os Subsídios da União: Desoneração da Cesta Básica Edição nº 11 de setembro/2019p. 23-24

[29] Ao analisar o tema, afirma tal estudo que "[j]á que não é possível evitar que pessoas de renda elevada consumam bens listados como de consumo popular, as alíquotas reduzidas acabam por ser pouco eficazes como ferramenta redistributiva e implicam elevado gasto tributário (renúncia fiscal). Ainda que proporcionalmente as famílias mais pobres utilizem uma parcela maior de sua renda na aquisição dos bens desonerados, em termos absolutos a desoneração beneficia mais as famílias de maior renda". Centro de Cidadania Fiscal. Exoneração do IBS para Famílias de Baixa Renda. Versão 3. São Paulo: CCiF, 2018. Disponível em: < https://goo.gl/p4pY9W > p. 2

[30] "Estudos mostram que a isenção de tributação sobre itens da cesta básica e outros fortemente consumidos pela população mais pobre não é a forma mais eficiente de se fazer política distributiva. Em primeiro lugar, porque não há garantias de que o menor tributo será repassado para os consumidores na forma de menores preços. Em segundo lugar, porque, ainda que os pobres, proporcionalmente à sua renda, tenham maiores gastos com alimentos e outros itens essenciais à sobrevivência, em valores absolutos, o seu consumo é inferior ao das camadas mais abastadas na população. Assim, os gastos tributários associados à isenção de itens da cesta básica beneficiam mais fortemente as populações mais ricas do que as economicamente menos favorecidas." Senado Federal. Complementaçao de voto apresentada pelo Relator Senador Roberto Rocha em 16 de março de 2022. p. 22

cretizar os objetivos constitucionais de construção de uma sociedade livre, justa e solidária.

Ocorre que, na maior parte das vezes, ao discutirmos o alcance da política fiscal em termos absolutos, corremos o risco de não levar em consideração, uma vez mais, o impacto relativo que a medida traz em cada orçamento familiar mensal e, em alguns momentos, nos equivocarmos acerca da realidade social subjacente. É no peso relativo que podemos avaliar a importância de um benefício para determinada classe social, ou seja, de que maneira a isenção impactará ao aliviar o orçamento familiar. Isso porque a utilidade marginal de cada real para uma família com pouco é infinitamente maior do que a mesma unidade monetária dispensada para a família rica[31].

[31] Analisando o mesmo problema de enquadramento, mas voltado ao fim da desoneração de livros discutida no âmbito da reforma das contribuições ao PIS e a COFINS, Tathiane Piscitelli chega a conclusão similar afirmando que "o argumento pode ser contraposto à luz de uma pergunta, que me parece fundamental: a avaliação da POF e dos gastos com livros não deveria ser feita proporcionalmente à renda das famílias, e não em números absolutos, como aparentemente se dá? Ou seja, afirmar que uma família com ganho mensal de até dois salários-mínimos consome cerca de R$ 70,00 por ano em livros e aquela que recebe mais de 25 salários-mínimos consome R$ 620,00 por ano não diz muito sobre a representatividade desse gasto nas rendas respectivas. A avaliação, tendo a achar, deve ser proporcional aos recebimentos mensais, pois só assim saberemos qual fração de sua renda cada família está disposta a investir em livros. E isso nos dirá quem potencialmente aproveita mais os incentivos hoje existentes, e em que proporção isso ocorre. À luz desse critério, como as autoras consideram o gasto anual com livros, mas indicam a renda mensal da família, teríamos de anualizar também a renda para chegar na representatividade dos livros em cada extrato. Para as famílias no primeiro extrato de renda, de até dois salários-mínimos, o gasto com livros representaria 0,30% da renda anual. Já para as famílias do último extrato, com 25 salários-mínimos mensais, o dispêndio com livros equivaleria a 0,21% da renda anual. Portanto, se considerarmos quanto estão dispostos a empregar de sua renda nesse gasto específico, os mais pobres consomem proporcionalmente mais livros do que os mais ricos. O eventual aumento de preço em razão do término do benefício tributário hoje existente iria afetá-los diretamente, pois é razoável supor que as classes mais altas seguirão com o mesmo padrão de consumo, pois o impacto econômico não será severamente sentido. Já os mais pobres, diante de eventual aumento de preço, terão menos acesso a livros." Piscitelli, Tathiane. Ainda sobre benefícios fiscais aos livros: ricos consomem mais? *in* O Fio da Meada. Valor Econômico. São Paulo 16.abr.2021.

Conforme acima apontado, as famílias mais pobres – que recebem até R$ 1.908,00 – dedicam parcela significativamente maior de seus rendimentos para as despesas alimentícias do que as famílias mais ricas – que recebem acima de R$ 23.850,00. Segundo a POF, a proporção seria de 22,0% a 7,6% das despesas totais, respectivamente. Em termos monetários, de acordo com a própria POF, os valores corresponderiam a um gasto médio de R$ 328,74 para os mais pobres, ao passo que R$ 2.061,34 para os mais ricos. Assim, comparando-se ambos os dispêndios com base em dados absolutos, parece intuitivo defender que o benefício é maior para as famílias mais ricas.

O que tal análise em dados absolutos não apresenta de plano, entretanto, é que mesmo que monetariamente maior o peso do tratamento favorecido acaba sendo pouco relevante para as parcelas mais ricas. Já para as famílias mais pobres, considerando-se a extensão dos dispêndios no orçamento familiar, a política de desoneração da cesta básica pode ser o diferencial entre consumir ou não. Isso porque, por dedicar uma maior parte de seu orçamento para despesas alimentícias, qualquer aumento da carga tributária impactará proporcionalmente mais os mais pobres, tornando a aquisição dos mesmos itens em algo proibitivo.

O debate em torno da utilização de números absolutos ou relativos não é algo novo, havendo diversas análises no campo da economia comportamental acerca de como a apresentação e o enquadramento dado a uma determinada informação pode influenciar a percepção da sociedade e o suporte (ou rejeição) de uma política redistributiva.

Nesse sentido, Edward J. McCaffery e Jonathan Baron afirmam que haveria uma progressividade ilusória quando os dados são apresentados para sociedade em valores monetários. Segundo os autores, os dados absolutos tenderiam a impressionar o destinatário da informação, que ignoraria os reais efeitos redistributivos da medida e facilitaria a propagação de um ideário contrário à progressividade. Para esses autores os indivíduos tendem a apoiar mais argumentos de progressividade quando os dados são apresentados em porcentagens[32], ou seja, contextualizados a

[32] McCaffery, E; Baron, J. Thinking about tax: Proceedings., pp. 434-443. Psychology, PublicPolicy, and Law2006, Vol. 12, No. 1, 106–135. p. 114.

partir da capacidade contributiva dos indivíduos e demonstrando o peso relativo na renda ou orçamento de cada família.

Se o uso de números absolutos fosse de todo válido para avaliar a distribuição do ônus tributário, cairia por terra qualquer argumento relativo à promoção de uma maior justiça fiscal, tendo em vista que, apresentando os valores monetários dos tributos recolhidos pelas famílias mais ricas, poderíamos afirmar que elas contribuem mais do que as famílias mais pobres, não havendo necessidade de se promover qualquer redistribuição.

A constatação de não ser de todo adequada a utilização de números absolutos para medir o impacto da tributação sobre o consumo se faz presente também quando consideramos os impactos inflacionários nos orçamentos das famílias brasileiras, que costumeiramente alertam para os efeitos regressivos do aumento de preços dos gastos mais significativos para as parcelas mais pobres da população, como alimentos e habitação[33].

[33] "Assim como esperado, esse cenário inflacionário, que combina forte aceleração de preços de alimentos e energia e uma alta menos intensa nos preços dos serviços e dos combustíveis, gerou, durante 2020, um significativo diferencial de inflação entre as faixas de renda mais baixa e mais alta (gráfico 1). No acumulado do ano, enquanto a inflação das famílias de renda muito baixa aponta alta de 6,2%, o segmento de renda alta registrou uma taxa bem mais modesta (2,7%). Por certo, como para as famílias mais pobres os gastos com alimentos, energia e gás comprometem 37% dos seus orçamentos, os reajustes acumulados de arroz (76%), feijão (45%), carnes (18%), leite (27%) e óleo de soja (104%), além das tarifas de energia (9,2%) e do gás de botijão (9,1%), contribuíram para uma alta inflacionária bem mais intensa que a observada no segmento mais rico, cujo peso destes itens nas despesas mensais é de 15%. Por sua vez, a alta mais moderada em 2020 de serviços livres com grande peso no orçamento das famílias mais abastadas, como mensalidades escolares (1,1%) e serviços médicos e hospitalares (1,8%), e as deflações em itens consumidos majoritariamente pela população com maior poder aquisitivo, como passagens aéreas (-17%), seguro de automóvel (-8%) e gasolina (-0,2%), explicam a menor pressão inflacionária sobre este estrato da população. Como consequência desta dinâmica de preços ao longo do ano, na comparação com 2019, os dados mostram que para as três faixas de renda mais baixa houve uma aceleração da inflação, ao passo que para as três classes de renda mais alta, o ano de 2020 trouxe um alívio inflacionário (gráfico 2)." IPEA, Carta de Conjuntura – nº 50 – Notas de Conjuntura 5 – 1º Trimestre/2021.

Se a partir da crítica fosse possível aferir o defendido caráter regressivo dos benefícios fiscais, e a medição aumento de custos devesse ser avaliada a partir de dados absolutos, deveríamos rever também a forma de analisar o impacto inflacionário nas diferentes famílias brasileiras, deixando de afirmar que o aumento do preço de alimentos prejudicaria mais os pobres do que os ricos.

Assim, eventual aumento da carga fiscal sobre o consumo de bens de primeira necessidade poderá sim acarretar um aumento da carga relativa das parcelas mais pobres, inclusive mais gravoso do que a respectiva majoração suportada pelas famílias mais ricas, pois aquelas se beneficiam mais da desoneração da cesta básica do que estas.

Mesmo que se possa argumentar que a política de desoneração não seja repassada integralmente aos consumidores finais, em função das características de elasticidade das curvas de oferta e demanda[34], não podemos ignorar que partimos hoje de um cenário de estabilidade de preços firmado a partir da tributação reduzida, de tal modo que há grandes chances de que o efeito causado pelo fim dos benefícios existentes venha a ser repassado na cadeia de preços aos consumidores finais, com um aumento do custo de vida[35] .

Inclusive quanto ao ponto, em estudo desenvolvido juntamente ao *Korea Institute of Public Finance* e responsável por ampliar o debate em defesa da uniformização de alíquotas da tributação sobre o consumo, a própria OCDE reconhece que as alíquotas reduzidas de impostos tipo IVA para itens de primeira necessidade possuem sim um efeito progressivo, justamente por beneficiar proporcionalmente mais as famílias mais

[34] CANADO, Vanessa Rahal; LONGO, Larissa Luzia. O papel da seletividade no sistema tributário: uma proposta de revisão de sua função a partir de uma leitura interdisciplinar. *in* Reformas ou deformas tributárias financeiras. por que, para quem e como? Belo Horizonte: Letramento. 2020. p. 1085 – 1095. Ver também de la Feria, Rita and Walpole, Michael, The Impact of Public Perceptions on General Consumption Taxes (December 4, 2020). (2020) British Tax Review 67/5, 637-669, Availableat SSRN: https://ssrn.com/abstract=3723750

[35] Y. Benzarty, et al., "What Goes Up May Not Come Down: Asymmetric Incidence of Value-Added Taxes" (2018) NBER WorkingPaper 23849.

necessitadas[36]. O problema, segundo o estudo, estaria em outros tratamentos diferenciados, como para bens culturais, ante o suposto efeito regressivo de tal política fiscal. Ainda assim, o estudo aponta o caráter progressivo de benefícios bem direcionados aos itens de primeira necessidade.

Em linha similar, Thomas Alastair, ao defender a proporcionalidade da tributação sobre o consumo, admite que tal modelo, no extremo, apresenta um potencial de redução do consumo de itens de luxo pelas classes mais abastadas, enquanto, no caso das famílias mais vulneráveis, pode representar um verdadeiro impeditivo para consumo de bens de primeira necessidade[37].

Mesmo o Boletim Mensal sobre os Subsídios da União, ao analisar a política de desoneração da cesta básica conclui que, embora possam considerar tais subsídios regressivos – com o que discordamos – tal política fiscal tem o mérito de contribuir para a redução da pobreza e da desigualdade de renda, de modo que sua extinção aprofundaria a concentração de renda observada em nosso país[38].

Posto isso em perspectiva, não nos parece que a melhor solução para redução da desigual distribuição da carga tributária resida na ampliação da tributação sobre o consumo, por meio da extinção da política de

[36] "The simulation results tend to vary depending on the underlying policy rationale for introducing the reduced VAT rate. They show that most, if not all, of the reduced VAT rates that are introduced for the distinct purpose of supporting the poor – such as reduced rates on food, water supply and energy products – do have the desired progressive effect. For example, reduced rates for food provide significantly greater support to the poor than the rich, as a proportion of expenditure, in all 15 countries wherethey are applied." OECD/KIPF (2014) The Distributional Effects of Consumption Taxes in OECD countries, OECD Tax Policy Studies, No. 22, OECD, Paris. p. 68.

[37] "The conclusion that the VAT is generally not regressive does not mean that policy makers should not be concerned about its impact on the poor. Assuming diminishing marginal utility of consumption, a proportional VAT will still have a greater negative impact on the wellbeing of the poor than of the rich. At the extreme, it may reduce the consumption of necessities by the poor, but merely the consumption of luxuries by the rich." THOMAS, Alastair, 2020. "Reassessing the regressivity of the VAT," OECD Taxation Working Papers 49, OECD Publishing. p. 34

[38] Secretaria de Avaliação, Planejamento, Energia e Loteria Boletim Mensal sobre os Subsídios da União: Desoneração da Cesta Básica Edição nº 11 de setembro/2019p. 14-15

desoneração de cestas básicas. Por todo o demonstrado, é possível que uma política de uniformização de alíquotas venha a agravar o quadro de regressividade hoje observado na tributação do consumo, impondo um ônus proporcionalmente maior para as famílias mais pobres.

Isso porque, além de dedicarem uma maior parcela de seus gastos para despesas com consumo, famílias que recebem até dois salários-mínimos também gastam proporcionalmente mais com alimentos dos que as famílias mais ricas. Por essa razão, eventual término da política de desoneração da cesta básica poderá representar um impacto maior no consumo das famílias pobres, justamente por parte significativa de sua renda estar destinada a tal despesa. O ponto, portanto, merece ser bem debatido nas esferas deliberativas.

A partir de tais dados, é possível projetar a importância exercida, no orçamento das famílias mais pobres, da política de tratamento favorecido hoje concedida aos produtos de primeira necessidade – ainda que defeituosa –, e como seu término tende a representar um impacto mais gravoso para tais parcelas da população ampliando ainda mais a regressividade de nosso modelo de arrecadação. Assim, se eventuais medidas direcionadas a atenuação da regressividade pela via da tributação do consumo não se mostram eficientes, a solução seria reduzir a carga tributária indireta a que estão sujeitas as famílias mais pobres, e não promover um potencial aumento para depois buscar, sob a via do gasto público, a atenuação de tal ônus regressivo[39].

O aperfeiçoamento da tributação sobre o consumo, assim, é necessário. Afirmar, todavia, que a seletividade não é bem endereçada e, por isso deve ser completamente descartada não nos parece o melhor caminho. Se a política de desoneração da cesta básica hoje não endereça a redução da regressividade, ao menos não contribui para acentuá-la. Possibilita, assim, o acesso das parcelas mais pobres ao consumo dos bens de primeira necessidade, ou, ainda que assim não seja, significa afirmar que ao menos o Estado não estaria atuando contrariamente a este propósito.

Nunca é demais recordamos que, quando observamos as famílias de baixa renda, estamos falando de indivíduos que já apresentam restrições

[39] Zockun, M. H. Equidade na tributação. In: Afonso, J. R. et al. (orgs). **Tributação e desigualdade**. Belo Horizonte: Letramento, 2017. p. 29

orçamentárias severas. Eventual extinção de benefícios fiscais que hoje desoneram o consumo da cesta básica pode representar um aumento no custo de tais itens, impactando ainda mais na já limitada renda, além de possivelmente ampliar a regressividade da atual matriz tributária.

5. A proposta de devolução direta cumpre o papel de compensar a regressividade?

Como já aqui defendido, considerada a maior propensão das classes pobres em consumir, um modelo que se valha primordialmente da tributação sobre o consumo apresenta um potencial de impacto negativamente mais gravoso justamente no bem-estar de tal parcela da população. A tributação sobre o consumo, diante deste cenário, deve ser considerada regressiva.

Ainda que se conclua que a tributação indireta assuma um viés proporcional, distanciando-se da literatura clássica que encara em tal opção um mecanismo mais gravoso às classes mais pobres, não há como se negar os efeitos perniciosos em termos de redução do bem-estar social desta parcela da população[40]. Não é equívoco, portanto, afirmar que a tributação sobre o consumo contribua para um estado de pobreza, justamente por reduzir a riqueza à disposição das classes mais pobres[41]. Seus efeitos, portanto, devem ser compensados com alguma política em sentido contrário.

Atualmente, a partir da previsão constitucional, temos uma política que busca alcançar a progressividade por meio da desoneração de itens de primeira necessidade, ou de consumo essencial e que, como vimos, tem sido objeto de severas críticas objetivando sua revisão.

A proposta de extinção das diversas isenções e benefícios fiscais hoje existentes para itens de primeira necessidade apresenta, como contrapartida, a adoção de uma política de transferência direta de renda para

[40] Newman, Katherine; O'brian, Rourke L. Taxing the Poor: Doing Damage to the Truly Disadvantaged. 1st ed., Universityof California Press, 2011. p. 86-87

[41] Newman, Katherine; O'brian, Rourke L. Taxing the Poor: Doing Damage to the Truly Disadvantaged. 1st ed., Universityof California Press, 2011. p. 122

famílias inscritas no Cadastro Único de Programas Sociais, evitando-se que fosse aprofundada a regressividade da matriz tributária brasileira[42].

Ainda que apoiemos políticas de transferência direta de renda como mecanismo de combate à desigualdade social, temos que pôr em perspectiva a medida a partir dos efeitos regressivos decorrentes da extinção da desoneração da cesta básica. Até porque o possível aumento da tributação sobre o consumo, em especial proporcionado pela extinção de benefícios fiscais aos itens de primeira necessidade, causará um impacto econômico muito grave em quase toda a sociedade. E, caso tais parcelas não possam contar com a devolução do tributo, por eventualmente estarem de fora da linha da pobreza adotada pelo programa social, poderemos criar um verdadeiro degrau entre os beneficiados e as parcelas seguintes da população, com a impossibilidade de se superar a pobreza justamente pelo fato de que o estrato seguinte da população apresenta um custo de vida proibitivo.

Ao passo que as parcelas mais ricas possivelmente em nada sentirão, uma vez que, considerando a alta concentração de renda encontrada nessa parcela da população, o custo marginal da unidade monetária é reduzido, pouco importando se o benefício deixará de existir.

Para além desse problema, o sistema de devolução corre ainda o risco de enfrentar eventual contingenciamento orçamentário. A título exemplificativo, notem que da forma como apresentada hoje na PEC 45/2019, o disposto no §9º do art. 152-A da proposta não garante que "*a devolução parcial, através de mecanismos de transferência de renda, do imposto recolhido pelos contribuintes de baixa renda*" estará a salvo de eventuais restrições orçamentárias diante de um cenário de crise fiscal.

A ideia de funcionar por meio de políticas de transferência de renda, nos termos do proposto em referida PEC, coloca a devolução do IBS no mesmo patamar de outros programas de combate à pobreza, os quais têm convivido com a escassez de recursos públicos, conforme noticiado[43].

[42] Centro de Cidadania Fiscal. Exoneração do IBS para Famílias de Baixa Renda. Versão 3. São Paulo: CCiF, 2018. Disponível em: < https://goo.gl/p4pY9W >

[43] Bolsa Família volta a ter fila de espera e corre risco de encolher. 1º.out.2019 <https://www1.folha.uol.com.br/mercado/2019/10/bolsa-familia-volta-a-ter-fila-de-espera-e-corre-risco-de-encolher.shtml> acessado em 10.mai.2021

A política do "arrecada primeiro e distribui depois", portanto, tende a enfrentar severos empecilhos. Se a intenção é se valer desse programa de devolução como forma de restringir os efeitos do aumento da regressividade causado pela tributação uniforme, é necessário que se crie previsões que garantam a restituição dos valores, não como parte de uma política pública de transferência de renda, mas sim a partir do reconhecimento de que a devolução virá como forma de compensar uma tributação que contraria a própria premissa de um Estado Democrático de Direito, que é a tributação conforme a capacidade contributiva. Devemos assumir que, aumentando-se a carga tributária do consumo das parcelas mais pobres da população, tais pessoas tenham um direito fundamental à devolução, justamente por ser o ônus fiscal algo que foge das respectivas capacidades em contribuir.

Não se pode confiar que, uma vez arrecadados os recursos de maneira regressiva, o poder público de fato direcionará, por meio do gasto, uma política que, não apenas compense o aumento da desigualdade, mas que venha a promover a redistribuição[44]. Há sempre o risco de que tais receitas não venham a ser utilizadas, via despesa pública, no combate à erradicação da pobreza e à redução das desigualdades. Para tanto, basta recordarmos que estamos no momento sob a égide de uma política de austeridade instituída pela Emenda Constitucional nº 95, responsável, entre outras medidas, por congelar as despesas totais do governo federal, impactando não apenas nos gastos com saúde e educação, como também no direcionamento de recurso para programas sociais[45].

Confiar a correção da regressividade tributária tão somente para o campo da despesa pública é ignorar que tais gastos estarão sujeitos ao eterno contingenciamento orçamentário por parte da Administração, em especial em contextos de crise fiscal como o que vivemos hoje. Práticas como a não correção pela inflação, seja do valor dos benefícios seja da

[44] Fredman, Sandra. The Relevance of Human Rights to Tax Law, Policy, and Practice. *In* Alston, Philip; NIKKI, Reisch. New York: Oxford University Press, 2019. p. 90

[45] Silveira, F. G. A Política Social e o Conservadorismo Econômico: o que revela o período recente. Texto para Discussão / IPEA. 2020. p. 28-30; Rossi, Pedro; Dweck, Esther; Oliveira, Ana Luíza Matos de (or.) Economia para Poucos: impactos sociais da austeridade e alternativas para o Brasil. São Paulo: autonomia Literária. 2018. p. 362 – 367

linha monetária que define o rol de beneficiados pela política fiscal, são corriqueiras da política fiscal do Estado brasileiro e que, caso adotadas num contexto futuro de redução de gastos públicos, poderão implicar no risco de aprofundamento dos quadros de desigualdade social e pobreza hoje observados.

Ou seja, se confiamos na política de devolução como contrapartida – premissa com a qual concordamos –, devemos sempre pensar seu desenho institucional de forma a garantir, já na Constituição, o imediato retorno dos tributos suportados pelas classes mais pobres – antecedente a qualquer processo orçamentário inclusive –, bem como que eventual aumento global da arrecadação seja de fato direcionado às políticas sociais necessárias ao combate da desigualdade.

Tal linha de preocupação, todavia, não parece se fazer presente quando observamos já na PEC 110/19 que o desenho da política de restituição se faz direcionada à previsão em lei complementar, a qual "*poderá prever a devolução total ou parcial, às famílias de baixa renda, do imposto incidente sobre suas aquisições de bens e serviços*" (Art. 156-A, § 8º, III, do texto substitutivo). Isso tudo enquanto outros regimes especiais possuem um comando mais ostensivo, valendo-se da diretriz de que a legislação infraconstitucional "*disporá*" acerca do tema.

A escolha de palavras não é em vão. Ela resgata um extenso debate em torno da natureza cogente de eventual disciplina constitucional, conferindo às preocupações com o aumento da regressividade um segundo plano na ordem de prioridades a serem atendidas. Como vimos, considerando eventual extinção das políticas desonerativas, com um consequente aumento da regressividade, não se pode deixar para depois uma preocupação que deveria ser pressuposto de qualquer debate em torno da reforma tributária.

É bem verdade que a progressividade da atividade financeira do Estado apenas será atingida se levarmos em consideração como se dão as despesas públicas[46]. Sem um gasto progressivo, pouca importância há na forma como se arrecada, uma vez que todo o potencial de combate à desigualdade por meio da tributação pode vir a ser desperdiçado.

46 MURPHY, Liam; NAGEL, Thomas. **O mito da propriedade**: os impostos e a justiça. Tradução de Marcelo Brandão Cipolla. São Paulo: Martins Fontes, 2005. p. 178

Todavia, focar apenas na progressividade do gasto, como se a arrecadação não exercesse papel relevante no cumprimento de tal objetivo, representa ignorar a possibilidade que as políticas redistributivas estejam sendo financiadas em parte pelas próprias populações vulneráveis que deveriam ser protegidas[47]. Não por outra razão, Klaus Tipke afirma que o Estado não pode, como Estado tributário, subtrair o que como Estado Social deve devolver[48]. E, num ponto importante para uma comunidade que se pretenda democrática, sem a respectiva compreensão e concordância do contribuinte de fato para tanto[49].

Outro problema já apontado relacionado à delegação da solução para a via da despesa pública decorre da necessidade de se batalhar pelos recursos necessários para a manutenção de um programa de transferência social. Diferente da atual desoneração da cesta básica que, enquanto renúncia por prazo indeterminado, não necessita que seja constantemente renovada, caso não venha expressamente disciplinada em sentido contrário no texto constitucional, eventual política de transferência por meio dos programas sociais demandará a previsão anual no orçamento federal, lutando por espaço com outros gastos essenciais e correndo o risco de, em situações de escassez, deixar de ser contemplada.

Há ainda de se questionar eventual estigma que possa ser associado a uma política de restituição tributária, em especial, em um contexto de ilusão fiscal inerente à tributação indireta, a qual não apenas dificulta a identificação do real onerado pelo encargo tributário, como ainda induz a coletividade ao equívoco de não se compreender como real contribuinte[50]. Uma política de expansão da tributação indireta, dissociada de

[47] Schuter, Oliver de. Taxing for the realization of Economic, Social, and Cultural Rights *in* Alston, Philip; Nikki, Reisch. New York: Oxford University Press, 2019. p. 63. Derzi, Misabel. Guerra fiscal, Bolsa Família e Silêncio (Relações, efeitos e regressividade) Revista Jurídica da Presidência. vol. 16, n. 108, fev/mai 2014. p. 52

[48] Tipke, Klaus; Yamashita, Douglas. Justiça Fiscal e o Princípio da Capacidade Contributiva. São Paulo: Ed. Malheiros. 2002. p. 31

[49] Derzi, Misabel. Guerra fiscal, Bolsa Família e Silêncio (Relações, efeitos e regressividade) Revista Jurídica da Presidência. vol. 16, n. 108, fev/mai 2014. p. 52

[50] Sobre o tema, entre muitos, recomendamos Williamson, Vanessa S. Who are "The Taxpayers"? **The Forum**, vol.16, n.3, pp. 399–418, 2018; Zelenak, Lawrence. Mitt Romney, the 47% Percent, and the Future of the Mass Income Tax. **Tax Law Review**, vol. 67, 2014;

um esclarecimento acerca deste ponto, pode propagar uma percepção errônea a respeito da real finalidade da restituição dos tributos incidentes sobre o consumo. Isso porque antes de ser uma política redistributiva, tal modelo de devolução decorrerá, a bem da verdade, da própria concretização da capacidade contributiva, devolvendo aos indivíduos de baixa renda uma tributação que a muito superará o mínimo existencial.

Por fim, confiar tão somente na devolução como mecanismo de suavização de um imposto altamente regressivo representa acreditar que os recursos arrecadados serão suficientes para fazer frente aos desafios impostos a nossa sociedade, financiando as prestações sociais constitucionalmente asseguradas, sem que seja necessário recorrer às classes mais ricas por meio da tributação direta[51]. Embora tenhamos certos avanços na redução das desigualdades por meio da expansão do gasto público, a baixa progressividade de nossa tributação direta e a significativa regressividade da tributação indireta tem apontado que o caminho para melhora dos índices sociais passa também pela revista da forma como arrecadamos nossos recursos[52].

Conforme anunciamos na introdução, não estamos aqui a criticar tais políticas de transferência de renda, ou mesmo os avanços empreendidos nos debates em torno da sempre necessária reforma tributária. Compreendemos, concordamos e defendemos a conclusão de que uma pro-

Schmölders, Günter.Lo Irracional en la Hacienda Pública. *In:* Schmölders, Günter; Duberge, Jean. **Problemas de Psicologia financiera**. Madrid: Editorial de Derecho Financiero, 1965; Sanandaji, Tino; Wallace, Bjorn. Fiscal Illusion and Fiscal Obfuscation Tax Perception in Sweden. **IFN WorkingPaper n. 837**, jun. 2, 2010. Disponível em: https://ssrn.com/abstract=1619268. Acesso em: 27 /07/ 2021; Sausgruber, R.; Tyran, J. Testing the Mill hypothesis of fiscal illusion. **Public choice**, v. 122, n. 1, p. 39-68, 2005; Puviani, Amilcare. **Teoria de la ilusión financiera**. Trad. Alvaro Rodrigues Bereijo. Trad. Alvaro Rodrigues Bereijo. Madrid: Instituto de estudios fiscales, 1972.

[51] Newman, Katherine; O'BRIAN, Rourke L. Taxing the Poor: Doing Damage to the Truly Disadvantaged. 1st ed., University of California Press, 2011. p. 123

[52] Silveira, Fernando G.; et. al. Impactos redistributivos das transferências públicas monetárias e da tributação direta: evidências com a POF 2017-2018. Nota Técnica nº. 89, Ipea, 2020. p. 22; no mesmo sentido, Carvalho, Laura; Toneto, Rodrigo; Ribas, Theo (2020). Dos pobres para os paupérrimos ou dos mais ricos para os mais pobres? O impacto sobre a desigualdade de diferentes formas de expansão das transferências de renda no Brasil (Nota de Política Econômica nº 001). MADE/USP. p. 5

gressividade da despesa pública, em especial por meio de programas de transferência focalizadas, é medida necessária e eficaz para se combater desigualdade e a pobreza em nosso país. Tais programas têm sido associados a melhora de resultados redistributivos observada em nossa sociedade[53], de modo que defendemos não apenas a sua manutenção, como ainda sua ampliação, com mais recursos direcionados a custeá-los, mais famílias atendidas e maiores valores transferidos para cada beneficiário.

Todavia, se o que se pretende é a captura de um benefício fiscal – a desoneração da cesta básica – tido por indevidamente apropriado pelas classes mais ricas, é de se refletir também sobre a necessidade de tributá-las especificamente por meio de impostos diretos, como o imposto sobre a renda de pessoas físicas, ao invés de reduzir um benefício que põe em risco a segurança alimentar e o bem-estar social de parcelas significativas da sociedade[54]. Caso o contrário, corremos o risco de buscar a solução para os objetivos fundamentais de nossa República a partir de um possível aumento do custo de vida das parcelas mais pobres da população, reforçando estereótipos e desigualdades, quando na verdade seria possível potencializar a progressividade e a transparência da atividade financeira por meio da incidência direta.

Conclusões

Cumpre nesse momento endereçarmos alguns pontos de conclusão a partir das provocações lançadas no presente artigo, saudando, uma vez mais, os avanços que temos alcançado na esfera pública, nos debates em torno da reforma tributária. Ainda assim, compreendemos ser importante ter enquanto premissa que a tributação sobre o consumo é necessariamente regressiva, tendo em vista a maior propensão ao consumo pelas famílias mais pobres. Desse modo, se levarmos em consideração o peso

[53] SILVEIRA, Fernando G. et. al. Impactos redistributivos das transferências públicas monetárias e da tributação direta: evidências com a POF 2017-2018. Instituto de Pesquisa Econômica Aplicada – IPEA, **Nota Técnica n. 89**, Brasília, 2020. p. 14-15.

[54] LAHEY, Kathleen A. Taxing for Growth vs. Taxing for Equality – using human rights to comb at gender inequality, poverty and income inequality in fiscal laws. *in* ALSTON, Philip; NIKKI, Reisch. New York: Oxford University Press, 2019. p. 438 – 441

da tributação no orçamento de cada família, fica evidente a forte tendência regressiva representada pela opção em se onerar o consumo.

Esse o contexto, o fim do benefício fiscal voltado à cesta básica poderá representar um aumento de preços ao consumidor final e, consequentemente, um risco de aprofundamento da regressividade tributária. Considerando que os itens mais consumidos pelas classes mais pobres apresentam inelasticidade na demanda, ao aumentarmos os custos por meio do reestabelecimento da tributação, devemos reconhecer que haverá repasse do ônus pela cadeia de consumo. Não podemos ignorar que, para estimar eventuais repasses econômicos, devemos partir de um cenário no qual os benefícios já estão instituídos e no qual a carga tributária será majorada.

Há também que se superar a crítica quanto à política de seletividade adotada, uma vez que as classes pobres também consomem produtos e serviços que são comumente tidos como consumidos mais pelas classes mais ricas. Não podemos justificar ajustes na política de desoneração da cesta básica por meio da diferenciação de consumo dos itens de primeira necessidade. Devemos readequar o desenho do que integra a cesta básica, para que de fato a política de desoneração alcance apenas itens essenciais para uma vida digna, promovendo a segurança alimentar e a higiene pessoal como forma de alcançar a melhoria da saúde das famílias.

Mas uma vez classificados como essenciais, não podemos discriminar os diferentes padrões de consumo como forma de desconstruir a política de desoneração. Afirmar que certos itens da cesta básica são de maior consumo das classes mais ricas não invalida o fato de que também integram a cesta de consumo das famílias pobres e que qualquer aumento no preço de tais itens impactará ainda mais no orçamento – já restrito – das classes mais vulneráveis. Aqui, mais uma vez, não importa questionar quanto cada família gasta com determinado item, mas sim quanto cada item impacta na falta de recursos da família. Ou seja, qual o custo marginal daquele real a mais que será gasto em função da tributação pretendida sobre os itens de primeira necessidade.

Ainda nessa linha, não podemos ignorar que o consumo das famílias mais pobres é impactado pela restrição orçamentária por elas sofrida, impondo uma série de limitações na aquisição de itens de primeira necessidade e impedindo que manifestem suas preferências, dentre as quais pode se encontrar justamente a ampliação no consumo destes itens essenciais. O consumo maior ou menor de determinado item essencial em um contexto de restrição orçamentária das famílias mais pobres não significa manifestação de preferências, mas tão somente a realização de escolhas em um contexto de escassez de recursos.

Se o benefício fiscal é também apropriado pelos ricos, por que o extinguir para os pobres? Devemos pensar a correção de tal distorção por meio de um aumento de tributos que atinjam a capacidade contributiva desses grupos mais abastadas, eventualmente aliando a política de transferência direta de renda com a desoneração da cesta básica. A progressividade da política fiscal deve ser buscada tanto na arrecadação quanto no gasto público, de modo que o financiamento dos programas de transferência deva se dar por meio de uma ampliação da tributação direta para correção de rumos quanto à falta de focalização das políticas desonerativas.

Por fim, respondendo à questão formulada no início deste artigo, a solução para o problema da pobreza não passa (ou não deveria passar) pela tributação do pobre. Assim como o financiamento de políticas de combate à desigualdade socioeconômica não passa (ou não deveria passar) pela eventual ampliação da regressividade tributária. O que o Estado tributante fornece por meio do gasto não pode ser retirado por meio da atividade arrecadatória, sob o risco de, reforçando uma ilusão fiscal, criarmos questionamentos que não apenas distorcem o debate público acerca da real estruturação da atividade financeira do Estado, como também reduzem o potencial redistributivo de políticas sociais.

12. REFORMAS TRIBUTÁRIAS E ALÍQUOTA ÚNICA: POR QUE A SELETIVIDADE E A PROGRESSIVIDADE IMPORTAM?

LAIS KHALED PORTO

Introdução

As pautas de reformas do sistema tributário brasileiro, que ganharam destaque a partir de 2019, trazem consigo um clamor por "simplificação" – entre parênteses, pois *simplificar* pode corresponder a uma variedade de medidas, que nem sempre são eficazes na persecução do suposto objetivo.

A redução de complexidades do sistema tributário brasileiro pode ser operacionalizada, em um cenário teórico, pela informatização de processos, pela redução de obrigações acessórias, pela diminuição numérica de tributos (exemplificada pelos processos de "junção" mais discutidos atualmente: do ICMS e do ISS, no chamado IBS; e do PIS e da COFINS, no chamado CBS), ou pela uniformização de alíquotas (*flat tax*). É sobre essa última hipótese de *simplificação* que discorrerá o presente artigo.

Alguns dos conceitos neste abordados são clássicos e elementares ao estudo do direito tributário. Todavia, embora muito explorados, ainda são objeto de legítimas e profundas divergências, razão pela qual se considera de absoluta relevância a retomada de algumas definições e sua contraposição com os desafios práticos ora experimentados.

Para tanto, deve-se considerar que a seletividade e a progressividade abordadas no presente artigo são aquelas observadas, especificamente, na tributação do consumo *lato sensu* (mercadorias e serviços)[1] e da renda[2], que estão entrelaçadas por aquilo que Paul Kirchhof denomina como "*a máxima fundamental da tributação*"[3]: a capacidade contributiva.

Não por outra razão, embora tanto a seletividade quanto a progressividade possam ser vislumbradas em diferentes contextos e finalidades, não se pode olvidar do ideal básico que permeia a realização de diferenciações dentro de um sistema jurídico: o da isonomia.

Afinal, a seletividade é, conforme definição de Aliomar Baleeiro, a recomendação ao legislador para que "*estabeleça as alíquotas em razão inversa da imprescindibilidade das mercadorias de consumo generalizado*"[4], ou seja, em razão de sua essencialidade, para que não onerem os bens e serviços consumidos mesmo por aqueles indivíduos de baixo poder econômico.

A progressividade, por sua vez, é "*a maneira e o modo indicados pela Constituição para tratar igualmente os iguais e desigualmente os desiguais*", de modo que o imposto seja personalizado, conforme as necessidades pessoais dos contribuintes, com a concessão de isenções e reduções na base, compensadas pela graduação de alíquotas para as faixas de rendas mais elevadas[5].

É nesse contexto que o presente trabalho pretende discutir a interseção entre os dois postulados de gradação de alíquotas e se (e em que medida) a fixação de alíquotas únicas para a tributação da renda e do consumo deve prevalecer perante alíquotas progressivas e seletivas.

[1] Os impostos sobre o consumo, embora tenham como contribuinte de direito o vendedor ou prestador de serviço, oneram, efetivamente, o adquirente, na medida em que a carga tributária é repassada ao consumidor final.

[2] Ainda que sejam tomadas como princípios, tanto a progressividade quanto a seletividade têm previsão expressa no texto da Constituição brasileira de 1988, voltadas à tributos específicos – *e.g.* progressividade no Imposto de Renda (art. 153, §2º, inciso I) e contribuições (art. 149, §1º); seletividade no ICMS (art. 155, §2º, inciso III) e IPI (art. 153, §3º, inciso I).

[3] KIRCHHOF, Paul. **Tributação no Estado Constitucional.** Trad.: Pedro Adamy. São Paulo: Quartier Latin, 2016. p. 27.

[4] BALEEIRO, Aliomar. DERZI, Misabel Abreu Machado. **Direito Tributário Brasileiro.** 14 ed., rev. atual. e ampl. Rio de Janeiro: Forense, 2018. p. 487.

[5] BALEEIRO, Aliomar. DERZI, Misabel Abreu Machado. **Direito Tributário Brasileiro.** 14 ed., rev. atual. e ampl. Rio de Janeiro: Forense, 2018. p. 400.

1. Breve retrato do que tem sido proposto no Brasil

A ideia de estipulação de uma alíquota única para exações tributárias que atualmente observam o princípio da seletividade está presente em algumas das propostas de reforma tributária que mais têm se destacado, especificamente no âmbito da tributação sobre o consumo, como na PEC n. 45/2019 e a PEC n. 110/2019.

Ambas as propostas trazem ideias que consideramos limitadoras da autonomia política e financeira dos entes subnacionais, que ainda carecem de discussões profundas, especificamente diante da cláusula pétrea federativa[6]. Independente das divergências quanto à competência do novo tributo proposto, quer seja da União, quer de Estados e Municípios; bem como sobre o modelo procedimental para fixação das alíquotas – todas questões controversas –, o que se discute no presente trabalho é a previsão de incidência de uma mesma alíquota para os diferentes bens e serviços.

Na PEC 45, a suposta manutenção da seletividade estaria na adição do inciso III ao art. 154, da CF/88, que atualmente prevê a possibilidade de instituição, pela União, de impostos não previstos, desde que não-cumulativos e que não impliquem em bitributação ou *bis in idem* (inciso I); e de impostos extraordinários de guerra (inciso II). O inciso III proposto possibilitaria, também, a instituição de "*impostos seletivos, com finalidade extrafiscal, destinados a desestimular o consumo de determinados bens, serviços ou direitos*"[7].

Do mesmo modo, na PEC 110, para além da regra geral de incidência do Imposto sobre Bens e Serviços, alguns produtos específicos estariam,

[6] Diversos pontos de atenção já foram levantados por grandes juristas brasileiros, e podem ser resumidamente representados pelos textos de SCAFF, Fernando Facury. **Reforma tributária, a cláusula pétrea do federalismo e o STF**. In. Consultor Jurídico. Abr., 2019. Disponível em: <https://www.conjur.com.br/2019-abr-16/contas-vista-reforma-tributaria-clausula-petrea-federalismo-stf>; e DIAS DE SOUZA, Hamilton. **Reforma Tributária: a PEC 45/19 viola o pacto federativo.** In. Jota. Jul., 2019. <https://www.jota.info/opiniao-e-analise/artigos/reforma-tributaria-a-pec-45-19-afronta-o-pacto-federativo-03072019>.

[7] BRASIL. Câmara dos Deputados. **Proposta de Emenda à Constituição nº 45, de 03 de abril de 2019**. Altera o Sistema Tributário Nacional e dá outras providências. Portal da Câmara dos Deputados. Disponível em: <https://www.camara.leg.br/proposicoesWeb/fichadetramitacao?idProposicao=2196833>.

diversamente, sobre a égide do chamado Imposto Seletivo, "*como petróleo e derivados; combustíveis e lubrificantes; cigarros; energia elétrica e serviços de telecomunicações*", conforme constante da justificação original do Projeto[8], bem como da adição proposta como art. 153, VIII, da CF.

A adoção de modelo de *sin taxes*, ou tributação sobre o pecado, como usualmente se denomina a seleção extrafiscal de alíquotas com o exclusivo intuito de coibir comportamentos considerados *nocivos* ao indivíduo ou à coletividade – nocividade que, diga-se de passagem, pode ser muito subjetiva – é uma aplicação no mínimo limitada do conceito de seletividade, como será detalhado a seguir.

Em ambos os casos, proíbe-se a concessão de incentivos fiscais ou mesmo de alíquotas diferenciadas em razão da essencialidade dos bens e serviços ou da capacidade contributiva.

No que concerne à renda, há satisfatório consenso sobre a necessidade de imposição de alíquotas diferenciadas às pessoas físicas, com o aperfeiçoamento do (insuficiente) sistema atualmente vigente, mas mantendo-se o mesmo ideal de progressividade.

Não obstante, a imposição de uma alíquota única de 15% sobre lucros e dividendos foi aprovada pela Câmara e está em discussão no Senado Federal, no PL n. 2337/2021, o que acende um alerta vermelho – para além da questão da bitributação – sobre a oneração da própria remuneração dos profissionais liberais, por critério que sequer observa as diferentes faixas remuneratórias, muito menos as diferentes atividades remuneradas pela via da pessoa jurídica, equiparando o investidor que compra ações da *Amazon* na bolsa de valores ao advogado, dentista, cabeleireiro ou qualquer outro profissional que exerce sua profissão por meio de sociedade civil de prestação de serviços profissionais[9].

[8] BRASIL. Câmara dos Deputados. **Proposta de Emenda à Constituição n° 110, de 09 de julho de 2019**. Altera o Sistema Tributário Nacional e dá outras providências. Portal do Senado Federal. Disponível em: <https://www25.senado.leg.br/web/atividade/materias/-/materia/137699>.

[9] O paralelo entre as diferentes atividades é traçado por Harada, Kiyoshi. **A reforma do IR e as sociedades civis de profissionais liberais**. In. Migalhas. Jul., 2021. Disponível em: <https://www.migalhas.com.br/depeso/349075/a-reforma-do-ir-e-as-sociedades-civis-de-profissionais-liberais>. Outros textos curtos que trazem excelentes críticas à proposta de reforma do IR, inclusive quanto à questão da bitributação,

A aprovação desse modelo consistiria, portanto, na imposição de uma alíquota única à tributação da renda de parte da população.

2. Velhas defesas para a suposta novidade da alíquota única

Em 1990, o economista britânico Nicholas Stern escreveu artigo sobre "*Uniformidade versus seletividade na tributação indireta*" (tradução livre do título *Uniformity versus selectivity in indirect taxation*), o qual é iniciado pela análise de cinco grupos de argumentos que sugeririam o porquê de alíquotas tributárias serem uniformes[10]:

1. O primeiro é teórico, da noção de igualdade que colocaria a uniformidade como uma solução ótima pela lógica de eficiência de Pareto – em outras palavras, a estipulação de alíquotas não-uniformes se traduziria em vantagem para alguns indivíduos, mas prejuízo para outros, razão pela qual não seria desejável;
2. O segundo parte da ignorância sobre em qual teoria deveríamos apoiar o estabelecimento de diferentes alíquotas;
3. O terceiro é administrativo e se pauta na ideia de que tributos uniformes são mais simples de organizar e arrecadar, evitando, inclusive, a evasão;
4. O quarto está relacionado à influência (essencialmente a política, mas também de outras naturezas, como a econômica), diante do risco de uma tributação não-uniforme ser manipulada e movimentar partes interessadas por tratamento tributário especial; e
5. O quinto (o mais simplista) se apoia na ideia de que é errado discriminar as pessoas (e bens) com base em suas preferências.

que não será contemplada neste artigo, são: Torres, Heleno Taveira. **Tributação de dividendos e outros erros da "reforma" que pode esperar**. In. Consultor Jurídico. Consultor Tributário. Jul., 2021. <https://www.conjur.com.br/2021-jul-21/consultor-tributario-tributacao-dividendos-outros-erros-reforma-esperar>; Shoueri, Luís Eduardo. **A Reforma Tributária e a tributação dos dividendos.** In. Jota. Coluna da ABDF. Jul., 2021. Disponível em: <https://www.jota.info/opiniao-e-analise/colunas/coluna-da-abdf/a-reforma-tributaria-e-a-tributacao-dos-dividendos-12072021>.

[10] Stern, Nicholas. **Uniformity versus selectivity in indirect taxation.** In. Economics *and* Politics, 1990, vol. 2, issue 1, 83-108. 1990. Disponível em: <https://personal.lse.ac.uk/sternn/052NHS.pdf>. p. 83.

Um rápido olhar sobre os atuais debates acerca da tributação sobre o consumo, e das respectivas justificativas para a adoção de uma alíquota única sobre o novo tributo que se propõe para o Brasil; ou mesmo para a ausência de escalonamento em parte das propostas de tributação dos dividendos, evidencia que permanecem sendo utilizados os exatos mesmos argumentos ora sumarizadas por Stern.

Olhar igualmente rápido permite compreender que apenas duas dessas linhas argumentativas se sustentam – e especificamente para a tributação sobre o consumo --, quais sejam as enumeradas como 3 e 4. As demais, permita-se a fraqueza, são falácias apoiadas em incompreensões ou negligências acerca das teorias de diferenciação e do próprio postulado da isonomia.

O que se deve questionar, portanto, é se os argumentos resumidos em 3 e 4 seriam suficientes para fazer frente à seletividade, considerando-se satisfatório que os tributos recolhidos sofram variação de grandeza apenas conforme a proporcionalidade (*i.e.* ao resultado obtido pela incidência da mesma razão proporcional definida como alíquota única).

3. Capacidade contributiva e o eterno desafio redistributivo

É no contexto de busca de redução das desigualdades econômicas que se concebe, no Estado de Direito, a imposição de diferenciações formais a fim de mitigar desigualdades materiais – *i.e.* que se concebe a aplicação de alíquotas diferentes à renda e ao consumo de indivíduos em situações econômicas diferentes, ultrapassando-se o resultado nominal e atingindo o próprio dimensionamento proporcional do ônus tributário.

A ideia de proporcionalidade tomaria a renda como fato-signo presuntivo absoluto para aferição da riqueza e ignoraria o todo do patrimônio e capacidade econômica dos indivíduos (na diferenciação que Klaus Tipke faz entre trabalho e patrimônio[11]); e estipularia uma proporcionalidade pura, que variaria na exata medida das variações da base de cálculo, mas que não é graduável conforme a capacidade contributiva, mantendo-se sempre a mesma alíquota.

[11] Tipke, Klaus. **Moral tributária do estado e dos contribuintes**. Trad. Luiz Dória Furquim. Porto Alegre: Sergio Antonio Fabris Editor, 2012. p. 23.

Por outro lado, tanto a seletividade quanto a progressividade encontram suas raízes justamente na ideia de capacidade contributiva, que já existiria entre os antigos egípcios e teria se originado do ideal de justiça distributiva introduzido pelos filósofos gregos, até começar a ser usada em legislações tributárias tão antigas como as da Idade Média[12].

Não podemos deixar de observar a crítica de Alfredo Augusto Becker, no sentido de que a capacidade contributiva é conceito ambíguo, ou "*recipiente vazio que pode ser preenchido pelos mais diversos conteúdos*" e acaba por se concretizar como um gerador de obscurantismo[13].

Entendemos, contudo, que sua relevância não seja esvaziada pela amplitude e pelas controvérsias conceituais, nos termos do defendido por Eros Grau acerca do preenchimento dos conceitos jurídicos indeterminados e da ideia de que o direito não é apenas ciência, mas também prudência, produto cultural e expressão ideológica voltado à transformação da sociedade, perspectiva na qual se insere o papel das denominadas normas objetivo – que são, em sua essência, abertas, pois não voltadas à ordenação, mas à realização de políticas[14].

No mesmo sentido, já defendia Klaus Tipke que, embora indeterminado, o princípio da capacidade contributiva é determinável a partir da observância de seu núcleo essencial, que "*questiona quem, em que medida, é capaz de contribuição; ao mesmo tempo trata tal qual o princípio da igualdade todos os capazes de contribuição*"[15].

O seu desdobramento se dá diante dos diversos procedimentos para aplicação, nos diferentes tributos[16]. Kirchhof explica que, enquanto

[12] Becker, Alfredo Augusto. **Teoria Geral do Direito Tributário.** 7 ed. São Paulo: Noeses, 2018. p.513-514.

[13] Becker, Alfredo Augusto. **Teoria Geral do Direito Tributário.** 7 ed. São Paulo: Noeses, 2018. p.515.

[14] Grau, Eros R. **Os conceitos jurídicos e a doutrina real do direito**. In. Revista Da Faculdade De Direito, Universidade De São Paulo, 77. 1982. p. 221-234. Recuperado de https://www.revistas.usp.br/rfdusp/article/view/66953

[15] Tipke, Klaus. **Moral tributária do estado e dos contribuintes**. Trad. Luiz Dória Furquim. Porto Alegre: Sergio Antonio Fabris Editor, 2012. p. 22

[16] Observe-se, nesse ponto, que André Mendes Moreira defende uma aplicação ampla da capacidade contributiva, relativa à todos os tributos. Veja: "*É neste sentido indubitavelmente aplicável a todos os tributos, pois, independentemente da espécie tributária que esteja em questão,*

o princípio da capacidade contributiva é diretamente aplicável à mensuração dos tributos diretos, incidentes sobre a renda e o patrimônio; os tributos indiretos, como os incidentes sobre o consumo, devem ser "*conectados ao poder de compra presumido da respectiva demanda*"[17].

Não se trata apenas de separar produtos ou serviços mais caros dos mais baratos; ou os que podem ser compreendidos como mais comuns daqueles considerados luxuosos. Nesse ponto, partilha-se da observação de João Alho Neto que, ao traçar análise precisa da seletividade à luz da essencialidade, a fim de abordar a temática da energia elétrica, constatou que "(...) a complexidade ou suntuosidade não será o ponto fundamental para remarcar a essencialidade de um produto ou serviço"[18], mas que produtos complexos, como as fontes de energia e medicamentos – que podem, inclusive, ter valor muito elevado e não serem demandados por muitos indivíduos – não são supérfluos para o grupo de consumidores que dependem desses produtos para a consecução de suas necessidades básicas (ou, para usar o postulado constitucional, de sua dignidade).

Ainda sobre a capacidade contributiva, Hugo de Britto Machado, em sua tese de doutorado, assevera ser "*indiscutível que tem maior capacidade contributiva quem consome certos produtos, sofisticados e caros, do que quem consome produtos mais populares e baratos*"[19].

diante da ausência de força econômica apta a suportar o pagamento de tributos, preservando-se, ao mesmo tempo, o necessário a uma vida digna, a exação deverá ser afastada." Moreira, André Mendes. **Capacidade contributiva.** Enciclopédia jurídica da PUC-SP. Celso Fernandes Campilongo, Alvaro de Azevedo Gonzaga e André Luiz Freire (coords.). Tomo: Direito Tributário. Paulo de Barros Carvalho, Maria Leonor Leite Vieira, Robson Maia Lins (coord. de tomo). 1. ed. São Paulo: Pontifícia Universidade Católica de São Paulo, 2017. Disponível em: <https://enciclopediajuridica.pucsp.br/verbete/264/edicao-1/capacidade-contributiva>.

[17] Kirchhof, Paul. **Tributação no Estado Constitucional.** Trad.: Pedro Adamy. São Paulo: Quartier Latin, 2016. p. 35.

[18] Alho Neto, João de Souza. Seletividade em função da essencialidade: ICMS e energia elétrica. **Revista Direito Tributário Atual**, v. 39. São Paulo, 2018. p. 218.

[19] Machado, Hugo de Brito. **Os direitos fundamentais do contribuinte e a efetividade da jurisdição.** Tese (Doutorado em direito) – Universidade Federal de Pernambuco. CCJ. 2009. Disponível em <https://attena.ufpe.br/bitstream/123456789/4003/1/arquivo5668_1.pdf> p. 105.

Machado também defende a progressividade diante do conceito econômico de utilidade marginal da renda, que estabelece que a utilidade do dinheiro para atendimento das necessidades básicas do indivíduo vai diminuindo conforme vai aumentando a sua renda[20]. Em outras palavras, para um indivíduo que ganha R$2.000,00, dispor de 10% de sua renda afetará sua subsistência básica em maior grau do que o mesmo percentual afetaria um indivíduo que ganha R$20.000,00, ainda que se trate de cobranças proporcionais e que o segundo indivíduo acabe por dispor de um valor nominalmente maior.

A mesma lógica se aplica ao consumo. Se o indivíduo que ganha R$2.000,00 consome R$1.000,00 de alimentos, tributados à alíquota de 20%, pagará R$200,00 (ou seja, o correspondente à 10% de sua renda) com tributos sobre o consumo alimentar. Já para o indivíduo que ganha R$20.000,00, ainda que o gasto com alimentos seja de R$5.000,00, tributados à mesma alíquota padrão, os R$1.000,00 de tributos a serem pagos corresponderão apenas a 5% de sua renda.

A forma de diminuir a diferença do ônus tributário para os dois hipotéticos indivíduos, que ilustram o exemplo, está, justamente, na imposição de alíquotas diferenciadas, menores aos produtos consumidos pelo primeiro e maiores para aqueles consumidos exclusivamente pelo segundo.

Debate interessantíssimo sobre essas discrepâncias na onerosidade dos tributos sobre o consumo vem sendo travado por Pedro Júlio D`Araújo, inclusive neste livro, em artigo intitulado "*A tributação indireta sobre o consumo é regressiva? Discutindo a reforma tributária brasileira e a política de desoneração da cesta básica*", e na recém defendida tese de doutorado[21], orientada por José Maria Arruda de Andrade.

No referido artigo, destaca D`Araújo que a tributação massiva do consumo – como ocorrida no Brasil, onde representa a maior parcela da

[20] MACHADO, Hugo de Brito. **Os direitos fundamentais do contribuinte e a efetividade da jurisdição.** Tese (Doutorado em direito) – Universidade Federal de Pernambuco. CCJ. 2009. Disponível em <https://attena.ufpe.br/bitstream/123456789/4003/1/arquivo5668_1.pdf> p. 103.

[21] D'ARAÚJO, Pedro Júlio Sales. **Entre a transparência e a ilusão: a regressividade cognitiva da matriz tributária brasileira.** Universidade de São Paulo, São Paulo, 2021. Disponível em <https://repositorio.usp.br/item/003054952>.

receita tributária -- "*acarreta um gravame fiscal que não apenas impõe um sacrifício desproporcional às parcelas mais pobres da população, como também impede sua poupança – uma vez que destinam parte considerável de sua renda às despesas – dificultando a superação do quadro de escassez*".

Se a opção por tributar massivamente o consumo já impõe *per se* um sacrifício desproporcional a essas parcelas mais pobres da população, ainda maior é esse sacrifício se optamos por transformar essa tributação massiva e atualmente seletiva em uma tributação com alíquota única (como a que acarretou a discrepância no exemplo supra).

Similar é a posição de Martha Leão e Vanessa Dexheimer, que escreveram, para a Revista Direito Tributário Atual, sobre *A Tributação Indireta e o Mito da Alíquota Única*. No trabalho, destacam que a alíquota única em debate sequer seria uniforme em território nacional, pois derivaria da soma das alíquotas federal, estadual e municipal – ou seja, não haveria variação entre diferentes produtos e serviços, mas persistiria variação conforme a localidade[22].

Entende-se, nesse contexto, que a suposta simplificação na adoção de alíquota única a ser recolhida a nível federal também cai por terra, diante da perpetuação das dificuldades de identificação do Estado ou Município de certas operações – e, consequentemente, de qual a alíquota a incidir. Perceba-se, portanto, que a estratégia adotada para supostamente preservar o pacto federativo, ao atribuir a responsabilidade parcial da definição de alíquotas a Estados e Municípios, cria distorção sistêmica cuja gravidade não pode ser menosprezada e da qual certamente decorreria efeitos similares aos da guerra fiscal do ICMS.

Leão e Dexheimer ainda observam que os países que adotam um efetivo *flat tax*, além de admitirem a alíquota zero ou isenção para algumas transações, costumam prever carga tributária mais baixa sobre o consumo, à exemplo dos 7% em Singapura, 10% na Austrália, e 5% nos países do Golfo Pérsico[23].

[22] Leão, Martha; Dexheimer, Vanessa. A Tributação Indireta e o Mito da Alíquota Única. Revista Direito Tributário Atual, n.48. p. 336-351. São Paulo: IBDT, 2021. p.340.

[23] Leão, Martha; Dexheimer, Vanessa. A Tributação Indireta e o Mito da Alíquota Única. Revista Direito Tributário Atual, n.48. p. 336-351. São Paulo: IBDT, 2021. p.342.

Aliás, enquanto no Brasil se utiliza constantemente o exemplo do IVA da União Europeia, cujas definições constam da Diretiva n. 2006/112[24], ignora-se que, embora cada Estado-Membro fixe uma alíquota padrão, de no mínimo 15% (art. 97º), denominada como "*taxa normal*", podem aplicar uma ou duas taxas reduzidas com valor mínimo de 5% (arts. 98º e 99º); além do fato de a própria diretiva prever série de isenções (especialmente a serviços), dentre as quais se destacam as das atividades de interesse geral listadas no art. 132º.

Não bastasse, o sistema europeu ainda admite a existência de regimes especiais, como o das pequenas empresas (Título XII, Capítulo 1, da Diretiva n. 2006/112), para além de regramentos diferenciados a alguns tipos de produtos, como bebidas alcóolicas, tabaco e energia elétrica, regulamentados por diretivas específicas para cada qual, que estabelecem diferenciações tributárias.

Ainda que haja alíquotas uniformes, portanto, e harmonizadas entre os Estados- Membros da EU, para que não surjam grandes discrepâncias, não se pode falar em alíquota única. Do mesmo modo, não há que se falar em tendência global de adoção de alíquota única – ao menos não aos moldes do que vem sendo proposto para o Brasil. A tendência, de outro modo, é pela observância (ainda que mitigada) da capacidade contributiva.

4. Das razões para perseverar: porque a seletividade e a progressividade continuam a importar

Embora não compartilhemos da crítica de Becker à juridicização do conceito de capacidade contributiva, sumarizada acima, subscrevemos a relevantíssima teoria acerca do conceito da regra canonizada e do alcance de sua eficácia jurídica, da qual dois pontos específicos interessam à presente análise.

Em seu terceiro alcance da eficácia jurídica da capacidade contributiva, Becker aborda sua relação com a progressividade, na obrigato-

[24] Conselho da União Europeia. **Directiva 2006/112/CE do Conselho, de 28 de Novembro de 2006, relativa ao sistema comum do imposto sobre o valor acrescentado.** Jornal Oficial da União Europeia, v. 347, 2016. https://eur-lex.europa.eu/legal-content/PT/TXT/PDF/?uri=CELEX:32006L0112&from=PT

riedade de variação de alíquotas em razão diretamente proporcional à riqueza presumível do contribuinte[25]. Mas como deve ser observada essa riqueza?

A resposta está no segundo alcance de Becker: na observância da renda ou capital propriamente ditos (na tributação da renda, por exemplo) ou, nas hipóteses em que não possa ser observada diretamente (como na tributação do consumo), na segregação daqueles fatos que possibilitem presumir renda ou capital acima do mínimo indispensável. Assim, "*o legislador ordinário está juridicamente obrigado a criar isenções tributárias, simultaneamente com a lei criadora do tributo cuja hipótese de incidência é aquele fato que, por si mesmo, não faz presumir renda ou capital acima do mínimo indispensável*"[26].

Em outras palavras, o que defende Becker é que seja observada a essencialidade dos *f*[27]*atos* jurídicos tributários. Como exemplos cita a isenção de um mínimo de consumo de água ou a medicamentos cujo valor não ultrapasse um determinado patamar. O mesmo se aplica a itens básicos de alimentação, que compõem a política de resguardo da "*imunidade tributária da renda e capital mínimo indispensável*".

O *status* de imunidade que Becker confere à capacidade contributiva explicaria, *per se*, porque a seletividade deve ser observada não apenas no que concerne a estipulação de uma tributação mais pesada para certas categorias de consumo, mas, especialmente, porque não se pode tributar bens absolutamente essenciais – mesmo que se pretenda "devolver" os valores tomados, posteriormente, aos indivíduos mais onerados (como sugerido na PEC 45).

Tipke, por exemplo, é favorável à essa ideia de devolução, mas em um cenário (do direito tributário alemão dos anos 2000) em que considera que não estaria devidamente observada a igualdade impositiva segundo a capacidade contributiva, pois ***i)*** inexistiria faixa de isenção a abarcar

[25] Becker, Alfredo Augusto. **Teoria Geral do Direito Tributário.** 7 ed. São Paulo: Noeses, 2018. p. 534-535.

[26] Becker, Alfredo Augusto. **Teoria Geral do Direito Tributário.** 7 ed. São Paulo: Noeses, 2018. p. 534-535.

[27] Becker, Alfredo Augusto. **Teoria Geral do Direito Tributário.** 7 ed. São Paulo: Noeses, 2018. p. 534.

devidamente as necessidades de consumo vitais (apenas as prestações médicas estariam isentas – *§ 4º NR. 14 UStG*); ***ii)*** e os impostos especiais de consumo (espécie de *sin tax* que se assemelha à proposta do denominado Imposto Seletivo) onerariam desigualmente o café, bebidas, caça e diversões – os primeiros gerando distorções na comparação com o chá, o fumo e a pesca, por exemplo, e o segundo uma preocupante discriminação entre diversões oneradas e não oneradas, dada a sua exacerbada subjetividade [28].

Não se vislumbra sequer viabilidade na operacionalização de um sistema desse tipo no Brasil, onde não conseguimos ajustar a devolução de créditos do ICMS[29]. Aliás, a devolução entra em outras discricionariedades delicadas, que vão além da escolha de alíquotas para diferentes produtos, mas atinge diretamente as camadas que estariam logo acima da base da pirâmide definida como mais pobre e titular do direito de devolução.

Acaso a faixa para devolução seja fixada em R$2.000,00, por exemplo, seria mais interessante ao indivíduo que ganha o valor limite não ter um aumento de renda para R$2.100,00, o que gera uma irremediável e preocupante distorção sistêmica e dificulta que esse indivíduo ultrapasse essa margem considerada como de "pobreza", pois o pouco que o faça será carregado dos mesmos ônus dos mais ricos, o que não lhe permitirá poupar os excedentes.

Voltemos, pois, à ideia de Becker de visualizar o mínimo existencial como uma verdadeira imunidade, o que não contempla a hipótese de tributação para posterior devolução.

Nesse contexto, inclusive, poder-se-ia cogitar a instituição de um sistema de alíquotas únicas que contemple pontuais diferenciações, inclusive com a criação de faixas de isenção, como nas flexibilizações propostas na PEC 110. Tal concepção, no entanto, nos parece um tanto quanto maniqueísta e desconsidera que, para além de um mínimo indispensá-

[28] TIPKE, Klaus. **Moral tributária do estado e dos contribuintes**. Trad. Luiz Dória Furquim. Porto Alegre: Sergio Antonio Fabris Editor, 2012. p. 31-33.

[29] *Cf.* AFONSO, José Roberto R.; PORTO, Lais Khaled. Tributação sem Futuro. In: AFONSO, José Roberto. SANTANA, Hadassah Laís (coord.). **Tributação 4.0**. São Paulo: Almedina, 2020.

vel, existe uma ampla gradatividade quanto à essencialidade dos bens e serviços objeto de consumo, que deve ser orquestrada com a ideia de extrafiscalidade[30], nas mais diversas políticas de incentivos e desincentivos que devem ir além da extrema majoração do tributo com finalidade "proibitiva", em uma concepção de *sin tax* que se assemelha à atribuição de caráter punitivo à exação tributária.

A proposta de um imposto seletivo que contemple apenas o viés da inibição ao comportamento, sem se ocupar de outras finalidades, despreza a seletividade em razão da essencialidade e a capacidade contributiva atrelada à diretriz.

No que se refere à progressividade, posição interessante é a de Martha Leão, que, embora entenda que a progressividade não é uma exigência para que se considere observada a capacidade contributiva, observa a sua relevância extrafiscal na perspectiva político-social de redistribuição de riquezas[31].

É exatamente nessa perspectiva redistributiva, como vem sendo demonstrado ao longo deste trabalho, que seletividade e progressividade se relacionam, uma vez que a seletividade se mostra mais necessária quanto menos eficiente é a redistribuição do ônus tributário pela progressividade aplicada à tributação da renda.

Volta-se, nesse ponto, às respostas alcançadas por Stern quando de sua análise sobre a possibilidade de aplicação de alíquotas únicas, no sentido de que o intuito redistributivo prevalece e justifica diferenciações na estrutura dos impostos indiretos, salvo se houver: ***i)*** uma tributação de

[30] Sobre a coexistência e harmonização da capacidade contributiva com a extrafiscalidade, Becker explica que "Na verdade, a tributação extrafiscal, ao criar ou aumentar um tributo e ao isentar ou reduzir outro tributo, sempre poderá e deverá (existindo a regra jurídica constitucional em exame) fazê-lo em relação à riqueza do contribuinte e resguardando o mínimo indispensável". Becker, Alfredo Augusto. **Teoria Geral do Direito Tributário.** 7 ed. São Paulo: Noeses, 2018. p.535.

[31] Leão, Martha Toribio. A (Des)Proporcionalidade da Progressividade do Imposto de Renda da Pessoa Física no Sistema Brasileiro. In. **Revista Direito Tributário Atual**, 28. 2012. p. 188–205. Recuperado de https://revista.ibdt.org.br/index.php/RDTA/article/view/1755

renda ajustada a nível ótimo; e ***ii)*** um eficiente sistema de transferência de renda[32].

Desse modo, entende-se que, para economias razoavelmente desenvolvidas, que implementem os dois critérios indicados supra, é factível a instituição de um imposto sobre valor adicionado com 2 alíquotas (por exemplo, 10 e 20%), com alguns produtos com alíquota zero ou isentos (como alimentos) e uma incidência especial em bens específicos como artigos de luxo, tabaco e álcool. É o modelo aplicado hoje na União Europeia – e que se diferencia sobremaneira da proposta de alíquota única em debate no Brasil (que aliás, sequer é cogitada).

Para as economias em desenvolvimento, no geral, onde o sistema de suporte e o imposto sobre a renda têm papel redistributivo muito fraco, e os padrões de consumo variam abruptamente conforme a renda – o que, acrescente-se, é fomentado por um cenário de marcante desigualdade econômica --, Stern é contrário à ideia de tributação uniforme sugerida para as economias desenvolvidas, pois o papel redistributivo da tributação indireta seletiva é importante demais para ser desconsiderado ou suplantado por qualquer "simplificação" vendida com a uniformidade[33].

Em uma ou outra hipótese, entende-se inadmissível a proposição de modelos de alíquota única, sendo factível falar em alíquotas uniformes ou harmônicas para o consumo, desde que a progressividade seja suficiente e eficiente em seu papel redistributivo na tributação sobre a renda.

Conclusões

Da análise da literatura sobre a seletividade da tributação sobre consumo e da progressividade do imposto de renda, bem como das propostas de reforma tributária em debate no Brasil, depreende-se que os ideais de simplificação expressos pela fixação de alíquotas únicas violam o postu-

[32] Stern, Nicholas. **Uniformity versus selectivity in indirect taxation.** In. Economics *and* Politics, 1990, vol. 2, issue 1, 1990. p. 103. Disponível em: <https://personal.lse.ac.uk/sternn/052NHS.pdf>.

[33] Stern, Nicholas. **Uniformity versus selectivity in indirect taxation.** In. Economics *and* Politics, 1990, vol. 2, issue 1, 1990. p. 104. Disponível em: <https://personal.lse.ac.uk/sternn/052NHS.pdf>.

lado da capacidade contributiva e corroboram para a o agravamento das desigualdades econômicas.

O tratamento tributário conferido por sistemas de alíquota única – seja na tributação sobre o consumo, seja na tributação da renda aferida por intermédio de pessoas jurídicas (lucros e dividendos), como nas principais propostas em discussão no Brasil – é anti-isonômico e concentra maior ônus tributário proporcional nas camadas mais pobres, rompendo com a função redistributiva do tributo.

A seletividade e a progressividade, por outro lado, operam, conjuntamente, na garantia do mínimo indispensável aos indivíduos. Ainda que se vislumbre validade em parte dos argumentos pela uniformidade dos sistemas – embora o mesmo não ocorra com relação à defesa de que a igualdade estaria na aplicação de uma alíquota única –, entende-se que grande parte das preocupações podem ser satisfatoriamente endereçadas por limitações na quantidade e na ampla discricionariedade para fixação de alíquotas, especialmente no que concerne ao consumo.

Observou-se, ainda, que as conclusões alcançadas por Stern em 1990 – no sentido de que a imposição de um modelo ideal de tributação uniforme sobre o consumo deve se dar pela fixação de 2 alíquotas base, para além da zero (ou isenções) e alíquotas especiais com efeito extrafiscal -- não só se mantêm atuais e aplicáveis como o modelo proposto pode ser perfeitamente relacionado ao que atualmente é adotado pela União Europeia.

As mesmas conclusões se mostram válidas no que diz respeito ao Brasil, onde a progressividade na tributação da renda e a efetividade das políticas redistributivas são insuficientes para que se abstenha de observar a capacidade contributiva em toda a sua amplitude e máxima incidência na tributação sobre o consumo.

Conclui-se, portanto, pela temerosidade da adoção de alíquotas únicas para a tributação do consumo ou da renda aferida através da distribuição de lucros ou dividendos, ao passo em que se considera possível, caso se consiga aperfeiçoar a progressividade na tributação da renda, que se delimite a seletividade, por meio da adoção de alíquotas uniformes e harmonizadas, desde que observada, para além da extrafiscalidade com intuito inibitório, a necessária isenção (ou imposição de alíquota zero) ao consumo do mínimo indispensável.

PARTE ESPECIAL

13. REFLEXÕES SOBRE A REFORMA DA TRIBUTAÇÃO DO CONSUMO

HAMILTON DIAS DE SOUZA
THÚLIO JOSÉ MICHILINI MUNIZ DE CARVALHO

Introdução

Políticas fiscais concebidas "sem o devido cuidado com os detalhes institucionais locais" tendem a ser frágeis e perigosas. Assim, numa reforma tributária, deve-se conciliar a teoria com "as evidências empíricas e as realidades políticas e administrativas", "com uma boa dose de conhecimento local e uma avaliação sólida da atual situação macroeconômica". Afinal, as alterações devem ser boas o bastante "para serem implementadas" e, "dentro do razoável", "produzir resultados benéficos". Daí ser preciso enfrentar "desde enigmas teóricos e empíricos" até "enigmas políticos como a aceitabilidade dos encargos sociais" envolvidos e a "disposição dos poderosos" para modificar o necessário[1].

Neste artigo, tecem-se considerações sobre como reformar a tributação do consumo de forma válida à luz do perfil institucional de nosso Estado e das liberdades públicas.

[1] Cf. SCHENK, Alan & OLDMAN, Oliver. Imposto sobre valor agregado: uma abordagem comparativa (Cambridge Tax Law Series) (p. 26). Cambridge University Press. Edição do Kindle. Tradução livre.

1. Momento político conturbado para reformas estruturantes no Brasil

Nos últimos anos, tem havido inédito consenso quanto à imprescindibilidade de reformas estruturantes que coloquem o País num novo ciclo de desenvolvimento. Chegou-se a dar como certa a reforma da tributação do consumo nos moldes PEC n. 45/2019, que visa a substituir os atuais ICMS, IPI, ISS e PIS/COFINS por um Imposto sobre Bens e Serviços (IBS) de alíquota única criado por lei federal, mas pertencente em condomínio a todos os entes federados. Porém, com o advento da COVID-19, este e outros debates ficaram em suspenso, tendo a comunidade política se voltado quase que integralmente ao trato da pandemia.

No início de 2021, o cenário parecia promissor para reformas, com o retrocesso da COVID-19 e a nova gestão do Congresso Nacional (CN) inclinada aos temas estruturais. Porém, questões orçamentárias e emergenciais acabaram por ocupar nossos políticos retirar-lhes o foco desse debate, que, de fato, não deixa de envolver medidas impopulares. Já em 2022, embora a retomada e aprovação da reforma tributária fosse improvável em ano de eleições, houve, sobretudo por parte do Presidente do Senado Federal, a tentativa de submeter a PEC n. 110/2019 ao crivo da Comissão de Constituição e Justiça da Casa. Entretanto, por falta de quórum, tal votação não ocorreu, o que revela ausência de consenso sobre as premissas daquela proposta e, de modo mais amplo, o reconhecimento de que o ano em curso não é próprio para o trato de questões fundamentais, diante da turbulência eleitoral a ser enfrentada.

Nesse quadro, é provável que a reforma tributária seja adiada para após as eleições. Mas, como as propostas em curso não são as melhores, tal "janela" deve ser encarada como oportunidade para avançar o **debate intelectual** do tema, o que, num País verdadeiramente democrático, deveria ser feito com transparência e envolver **toda a sociedade**. Portanto, o momento é próprio para a *concepção* de um modelo de tributação do consumo que (i) não crie problemas federativos, (ii) não acentue a regressividade do sistema, (iii) se afine à *prática internacional* na matéria e (iv) seja *operacionalizável*[2]. Assim, ainda que a votação não ocorra, é

[2] Cf. Souza, Hamilton Dias de; Ávila, Humberto & Carrazza, Roque Antônio. A reforma

importante que as discussões prossigam até a obtenção de um mínimo de consenso, para que se realize uma reforma ampla e bem refletida, ao invés de mudar o sistema para pior.

2. Reforma administrativa como pressuposto lógico da reforma tributária

Do ponto de vista constitucional, o Estado brasileiro é meio para o fim de assegurar os *"direitos sociais e individuais, a liberdade, a segurança, o bem-estar, o desenvolvimento"* (CF/88, Preâmbulo)[3]. Ou seja, trata-se de *"Estado que é e que exige a realização desses mesmos valores"*[4]. Isso requer estruturas públicas de grandes proporções e, para mantê-las funcionando com a amplitude e qualidade exigidas pela Constituição, recursos (i.e., tributos) são necessários. Porém, a necessidade de recursos tem sido deturpada, daí haver certa "prontidão política" para majorar tributos, ao invés de se dar tratamento adequado às despesas estatais.

Na prática, é natural que racionalizar o gasto público soe indigesto à comunidade política. Afinal, além disso reduzir cargos e verbas (inviabilizando barganhas), há uma cultura de privilégios, em que cidadãos e empresas parecem estar a serviço do funcionalismo público, e não este a serviço da sociedade. Isso leva ao alto nível de ineficiência estatal e ao desconforto com a carga tributária de 34% do PIB[5], que não se reverte em serviços públicos de qualidade.

Até o momento, as discussões sobre reforma tributária têm mantido a linha deturpada de bulir com receitas sem tratar de despesas públicas. Ignora-se que *"definir o tamanho do Estado que se deseja antes de desenvolver um novo arcabouço de tributos"* é imprescindível, pois *"qualquer coisa diferente*

tributária que o Brasil precisa – Partes I a III. Portal Consultor Jurídico. Disponível em: https://www.conjur.com.br/2. Acesso em 22/02/2021.

[3] Cf. SCHMITT, Carl. Constitucional Theory. Chicago: Duke University Press, 2008 [1928], p. 150.

[4] Cf. FERRAZ JR., Tércio Sampaio. Direito Constitucional: liberdade de fumar, privacidade, estado, direitos humanos e outros temas. Barueri, SP: Manole, 2007. P. 447.

[5] Cf. Tesouro Nacional. Carga Tributária do Governo Geral. Disponível em: https://www.tesourotransparente.gov.br. Acesso em: 22/02/2021.

desse princípio... tende a tornar-se [apenas] *mais um desgaste"*[6]. Uma reforma tributária séria passaria pela revisão prévia do gasto público, para evitar aumentos e *desaprisionar* empresas e cidadãos[7]. Contudo, a reforma administrativa que esteve em pauta não vingou, com o governo federal, em ano de eleições, cogitando aumentar os gastos com funcionalismo, sem mencionar outras despesas, que também deveriam racionalizadas.

3. Reforma tributária para resgatar a racionalidade do sistema impositivo

Sistemas tributários são conjuntos de normas e estruturas materiais de tributação interdependentes e coordenadas entre si por princípios que caracterizam sua lógica interna e condicionam o exercício válido do poder de tributar[8-9-10-11]. Para tanto, seus elementos devem estar dispostos de modo a constituir *"um todo harmônico"*, capaz *"de ter sentido na realidade"* prática. Sem isso, não há sistema, apenas apanhados irracionais de normas impositivas[12-13].

[6] Cf. Borges, Antônio Carlos & Pina, Fábio. A reforma administrativa deve preceder a reforma tributária. Disponível em: http://www.brasil-economia-governo.org.br. Acesso em 22/02/2021.

[7] Cf. Bresser Pereira, Luiz Carlos. A reforma do estado dos anos 90: lógica e mecanismos de controle. **Lua Nova**, São Paulo, n. 45, p. 49-95, 1998. Disponível em: http://www.scielo.br/. Acesso em: 22/02/2021.

[8] Kant, Immanuel. Crítica da Razão Pura. 8ª ed., tradução de Manuela Pinto dos Santos e Alexandre Fradique Morujão, Lisboa: Fundação Calouste Gulbenkian, 2013. Ver, em detalhe, Capítulo III.

[9] Wolff, Christian. Pensamientos racionales acerca de Dios, el mundo y el alma del hombre, así como sobre todas las cosas em general. Madrid: Ediciones Akal, 2000, pp. 90 e ss.

[10] Bertalanffy, L. V. Teoria Geral dos Sistemas. Petrópolis: Vozes, 1977. 351 p.

[11] Ataliba, Geraldo. Sistema constitucional tributário brasileiro. Revista dos Tribunais, 1968. P. 68 e ss.

[12] Ferraz Jr., Tércio Sampaio. Introdução ao Estudo do Direito: técnica, decisão, dominação. 4ª ed. São Paulo: Atlas, 2003. PP. 174 e ss. e P. 277.

[13] Abbagnano, Nicola. Dicionário de Filosofia. Trad. Alfredo Bosi. 2ª ed. São Paulo: Martins Fontes, 1998. Verbete "sistema".

Reformar significa *"corrigir, emendar"*, *"modificar algo"* que existe *"em mau estado"*, para *"pôr em bom estado"*[14]. Ou seja, não se trata de destruir o que existe e criar algo totalmente novo. Assim, reforma tributária consiste em alterar o sistema de modo compatível com uma lógica inaugural, equilibrando a necessidade de arrecadar com as liberdades públicas e o princípio federativo. Nosso modelo foi concebido para ser racional, rígido e exaustivo, de modo que sua reforma deve ser compatível com esses traços, sob pena de invalidade (inconstitucionalidade)[15]. Seu principal objetivo é recuperar o sistema de sua descaracterização progressiva, decorrente de intervenções erráticas de todos os Poderes da República, a seguir sumarizadas.

a) Poder legislativo – produção normativa descontrolada. Entre a promulgação da CF/88 e outubro/2019, foram criadas 403.322 normas tributárias, isto é, em média, 52 normas tributárias por dia útil[16]. Isso prejudica a própria cognoscibilidade dos deveres fiscais do contribuinte (insegurança jurídica)[17] e torna nosso sistema um dos mais complexos e burocráticos do mundo, sendo necessárias, no Brasil, 1501 horas por ano para *"preparar, arquivar e pagar (ou reter)"* os tributos das empresas, contra a média de apenas 158,8 horas por ano dos membros da OCDE[18].
b) Poder Executivo – aplicação autoritária das leis fiscais. Há uma cultura de presunção de má-fé em desfavor dos contribuintes.

[14] Cf. Dicionário Michaelis. Vide verbete "reformar". Disponível em: https://michaelis.uol.com.br. Acesso em: 22/02/2021.

[15] Cf. Ataliba, Geraldo. Sistema constitucional tributário brasileiro. Revista dos Tribunais, 1968. P. 68 e ss.

[16] Cf. Instituto Brasileiro de Pesquisas Tributárias (IBPT). Quantidade de normas editadas no Brasil: 31 anos da Constituição Federal de 1988.

[17] Segundo Humberto Ávila, a segurança jurídica em matéria tributária exige *cognoscibilidade* do direito, por meios que assegurem ao contribuinte "segurança de orientação", ou seja, que lhe permitam identificar *"seu acesso, sua abrangência, sua clareza e sua determinação"*, reforçando um *"estado de confiabilidade e de calculabilidade jurídicas"* (ÁVILA, Humberto. *Segurança jurídica*... São Paulo: Malheiros, 2011. pp. 663-698.)

[18] Cf. Banco Mundial. Doing Business – medindo a regulamentação do ambiente de negócios (2020). Disponível em: https://portugues.doingbusiness.org. Acesso em 17/02/2020.

Prova disso é que, em 2018, *"do total de autos de infração"* federais, *"29,48%"* envolveram multas agravadas, com acusação de *"sonegação e fraude"*[19]. Porém, é improvável que quase 1/3 (um terço) das autuações realmente envolva dolo. Além disso, a proliferação dessas multas coincide com o recente colapso das contas públicas, suspeitando-se que ela resulte de sanha arrecadatória. Ademais, as fiscalizações concentram-se nos "grandes contribuintes". Em 2018, 8.969 pessoas jurídicas (0,01% do total) foram assim consideradas, respondendo por 60% da arrecadação e mais de 80% dos valores autuados[20], com os problemas de desigualdade daí decorrentes.

c) Poder Judiciário – morosidade, condescendência excessiva e jurisprudência errática. Atualmente, há R$ 3,44 trilhões em tributos em discussão (50% do PIB)[21]. O tempo até decisão final oscila entre 18 e 21 anos (a maior parte na fase judicial). Se executados, tais valores neutralizariam o *déficit* do País. É dizer: a morosidade da Justiça frustra as receitas públicas, forçando os demais poderes a criarem novas incidências e apostarem em abusos interpretativos, para custear despesas correntes. O *estado de coisas não sistemático da tributação no País* também se deve ao fato de nossas Cortes Superiores endossarem a produção normativa desenfreada, permitirem a banalização de contribuições e taxas e consentirem com "estados de necessidade" duvidosos para legitimar novas incidências. Isso se agrava pela oscilação jurisprudencial motivada por razões consequencialistas[22], pela falta de "doutrinas" jurisprudenciais cla-

[19] Cf. Instituto Brasileiro de Ética Concorrencial (ETCO) & ErnstYoung International. Desafios do contencioso tributário brasileiro(nov/2019). Disponível em: https://www.etco.org.br. Acesso em 17/02/2021.

[20] *Idem, ibidem.*

[21] Cf. Instituto Brasileiro de Ética Concorrencial (ETCO) & ErnstYoung International. Desafios do contencioso tributário brasileiro: a evolução do contencioso, os modelos de solução de conflitos de seis países e medidas que poderiam ser aplicadas para mitigar o problema no Brasil (nov/2019). Disponível em: https://www.etco.org.br. Acesso em: 17/02/2021.

[22] Cf. Souza, Hamilton Dias de & Szelbracikowski, Daniel Corrêa. Teoria das Cortes Superiores em matéria tributária é o que garante a segurança jurídica. In: Estudos em Homenagem a Gilberto Ulhôa Canto. ABDF, 2020.

ras sobre conceitos fundamentais e pelo desrespeito de parte da Magistratura à força vinculante dos precedentes e à colegialidade.

Tais concausas tornaram o sistema tributário brasileiro patológico, num ciclo complexo e vicioso. O risco tributário e a cultura fiscal de presunção de má-fé contra os sujeitos passivos tornam o custo do tributo muito maior do que o que é recolhido aos cofres públicos, pois, além de mão-de-obra, exigem auditorias, pareceres, perícias, contratação de advogados e pagamento de custas processuais etc. Uma *verdadeira* reforma tributária deveria tratar do "sistema" como um todo e solucionar todos esses fatores, e não apenas o consumo.

4. Federação, separação de poderes e reforma tributária

Com as PECs ns. 45 e 110 de 2019, pretendeu-se *relativizar* o pacto federativo, segundo o qual Estados e Municípios devem ter recursos próprios para manter-se[23-24-25], tentando-se introduzir um IBS que absorveria o ICMS e o ISS, de extrema importância para os entes, sem que eles possam promover políticas fiscais com base no imposto. Também se pensou em mitigar a separação de poderes, delegando-se aos Poderes Legislativo e Executivo, sem suficientes critérios de controle, inúmeras questões que demandariam detalhamento constitucional, em prejuízo à defesa dos contribuintes e aos interesses dos próprios entes.

Porém, temos vistos quão perigoso é relativizar a federação e separação de poderes. De fato, a pandemia revelou que nossas estruturas de poder ainda são majoritariamente tidas como federativas, tendo a Corte Suprema, inclusive, reforçado esse traço tanto no início da crise

[23] Cf. Mendes, Gilmar Ferreira; Coelho, Inocêncio Mártires & Branco, Paulo Gonet. Curso de Direito Constitucional. 6ª Ed. São Paulo: Saraiva, 2011. PP. 117-150.

[24] Cf. Saldanha, Nelson; Reis, Palhares Moreira; Horta, Raul Machado. Formas simétrica e assimétrica do federalismo no estado moderno. In: Estudos jurídicos, políticos e sociais em homenagem a Glaucio Veiga. Curitiba: Juruá, 2000. p. 260.

[25] Cf. STF, ADI 2024-DF, Rel. Min. Sepúlveda Pertence, Tribunal Pleno, j. 03.05.2007; STF, RE 591.033, Rel. Min. Ellen Gracie, Tribunal Pleno, j. 17.11.2010; STF, ADI 4228- DF, Rel. Min. Alexandre de Moraes, Tribunal Pleno, j. 01.08.2018; e STF, ADO 25-DF, Rel. Min, Gilmar Mendes, Tribunal Pleno, j. 30/11/2016.

quanto em matéria de imunização[26-27]. E mais: sem os Poderes Legislativo e Judiciário, muitos danos teriam resultado da atuação irrefletida do Poder Executivo, inclusive do Presidente da República. Ou seja, o País dificilmente funcionaria sem federação e separação de poderes, de modo que a reforma tributária não poderia reduzir a autonomia dos entes, nem enfraquecer os Poderes Legislativo e Judiciário, sob pena de criar problemas de difícil reparação no futuro.

5. Reforma tributária e liberdades civil e econômica

A história mostra que o Estado brasileiro não se limita a condensar interesses públicos que pertençam à sociedade como um todo[28]. Ao longo dos anos, ele adquiriu *interesses próprios*, muitas vezes *contrapostos* aos dos cidadãos e empresas[29], devido, em parte, a estruturas estatais mantidas para agasalhar interesses que não são propriamente a justiça ou o desenvolvimento. Nesse processo, alguns cidadãos, empresas e setores se tornaram, no plano fático, mais livres que os demais, suportando menos encargos que a sociedade em geral.

A reforma tributária deve considerar e tratar dessas *desigualdades fáticas*, redistribuindo os ônus e bônus fiscais entre todos, a partir de uma

[26] Cf. STF. Vide ADPF-MC n. 672 (j. 04/04/2020), ADI-MC n. 6341 (j. 24/03/2020), entre outras.

[27] *"Embora o ideal, em se tratando de uma moléstia que atinge o País por inteiro, seja a inclusão de todas as vacinas seguras e eficazes no PNI, de maneira a imunizar uniforme e tempestivamente toda a população, o certo é que, nos diversos precedentes relativos à pandemia causada pela Covid-19, o Supremo Tribunal Federal tem ressaltado a possibilidade de atuação conjunta das autoridades estaduais e locais para o enfrentamento dessa emergência de saúde pública, em particular para suprir lacunas ou omissões do governo central"* (Cf. STF. ACO 3451 (MC). Rel. Min. Ricardo Lewandowski. DJ: 18/12/2020).

[28] Cf. GABARDO, Emerson & REZENDE, Maurício Corrêa de Moura. O conceito de interesse público no direito administrativo brasileiro. In: Revista Brasileira de Estudos Políticos, n. 115/2017.

[29] Segundo Tércio Sampaio Ferraz Jr., nossa política tem sofrido com a *"perversão dos valores dominantes, pela inversão de fins e meios na política"*. De fato, *"o poder é dado aos políticos para que realizem aqueles valores"* constitucionais, mas, na prática, *"o objetivo da sua atividade passa a ser a manutenção daquele poder que, de meio, passa a ser o fim real da sua ação"*. Com isso, *"pervertem-se os valores, que são neutralizados e instrumentalizados"* por interesses não públicos (Direito Constitucional... Barueri: Manole, 2007. P. 530 e ss.).

justiça material *temperada* pela razoabilidade, praticabilidade e adequação, isto é, ponderando-a com os demais valores constitucionais. É dizer: não se pode, a pretexto do ideal de justiça, chegar à *"desmedida do poder de destruir"*[30] este ou aquele grupo de cidadãos ou empresas. Por isso, não se pode penalizar os detentores de capital a ponto de eliminar sua vontade de lucrar no Brasil, o que desaceleraria a economia ou, o que é pior, provocaria fuga de capitais para outras jurisdições.

Portanto, além dos detalhes institucionais já citados, deve-se atentar para a necessidade urgente de que se reforme o sistema para reduzir (e não aumentar) seus efeitos paralisantes sobre a economia e o bem-estar, minimizando a sensação generalizada de que a sociedade brasileira vive aprisionada pelo modelo impositivo brasileiro.

6. Reflexões sobre a tributação do valor agregado

A partir das premissas *supra*, nota-se que reformar a tributação do consumo exige que se eliminem as múltiplas obrigações, a complexidade e os altos custos de *compliance* decorrentes dos atuais ICMS, IPI, ISS e PIS/COFINS, cujas bases econômicas são praticamente idênticas. O desafio, porém, é fazê-lo sem criar problemas federativos oriundos da supressão de competências impositivas e da consequente redução da autonomia de cada ente para dispor de receitas suficientes ao custeio de suas atividades, pois isso poderia prejudicar a segurança jurídica. Estão em jogo as fontes privativas de receitas, essenciais à autonomia dos entes.

a) Alíquota única e regressividade da tributação do consumo

Muito se tem discutido sobre se a tributação do consumo no País deveria pautar-se (ou não) numa alíquota única, o que supostamente seria a prática internacional. Entretanto, tais afirmações não procedem, pois, segundo a OCDE (2018)[31], no mundo desenvolvido, a maioria dos IVAs apresenta alíquotas diversificadas. No bloco, por exemplo, apenas Nova Zelândia, Dinamarca e Coreia do Sul possuem apenas alíquota padrão

[30] Cf. Min. Celso de Mello, Informativo STF n. 381.

[31] Cf. OECD. Consumption tax trends 2018. P. 66 e ss.

(única), mas, ainda assim, existem isenções para alguns itens (p. ex., na Nova Zelândia, há isenção parcial para casas de repouso)[32].

País	Alíquotas
Alemanha	19% (P), 7% (R) e isenções (0%)
Austrália	10% (P) e isenções (0%)
França	20% (P), 10% (R), 2.1% (R), 5.5% (R) e isenções (0%)
Canadá	13% a 15% (padrão por província) e isenções (0%)
Itália	22% (P), 10% (R), 5% (R), 4% (R) e isenções (0%)
Japão	10% (P), 8% (R) e isenções (0%)
Índia	28%, 18%, 12%, 5%, 3%, 0,25% e isenções (0%)
Cf.OCDE – Consumption tax trends 2018; Ernst Young – Worldwide VAT, GST and Sales Tax Guides 2019.	

Além do descompasso com a prática internacional, uma alíquota única de 25%, como a pretendida p.ex. pela PEC n. 45/2019, ocasionaria distorções para alguns setores, enquanto outros se beneficiariam com reduções de carga (p.ex., bebidas, fumo etc.). Segundo a Confederação Nacional de Serviços (CNS), se tal alíquota for implementada, os aumentos de preço e de carga tributária chegarão, respectivamente, a 11% e 569% para o setor minerário, 10% e 769% para o setor agropecuário, sem mencionar a alta generalizada para os serviços, inclusive educação (12,5% e 298%) e saúde privada (9% e 185,5%)[33-34], dentre outras situações.

32 Cf. Ernst&Young International. Worlwide VAT, GST and Sales Tax Guide 2020. Cf. capítulo dedicado à Nova Zelândia.

33 Cf. CNS. Impactos da Criação de um IVA de 25% sobre os serviços (apresentação institucional, documento datado de 29/05/2019).

34 Cf. CNS. Variação de preços e de carga tributária devido à PEC 45, IBS de 25%, 2017 – Ordenação dos setores conforme a matriz insumo-produto (MIP). Dados divulgados pelo Presidente da Confederação Nacional dos Serviços em entrevista realizada na Globonews no início de 2020 e disponibilizados pelo mesmo ao autor deste artigo. Documento não publicado.

Esses impactos de uma alíquota única de 25% levam ao problema da regressividade. Tem-se propalado que os aumentos dela decorrentes em relação a alimentos básicos, transporte, saúde, educação e moradia (aluguéis) atingiriam apenas "os ricos", pois "os pobres" se socorrem de serviços públicos e, consequentemente, "não seriam tão prejudicados". Porém, a divisão acriteriosa entre ricos e pobres não reflete a realidade social do País. Segundo o IBGE, o gasto familiar médio é de R$ 3.764,51 por mês, sendo que habitação (36,6%), transporte (18,1%), alimentação (17,5%), saúde (8%) e educação (5%) representam 87% desse total[35]. Isso é suficiente para constatar que a alíquota única não afetaria apenas os "ricos". Ao contrário, ela reduziria ainda mais a capacidade econômica das famílias menos favorecidas.

Também se tem dito que, como o IBS seria dotado de não-cumulatividade plena, os aumentos decorrentes da alíquota única de 25% seriam "neutros" para as empresas, pois seriam repassados ao consumidor. Porém, a assertiva é falha, já que o regime não cumulativo não conduz, infalivelmente, ao repasse total do tributo. De fato, nem sempre será possível transferi-lo, pois, nos inúmeros casos em que a firma fique *"à mercê dos consumidores"*, ela estará impedida "de fato" de *"lucrar ou de majorar o preço a fim de ressarcir-se do ônus fiscal"* e, se *"insistir na majoração"*, poderá *"haver redução global da produção ou da venda"*, sobretudo se existirem substitutos perfeitos (desvio da demanda) ou o item não for essencial (supressão de demanda)[36]. Logo, a adoção abrupta de alíquota tão elevada, sobretudo para bens e serviços hoje isentos ou pouco tributados, pode gerar danos irreparáveis, suprimindo o lucro ou eliminando a própria demanda, o que confirma que a variedade de alíquotas é mais adequada.

Portanto, para que o possível novo tributo sobre o consumo se adeque à prática dos países desenvolvidos, entrando em vigor numa transição suave e não prejudicial aos cidadãos e aos negócios do País, deve-se optar pelas alíquotas padrão, reduzida e zero (ou isenções), de modo, inclusive, a prestigiar a seletividade em função da essencialidade.

[35] Cf. IBGE. Pesquisa de Orçamentos Familiares – POF (2017-2018). Perfil das Despesas no Brasil – Indicadores Selecionados. Rio de Janeiro: IBGE, 2020.

[36] Cf. Brochier e Tabatoni, Economie Financière, 1959, p. 261.

b) Elementos para a estruturação de um IVA brasileiro

Além da alíquota única, diversas outras questões levaram algumas instituições e entidades da sociedade civil a se manifestarem contra a PEC n. 45/2019. Isso contribuiu para que a atual gestão do Congresso Nacional optasse por privilegiar o modelo da PEC n. 110/2019 (Senado), cujos termos, de fato, estão mais próximos do que seria adequado fazer, apesar de algumas imperfeições relevantes a serem corrigidas para que ela possa ser benéfica ao País.

Tais organizações reputam que os projetos em tramitação não se prestam a simplificar a tributação do consumo, ainda que suas propostas variem dentro de certas margens. Os grupos mais relevantes são o Movimento "Simplifica Já!" (auditores fiscais)[37], o Instituto Atlântico de Ação Cidadã (sociedade civil)[38], o Observatório FGV/IDP para a reforma tributária (setor acadêmico)[39] e o Movimento de Entidades e Lideranças (mais de 80 setores).

Esquematicamente, tais entidades refutam os IVAs da PEC n. 45/2019 e da atual redação da PEC n. 110/2019, por: (a) tratar-se de reforma apenas da tributação do consumo, sem o devido cuidado com outros temas; (b) não haver demonstração de que as premissas econômicas dessas propostas sejam verdadeiras, tampouco memórias de cálculo que embasem as alíquotas estimadas; e (c) ser a adoção de um IVA-dual com alíquotas variadas menos problemática em termos federativos e de técnica impositiva do que o IBS, que resultaria da supressão de competências impositivas estaduais e municipais de suma importância.

Aderimos a essas preocupações, razão pela qual teceremos breves considerações sobre o que seria necessário para uma reforma satisfatória e válida em matéria de consumo.

[37] Cf. Simplifica Já!. Relatório sobre as PECs 45 e 110 para todos os Municípios. Disponível em: www.simplificaja.org.br. Acesso em: 22/01/2021.

[38] Cf. Instituto Atlântico de Ação Cidadã (IAAC). Reforma Tributária na visão jurídica e econômica: Proposta Baleia Rossi. Disponível em: www.atlantico. Acesso em: 22/01/2021.

[39] Cf. Rezende, Fernando; Maciel, Everardo; Afonso, José Roberto; Holland, Márcio; Cintra, Marcos; Piscitelli, Tathiane & Ardeo, Vagner. Observatório da Reforma Tributária (FGV/IDP). Caminhos para a reforma tributária: onde estamos, o que queremos e qual é o caminho para avançar na direção desejada (16/09/2020). Disponível em: https://www.joserobertoafonso.com.br. Acesso em: 22/01/2020.

b.1) IVA "dual" – opção afinada com a forma federativa de estado

Seria possível criar um IVA "dual" brasileiro com base na experiência bem-sucedida do Canadá e da Índia, cujas características são similares às nossas (forma federativa, território extenso, economias relevantes). Tais países introduziram IVAs "duais", isto é, impostos sobre o consumo com estruturas e regramentos semelhantes, mas pertencentes aos governos federais e estaduais. Ao fazê-lo, puderam simplificar e uniformizar a tributação do consumo, sem incorrer nas disputas federativas que resultariam de atribuir essa base exclusivamente a uma ou outra esfera. No Canadá, a introdução foi gradativa, começando pelo IBS federal (1991), seguida pela introdução de IBSs estaduais ao longo de mais de 20 anos, com a "harmonização" de alguns deles ao imposto federal, resultando na centralização de sua administração e cobrança pelo governo federal, com o repasse aos seus titulares[40-41]. Na Índia, os inúmeros tributos sobre o consumo (federais e estaduais) então existentes foram substituídos pelos IBSs federal e estadual, de estruturas e regramentos semelhantes. Além de aprovado pelo Congresso Indiano, o modelo foi ratificado pela maioria dos Estados, no pleno exercício de sua autonomia. Ele entrou em vigor em 2017, já com arrecadação centralizada[42-43].

A maior vantagem do IVA "dual" é modernizar e uniformizar a tributação do consumo, eliminando as redundâncias resultantes dos atuais ICMS, IPI, ISS, PIS e COFINS, sem incorrer no problema federativo de "redistribuir" competências privativas. Afinal, constitucionalmente, tratar "bens e serviços" como competências tributárias comuns aos entes é menos problemático do que atribuí-las *apenas* à União ou aos Estados, pois, em última análise, não haveria supressão da competência de nenhum deles, apenas a ampliação do poder de alguns.

[40] Cf. Boadway, Robin & Watts, Ronald. Fiscal federalism in Canada. Queen's University: Ontario, julho/2000. PP. 82-85.

[41] Cf. Bird, Richard. The GST/HST: creating an integrated sales tax in a federal country. Georgia State University: Atlanta, abril/2013. PP. 2-14.

[42] Cf. Governo da Índia. Goods and Services Tax (GST) – Concept and Status. Agosto/2019.

[43] Cf. Burgess, Robin; Howes, Stephen & Stern, Nicholas. Value-added tax options for India. In: International Tax and Public Finance Review, 2. Kluwer Academic Publishers, 1995. PP. 109-141.

Nesse sentido, destaque-se que o Substitutivo da PEC n. 110/2019 apresentado pelo Relator na Comissão de Constituição e Justiça do Senado conta com o início de um IVA "dual" adequado e constitucionalmente válido, com a ressalva de que a alíquota "uniforme" para todos os bens e serviços em cada Estado e Município inviabiliza a realização de políticas fiscais regionais e locais com base no imposto, o que fere sua autonomia. Além disso, tanto o Instituto Atlântico quanto o "Simplifica Já!" concordam que esse tributo é preferível ao IBS federal da PEC n. 45/2019, por ser menos problemático em termos federativos e de técnica impositiva.

b.2) Características gerais da tributação "dual" sobre o consumo no Brasil

A tributação do valor agregado seria bipartida ("dual"). No lugar do PIS/COFINS, haveria a contribuição sobre bens e serviços (CBS), o que, além de dispensar *partilha* e manter a alíquota em patamares aceitáveis, permitiria sua instituição imediata por lei ordinária. No lugar dos atuais ICMS e ISS (em parte), seria criado o imposto sobre bens e serviços (IBS). A competência municipal para tributar serviços continuaria a existir, por meio de um imposto sobre serviços prevalentemente locais e prestados a consumidor final (ISSL). O imposto estadual e o municipal seriam objeto de uma mesma lei complementar, estruturada de modo a extremar os serviços tributáveis pelos Municípios daqueles sujeitos à competência geral dos Estados, além de assegurar que eles sejam uniformes em todo o País (CF, art. 146, III), sem prejuízo das leis ordinárias instituidoras, que poderiam, inclusive, adaptá-los a necessidades pontuais de cada ente, desde que preservados seus traços principais.

Seria razoável que a respectiva PEC condicionasse a implementação do modelo aventado à ratificação pelas Assembleias Legislativas da maioria dos Estados, em respeito ao pacto federativo. Além disso, a PEC poderia prever a "harmonização" facultativa e progressiva dos IBSs à CBS, com cobrança centralizada na União[44].

[44] Cf. Boadway, Robin & Watts, Ronald. Fiscal federalism in Canada. Queen's University: Ontario, julho/2000. PP. 82-85.

b.3) Estrutura da tributação "dual" sobre o consumo no Brasil

Estruturalmente, a CBS "herdaria" a base dos atuais PIS e COFINS, incidindo sobre todos os bens e serviços, enquanto o IBS alcançaria todos os bens e apenas os serviços considerados "insumos" para outras cadeias. De um lado, limitar o IBS aos serviços integrantes de outras cadeias produtivas é critério para separar as competências estaduais das municipais, evitando conflitos como os hoje existentes entre ICMS e ISS. De outro, isso permite que, diferentemente do que hoje ocorre com tais serviços, o ônus do tributo em cada etapa seja aproveitado como crédito na cadeia, para que a carga tributária corresponda à aplicação da alíquota sobre o valor da operação final, como é típico da não cumulatividade plena.

Ficariam excepcionados da estrutura "dual" os serviços tipicamente prestados a consumidor final (listados em lei complementar), que continuariam tributados pelo ISS, mesmo que inseridos numa cadeia produtiva, preservando, assim, a competência dos Municípios. As alíquotas do IBS e do ISSL deverão ser calibradas de modo a (i) não gerar aumento de carga tributária e (ii) garantir aos Municípios recursos não inferiores aos obtidos no sistema atual, mediante transferência de parte do IBS aos governos locais.

Além disso, diferentemente do que se verifica com os atuais tributos sobre o consumo, tanto o IBS quanto a CBS teriam poucas faixas de tributação, i.e., alíquotas padrão, reduzida e isenções. Isso evitaria a multiplicidade descontrolada de alíquotas (complexidade), sem abandonar a diversidade que, além de necessária para mitigar a regressividade, é a prática dos membros da União Europeia[45-46], África do-Sul[47-48-49], Cana-

[45] Cf. Ernst & Young International. Worldwide VAT, GST and Sales Tax Guide 2019. Vejam-se, por exemplo, os seguintes países: Áustria, Alemanha, Bélgica, Espanha, França e Itália.

[46] Cf. OECD. Consumption tax trends 2018. P. 66 e ss.

[47] Cf. África do Sul. Value-Added Tax Act (Law n. 89/1991).

[48] Cf. Ernst & Young International. Worldwide VAT, GST and Sales Tax Guide 2019. PP. 975 e ss.

[49] Cf. Charlet, Alain & Owens, Jeffrey. An International Perspective on VAT (2010). Tax Notes International, 59(12). PP. 943-945. Ver também o Relatório do Davis Tax Committee, intitulado "First Interim Report on VAT to the Minister of Finance (2014). P. 75.

dá[50], Índia[51] e Japão[52-53]. De fato, a alíquota única não encontra eco em Países economicamente relevantes[54-55-56-57].

Ainda no que respeita à variedade controlada de alíquotas, deve-se notar que o Governo Federal estima que a alíquota de um IBS que substitua os atuais ICMS, IPI, ISS, PIS e COFINS seja estipulada de *"25% a 30%"*, conforme informado pela assessora especial Vanessa Canado (Valor Econômico, 05/08/2020). A projeção faz sentido, pois, para substituir apenas o PIS/COFINS (6,3% do PIB[58]), sem queda na arrecadação, o Ministério da Economia defende alíquota de 12% (PL n. 3887/20). Com base nessa premissa, para manter a arrecadação atual de todos esses tributos (14,57% do PIB[59]), seria necessária uma alíquota não inferior a 27,75%. Esta já seria superior à maior alíquota de IVA do mundo (Hun-

also Davis Tax Committee First Interim Report on VAT to the Minister of Finance (December 2014) at 75 (fn 173).

[50] Cf. Gendron, Pierre-Pascal. Policy forum: Canada's GST and Financial Services – Where are we now and where could we be? In: Canadian Tax Journal, 64:2 (2016). PP. 401-16.

[51] Cf. Governo da Índia. GST – concept and status. Relatório oficial do Comitê de Tributos Indiretos e Aduaneiros, da Receita Federal / Ministério das Finanças da Índia. Abril/2019.

[52] Cf. Ernst & Young International. Worldwide VAT, GST and Sales Tax Guide 2019. PP. 530-536..

[53] Cf. OECD Economic Surveys – Japan (apr/2019). Disponível em: www.oecd.org. Acesso em 19/02/2020.

[54] Faixas de alíquotas nos países citados: UE/Alemanha (19%, 7% e 0%), Canadá (15%/13% e 0%), África do Sul (15% e 0%) e Japão (10%, 8% e 0%), conforme dados da Ernst&Young e da OCDE, citados acima.

[55] Cf. Sawyer, Adrian. New Zealand's successful experience introducing GST: informative guidance for Hong Kong? (Dezembro/13). Disponível em Research Gate (acesso em janeiro/2020).

[56] Cf. Singleton, John. An Economic History of New Zealand in the Nineteenth and Twentieth Centuries. In: Economic History (feb/2010). Disponível em http://eh.net/encyclopedia Acesso em 17/10/2012.

[57] Cf. Inland Revenue Department (New Zealand). GST – Background Paper for Session 2 of the Tax Working Group (feb/2018). P. 4 e ss.

[58] Cf. RFB. Carga tributária no Brasil – 2018. Disponível em: http://receita.economia.gov.br. Acesso em: 04/08/2020.

[59] Idem, ibidem.

gria, 27%)[60] e não poderia ser absorvida de modo imediato por setores hoje não tributados ou pouco tributados (serviços e demais pessoas jurídicas sujeitas ao regime cumulativo de PIS/COFINS), pois o repasse total dessa majoração via aumento de preços esbarraria em contratos anteriormente firmados e na pressão do mercado consumidor. Portanto, a própria carga estimada do IBS reforça a necessidade de alíquota reduzida e isenções, para equalizar essas situações.

No tocante ao regramento, a CBS seria criada por lei ordinária e o IBS (estadual) contaria com lei complementar detalhando seus aspectos principais (uniformidade nacional), sem prejuízo das leis estaduais instituidoras, que poderiam adaptá-lo (sem descaracterizá-lo) a necessidades pontuais de cada ente. Além disso, haveria um Conselho do IBS semelhante ao indiano, para tratar do imposto em caráter nacional e promover sua arrecadação e partilha automatizada, formado apenas pelos Estados, com ou sem a participação consultiva da União e de representantes dos Municípios.

Por fim, caberia à lei complementar (a) definir os contornos do IBS em âmbito nacional, com regras uniformes para todos os Estados (b) listar serviços tipicamente prestados a consumidor final e que, como tais, continuariam sujeitos ao ISSL; e (c) determinar as faixas de tributação a serem observadas pelos Estados. Por sua vez, o Conselho do IBS teria a função de definir questões que exijam diretrizes nacionais complementares à "lei geral do IBS", inclusive o deslocamento de itens entre as faixas de tributação, conforme critérios previstos na Constituição (PEC) e/ou na lei complementar.

b.4) IBS e interesse municipais

Como boa parte dos serviços hoje sujeitos ao ISS seria absorvida pelo IBS, é necessário que parte da sua arrecadação seja atribuída aos Municípios, para que estes não sofram perdas decorrentes da redução de sua base imponível. Assim, para proteger a autonomia financeira dos Municípios, é recomendável que se criem sistemas de cobrança automáticos, informa-

[60] A alíquota de 28% do IBS indiano não é considerada a maior do mundo por não ser alíquota padrão, aplicando-se apenas a itens supérfluos (cf. OECD. Consumption tax trends 2018. P. 66).

tizados e em tempo real (a exemplo do sistema adotado na Índia). Nesse sistema, o valor recolhido pelas empresas seria *imediatamente* depositado nas contas bancárias de cada ente interessado na operação. Quanto aos Municípios, o próprio sistema se ocuparia de apurar a parcela cabível a cada um deles, a partir de critérios dados pela Constituição (local do consumo / quantidade de habitantes, ou ambos), fazendo-lhes os respectivos depósitos em tempo real. Com isso, ficariam superados os problemas inerentes aos chamados "Fundos de Participação", garantindo-se receitas municipais em quantidade e fluxo satisfatórios.

A propósito, para além do exemplo indiano, no Brasil, o Instituto Atlântico de Ação Cidadã (IAAC), em sua proposta de reforma tributária[61], defende a criação do Operador Nacional de Distribuição da Arrecadação (ONDA), sistema informatizado com todas as características acima expostas, o que reforça a viabilidade prática do conceito em questão.

b.5) IVA "dual" e desenvolvimento regional

– *Zona Franca de Manaus (ZFM)*

Segundo a CF/88 (ADCT, art. 40), operações da ZFM devem ter sua carga tributária reduzida de modo a atrair investimentos e promover o desenvolvimento da região. Portanto, a CBS (federal) deverá contar com incentivos que sejam, no mínimo, equivalentes às vantagens hoje existentes, garantindo-se a continuidade desses empreendimentos e evitando-se a judicialização do tema. Como há múltiplos incentivos em vigor, a calibração da CBS para refletir a situação atual deve ser feita pelos técnicos da União, sob a supervisão do TCU.

Quanto aos itens remetidos à ZFM, eles devem continuar sendo consideradas como exportações desoneradas, assegurando-se ao remetente a manutenção dos créditos do imposto relacionados às operações anteriores (não cumulatividade plena no fim da cadeia).

Por outro lado, quanto aos produtos fabricados na ZFM conforme Processo Produtivo Básico (PPB) aprovado pelas autoridades competentes, suas remessas a outros pontos do território nacional devem continuar isentas. Além disso, se os produtos forem destinados à utilização como

[61] Cf. Instituto Atlântico de Ação Cidadã (IAAC). Reforma Tributária: Uma proposta aglutinadora (22/10/2019). Disponível em: https://atlantico.org.br/. Acesso em: 22/02/2020.

insumos por outras empresas, deve haver crédito presumido correspondente ao valor que seria devido se sua saída da ZFM não fosse isenta, tal como decidido pelo STF em matéria de IPI (RE 592.891). Assim, o IVA-federal deve ser estruturado de modo a "espelhar" e "manter" o tratamento diferenciado hoje existente para os estabelecimentos da ZFM.

– *Incentivos estaduais*

Como o IBS seria cobrado "no destino", os atuais incentivos concedidos "na origem" perderiam sentido e eficácia. Afinal, tais Estados nada terão "a renunciar" quanto ao IVA devido pelas empresas instaladas em seus territórios. Para manter as condições atrativas em vigor, é necessário criar outro tipo de incentivo estadual, evitando-se o retorno da Guerra Fiscal e eventuais quebras de uniformidade do tributo, dentre outras ineficiências estruturais. Nesse sentido, os Estados poderiam ser autorizados a criar incentivos via gasto público. Assim, os Estados cobrariam IVA integralmente, mas poderiam utilizar verbas orçamentárias para incentivar atividades econômicas de seu interesse (por exemplo, a instalação de indústrias), inclusive com o objetivo de reduzir as desigualdades sociais e regionais. Para garantir fluxo de recursos aos beneficiários, protegendo sua confiança no novo sistema, pode-se prever que a eventual inadimplência do Estado gerará direito à compensação dos créditos com o próprio IBS, admitida, ainda, a cessão dos créditos a terceiros localizados no Estado.

7. Imposto seletivo

As PECs ns. 45/2019 e 110/2019 também discutem a criação de um Imposto Seletivo (IS) em substituição ao IPI, não havendo, contudo, em nenhuma delas, clareza quanto aos contornos da figura. O certo é que ela não deve ter feições puramente arrecadatórias, nem incidir sobre os mesmos itens que a CBS (federal), pois, segundo a OCDE (2018), tributos "seletivos" têm o propósito de *"influenciar o comportamento dos consumidores, nas situações em que o consumo de certos produtos é considerado danoso à saúde ou ao meio ambiente"*, ou, ainda, indesejável. Nesse sentido, deve-se prever que, nas cadeias sujeitas ao Imposto Seletivo (que deverá ser monofásico e federal), a CBS (federal) não incida.

Entre os países da OCDE, os impostos seletivos normalmente recaem sobre produtos geradores das chamadas "externalidades negativas", tais como fumo, álcool, combustíveis fósseis e energia de fontes não renováveis, refrigerantes e "alimentos" com altos teores de açúcar. No caso do Brasil, porém, o desafio será dar adequado tratamento àqueles produtos que gerem externalidades negativas, mas que, ainda assim, sejam imprescindíveis ou economicamente relevantes, tais como carros, caminhões e seus combustíveis fósseis.

Para se adequar às recomendações da OCDE, o Imposto Seletivo deverá ter as seguintes características: incidência na importação (neutralidade), alíquotas diferenciadas (por produto), imunidade às exportações, incidência monofásica (facilidade de arrecadação / fiscalização) e não inclusão de si mesmo na sua base ou na de outros tributos. Além disso, é necessário que haja precisão quanto ao seu escopo. Por isso, a Constituição terá de determinar o critério de seleção a ser observado pela lei complementar que elegerá os itens gravados. Nesse sentido, deve-se prever que a União poderá instituir, *"mediante lei complementar, imposto seletivo, com a finalidade de desestimular o consumo de bens, serviços ou direitos que, por sua própria natureza, impliquem risco à saúde ou ao meio ambiente"*.

Outros detalhes que poderiam ser ajustados com o objetivo de impor ao tributo limitações mais rígidas incluem regras que prevejam: (a) incidência apenas sobre os itens listados em lei complementar; (b) incidência por exclusão de outros tributos sobre o consumo que não o IVA-estadual; e (c) repartição de receitas com os entes descentralizados.

Conclusões

Devido aos desdobramentos da pandemia e, agora, aos debates eleitorais, houve novo adiamento dos debates estruturais. Esse contratempo, no entanto, poderá propiciar que a reforma tributária seja realizada sem atropelos e de forma bem refletida, pautando-se na *revisão ampla e **prévia** do gasto público*, de modo a evitar que ela veicule novos aumentos de carga tributária. Em matéria de tributação do consumo, a reforma deve recuperá-la da descaracterização progressiva causada pela má atuação de todos os Poderes da República, que, diga-se, tem atingido o sistema tributário como um todo. Além disso, ela deverá respeitar o pacto federativo, a separação de poderes e as liberdades civis e econômicas, que, considerados em conjunto, aconselham a adoção de um modelo "dual" com as características acima descritas.

14. A CBS E A ECONOMIA DIGITAL: O PROJETO DE LEI 3.887/20 E A RESPONSABILIDADE TRIBUTÁRIA DOS *MARKETPLACES*

PAULO AYRES BARRETO
PAULO ARTHUR CAVALCANTE KOURY

Introdução

Dentre as várias propostas de reformas tributárias, o Projeto de Lei 3.887/20, que institui a "Contribuição Social sobre Operações com Bens e Serviços – CBS", em substituição às atuais Contribuição ao PIS e Cofins, é frequentemente referida como o primeiro passo, inclusive na agenda do Poder Executivo. Nesse contexto, não apenas as características mais gerais desse projeto merecem análise acurada por parte da doutrina, mas também dispositivos mais específicos. Ainda que não tenham o mesmo potencial disruptivo doas previsões mais gerais, também as previsões mais específicas podem acarretar mudanças relevantes, especialmente para os setores de atividade a que se destinam.

Nesse contexto, este artigo tem como objetivo a análise da constitucionalidade e da legalidade dos arts. 5º e 6º do PL 3.887/20 estabelecem regra de responsabilidade tributária para as chamadas "plataformas digitais" ou *marketplaces* relativamente à CBS devida pelos agentes cujos negócios são intermediados nestes *sites* ou aplicativos. Trata-se de um importante ponto de contato entre a reforma tributária das contribuições federais sobre receita e a chamada economia digital.

No contexto da economia do compartilhamento (*sharing economy*), os marketplaces atuam como agentes transformativos, que fornecem uma infraestrutura para a intermediação de relações entre fornecedores e consumidores, transformando agentes individuais e coletivos em participantes organizados na economia digital.[1] Dados recentes demonstram que o crescimento da relevância dos *marketplaces* foi ainda mais acelerado por conta das medidas restritivas decorrentes da pandemia da COVID-19.[2] Essas questões demonstram a grande importância da análise das previsões normativas constantes do PL 3.887/19 que lidam com os *marketplaces* e com a sua responsabilidade tributária.

Para a análise do tema, este artigo iniciará com uma visão geral da proposta de instituição da CBS, bem como dos dispositivos específicos que tratam sobre *marketplaces*. Em seguida, serão examinadas as condicionantes constitucionais e legais para a instituição de hipóteses de responsabilidade tributária, para ao final, demonstrar-se como as previsões constantes dos 5º e 6º do PL 3.887/20 violam diversas regras e princípios constitucionais e do Código Tributário Nacional.

1. Da visão geral do PL 3.887/20 e dos dispositivos específicos sobre responsabilidade tributária de *marketplaces*

Conforme exposto, o Projeto de Lei 3.887/20, em trâmite no Congresso Nacional, visa à criação da "Contribuição Social sobre Operações com Bens e Serviços – CBS", em substituição às atuais Contribuição ao PIS e Cofins, que, em seus diversos regimes, incidem sobre o auferimento de receita bruta por parte do contribuinte. Conforme a Exposição de Motivos do PL 3.887/20, a justificativa para a criação da CBS consistiria em reduzir a complexidade da atual legislação da Contribuição ao PIS e da Cofins, bem como viabilizar o alinhamento da tributação brasileira ao padrão internacional da tributação sobre o valor agregado. Veja-se:

> 2. A elevada complexidade da legislação da Contribuição para o Programa de Integração Social e de Formação do Patrimônio do Servidor Público – Contribuição para o PIS/Pasep e da Contribuição para o Financiamento da

[1] KIRCHNER, Stefan; SCHÜ·LER, Elke. The organization of digital marketplaces: Unmasking the role of Internet platforms in the sharing economy. *Organization outside organization*, 2019. p. 152.

[2] Cf. https://www.mckinsey.com/industries/retail/our-insights/moving-past-friend-or-foe-how-to-win-with-digital-marketplaces. Acesso: 29/04/2021.

Seguridade Social – Cofins impõe a necessidade de sua reformulação e, ao mesmo tempo, oferece a oportunidade de alinhamento da legislação brasileira ao moderno e reconhecido padrão mundial de tributação do consumo: a tributação do valor adicionado.

Em linhas gerais, há fundadas dúvidas se a CBS incidirá sobre "*operações com bens e serviços*", como sugere a referência transcrita à tributação do valor adicionado, ou sobre a receita, conforme a norma de competência do 195, I, "b", da CF/88. Com efeito, o PL 3.887/20 contém duas previsões contraditórias, com redação muito similar. Enquanto o art. 1º determina que "*a CBS incide sobre as operações com bens e serviços*", o art. 2º prescreve que a "*CBS incide sobre o auferimento da receita bruta de que trata o art. 12 do Decreto-Lei nº 1.598, de 26 de dezembro de 1977, em cada operação*", de maneira idêntica ao que ora preveem as Leis 10.637/02 e 10.833/03 relativamente à Contribuição ao PIS e à Cofins, respectivamente. O dispositivo objeto da remissão abarca, além da venda de bens, da prestação de serviços e do resultado das operações em conta alheia, as "*as receitas da atividade ou objeto principal da pessoa jurídica não compreendidas nos incisos I a III*".

Nesse contexto, dispositivos atinentes à base de cálculo da exação apontam para a prevalência do mandamento do art. 1º sobre o art. 2º, infirmando a conclusão de que a contribuição incidiria sobre a receita bruta e não sobre operações com bens e serviços. Ao tratar da base de cálculo da exação, o art. 7º vincula a receita adquirida a "*cada operação*". Já o art. 17 estabelece que "*o valor da CBS incidente sobre a operação deverá ser destacado em documento fiscal*". Os mesmos termos são empregados no art. 19, I, que trata de obrigações acessórias.

De maneira geral, os contribuintes da CBS são "*pessoas jurídicas de direito privado e as que lhes são equiparadas pela legislação do Imposto sobre a Renda das Pessoas Jurídicas – IRPJ*" (art. 3º). A equiparação à condição de pessoa jurídica para fins do IRPJ, por sua vez, consta do art. 159 do Regulamento do Imposto sobre a Renda de 2018 (Decreto 9.580/18), que assim dispõe:

CAPÍTULO I
DAS PESSOAS JURÍDICAS

Art. 159. Consideram-se pessoas jurídicas, para fins do disposto no inciso I do caput do art. 158:

> I – as pessoas jurídicas de direito privado domiciliadas no País, sejam quais forem os seus fins, a sua nacionalidade ou os participantes em seu capital (Decreto-Lei nº 5.844, de 1943, art. 27; Lei nº 4.131, de 3 de setembro de 1962, art. 42; e Lei nº 6.264, de 1975, art. 1º);
> II – as **filiais, as sucursais, as agências ou as representações no País das pessoas jurídicas com sede no exterior** (Lei nº 3.470, de 1958, art. 76; Lei nº 4.131, de 1962, art. 42; e Lei nº 6.264, de 1975, art. 1º); e
> III – os comitentes domiciliados no exterior, quanto aos resultados das operações realizadas por seus mandatários ou seus comissários no País (Lei nº 3.470, de 1958, art. 76).

A regra geral, obtida a partir desses dispositivos e do art. 121, parágrafo único, I, do Código Tributário Nacional,[3] é que o contribuinte da CBS será a pessoa jurídica ou equiparada que pratique o fato gerador, seja ele consistente no auferimento de receita bruta ou na realização de operações com bens e serviços.

Contudo, os arts. 5º e 6º do PL 3.887/20 estabelecem regra de responsabilidade tributária para as chamadas "plataformas digitais", nos seguintes termos:

> Art. 5º As plataformas digitais são responsáveis pelo recolhimento da CBS incidente sobre a operação realizada por seu intermédio nas hipóteses em que a pessoa jurídica vendedora não registre a operação mediante a emissão de documento fiscal eletrônico.

> Art. 6º Para fins desta Lei, considera-se plataforma digital qualquer pessoa jurídica que atue como intermediária entre fornecedores e adquirentes nas

[3] Art. 121. Sujeito passivo da obrigação principal é a pessoa obrigada ao pagamento de tributo ou penalidade pecuniária.
Parágrafo único. O sujeito passivo da obrigação principal diz-se:
I – **contribuinte, quando tenha relação pessoal e direta com a situação que constitua o respectivo fato gerador;**
II – responsável, quando, sem revestir a condição de contribuinte, sua obrigação decorra de disposição expressa de lei.

operações de vendas de bens e serviços de forma não presencial, inclusive na comercialização realizada por meios eletrônicos.
Parágrafo único. Não são consideradas plataformas digitais as pessoas jurídicas que executem somente uma das seguintes atividades:
I – fornecimento de acesso à internet;
II – processamento de pagamentos;
III – publicidade; ou
IV – procura de fornecedores, desde que não cobrem pelo serviço com base nas vendas realizadas.

Os dispositivos em questão traduzem regra de responsabilidade tributária das chamadas "plataformas digitais", no caso de não haver a emissão de documento fiscal eletrônico por parte do vendedor.

A hipótese de incidência dessa norma congloba dois requisitos. O primeiro requisito consiste na configuração de "plataforma digital", que é definida como "*pessoa jurídica que atue como intermediária entre fornecedores e adquirentes nas operações de vendas de bens e serviços de forma não presencial*", excluindo-se desse conceito as pessoas jurídicas que realizem, exclusivamente, as seguintes atividades: (i) fornecimento de acesso à internet; (ii) processamento de pagamentos; (iii) publicidade; e (iv) procura de fornecedores sem cobrança baseada em vendas. O segundo requisito consiste na ausência de registro da operação intermediada pelas plataformas digitais, mediante a emissão de documento fiscal eletrônico, por parte da pessoa jurídica vendedora.

Satisfeitas essas duas condicionantes, a plataforma digital será chamada a compor o polo passivo da obrigação tributária relativa à CBS, consistente na aplicação da alíquota geral de 12% (doze por cento) sobre a base de cálculo correspondente à receita bruta do vendedor, nela não incluídos o ICMS, o ISS, os descontos incondicionais e a própria CBS (arts. 7º e 8º). Veja-se que esse tributo não se confunde com a CBS que será devida pela própria plataforma, em razão da sua prestação de serviços em favor do vendedor, para promoção de negócios. Enquanto a CBS da própria plataforma terá a sua comissão como base de cálculo (CBS-própria), a CBS decorrente de responsabilidade tributária (CBS-responsabilidade) terá como base de cálculo a receita do terceiro vendedor de bens, sejam eles alimentos ou outros produtos.

Exposto, em linhas gerais, o conteúdo da Contribuição sobre Bens e Serviços criada pelo Projeto de Lei 3.887/20, passa-se ao exame da constitucionalidade e da legalidade das regras de responsabilidade tributária de plataformas digitais, previstas nos arts. 5º e 6º dessa lei, iniciando-se pelo exame das condicionantes normativas para a criação de responsabilidade tributária, relativamente às contribuições.

2. Das condicionantes normativas para o estabelecimento de responsabilidade tributária relativamente a contribuições

O sistema tributário erigido pela Constituição Federal de 1988 limita a sujeição passiva relativamente aos impostos de competência dos entes federados de três formas. Em primeiro lugar, a eleição dos sujeitos passivos da obrigação tributária encontra limites nas materialidades constitucionalmente demarcadas (CF/88, art. 195, I, "b") e nos princípios da capacidade contributiva (CF/88, art. 145, § 1º), da razoabilidade e da segurança jurídica (art. 5º, *caput*). Em segundo lugar, a Constituição instituiu a possibilidade de substituição tributária em relação a operações futuras (art. 150, § 7º). Em terceiro lugar, a Constituição atribuiu à Lei Complementar a definição do polo passivo possível da obrigação tributária, visando à harmonização entre a legislação dos diferentes entes tributantes (art. 146, III, "b"). Passa-se à análise de cada uma dessas limitações.

2.1 Condicionantes constitucionais: competência tributária, capacidade contributiva, razoabilidade e segurança jurídica

Em relação ao primeiro aspecto, é necessário que a lei ordinária obedeça ao que Geraldo Ataliba denominou do "*destinatário constitucional tributário*"[4] do tributo em questão. Nessa linha, conforme bem elucida Ângela Maria da Motta Pacheco[5], o legislador infraconstitucional não pode deslocar a sujeição passiva tributária para terceiros estranhos à realização do fato gerador. No caso das contribuições em tela, a Constituição

[4] Ataliba, Geraldo. *Hipótese de Incidência Tributária*. 4. ed. São Paulo: Malheiros, 1990. p. 84.

[5] Pacheco, Ângela Maria da Motta. O Destinatário Legal Tributário da Obrigação Tributária Substancial. *In*. *Teoria Geral da Obrigação Tributária*: Estudos em homenagem ao Professor José Souto Maior Borges. São Paulo: Malheiros, 2005. p. 348.

limita a competência federal à cobrança sobre "*receita ou o faturamento*" (CF/88, art. 195, I, "b"). Ao assim prescrever, a Constituição diretamente circunscreve a hipótese de incidência possível das contribuições (auferimento de receita ou faturamento), bem como, indiretamente, o seu contribuinte por excelência, aquele que aufere receita. Este é o destinatário constitucional das contribuições sobre receita.

O efeito dessas prescrições consiste em limitar o polo passivo possível da CBS àquele que aufere receita, ou a sujeitos que possuam ligação próxima com o fato gerador, conforme a regulamentação no nível da legislação complementar.

Ademais, a definição do destinatário constitucional tributário encontra relação próxima ao princípio da capacidade contributiva, insculpido no art. 145, § 1º, da Constituição Federal. Conforme essa norma, a base de cálculo constitucionalmente admitida para as contribuições sobre receita deve exprimir riqueza do contribuinte denotada pelo auferimento de receita e sua consequente aptidão para contribuir com o custeio do Estado. Embora não seja possível, em relação a cada imposto isoladamente considerado, medir a riqueza total do contribuinte, de modo a exprimir exatamente a sua capacidade de contribuir com o custeio do Estado, o tributo deve incidir sobre um "*fato-signo presuntivo de riqueza*", na terminologia de Alfredo Becker.[6]

Conforme ressaltamos em obra doutrinária, o princípio da capacidade contributiva se aplica às contribuições que tenham materialidades referidas a atividades do contribuinte, posto que a equidade na distribuição do custeio da despesa pública corresponderá, precisamente, à medida da capacidade contributiva dos particulares. Veja-se:

> Assim é que, nas hipóteses em que a materialidade da contribuição seja típica de imposto, a divisão do encargo ou despesa dentro do grupo pode ser feita a partir de escolha de base de cálculo que, a um só tempo, atenda

[6] BECKER, Alfredo Augusto. *Teoria Geral do Direito Tributário*. 6. ed. São Paulo: Noeses, 2013. p. 532.

ao princípio da capacidade contributiva e reflita a forma mais adequada de partilhar a despesa.[7]

Logo, uma vez que a CBS tem materialidade referida a atividade do contribuinte (auferimento de receita ou venda de bens e serviços), ela deve obediência ao princípio da capacidade contributiva, que demanda que a tributação recaia sobre efetivas manifestações de riqueza do particular, que denotem sua aptidão para contribuir com o custeio da seguridade social, que abarca a saúde, a previdência e a assistência social (CF/88, art. 194). Caso a CBS não recaia sobre essa manifestação de riqueza, a par da violação à norma de competência do art. 195, I, "b", da CF/88, haverá violação à capacidade contributiva, pois se estará tributando algo que não denota aptidão para contribuir com o custeio da despesa pública.

Relativamente à sujeição passiva tributária, a capacidade contributiva exige que o sujeito passivo da obrigação tributária exprima riqueza própria na realização do fato gerador, hipótese em que será o contribuinte, ou, pelo menos, tenha condições de acessar a riqueza do terceiro exprimida na operação, por meio do exercício do direito de retenção, por exemplo. Fora dessas hipóteses, haverá violação à capacidade contributiva, pois o tributo será cobrado sobre patrimônio que não consubstancia manifestação de riqueza apta à incidência tributária, na forma da Constituição. Destaque-se que o acesso do responsável à riqueza exprimida na operação tributada deve ser aferido em conformidade com a realidade da operação em questão. Trata-se de exigência do postulado da razoabilidade, que demanda a congruência das normas com a realidade fática, não se podendo ignorar as condições externas de realização do direito.[8]

Além disso, especificamente em relação à atribuição de responsabilidade tributária a terceiro, deve-se destacar que o princípio da segurança jurídica, incorporado pela Constituição de maneira implícita em diversos dispositivos e de forma explícita em seu preâmbulo e no *caput* do art. 5º, exige a previsibilidade dos efeitos jurídicos que serão aplicados à con-

[7] BARRETO, Paulo Ayres. *Contribuições*. Regime Jurídico, destinação e controle. 3. ed. São Paulo: Noeses, 2020. p. 137-138.

[8] ÁVILA, Humberto. Moralidade, Razoabilidade e Eficiência na Atividade Administrativa. *Revista Brasileira de Direito Público – RBDP*. Belo Horizonte, ano 1, n. 1, abr./jun. 2003.

duta do particular. Conforme Humberto Ávila, trata-se da necessidade de assegurar-se uma "*elevada capacidade de prever o espectro das consequências jurídicas atribuíveis abstratamente a fatos ou atos, próprios ou alheios*".[9] Isso significa que qualquer hipótese de atribuição de responsabilidade tributária a terceiro não pode deixá-lo em uma condição de imprevisibilidade sobre a possibilidade ou não de o seu patrimônio vir a ser chamado a responder por obrigação tributária de terceiro. Em outras palavras, a atribuição de responsabilidade tributária, além de respeitar o destinatário constitucional tributário e a capacidade contributiva, deve garantir que o responsável tenha meios de determinar, previamente e com elevado nível de certeza, a sua responsabilidade ou não sobre tributos devidos na operação.

Desse modo, pode-se afirmar que a Constituição limita a responsabilidade tributária relativa às contribuições sobre receita ao terceiro que: (i) possua estrita ligação com o auferimento de receita ou faturamento (art. 195, I, "b"); (ii) tenha condições de acessar a riqueza do terceiro exprimida na operação, por meio do exercício do direito de retenção, sob pena de violação aos princípios da capacidade contributiva (art. 145, § 1º) e da razoabilidade; e (c) tenha meios de determinar previamente e com elevado nível de certeza, a satisfação dos pressupostos de sua responsabilidade sobre tributos devidos na operação, sob pena de violação ao princípio da segurança jurídica.

2.2. Exceção (parcial) à substituição tributária para frente

Em segundo lugar, merece destaque a previsão do § 7º do art. 150 da Constituição Federal, inserido pela EC nº 3/1993, que trata da hipótese de substituição tributária relativa a fato gerador futuro, comumente denominada substituição tributária "para frente". O dispositivo assim prevê:

> § 7º A lei poderá atribuir a sujeito passivo de obrigação tributária a condição de responsável pelo pagamento de imposto ou contribuição, cujo fato gerador deva ocorrer posteriormente, assegurada a imediata e preferencial restituição da quantia paga, caso não se realize o fato gerador presumido.

[9] Ávila, Humberto. *Teoria da Segurança Jurídica*. 4. ed. São Paulo: Malheiros, 2016. p. 270.

Para os fins da presente análise, basta destacar que o dispositivo em questão inseriu uma exceção parcial às condicionantes enumeradas supra, unicamente no que respeita à substituição tributária para frente. Conforme a dicção expressa da Constituição, essa exceção (parcial) aplica-se unicamente: (a) na atribuição de responsabilidade em cadeias de produção; (b) desde que a responsabilidade seja referente a fato gerador ainda não ocorrido, assegurando-se a restituição na hipótese de sua não ocorrência. Logo, o § 7º do art. 150 da CF/88 não sindica a responsabilidade tributária de terceiros estranhos ou meramente intervenientes em cadeias de produção e circulação de bens, mas resume-se à atribuição de responsabilidade pelo tributo futuro de terceiro a um sujeito que já seja contribuinte do mesmo tributo.

Esse permissivo constitucional tem o seu principal campo de aplicação na substituição tributária para fins do Imposto estadual sobre Operações de Circulação de Mercadorias (ICMS). Relativamente às contribuições sobre receita, o legislador tem empregado a técnica da incidência monofásica, que subsiste no PL 3.887/20, relativamente a determinados produtos (art. 32 e seguintes).

Essas considerações são suficientes para demonstrar que o § 7º do art. 150 da CF/88 de forma alguma pode ser interpretado para legitimar a atribuição de responsabilidade tributária a operadoras de *marketplace* relativamente à CBS, pois o imposto que se visa a cobrar nesse caso não diz respeito a operações futuras, mas sim ao auferimento de receita pelo vendedor de bens, que é concomitante à atividade da plataforma. É dizer, as prescrições dos arts. 5º e 6º do PL 3.887/20 não estabelecem responsabilidade tributária relativamente a fatos geradores futuros, mas dizem respeito a operações concomitantes com a intermediação realizada pela plataforma digital. Enquanto a substituição tributária para a frente estima o valor das possíveis operações futuras de mesma natureza, exigindo o recolhimento prévio do tributo sobre base presumida, os arts. 5º e 6º do PL 3.887/20 tratam de responsabilidade relativamente a tributo calculado sobre o preço efetivamente praticado por terceiro (vendedor):

	Dispositivo	
	CF/88, art. 150, § 7º	PL 3.887/20, arts. 5º e 6º
Responsabilidade sobre	Operação futura	Operação concomitante
Base de cálculo	Presumida	Efetiva

Logo, resta claro que a hipótese de responsabilidade tributária das plataformas digitais, relativamente à CBS, prevista nos arts. 5º e 6º do PL 3.887/20 não encontra supedâneo no § 7º do art. 150 da CF/88.

2.3. Limites decorrentes da legislação complementar

Em terceiro lugar, as prescrições de leis complementares limitam as hipóteses de atribuição de responsabilidade tributária a terceiros, conforme a competência outorgada pelo art. 146, III, "b", da Constituição Federal. Ao atribuir à lei complementar a fixação das hipóteses de sujeição passiva em relação aos tributos em geral, a Constituição visou à harmonização das legislações dos diferentes entes federados. Assim como a autonomia é parte integrante do federalismo fiscal brasileiro, também o é determinado grau de uniformidade entre as legislações federal, estaduais e municipais, garantido por meio da obediência às prescrições das leis complementares.

Dentre as funções conferidas à lei complementar, está a de uniformizar a disciplina sobre a "*obrigação tributária*", tema que inclui a sujeição ativa e a sujeição passiva, tratadas no Título II do Livro Segundo do Código Tributário Nacional. Nesse sentido, ao julgar a inconstitucionalidade do art. 13 da Lei 8.620/93, que instituíra hipótese de responsabilidade solidária dos sócios de pessoa jurídica por débitos decorrentes de contribuições previdenciárias, em total dissonância com o CTN, **o** Supremo Tribunal Federal deixou clara a aplicabilidade das normas gerais de direito tributário constantes do Código Tributário relativamente às contribuições, em regime de repercussão geral. Veja-se:

> Direito tributário. responsabilidade tributária. normas gerais de direito tributário. art 146, iii, da cf. art. 135, iii, do ctn. sócios de sociedade limitada. art. 13 da lei 8.620/93. inconstitucionalidades formal e material. repercussão geral. aplicação da decisão pelos demais tribunais. 1. Todas as espécies tribu-

tárias, entre as quais as contribuições de seguridade social, estão sujeitas às normas gerais de direito tributário. 2. O Código Tributário Nacional estabelece algumas regras matrizes de responsabilidade tributária, como a do art. 135, III, bem como diretrizes para que o legislador de cada ente político estabeleça outras regras específicas de responsabilidade tributária relativamente aos tributos da sua competência, conforme seu art. 128. (...)
(re 562276, relator(a): Ellen Gracie, tribunal pleno, julgado em 03/11/2010, repercussão geral – mérito dje-027 divulg 09-02-2011 public 10-02-2011 ement vol-02461-02 pp-00419 rtj vol-00223-01 pp-00527 rddt n. 187, 2011, p. 186-193 rt v. 100, n. 907, 2011, p. 428-442)

Esse julgado deixa clara, além da aplicabilidade da disciplina do CTN sobre sujeição passiva em relação às contribuições, também a prevalência das regras do CTN sobre leis ordinárias conflitantes. Nesse sentido, mais recentemente, nos autos da ADI 4.845/DF (DJ 04/03/2020), Tribunal, por unanimidade, julgou inconstitucional dispositivo de Lei do Estado do Mato Grosso que atribuía aos advogados e outros agentes a responsabilidade tributária pelo ICMS relativo a operações nas quais estes tivessem intervindo "*ativa ou passivamente, no cumprimento da referida obrigação*" (parágrafo único do art. 18-C da Lei Estadual 7.098/98, inserido pela Lei 9.226/09).[10] Conforme os votos proferidos na sessão de julgamento, esse dispositivo violou a Constituição, dentre outros motivos, por instituir hipótese de responsabilidade tributária em desacordo com as prescrições da legislação complementar, a evidenciar o caráter exaustivo e vinculante dessas normas. Veja-se a ementa do julgado:

[10] Art. 18-C Responde solidariamente com o sujeito passivo pelas infrações praticadas, em relação às disposições desta lei e demais obrigações contidas na legislação tributária, o profissional de Contabilidade, responsável pela escrituração fiscal e/ou contábil do contribuinte, no que pertine a prestação de informações com omissão ou falsidade. (Acrescentado pela Lei 7.867/02)
Parágrafo único. Respondem, também, solidariamente com o sujeito passivo pelas infrações praticadas, em relação às disposições desta lei e demais obrigações contidas na legislação tributária, no que se refere à prestação de informações com omissão ou falsidade, o administrador, o advogado, o economista, o correspondente fiscal, o preposto, bem como toda pessoa que concorra ou intervenha, ativa ou passivamente, no cumprimento da referida obrigação. (Acrescentado pela Lei 9.226/09)

> Direito Constitucional e Tributário. Ação direta de inconstitucionalidade. Responsabilidade tributária de terceiros por infrações. Lei estadual em conflito com regramento da norma geral federal. Inconstitucionalidade formal.
> 1. Trata-se de ação direta de inconstitucionalidade que tem por objeto o parágrafo único do art. 18-C da Lei nº 7.098/1998, acrescentado pelo art. 13 da Lei nº 9.226/2009, do Estado de Mato Grosso, que atribui responsabilidade tributária solidária por infrações a toda pessoa que concorra ou intervenha, ativa ou passivamente, no cumprimento da obrigação tributária, especialmente a advogado, economista e correspondente fiscal.
> 2. Ainda que a norma impugnada trate exclusivamente de Direito Tributário (CF, art. 24, I) e não de regulamentação de profissão (CF, art. 22, XVI), há o vício de inconstitucionalidade formal. Ao ampliar as hipóteses de responsabilidade de terceiros por infrações, prevista pelos arts. 134 e 135 do Código Tributário Nacional – CTN, a lei estadual invade competência do legislador complementar federal para estabelecer as normas gerais na matéria (art. 146, III, b, da CF).
> 3. A norma estadual avançou em dois pontos de forma indevida, transbordando de sua competência: (i) ampliou o rol das pessoas que podem ser pessoalmente responsáveis pelo crédito tributário; (ii) dispôs diversamente do CTN sobre as circunstâncias autorizadoras da responsabilidade pessoal do terceiro.
> 4. Ação direta de inconstitucionalidade julgada procedente. Fixação da seguinte tese: "É inconstitucional lei estadual que disciplina a responsabilidade de terceiros por infrações de forma diversa da matriz geral estabelecida pelo Código Tributário Nacional".(ADI 4845, Relator(a): Min. ROBERTO BARROSO, Tribunal Pleno, julgado em 13/02/2020, PROCESSO ELETRÔNICO DJe-044 DIVULG 03-03-2020 PUBLIC 04-03-2020)

Com fundamento nesse julgado, o STF fixou a tese de que "*é inconstitucional lei estadual que disciplina a responsabilidade de terceiros por infrações de forma diversa da matriz geral estabelecida pelo Código Tributário Nacional*". Logo, cabe analisar também a constitucionalidade e legalidade das normas de responsabilidade tributária da CBS em face das prescrições do Código Tributário Nacional sobre a sujeição passiva tributária.

Ao tratar, genericamente, sobre o polo passivo da obrigação tributária, o art. 121 do CTN discerne entre as figuras do contribuinte, que possui relação pessoal e direta com o fato gerador, e do responsável, cuja vinculação ao fato gerador é indireta.[11] Ainda no tocante à responsabilidade tributária originária, aquela que nasce juntamente com o fato gerador, conforme a categorização clássica de Rubens Gomes de Sousa, o Código Tributário Nacional trata da figura do responsável solidário, definido no art. 124 da seguinte forma:

> Art. 124. São solidariamente obrigadas:
> I – as pessoas que tenham interesse comum na situação que constitua o fato gerador da obrigação principal;
> II – as pessoas expressamente designadas por lei.
> Parágrafo único. A solidariedade referida neste artigo não comporta benefício de ordem.

Por sua vez, ao dispor sobre a responsabilidade tributária por transferência, o art. 128 do CTN determina que a atribuição de responsabilidade tributária a sujeito distinto do contribuinte (aquele que pratica o fato gerador) demanda: (i) previsão em lei em sentido formal; e (ii) vinculação do terceiro ao fato gerador da obrigação. Prevê o dispositivo:

> CAPÍTULO V – Responsabilidade Tributária
> SEÇÃO I – Disposição Geral
>
> Art. 128. Sem prejuízo do disposto neste capítulo, a lei pode atribuir de modo expresso a responsabilidade pelo crédito tributário a terceira pessoa, vinculada ao fato gerador da respectiva obrigação, excluindo a responsabilidade do contribuinte ou atribuindo-a a este em caráter supletivo do cumprimento total ou parcial da referida obrigação.

[11] Art. 121. Sujeito passivo da obrigação principal é a pessoa obrigada ao pagamento de tributo ou penalidade pecuniária.
Parágrafo único. O sujeito passivo da obrigação principal diz-se:
I – contribuinte, quando tenha relação pessoal e direta com a situação que constitua o respectivo fato gerador;
II – responsável, quando, sem revestir a condição de contribuinte, sua obrigação decorra de disposição expressa de lei.

Ademais, os arts. 134 e 135 do CTN disciplinam pormenorizadamente as circunstâncias que autorizam a transferência de responsabilidade tributária a terceiros, nos seguintes termos:

SEÇÃO III
Responsabilidade de Terceiros

Art. 134. Nos casos de impossibilidade de exigência do cumprimento da obrigação principal pelo contribuinte, respondem solidariamente com este nos atos em que intervierem ou pelas omissões de que forem responsáveis:
I – os pais, pelos tributos devidos por seus filhos menores;
II – os tutores e curadores, pelos tributos devidos por seus tutelados ou curatelados;
III – os administradores de bens de terceiros, pelos tributos devidos por estes;
IV – o inventariante, pelos tributos devidos pelo espólio;
V – o síndico e o comissário, pelos tributos devidos pela massa falida ou pelo concordatário;
VI – os tabeliães, escrivães e demais serventuários de ofício, pelos tributos devidos sobre os atos praticados por eles, ou perante eles, em razão do seu ofício;
VII – os sócios, no caso de liquidação de sociedade de pessoas.
Parágrafo único. O disposto neste artigo só se aplica, em matéria de penalidades, às de caráter moratório.

Art. 135. São pessoalmente responsáveis pelos créditos correspondentes a obrigações tributárias resultantes de atos praticados com excesso de poderes ou infração de lei, contrato social ou estatutos:
I – as pessoas referidas no artigo anterior;
II – os mandatários, prepostos e empregados;
III – os diretores, gerentes ou representantes de pessoas jurídicas de direito privado.

Para fins da presente análise, são relevantes as possibilidades de composição do polo passivo da obrigação tributária: (i) atribuição de responsabilidade originária ao contribuinte solidário por interesse comum

(CTN, art. 124, I); (ii) atribuição de responsabilidade solidária a terceiro vinculado ao fato gerador por previsão de lei ordinária federal (CTN, art. 124, II); e (iii) atribuição de responsabilidade derivada ao responsável tributário por previsão de lei ordinária federal (art. 128 do CTN).

No tocante à responsabilidade solidária, hipótese em que o CTN faz referência ao interesse comum na situação que configure o fato gerador (art. 124, I), a jurisprudência do Superior Tribunal de Justiça pacificou-se no sentido de que a atribuição de responsabilidade solidária restringe-se aos sujeitos que estejam no mesmo polo da operação negocial que representa o fato gerador do ICMS. Veja-se:

> Tributário. ICMS. empresa vendedora. não recolhimento adquirente de boa-fé. responsabilidade solidária. inaplicabilidade.
> (...)
> 3. "Art. 124. São solidariamente obrigadas: I – as pessoas que tenham interesse comum na situação que constitua o fato gerador da obrigação principal" (CTN).
> 4. Hipótese em que o acórdão recorrido, com base nesse dispositivo legal, reconheceu a responsabilidade objetiva da empresa adquirente pelo pagamento de ICMS não recolhido pela empresa vendedora que realizou a operação mediante indevida emissão de nota fiscal pela sistemática do Simples Nacional, a qual não contém o destaque do imposto.
> 5. O "interesse comum" de que trata o preceito em destaque refere-se às pessoas que se encontram no mesmo polo do contribuinte em relação à situação jurídica ensejadora da exação, no caso, a venda da mercadoria, sendo certo que esse interesse não se confunde com a vontade oposta manifestada pelo adquirente, que não é a de vender, mas sim de comprar a coisa.
> (...)
> 8. Agravo conhecido para dar provimento ao recurso especial.
> (AREsp 1198146/SP, Rel. Ministro Gurgel De Faria, Primeira Turma, julgado em 04/12/2018, DJe 18/12/2018)

Conforme a orientação do STJ, que está em consonância com a Constituição Federal e com o CTN, a responsabilidade solidária consiste na circunstância de haver mais de um sujeito na posição de contribuinte, com relação pessoal e direta com o fato gerador. É o caso, por exemplo, dos condôminos em relação ao Imposto Predial e Territorial Urbano (IPTU) ou de consorciados em relação aos tributos federais devidos pelas operações realizadas por consórcio (art. 2º da IN RFB 1.199/2011[12]).

No que respeita ao inciso II do art. 124 do Código Tributário, deve-se descartar qualquer leitura do dispositivo como uma autorização em branco para a legislação estadual instituir a responsabilidade solidária em qualquer hipótese. Com efeito, não obstante o dispositivo faça referência a "*pessoas expressamente designadas por lei*", a sua interpretação sistemática deve restringir a possibilidade de leis ordinárias atribuírem responsabilidade solidária àqueles vinculados ao fato gerador da obrigação tributária, que tenham condições de acessar a riqueza manifestada pelo fato gerador, por meio de retenção na fonte, por exemplo.

Nesse sentido é a jurisprudência do Supremo Tribunal Federal, que expressamente condiciona a responsabilidade tributária baseada no art. 124, II, do CTN, à hipótese de o terceiro ter descumprido "*deveres próprios de colaboração para com a Administração Tributária, estabelecidos, ainda que a contrario sensu, na regra matriz de responsabilidade tributária*". Veja-se:

> Direito tributário. responsabilidade tributária. normas gerais de direito tributário. art 146, iii, da cf. art. 135, iii, do ctn. sócios de sociedade limitada. art. 13 da lei 8.620/93. inconstitucionalidades formal e material. repercussão geral. aplicação da decisão pelos demais tribunais. 1. Todas as espécies tributárias, entre as quais as contribuições de seguridade social, estão sujeitas às normas gerais de direito tributário. 2. O Código Tributário Nacional estabelece algumas regras matrizes de responsabilidade tributária, como a do art.

[12] Art. 2º As empresas integrantes de consórcio constituído nos termos dos arts. 278 e 279 da Lei nº 6.404, de 1976, respondem pelos tributos devidos, em relação às operações praticadas pelo consórcio, na proporção de sua participação no empreendimento, observado o disposto nos §§ 1º e 2º.
§ 1º O consórcio que realizar a contratação, em nome próprio, de pessoas jurídicas ou físicas, com ou sem vínculo empregatício, poderá efetuar a retenção de tributos e o cumprimento das respectivas obrigações acessórias, ficando as empresas consorciadas solidariamente responsáveis.
§ 2º Se a retenção de tributos ou o cumprimento das obrigações acessórias relativos ao consórcio forem realizados por sua empresa líder, aplica-se, também, a solidariedade de que trata o § 1º.

135, III, bem como diretrizes para que o legislador de cada ente político estabeleça outras regras específicas de responsabilidade tributária relativamente aos tributos da sua competência, conforme seu art. 128. 3. O preceito do art. 124, II, no sentido de que são solidariamente obrigadas "as pessoas expressamente designadas por lei", não autoriza o legislador a criar novos casos de responsabilidade tributária sem a observância dos requisitos exigidos pelo art. 128 do CTN, tampouco a desconsiderar as regras matrizes de responsabilidade de terceiros estabelecidas em caráter geral pelos arts. 134 e 135 do mesmo diploma. A previsão legal de solidariedade entre devedores – de modo que o pagamento efetuado por um aproveite aos demais, que a interrupção da prescrição, em favor ou contra um dos obrigados, também lhes tenha efeitos comuns e que a isenção ou remissão de crédito exonere a todos os obrigados quando não seja pessoal (art. 125 do CTN) – pressupõe que a própria condição de devedor tenha sido estabelecida validamente. 4. A responsabilidade tributária pressupõe duas normas autônomas: a regra matriz de incidência tributária e a regra matriz de responsabilidade tributária, cada uma com seu pressuposto de fato e seus sujeitos próprios. A referência ao responsável enquanto terceiro *(dritter Persone, terzo ou tercero)* evidencia que não participa da relação contributiva, mas de uma relação específica de responsabilidade tributária, inconfundível com aquela. O "terceiro" só pode ser chamado responsabilizado na hipótese de descumprimento de deveres próprios de colaboração para com a Administração Tributária, estabelecidos, ainda que a contrario sensu, na regra matriz de responsabilidade tributária, e desde que tenha contribuído para a situação de inadimplemento pelo contribuinte. (...)
(RE 562276, Relator(a): ELLEN GRACIE, Tribunal Pleno, julgado em 03/11/2010, REPERCUSSÃO GERAL – MÉRITO DJe-027 DIVULG 09-02-2011 PUBLIC 10-02-2011 EMENT VOL-02461-02 PP-00419 RTJ VOL-00223-01 PP-00527 RDDT n. 187, 2011, p. 186-193 RT v. 100, n. 907, 2011, p. 428-442)

Na mesma linha segue o Superior Tribunal de Justiça, em precedente fortemente alicerçado nas lições de Hugo de Brito Machado:

Na definição do art. 121, II do CTN (já citado) responsável tributário é aquele que, sem revestir a condição de contribuinte, seja ex vi legis obrigado a satis-

fazer o dever jurídico de pagar o tributo; a reflexão sobre o fundamento da emergência da responsabilidade tributária – de quem não reveste a condição de contribuinte – pelo pagamento de tributos, mostra que essa responsabilidade pode decorrer de duas causas diferentes: (I) a primeira causa da responsabilidade tributária é a solidariedade, que deriva, por sua vez, de duas vertentes, a saber: (a) a presença de interesse comum na situação que constitua o fato gerador da obrigação principal (art. 124, I do CTN), e (b) a designação legal expressa (dessa responsabilidade), ainda que, por acaso, não ocorra o tal interesse comum (art. 124, II do CTN); (II) a segunda causa de responsabilidade tributária, imputável a quem não é contribuinte, será, sem dúvida alguma, o cometimento de infrações, apuradas em processo administrativo fiscal regular (art. 135 do CTN), em cuja seara não vigora a atribuição apenas objetiva, exigindo-se, ao contrário, o elemento moral ou subjetivo.
Comentando a primeira hipótese de solidariedade tributária (art. 124, I do CTN), diz o eminente Professor HUGO DE BRITO MACHADO que ela decorre de norma geral tributária, aplicável a todos os tributos, mas o seu alcance, todavia, tem sido posto em dúvida (Comentários ao CTN, vol. II, São Paulo, Atlas, p. 460); e observa o respeitado mestre tributarista cearense que a existência de interesse comum é situação que somente em cada caso pode ser examinada, alertando, porém, que nem pode a lei dizer que há interesse comum neste ou naquela situação, criando presunções (op. cit., p. 464).
Quanto à segunda hipótese de solidariedade tributária (art. 124, II do CTN), adverte o mesmo notável doutrinador que à primeira vista, parece que o legislador tem a liberdade de designar quaisquer pessoas como solidariamente obrigadas ao pagamento do tributo, mas anota com destaque que não é assim, porém, porque a interpretação dessa norma, como de qualquer norma jurídica, há de ser feita sem desconsideração do sistema em que encarta e especialmente das normas hierarquicamente superiores (op. cit., p. 464). Concluindo a sua lição, observa o notável jurista do Ceará que não é permitido ao legislador atribuir responsabilidade tributária a quem não esteja, ainda que indiretamente, relacionado ao fato gerador da obrigação respectiva, mesmo que essa atribuição seja fundada no não cumprimento do dever jurídico por aquele a quem é feita (op. cit., p. 466). (REsp 1.574.489/SP, 1ª Turma, Rel. Min. Napoleão Nunes, DJe 03/10/2017)

Registra-se também que a responsabilidade tributária de quem não reveste a condição legal de contribuinte, tal como previsto no art. 121, I, do CTN, depende da expressa previsão normativa, como previsto no art. 121, II, do mesmo diploma legal, porém não pode ser aleatória ou arbitrária, mas deve calcar-se na solidariedade obrigacional (art. 124, I e II, do CTN) ou na ocorrência da infração, como preconiza o art. 135 do CTN. Situação essa pelo menos não comprovada pelo Fisco estadual. (REsp 1.305.856/SP, 1ª Turma, Rel. Min. Benedito Gonçalves, DJe 26/06/2013)

A análise atenta da jurisprudência do Supremo Tribunal Federal e do Superior Tribunal de Justiça permite concluir que as Cortes têm unificado os requisitos para a responsabilidade tributária decorrente de expressa previsão na legislação ordinária, seja ela solidária ou por transferência. Em ambas as hipóteses, exige-se que a atribuição de responsabilidade tributária a terceiro, nos termos do CTN, paute-se na ocorrência de infração dolosa. É dizer, as Cortes Superiores, ao analisar situações em que terceiro que não se reveste da condição de contribuinte é chamado a compor o polo passivo da obrigação tributária, exigem, indiscriminadamente, que se configure a relação com o fato gerador e que a não satisfação da obrigação tributária decorra de infração dolosa por parte desse terceiro.

Com base nessa fundamentação, o STJ tem veiculado o entendimento de que a responsabilidade tributária não pode ser atribuída ao vendedor de boa-fé, que não possui controle sobre o não recolhimento do diferencial de alíquota de ICMS devido pelo adquirente, por exemplo. Veja-se a decisão da Primeira Seção da Corte:

Tributário. ICMS. operação interestadual. diferencial de alíquota. tredestinação da mercadoria. responsabilização do vendedor. boa-fé. verificação. necessidade. 1. A empresa vendedora de boa-fé que, mediante a apresentação da documentação fiscal pertinente e a demonstração de ter adotado as cautelas de praxe, evidencie a regularidade da operação interestadual realizada com o adquirente, afastando, assim, a caracterização de conduta culposa, não pode ser objetivamente responsabilizada pelo pagamento do diferencial de alíquota de ICMS em razão de a mercadoria não ter chegado ao destino declarado na nota fiscal, não sendo dela exigível a fiscalização de seu itinerário. 2. A despeito da regularidade da documentação, se o fisco comprovar que a empresa vendedora intencionalmente participou de eventual ato infracional (fraude) para burlar a fiscalização, concorrendo para a tredestinação da mercadoria (mediante simulação da operação, por exemplo), poderá ela, naturalmente, ser responsabilizada pelo pagamento dos tributos que deixaram de ser oportunamente recolhidos. 3. Hipótese em que o acórdão estadual, por entender que a responsabilização da empresa vendedora independeria de sua boa-fé, deve ser cassado, para que, em novo julgamento da apelação, decida a questão à luz da existência ou não desse elemento subjetivo. 4. Embargos de divergência providos. (ERESP 1.657.359, Primeira Seção, Rel. Min. Gurgel de Faria, DJ 19/03/2018)

Nesse contexto, pode-se concluir que o CTN, conforme a sua competência para disciplinar a sujeição passiva tributária (CF/88, art. 146, III, "b", admite a atribuição de responsabilidade a terceiros relativamente às contribuições sociais nas seguintes hipóteses: (i) como responsável solidário por configuração de interesse comum, quando mais de um sujeito ocupar a posição de contribuinte, mediante auferimento conjunto de receita; (ii) como responsável solidário ou subsidiário por previsão de lei federal, quando o terceiro tiver relação com a operação de que deriva a obtenção de receita E a não satisfação da obrigação tributária for atribuível a ato doloso de seu cometimento.

Conforme os requisitos constitucionais analisados nos tópicos anteriores, essa última hipótese pode ocorrer em pelo menos duas circunstâncias, quais sejam: (ii.a) quando a lei atribuir ao terceiro o dever (e os meios necessários) para a retenção do tributo e este não o fizer, ou retiver o tributo e não efetuar o respectivo repasse; ou (ii.b) quando o terceiro incorrer em alguma infração à legislação tributária, como as de que tratam os arts. 134 e 135 do CTN, relacionadas ao fato gerador da obrigação tributária em questão. Nessas duas hipóteses, são satisfeitos os requisitos da lei complementar, bem como as exigências constitucionais decorrentes da forma de atribuição de competência tributária aos Estados e dos princípios da capacidade contributiva, segurança jurídica e razoabilidade.

Expostos, de maneira abstrata, os limites normativos à instituição de hipóteses de responsabilidade tributária por parte da legislação ordinária federal, passa-se ao exame da satisfação desses requisitos pelos arts. 5º e 6º do PL 3.887/20, que atribui às plataformas digitais a responsabilidade pelo recolhimento da CBS na hipótese de o vendedor não emitir o documento fiscal.

3. Da responsabilidade da plataforma digital pela não emissão de nota fiscal pelo vendedor

Em face do quanto exposto nos itens anteriores, passa-se à análise das hipóteses de responsabilidade tributária previstas nos arts. 5º e 6º do PL 3.887/20, em face dos requisitos da lei complementar e da Constituição Federal. Conforme exposto, a regra em questão conta com os seguintes requisitos: (i) configuração de "plataforma digital"; e (ii) realização de operação por intermédio das plataformas digitais; e (iii) não emissão de documento fiscal eletrônico por parte da pessoa jurídica vendedora.

3.1 Da violação ao CTN

Iniciando-se a análise por meio das disposições de lei complementar, resta claro que a hipótese de responsabilidade tributária das operadoras de plataformas digitais em relação à CBS não pode ser enquadrada no art. 124, I, do CTN, pois as operadoras de *marketplace* não compõem o polo ativo da operação negocial de alienação de bens, de modo que não se pode falar em interesse comum na operação que constitui o fato gerador. Com efeito, consoante exposto acima,[13] a prestação de serviços de intermediação pelas plataformas de *marketplace*, que dá origem à comissão auferida pela plataforma, é diferente da operação de venda de bens, que dá origem ao preço auferido pelo vendedor.

Não obstante, deve-se analisar a validade da instituição de responsabilidade das operadoras de *marketplace* pela CBS devida pelos vendedores de bens, em face dos arts. 124, II e 128 do CTN. Conforme exposto supra, para que a responsabilidade possa ser adequadamente atribuída em conformidade com esses dispositivos, é necessário que o terceiro tenha relação com a operação de circulação de mercadoria E que a não satisfação da obrigação tributária seja atribuível a ato doloso de seu cometimento. Essas condicionantes somente serão satisfeitas quando a lei atribuir ao terceiro o dever (e os meios necessários) para a retenção do tributo e este não o fizer, ou retiver o tributo e não efetuar o respectivo repasse, ou quando o terceiro incorrer em alguma infração à legislação tributária,

[13] Cf. item 1.

como as de que tratam os arts. 134 e 135 do CTN, relacionadas ao fato gerador da obrigação tributária em questão.

No caso em tela, não se cogita de qualquer possibilidade de retenção do tributo pelas operadoras de *marketplace*, pois: (i) não há permissão ou dever legal para tanto; (ii) não há especificação dos meios adotados para discernir situações diversas (como o Simples Nacional); e (iii) várias das operações intermediadas sequer têm o seu pagamento intermediado pela operadora de *marketplace* (como é o caso das vendas de restaurantes pagas em dinheiro).

Poder-se-ia cogitar de a responsabilidade das operadoras de *marketplace* decorrer da violação a um suposto dever legal de verificação da emissão de documentação fiscal, que estaria implícito no projeto de lei em exame. Contudo, deve-se ter em consideração que esse dever seria de impossível cumprimento por parte das operadoras de *marketplace*, pois a sua atuação, conquanto concomitante com a conclusão do contrato de venda, precede o momento da saída da mercadoria do estabelecimento do comerciante, quando a nota fiscal deve ser emitida. Trata-se, pois, de uma impossibilidade lógica e cronológica.

Nesse particular, a atuação das plataformas digitais é muito distinta daquela do transportador, que é alçado à condição de responsável subsidiário pelo ICMS, por exemplo, em algumas hipóteses nas quais se possa atribuir alguma infração dolosa à sua conduta. Veja-se, a título de exemplo, a Lei do Estado de São Paulo nº 6.374/889, com atualizações posteriores, cujo art. 9º, II, prevê hipóteses de responsabilização do transportador pelo ICMS referente à mercadoria transportada:

> **Artigo 9º** – São responsáveis pelo pagamento do imposto devido:
> **(...)**
> **II** – o transportador:
> **a)** em relação à mercadoria proveniente de outro Estado ou do Distrito Federal para entrega a destinatário incerto em território paulista;
> **b)** solidariamente, em relação à mercadoria negociada durante o transporte;
> **c)** solidariamente, em relação à mercadoria aceita para despacho ou transporte sem documentação fiscal;
> **d)** solidariamente, em relação à mercadoria entregue a destinatário diverso do indicado na documentação fiscal;

As alíneas "a", "c" e "d" tratam de hipóteses de responsabilidade que podem ser evitadas pelo transportador, exigindo a nota fiscal dos produtos transportados e não realizando entregas senão ao adquirente constante da nota. De sua parte, a alínea "b" cobre a possibilidade em que o próprio transportador age como vendedor da mercadoria.

A situação da operadora de *marketplace*, contudo, é totalmente diversa, uma vez que esta não tem condições de controlar a emissão de notas fiscais. Com efeito, a atividade de intermediação do produto em si é anterior ao momento da emissão de nota fiscal. Ademais, mesmo nos casos em que também há intermediação do transporte (hipótese do *marketplace* de alimentos), o transportador, que efetivamente entra em contato com a mercadoria e teria condição de perquirir a emissão de nota fiscal, não é funcionário da plataforma, mas um autônomo, pessoa física que não estará sequer sujeita ao recolhimento da CBS.

Da perspectiva factual, considerando-se as efetivas possibilidades de evitar a suposta infração, as operadoras de plataformas de *marketplace* estão em situação mais parecida com os corretores de imóveis em relação ao Imposto sobre a Renda devido em função do ganho de capital realizado na alienação do imóvel. Nessa hipótese, não se cogitaria atribuir responsabilidade tributária ao corretor, pois, embora ele tenha alguma ligação com o fato gerador do tributo (obtenção de rendimento com a alienação do imóvel), ele não possui qualquer capacidade de controle sobre a operação, mesmo porque o momento da entrega da declaração de ganho de capital (até o último dia do mês subsequente à venda) é muito posterior ao momento da atuação do corretor, que finda com a alienação do imóvel.

Logo, a hipótese de responsabilidade tributária prevista nos arts. 5º e 6º do PL 3.887/20 não pode ser enquadrada nos arts. 124, II ou 128 do CTN, pois a eventual realização de uma operação mercantil sem emissão de nota fiscal é posterior à atuação das operadoras de *marketplace*, que não têm condições fáticas nem normativas de controlar a regularidade da emissão da documentação fiscal por parte de seus clientes, muitos dos quais sequer são obrigados a tanto.

Em síntese, os dispositivos do PL 3.887/20 não abarcam situação de interesse comum (art. 124, I, do CTN), pois não há falar em pluralidade de sujeitos que auferem a receita. Outrossim, não é possível enquadrar a sua hipótese nos arts. 124, II ou 128 do CTN, pois não há descumprimento de dever legal atribuível às operadoras de *marketplace*, uma vez que a eventual realização de uma operação mercantil sem emissão de nota fiscal é posterior à atuação das operadoras de *marketplace*, que não têm condições fáticas nem normativas de controlar a regularidade da emissão da documentação fiscal por parte de seus clientes, muitos dos quais sequer são obrigados a emissão desses documentos.

3.2. Da violação à constituição federal

Ademais, cumpre examinar a constitucionalidade da norma dos arts. 5º e 6º do PL 3.887/16, em face da competência federal para a instituição de contribuições sobre receita ou faturamento (CF/88, art. 195, I, "b"), e dos princípios da capacidade contributiva (CF/88, art. 145, § 1º), da razoabilidade e da segurança jurídica.

Em primeiro lugar, a norma de responsabilidade tributária em questão representa violação à regra constitucional de competência para a instituição de contribuições sobre "*a receita ou o faturamento*" (CF/88, art. 195, I, "b"), pois ela conduziria à exigência da CBS de uma pessoa jurídica que não aufere as receitas que consubstanciam o fato gerador da contribuição. Se uma plataforma digital intermedeia uma venda de determinado produto pelo valor de R$ 100,00 (cem reais), cobrando comissão de 10% (dez reais), então R$ 90,00 (noventa reais) serão receita única e exclusivamente do vendedor. Logo, somente o vendedor, que auferirá a receita de R$ 90,00 (noventa reais) poderá ser erigido à condição de sujeito passivo da CBS, relativamente a esse montante. Veja-se que essa circunstância subsiste ainda que o próprio pagamento seja intermediado pela plataforma digital, pois a receita não deixa de ser do vendedor, que é o único contribuinte possível da CBS. Justamente com base nessa justificativa que o Supremo Tribunal Federal julgou inconstitucional a inclusão do ICMS (receita do Estado-federado) na base de cálculo da Contribuição ao PIS e da Cofins.[14] A respeito, o voto do Min. Ricardo Lewandowski

[14] RECURSO EXTRAORDINÁRIO COM REPERCUSSÃO GERAL. EXCLUSÃO DO ICMS NA BASE DE CÁLCULO DO PIS E COFINS. DEFINIÇÃO DE FATURAMENTO. APURAÇÃO ESCRITURAL DO ICMS E REGIME DE NÃO CUMULATIVIDADE. RECURSO PROVIDO. 1. Inviável a apuração do ICMS tomando-se cada mercadoria ou

é representativo do fundamento dominante da referida decisão, ao afirmar que:

> (...) não se pode considerar como ingresso tributável uma verba que é recebida pelo contribuinte apenas com o propósito de pronto repasse a terceiro, ou seja, ao Estado. E está-se diante de um fenômeno que o grande, eminente tributarista Roque Carrazza denomina de "mero trânsito contábil". É um simples trânsito contábil, não ingressa no patrimônio da empresa, do contribuinte.
> (...)
>
> Em suma, eu penso que a inclusão do ICMS nas bases de cálculo do PIS e Cofins subverte, sim, o conceito de faturamento ou de receita, em afronta àquilo que dispõe o artigo 195, I, b, da Constituição Federal, como foi, com muita propriedade, a meu ver, e com o devido respeito aos argumentos em contrário, agora ressaltado pelo Ministro Luiz Fux: o valor corresponde ao ICMS – eu, mais uma vez, repiso esse argumento – não possui a natureza jurídica de faturamento ou de receita.

serviço e a correspondente cadeia, adota-se o sistema de apuração contábil. O montante de ICMS a recolher é apurado mês a mês, considerando-se o total de créditos decorrentes de aquisições e o total de débitos gerados nas saídas de mercadorias ou serviços: análise contábil ou escritural do ICMS. 2. A análise jurídica do princípio da não cumulatividade aplicado ao ICMS há de atentar ao disposto no art. 155, § 2º, inc. I, da Constituição da República, cumprindo-se o princípio da não cumulatividade a cada operação. 3. **O regime da não cumulatividade impõe concluir, conquanto se tenha a escrituração da parcela ainda a se compensar do ICMS, não se incluir todo ele na definição de faturamento aproveitado por este Supremo Tribunal Federal. O ICMS não compõe a base de cálculo para incidência do PIS e da COFINS**. 3. Se o art. 3º, § 2º, inc. I, in fine, da Lei n. 9.718/1998 excluiu da base de cálculo daquelas contribuições sociais o ICMS transferido integralmente para os Estados, deve ser enfatizado que não há como se excluir a transferência parcial decorrente do regime de não cumulatividade em determinado momento da dinâmica das operações. 4. Recurso provido para excluir o ICMS da base de cálculo da contribuição ao PIS e da COFINS.
(RE 574706, Relator(a): CÁRMEN LÚCIA, Tribunal Pleno, julgado em 15/03/2017, ACÓRDÃO ELETRÔNICO REPERCUSSÃO GERAL – MÉRITO DJe-223 DIVULG 29-09-2017 PUBLIC 02-10-2017)

Por submeter-se à mesma norma de competência da Contribuição ao PIS e da Cofins, a CBS também não poderá incidir sobre valores que não representem receita ou faturamento do próprio contribuinte, sob pena de violação ao art. 195, I, "b", da CF/88. A violação a essa condicionante normativa por parte dos arts. 5º e 6º do PL 3.887/20, ao instituir-se a responsabilidade tributária das plataformas digitais, é ainda mais patente quando se percebe o não atendimento ao princípio da capacidade contributiva (CF/88, art. 145, § 1º). Exige-se o tributo da plataforma digital, que não manifesta capacidade contributiva relativamente ao montante devido pelo comprador ao vendedor do bem.

Ademais, a plataforma digital sequer possui condições fáticas ou normativas de acessar a riqueza do terceiro, retendo o tributo por ele devido. Além de não haver previsão legal para tanto, duas circunstâncias fáticas tornariam a retenção inviável, quais sejam: (i) a circunstância de a obrigatoriedade de emissão de nota fiscal ser posterior à atuação da plataforma; e (ii) a o fato de que nem sempre as plataformas digitais intermedeiam o pagamento pelo serviço. Trata-se de violação também ao postulado da razoabilidade, que demanda que o legislador tenha atenção às condições fáticas sobre as quais agirá a norma positivada.

Logo, os arts. 5º e 6º do PL 3.887/20 pretendem instituir a cobrança da CBS de uma pessoa jurídica que: (i) não aufere receita pela venda de mercadorias (mas apenas pelo serviço de intermediação); (ii) não manifesta capacidade contributiva relativa à receita de venda da mercadoria; e (iii) não possui condições fáticas ou normativas de efetuar a retenção do tributo.

Ademais, salta aos olhos a falta de clareza da legislação em questão, que deixa o contribuinte em situação de total insegurança jurídica sobre como proceder. De um lado, o operador de *marketplace* não possui condições fáticas nem a obrigação ou mesmo a permissão jurídica para realizar retenção de tributo. De outro lado, a norma em questão, que ameaça a constrição de seu patrimônio para satisfazer a CBS, possui diversas ambiguidades. Enquanto o art. 5º fala em "pessoa jurídica vendedora", o art. 6º trata de "operações de venda de bens e serviços". Considerando-se que o vocabulário técnico distingue entre a venda de bens e a prestação de serviço, pergunta-se: a hipótese de responsabilidade tributária limita-se às intermediadoras da venda de bens ou também abrange as intermediadoras de prestação de serviços?

Ademais, o próprio conceito de "plataforma digital" é demasiadamente amplo e ambíguo. Conforme o já transcrito art. 6º do PL 3.887/20, "*considera-se plataforma digital qualquer pessoa jurídica que atue como intermediária entre fornecedores e adquirentes nas operações de vendas de bens e serviços de forma não presencial, inclusive na comercialização realizada por meios eletrônicos*". Muito embora o conceito definido seja o de "plataforma digital", não parece haver nenhuma condicionante que circunscreva a aplicação da norma de responsabilidade às intermediações realizadas na internet. Logo, surgem dúvidas sobre se uma pessoa jurídica que intermedeia vendas de maneira não digital estaria, ou não, no campo de incidência da norma. Várias outras situações também poderiam causar dúvidas semelhantes, como a hipótese de uma transportadora que também assume a incumbência de cobrar do cliente (como fazem os Correios).

Nesse contexto, em face da total ausência de densidade legal dos preceitos em exame, reforça-se a violação ao Princípio da Segurança Jurídica, pois as operadoras das plataformas de *marketplace* não possuem meios para conhecer, com a necessária determinação, o conteúdo da obrigação que lhes é imposta. Nessa linha, cabe ressaltar que o Ministro Alexandre de Moraes, do Supremo Tribunal Federal, deferiu a medida liminar na ADI 5.835/DF, ajuizada em face de dispositivos da Lei Complementar 157/16 que previam a incidência do Imposto sobre Serviços (ISS) no local do "tomador do serviço" sem, contudo, delimitar esse conceito, causando inequívoca insegurança jurídica ao contribuinte. A fundamentação dessa decisão repousou, justamente, na insegurança jurídica que derivaria da indefinição do conceito legal. Veja-se:

> "Essa alteração exigiria que a nova disciplina normativa apontasse com clareza o conceito de "tomador de serviços", sob pena de grave insegurança jurídica e eventual possibilidade de dupla tributação, ou mesmo inocorrência de correta incidência tributária.
>
> A ausência dessa definição e a existência de diversas leis, decretos e atos normativos municipais antagônicos já vigentes ou prestes a entrar em vigência acabarão por gerar dificuldade na aplicação da Lei Complementar Federal, ampliando os conflitos de competência entre unidades federadas e gerando

forte abalo no princípio constitucional da segurança jurídica, comprometendo, inclusive, a regularidade da atividade econômica, com consequente desrespeito à própria razão de existência do artigo 146 da Constituição Federal."

De maneira similar ao quanto ocorria com a LC 157/16, relativamente ao conceito de "tomador de serviços" para fins da incidência do ISS relativo a determinadas atividades, os arts. 5º e 6º do PL 3.887/20 também não permitem conhecer ao certo quem se enquadrará, ou não, no conceito de plataforma digital. Também nesse caso, poderá haver enquadramentos concomitantes, conduzindo a situações de dupla tributação.

Em síntese, a norma de responsabilidade tributária prevista nos arts. 5º e 6º do PL 3.887/20, ao atribuir às plataformas digitais a obrigação pelo pagamento da CBS quando os vendedores não emitirem documento fiscal importa violação: (i) à norma constitucional de competência para a instituição de contribuições sobre a receita ou o faturamento (CF/88, art. 195, I, "b"), à capacidade contributiva (CF/88, art. 145, § 1º), e à razoabilidade, ao conduzir à exigência do tributo de parte que não aufere receita decorrente da venda de bens e não tem condições de acessar a correspondente riqueza manifestada pelo vendedor; e (ii) ao princípio da segurança jurídica (CF/88, art. 5º, *caput*), pois a norma de excessiva abstração não permite às operadoras de *marketplace* discernir entre diversas situações que poderão, ou não, dar ensejo à configuração de responsabilidade tributária.

Conclusões

1. A Constituição limita a responsabilidade tributária relativa à espécie tributária "contribuição" ao terceiro que: (i) possuir estrita ligação com o auferimento de receita ou faturamento (art. 195, I, "b"); (ii) tenha condições de acessar a riqueza do terceiro exprimida na operação, por meio do exercício do direito de retenção, sob pena de violação ao princípio da capacidade contributiva (art. 145, § 1º) e da razoabilidade; e (iii) tenha meios de determinar previamente, e com elevado nível de certeza, a satisfação dos pressupostos de sua responsabilidade sobre tributos devidos na operação.

2. O art. 150, § 7º, da CF/88 institui exceção parcial às condicionantes supra, que se aplica unicamente: (i) na atribuição de responsabilidade em cadeias de produção; e (ii) desde que a responsabilidade seja referente a fato gerador ainda não ocorrido, assegurando-se a restituição na hipótese de sua não ocorrência. Esse dispositivo de forma alguma pode ser interpretado para legitimar a atribuição de responsabilidade tributária a operadoras de *marketplace* relativamente à CBS, pois o imposto que se visa a cobrar nesse caso não diz respeito a operações futuras, mas sim ao auferimento de receita pelo vendedor de bens, que é concomitante à atividade da plataforma. Ademais, enquanto o art. 150, § 7º da CF/88 indica a cobrança de imposto sobre base presumida, a norma de responsabilidade dos arts. 5º e 6º do PL 3.887/20 visa à cobrança do tributo relativamente a base de cálculo efetiva, mas referente a operações praticadas por terceiros.

3. As prescrições de leis complementares limitam as hipóteses de atribuição de responsabilidade tributária a terceiros, na forma dos arts. 146, III, "b" da CF/88. Desse modo, o Código Tributário Nacional admite a atribuição de responsabilidade a terceiros relativamente a contribuições sobre receita bruta nas seguintes hipóteses: (i) como responsável solidário por configuração de interesse comum, quando mais de um sujeito praticar o fato gerador (auferimento de receita); (ii) como responsável solidário ou subsidiário por previsão de lei ordinária federal, quando o terceiro tiver relação com a operação de circulação de mercadoria E a não satisfação da obrigação tributária for atribuível a ato doloso de seu cometimento.

3.1 Conforme os requisitos constitucionais analisados, a responsabilidade por conta de previsão legal pode ocorrer em duas circunstâncias, quais sejam: (ii.a) quando a lei atribuir ao terceiro o dever (e os meios necessários) para a retenção do tributo e este não o fizer, ou retiver o tributo e não efetuar o respectivo repasse; ou (ii.b) quando o terceiro incorrer em alguma infração à legislação tributária, como as arts. 134 e 135 do CTN, relacionadas ao fato gerador da obrigação tributária em questão. Nessas duas hipóteses, são satisfeitos os requisitos da lei complementar, bem como as exigências constitucionais decorrentes da forma de atribuição de competência tributária à União e dos princípios da capacidade contributiva, segurança jurídica e razoabilidade.

4. Os arts. 5º e 6º do PL 3.887/20, que estabelecem a responsabilidade tributária das plataformas digitais relativamente à CBS na hipótese de realização de operação por intermédio das plataformas digitais sem a emissão de documento fiscal eletrônico por parte da pessoa jurídica vendedora, não encontram fundamento na legislação complementar, além de violarem diversos preceitos constitucionais.

4.1 No tocante à legislação complementar, os dispositivos do PL 3.887/20 não abarcam situação de interesse comum (art. 124, I, do CTN), pois não há falar em pluralidade de sujeitos que auferem a receita. Outrossim, não é possível enquadrar a sua hipótese nos arts. 124, II ou 128 do CTN, pois não há descumprimento de dever legal atribuível às operadoras de *marketplace*, uma vez que a eventual realização de uma operação mercantil sem emissão de nota fiscal é posterior à atuação das operadoras de *marketplace*, que não têm condições fáticas nem normativas de controlar a regularidade da emissão da documentação fiscal por parte de seus clientes, muitos dos quais sequer são obrigados a tanto.

4.2 Essas circunstâncias importam, também, violação: (i) à norma constitucional de competência para a instituição de contribuições sobre a receita ou o faturamento (CF/88, art. 195, I, "b"), à capacidade contributiva (CF/88, art. 145, § 1º), e à razoabilidade, ao conduzir à exigência do tributo de parte que não aufere receita decorrente da venda de bens e não tem condições de acessar a correspondente riqueza manifestada pelo vendedor; e (ii) ao princípio da segurança jurídica (CF/88, art. 5º, *caput*), pois a norma de excessiva abstração não permite às operadoras de *marketplace* discernir entre diversas situações que poderão, ou não, dar ensejo à configuração de responsabilidade tributária.

15.
A INADEQUAÇÃO DO FATO GERADOR DA CONTRIBUIÇÃO SOBRE BENS E SERVIÇOS (CBS) INCIDENTE NO MERCADO INTERNO

SERGIO ANDRÉ ROCHA
MELINA ROCHA

Introdução

O Projeto de Lei nº 3.887/2020 ("PL 3.887"), que propõe a instituição da Contribuição Social sobre Operações com Bens e Serviços ("CBS"), foi alvo de inúmeras críticas desde a sua apresentação pelo governo federal. As principais se referem ao desenho do fato gerador do tributo e à possibilidade de a CBS nascer já gerando discussões judiciais; às contradições internas do próprio projeto; ao aumento da carga tributária de alguns setores – especialmente em um ambiente de crise econômica, e à alíquota proposta de 12%, considerada alta e opaca, diante da falta de informações sobre o seu processo de definição.

O PL 3.887 pretendeu criar um "IVA Federal" incidindo sobre "operações com bens e serviços", tal como a maioria dos modelos internacionais de IVA – Imposto sobre o Valor Adicionado. Entretanto, tal como discutiremos neste artigo, o art. 195, I, "b" da Constituição Federal prevê a possibilidade de instituição de contribuições sociais pela União sobre "receita" ou "faturamento". A primeira discussão que desenvolveremos neste artigo será, portanto, que a instituição de uma contribuição sobre operações com bens e serviços parece não encontrar fundamento no texto constitucional.

Se a decisão é pela criação de um IVA federal, no modelo das experiências internacionais, nos parece que o caminho deveria ser uma Emenda Constitucional, na qual se atribuísse competência à União para tributar operações com bens e serviços. Do contrário, há que se reconhecer que o que será possível fazer, utilizando a competência estreita do art. 195, I, "b", da Constituição Federal, é somente uma possível adaptação de um IVA dentro um tributo sobre receita ou faturamento.

Além disso, a competência para instituir tributos sobre operações circulatórias envolvendo bens e serviços foi atribuída constitucionalmente aos Estados e Municípios. Portanto, a previsão pelo art. 1º do PL 3.887, de que a CBS incidirá sobre as operações com bens e serviços, mesmo que tenha sido incluída sem a intenção de definir a materialidade da contribuição, poderá levantar discussões de ordem constitucional, além de debates em torno do conceito jurídico de "operações", "bens" e "serviços", definições estas que ainda são controvertidas e estão pendentes de análise pelo STF em diversos casos.

Este artigo propõe uma análise da compatibilidade da CBS e da sua pretensão de ser um "IVA Federal" com a redação do art. 195, I, "b", da Constituição Federal, com a finalidade de definir a sua verdadeira natureza jurídica: se tributo sobre operações ou sobre receitas/faturamento. Em um segundo momento, abordaremos algumas contradições internas do PL 3.887, principalmente no que diz respeito ao respeito à definição do fato gerador e do conceito de receita bruta, definição de serviços em relação à incidência doméstica, creditamento e base de cálculo. Ao final, são propostas algumas sugestões de melhoria ao projeto, especialmente quanto à redação do fato gerador da CBS, com o objetivo de aumentar a segurança jurídica e evitar discussões judiciais envolvendo a nova contribuição.

1. A CBS quer ser um IVA federal...

O modelo da CBS, conforme a redação de inúmeros artigos do PL 3.887, exposição de motivos e apresentações institucionais do governo federal, parece enfrentar um paradoxo: querer ser um "IVA Federal" com base na materialidade prevista artigo 195, I, b da Constituição Federal.

De início, a exposição de motivos afirma que a CBS utilizará a técnica de tributação do valor adicionado, alinhando-se à literatura e experiências internacionais consolidadas. O IVA pode seguir diferentes modelos jurídicos[1]. Por esta razão, muitos consideram que o IVA é muito mais uma técnica para definir a base tributável do que um tipo de tributo. Em geral, os modelos internacionais de IVA adotam como fato gerador a realização de toda e qualquer operação com bens e serviços e são baseados em creditamento por meio de faturas (imposto contra imposto). Tendo em vista estas características, a literatura internacional é unânime em afirmar que o IVA, neste modelo, é um tributo que incide sobre operações/transações.

Esta tributação nos moldes do IVA tentou ser traduzida pelo parágrafo único do art. 1º do PL 3.887 ao se estabelecer que "a CBS incide sobre as operações com bens e serviços". Apesar de não haver nenhuma definição do termo "operações" no projeto, a exposição de motivos leva a crer que o conceito de "operações" adotado no art. 1º "tem um sentido amplo" e teria seguido os modelos internacionais. Os modelos internacionais de fato gerador de IVA diferem entre si, mas, em geral, abrangem todo e qualquer negócio jurídico que envolva uma provisão (*supply*) de bens ou serviços[2]. Por esta razão, se a interpretação do conceito de operações seguir esta linha, a interpretação de "operações" no art. 1º deverá abranger todos os negócios jurídicos que envolvem a provisão de bens e serviços, incluindo, além da transferência da propriedade por uma compra e venda, a locação e a cessão de uso, por exemplo.

Ocorre que este conceito internacional que parece ter sido adotado pelo art. 1º é muito mais largo do que a interpretação consolidada no Brasil, seja na doutrina, seja na jurisprudência do Supremo Tribunal Federal. Os pontos de partida que o PL 3.887 toma consolidados, estão sob análise do STF em diversos casos envolvendo o ICMS, o ISS e as próprias Contribuição para o PIS e COFINS.

[1] Rocha, Melina. Análise e Proposta do Fato Gerador do IBS. Jota, 2020. Disponível em: https://www.jota.info/opiniao-e-analise/colunas/politicas-tributarias/analise-e-proposta-do-fato-gerador-do-ibs-na-reforma-tributaria-do-brasil-15052020

[2] A legislação do Canadá, por exemplo, traz uma lista exemplificativa destes negócios jurídicos no conceito de *supply*: "Excise Tax Act (Canada) 123 (1) supply means, subject to sections 133 and 134, the provision of property or a service in any manner, including sale, transfer, barter, exchange, licence, rental, lease, gift or disposition".

2. Mas o artigo 195, I, "b" não dá competência para um tributo circulatório

Ao estabelecer uma contribuição sobre operações no mercado interno com bens e serviços, o PL 3.887 parece ter se afastado da competência estabelecida pela Constituição Federal, no art. 195, I, "b", que prevê a possibilidade de instituições de contribuições sociais sobre "receita" ou "faturamento".

A questão que se coloca aqui não é meramente de opção legislativa. As contribuições sociais sobre receita ou faturamento não incidem sobre "operações circulatórias", mas sim sobre a receita ou o faturamento da empresa. De uma perspectiva jurídica, qualquer contribuição social instituída com base no artigo 195, I, deve ser considerada um tributo direto. Trata-se da contribuição da empresa para o financiamento da seguridade social. Ademais, os fatos geradores possíveis ali previstos não consideram relações circulatórias, mas sim eventos realizados pela própria empresa – como auferir receita ou faturamento, ou apurar lucro.

É inquestionável que a classificação dos tributos em diretos e indiretos é sujeita às mais variadas críticas. De outra parte, não se pode negar que esta classificação tem relevância jurídica, notadamente no que se refere ao direito à repetição de valores pagos indevidamente ou em valor superior ao devido, conforme previsto no artigo 166 do Código Tributário Nacional.

Em modelos de IVA, cujo fato gerador é operações com bens e serviços, juridicamente a pessoa que realiza o fato gerador (ex. o fornecedor) é diferente da pessoa que paga o tributo (ex. o adquirente) e de quem ao final vai sofrer o encargo financeiro (ex. consumidor final). Por esta razão, o IVA se caracteriza como um tributo indireto, porque o encargo financeiro é transferido para terceiros juridicamente. Diferentemente deste modelo, no PIS e na COFINS não cumulativos, por exemplo, uma pessoa jurídica terá que recolher mensalmente as contribuições mesmo que esteja em fase pré-operacional, desde que tenha receitas financeiras. Ou seja, não se está alcançando, juridicamente, a operação de circulação, mas a receita que foi auferida pelo contribuinte.

Ressalte-se, antes que a crítica apressada se apresente, que naturalmente, de uma perspectiva econômica, todo tributo é custo e, desde que o mercado permita, poderá ser transferido no preço, inclusive os tributos diretos. Contudo, a distinção jurídica de tributo direto ou indireto não parece estar relacionada com a transferência do tributo como custo, mas com a definição legal de quem pratica o fato gerador *versus* quem paga e quem sofre o ônus econômico, dentro do próprio modelo jurídico do tributo.

Desta forma, a partir da redação art. 195, I, "b" da Constituição Federal, a União Federal não tem competência para instituir uma contribuição sobre operações com bens e serviços no mercado interno. Esta materialidade está incluída no rol de competências tributárias dos Estados no art. 155 (circulação de mercadorias e certos serviços) e dos Municípios (serviços de qualquer natureza), no art. 156. Mesmo por via do exercício da competência residual prevista no § 4º do artigo 195 da Constituição seria questionável a criação de um tributo cujo fato gerador seja a circulação de bens e serviços.

3. Apesar das contradições, é uma contribuição sobre receita, afinal!

Se a Constituição Federal não dá competência para a União instituir uma contribuição sobre operações com bens e serviços no mercado interno, o art. 1º, que estabelece que a CBS incide sobre as operações com bens e serviços, parece ser desnecessário e supérfluo, além de potencialmente gerar controvérsias e litígios que podem ser evitados. No fundo, e esta parece ser também a intenção do governo federal, a realidade sobre a natureza jurídica do tributo vem no art. 2º, quando se estabelece que "a CBS incide sobre o auferimento da receita bruta de que trata o art. 12 do Decreto-Lei nº 1.598, de 26 de dezembro de 1977".

A exposição de motivos tenta explicar que a definição do art. 12 do Decreto-Lei nº 1.598/77 ("DL 1.598/77") permite a tributação sobre bens e serviços e que "*a CBS incidirá apenas sobre a receita decorrente do faturamento empresarial, ou seja, sobre as operações realizadas com bens e serviços em sentido amplo*". Tanto a redação dos arts. 1º e 2º, quanto a exposição de motivos, parecem ser contraditórias e não deixam claro se a CBS incidirá, no caso de operações no mercado interno, sobre as operações em si ou sobre a receita bruta. Ora, conforme já mencionado acima, um tributo sobre operações não é a mesma coisa que um tributo sobre receitas, por mais que o resultado final do cálculo do tributo a recolher, após a aplicação de um dos métodos para se apurar o valor adicionado, possa ser o mesmo.

Igualmente, não fica claro se a interpretação do art. 2º deve ser feita em conjunto com o art. 1º, no sentido de que incidirá somente sobre as operações decorrentes de operações com bens e serviços. Se este é o caso, não haveria a necessidade de remeter o conceito de receita bruta ao DL 1.598/77. Esta, porém, não parece ser a interpretação do governo federal, já que em diversas apresentações a equipe técnica afirmou que o conceito de receita bruta a ser considerado deve ser o do DL 1.598/77.

As contradições acima apontadas só reforçam a conclusão de que CBS não é uma contribuição sobre operações com bens e serviços. Da maneira como foi proposta no PL 3.887 a CBS é, de fato, uma CSRB, uma Contribuição Social sobre a Receita Bruta. O art. 1º, a referência a operações, a bens e a serviços em diversas passagens e o intuito de implementar um IVA nos padrões internacionais, tudo isso parece só ter agregado complexidade e perplexidade, além de ter levantado argumentos de inconstitucionalidade. Não existisse o artigo 1º, o PL 3.887 seria muito mais claro, objetivo, transparente e alinhado com a Constituição Federal.

4. Se é uma contribuição sobre receita bruta, pode melhorar

A nossa crítica seguinte parte então da premissa que a CBS é uma contribuição sobre a receita bruta, e tem como foco o fato gerador previsto no artigo 2º que, vale repetir, prevê que "a CBS incide sobre o auferimento da receita bruta de que trata o art. 12 do Decreto-Lei nº 1.598, de 26 de dezembro de 1977".

Nas operações internas, portanto, a base ampla da CBS dependeria bastante da interpretação dada ao art. 12 do DL 1.598/77, cujo inciso IV tem uma redação aberta, ainda não pacificada, que certamente gerará controvérsias, ao fazer referência à inclusão na receita bruta da empresa das "receitas da atividade ou objeto principal da pessoa jurídica".

Note-se que o inciso IV fala apenas nas receitas decorrentes da atividade ou objeto **principal** da pessoa jurídica. A exposição de motivos, entretanto, parece não levar em conta este requisito, pois afirma que "*de acordo com este artigo, a receita bruta é o produto da venda de bens e serviços, ou, no caso, de não se caracterizar como coisa ou outra, o produto das demais atividades empresariais da pessoa jurídica*" e, estranhamente, não menciona a referência à "atividade ou objeto principal da pessoa jurídica", mencionada expressamente no DL 1.598/77.

É verdade que os elementos de interpretação históricos e genéticos são relevantes no processo de construção de sentido de um texto normativo. No entanto, por mais que os formuladores do projeto tivessem o objetivo de atribuir à CBS uma base ampla que abrangesse toda e qualquer atividade econômica da pessoa jurídica, não é possível pretender eternizar as intenções de quem participou do processo de elaboração legislativa como elementos de interpretação, nem assegurar que a exposição de motivos tenha um papel relevante no futuro. Uma vez o texto posto, vale o escrito, não o querido, o idealizado, o imaginado, e este fato pode colocar em risco e limitar o próprio modelo da CBS.

Sendo assim, e revendo o artigo 12 do Decreto-Lei nº 1.598/77, parece-nos que a CBS, da maneira como prevista: (1) em alguns casos, pode tributar menos do que se pretendia; (2) em outros, pode incidir sobre o que não se queria tributar; e (3) inevitavelmente gerará contencioso em algumas situações.

De fato, sabemos que o referido artigo 12 considera receita bruta (1) o produto da venda de bens nas operações de conta própria; (2) o preço da prestação de serviços em geral; (3) o resultado auferido nas operações de conta alheia; e (4) as receitas da atividade ou objeto principal da pessoa jurídica não compreendidas nos itens anteriores.

Nos itens 1 a 3, temos a referência a receitas auferidas com as tradicionais atividades de venda de bens e de prestação de serviços. Estas atividades, por si só, parecem não qualificar a base da CBS como "ampla", sem que haja uma maior definição legislativa ou lastro jurisprudencial. Por conta disso, não só gerariam contencioso como inauguraríamos o novo tributo com dúvidas em relação à tributação pela CBS das atividades de locação, das operações com intangíveis, dos serviços financeiros, etc.

Como apontamos acima, sobra, então, o item 4: receitas da atividade ou objeto principal da pessoa jurídica não compreendidas nos itens anteriores. Nada obstante, este inciso, atualmente, já é objeto de muita indeterminação. Qual a função do adjetivo "principal"? Ele qualifica objeto ou qualifica objeto e atividade? Se qualifica só objeto, qual o sentido de o DL 1.598 falar em atividade e objeto principal, já que este estaria inevitavelmente contido naquela? Qual o tratamento de atividades mistas então? Se a PJ é uma prestadora de serviços e tem uma receita residual de locação, esta receita seria tributável?

Veja-se que é possível, e até esperado, que em algum momento tenhamos um esclarecimento maior sobre esses temas. Contudo, não nos parece que o caminho seja adotar este critério sem maiores definições e esperar que o texto, uma vez aprovado, seja interpretado com base na intenção mencionada na exposição de motivos, anúncios e publicações informais, de que a CBS tem uma base ampla.

Uma outra preocupação levantada por especialistas após a apresentação do projeto foi de que a aplicação deste inciso IV do artigo 12 do DL 1.598, tal como prevista no PL 3.887, poderia resultar na tributação de receitas de equivalência patrimonial e com juros sobre o capital próprio, no caso de entidades que tenham como objeto principal a participação em outras sociedades.

A equipe econômica do governo federal prontamente rejeitou a ideia e esclareceu que a tributação destas receitas contraria o que se pretende. Entretanto, o receio levantado não é teórico e não tem nada de absurdo. Basta vermos a Solução de Consulta COSIT nº 84/2016, na qual a Receita Federal do Brasil, interpretando o próprio artigo 12, inciso IV, chegou à conclusão de que os juros sobre capital próprio recebidos por uma holding são considerados receita bruta e, portanto, tributados pelo PIS e COFINS no regime cumulativo.

A não tributação de uma situação dessas pela CBS dependeria, portanto, de uma conjugação dos arts. 1º e 2º, para que o contribuinte pudesse objetar que não se trata de uma operação com bens e serviços. A questão que fica é: por que insistir num texto que gera esse tipo de insegurança e potencial de contencioso?

Diante destas discussões e seguindo a intenção de simplificação da legislação, o governo federal deveria ter inserido um novo conceito de receita bruta no PL 3887/2020, em vez de fazer a remissão à redação DL 1.598/77.

5. As contradições continuam na não-cumulatividade e na base de cálculo

Dúvidas também aparecem no art. 9º do PL 3887/2020 que condiciona o aproveitamento de crédito "à aquisição de bens ou serviços". Tendo em vista que a intenção é a de um crédito amplo, não deveria a redação do art. 9º ter usado a palavra "aquisição", que leva à interpretação restrita de compra e venda. Se a intenção é efetivamente um creditamento amplo, bastaria prever que todo e qualquer custo ou despesa efetuado pela pessoa jurídica gera o direito ao crédito para o contratante, tomador ou adquirente, sem referência a "operações com bens ou serviços".

A tributação sobre a receita total conjugada com a dedução de despesas e custos referentes à atividade empresarial segue o método de IVA conhecido como "subtrativo" (*subtraction method*), técnica através da qual igualmente se pode calcular o valor adicionado pela empresa[3]. Este foi, aliás, o método adotado na criação do atual PIS/COFINS não cumulativo, segundo a própria exposição de motivos da Medida Provisória nº 135/2003[4] que foi convertida na Lei nº 10.833/2003. Apesar de pouco comum nos IVAs adotados internacionalmente, este é o método mais adequado para um tributo sobre a receita, pois não leva em consideração o tributo devido e pago em cada operação, tais como nos sistemas em que o imposto incide sobre operações.

Portanto, a principal e importante diferença para fins da CBS é que, enquanto o método de crédito por fatura (*invoice credit*) é baseado em transações, o método de subtração é baseado na entidade/empresa, o que se conforma perfeitamente com um tributo cuja materialidade é a receita da pessoa jurídica[5]. Desta forma, é possível aplicar uma técnica de apuração do valor adicionado dentro de um tributo sobre a receita, o que não

[3] Ebrill e outros descrevem este método da seguinte maneira: "under the "subtraction" method, tax is levied directly on an accounts based measure of value added calculated for each firm by subtracting allowable purchases from revenues". EBRILL, Liam, KEEN, Michael, BODIN, Jean-Paul, SUMMERS, Victoria. *The Modern VAT*. International Monetary Fund, 2001.

[4] Segundo a exposição de motivos da Medida Provisória nº 135/2003: "Por se ter adotado, em relação à não-cumulatividade, o método indireto subtrativo, o texto estabelece as situações em que o contribuinte poderá descontar, do valor da contribuição devida, créditos apurados em relação aos bens e serviços adquiridos, custos, despesas e encargos que menciona".

[5] De acordo com Ebrill e outros: "most of these differences reflect the central feature that the invoice-credit method is transaction-based and the subtraction method entity-based". EBRILL, Liam, KEEN, Michael, BODIN, Jean-Paul, SUMMERS, Victoria. *The Modern VAT*. International Monetary Fund, 2001.

descaracterizaria a CBS como um tributo sobre o valor adicionado, tal como é a intenção do governo.

Por fim, a confusão também está presente no art. 7º que descreve a base de cálculo da CBS e que igualmente reflete esta incidência indefinida entre operações e receita. Conforme o artigo, a base de cálculo é o valor da receita bruta auferida em cada operação. Em sistemas IVAs, o fato gerador normalmente é o valor da operação. A redação "receita bruta auferida" leva a entender que a base de cálculo é o valor que é efetivamente recebido pelo fornecedor de bens e serviços, o que não necessariamente coincide com o valor da operação. Um exemplo são transações entre partes relacionadas, para as quais algumas legislações de IVA no mundo estipulam que o valor da operação será o valor de mercado do bem ou produto, independentemente da receita auferida pelo fornecedor.

6. Base ampla e conceito de serviços na incidência doméstica

Não bastasse tudo o que foi dito antes, há, ainda, contradições criadas pelo próprio PL 3.887, como a premissa de que o projeto encampa "um conceito amplo de serviços". Ao tratar da CBS incidente sobre a importação de serviços, § 1º do artigo 61 do projeto estabeleceu, de forma explícita, que seriam considerados "serviços" a "cessão e o licenciamento de direitos, inclusive intangíveis".

Entretanto, em relação à CBS interna, o PL 3.887, em verdade, nada diz sobre o tema. Ora, se houve uma referência explícita a essas atividades no § 1º do art. 61 do PL 3.887, é sinal de que o conceito de serviços utilizado pelo projeto não incluía tais atividades, não sendo, portanto, um "conceito amplo" como se diz na exposição de motivos. Qual o conceito de serviços que está ali previsto? Isso só o tempo e os tribunais dirão. Agora, o próprio texto do projeto indica que ele não é tão amplo quanto se tenta fazer crer.

Não nos parece possível apresentar objeção à conclusão no sentido de que, se para a CBS importação há uma regra explícita prevendo que operações de cessão e licenciamento de direitos são serviços, e essa regra só vale para a CBS importação, isso significa que na CBS interna o conceito de serviços não inclui operações de cessão e licenciamento de direitos. Portanto, não é só a dificuldade de definição do que seriam ou não serviços que gera controvérsia. O próprio PL 3.887 criou uma contradição interna adicional e precisaria ser modificado neste sentido.

7. Não Defendemos a tributação da receita total

Embora a competência outorgada pela Constituição Federal certamente permita a tributação da receita total das pessoas jurídicas, acreditamos ser válida a tentativa de alinhar a CBS, o tanto quanto juridicamente possível, aos padrões internacionais de IVA. Conforme mencionado acima, jamais poderemos ter um IVA puro com base na competência outorgada pelo art. 195, I, "b", da Constituição Federal, mas isso não significa que, sem apego aos padrões internacionais mais conhecidos, não possamos nos aproximar deles.

Dessa maneira, se a finalidade é ter um tributo que incida, de forma ampla, sobre os resultados das atividades empresariais, podemos alcançar tal finalidade de várias formas. O PL 3.887 buscou capturar tal riqueza fazendo remissão ao art. 12 do DL 1.598.

Não nos parece que esse seja o melhor caminho. Uma alternativa seria moldar a base para que abranja somente receitas decorrentes de atividades econômicas/empresariais da pessoa jurídica em sentido amplo, através da adoção do modelo de exclusão que atualmente existe para o PIS e a COFINS não cumulativos. Ou seja, prever que o fato gerador é auferir receita com qualquer atividade econômica (em sentido amplo) e ao mesmo tempo incluir no texto exclusões bem definidas, de modo que, ao final e na prática, a contribuição acabe por incidir somente sobre as receitas das atividades empresariais (e para além da limitação imposta pela estrita definição de venda de mercadorias e prestação de serviços) da pessoa jurídica.

Dessa forma, estariam incluídas, sem maiores dúvidas e discussões, receitas de locação de bens (sejam elas decorrentes ou não da atividade principal da empresa), operações com intangíveis, etc. Do mesmo modo, estaria assegurada a não incidência sobre receitas financeiras, reflexos positivos da avaliação de investimentos pelo método da equivalência patrimonial, ganhos de capital, etc.

Esta conclusão parece ir na mesma direção dos comentários de Canado, em texto que ressaltou que "*excluindo-se as receitas financeiras (parcialmente desoneradas com alíquota zero) e as receitas chamadas de não ope-*

racionais (vendas de ativos não-circulantes), que não são tributadas em ambos os regimes, sobram mesmo (apenas) as receitas da venda de bens e serviços"[6]. Assim, até o retorno, via decreto, da tributação das receitas financeiras pelo PIS e a COFINS não cumulativos, parece-nos que este modelo funcionou com razoável segurança.

Embora acreditemos que seja possível, com a previsão de algumas exceções, alcançar basicamente a receita decorrente da atividade empresarial das pessoas jurídicas, aceitamos a crítica de Canado[7], no sentido de que o modelo de tributação da receita total menos exclusões pode gerar controvérsias e insegurança jurídica em alguns casos excepcionais, já que podem surgir novas receitas que não foram previstas expressamente nas exclusões e que ao mesmo tempo não se caracterizam como receitas decorrentes das atividades empresariais da pessoa jurídica.

Por conta disso, outra possibilidade, que preferimos, é simplesmente definir de forma bem minuciosa a materialidade tributável no próprio texto normativo, conforme a proposta a seguir.

8. Nossa proposta

Considerando tudo o que dissemos anteriormente, podemos sumariar nossa proposta nos seguintes termos:

- Idealmente, a melhor estratégia para se criar um IVA federal seria por uma Emenda Constitucional. Poderíamos debater se seria um novo imposto ou uma contribuição. Contudo, para termos a liberdade de criar um IVA inspirado nas experiências internacionais mais exitosas parece-nos que deveríamos ter uma base constitucional que não o art. 195, I, "b", da Constituição Federal.
- A não ser que seja precedida de uma alteração constitucional, não é aconselhável que a CBS seja instituída como um IVA incidente

[6] Canado, Vanessa. Regime de Competência e incidência PIS/COFINS, ICMS e ISS. Jota, 2017. Disponível em: https://www.jota.info/opiniao-e-analise/artigos/regime-de-competencia-e-incidencia-piscofins-icms-e-iss-13092017

[7] Canado, Vanessa. Devolução de propina e o conceito de receita: Incidência de PIS e COFINS? Jota, 2017. Disponível em: https://jota.info/colunas/direito-e-contabilidade/devolucao-de-propina-e-o-conceito-de-receita-09082017

sobre operações com bens e serviços. A competência outorgada pela Constituição Federal, neste caso, é para a instituição de um tributo sobre "receita" ou sobre o "faturamento", e não sobre "operações com bens e serviços". Portanto, a CSRB deveria ser estruturada como uma contribuição sobre a receita, afastando-se, assim, esta tentativa, a nosso ver equivocada, de se tentar criar um tributo circulatório sem base constitucional, tentando introduzir um IVA federal baseado em operações com bens e serviços sem levar em consideração que a estrutura constitucional das contribuições sociais não dá base para tanto.

- Assumindo que o ideal não seria possível e que teríamos que conviver com uma contribuição social baseada neste art. 195, acreditamos que:

  - Deveria ser abandonada – no tributo incidente internamente – qualquer referência a operações com bens e serviços. Esses termos só agregam complexidade e não trazem qualquer vantagem para o desenho do tributo. O fato gerador e a base de cálculo da contribuição seriam delimitados a receitas decorrentes de atividades econômicas/empresariais da PJ (portanto, não incidiria sobre as receitas totais).
  - Deveria ser eliminada a referência ao artigo 12 do DL 1.598, se estabelecendo de forma expressa e inequívoca, que "a contribuição incidirá sobre a receita auferida com qualquer atividade econômica ou empresarial desempenhada pela pessoa jurídica, prevista ou não em seu objeto social, que tenha por objeto ou seja relacionada a todo e qualquer tipo de fornecimento de bens tangíveis, bens intangíveis, ou serviços, incluindo, mas não limitados à venda de bens e mercadorias, tangíveis ou intangíveis, à prestação de serviços, às atividades de locação de bens, às atividades de cessão e licenciamento de direitos e às atividades operacionais financeiras.

Acreditamos que a definição de um fato gerador e base de cálculo claros, detalhados e objetivos, sem remissão a dispositivos já controvertidos, contribuirá para uma maior segurança jurídica para os contribuintes, fisco e intérpretes e para que a maioria das futuras controvérsias em torno da CBS desapareça. Dessa forma, a CBS não correrá o risco de ter o seu alcance limitado por conta de interpretações que não levem em conta a intenção de se criar um tributo com base ampla, nem de acabar alcançando fatos econômicos que não se pretende tributar.

O propósito deste artigo é contribuir com o trabalho em direção a uma reforma tributária eficaz, que efetivamente traga simplificação e reduza litígios entre o Fisco e os contribuintes. A premissa dos autores é a de que o modelo do projeto do governo pode trazer discussões desnecessárias com relação à competência prevista no art. 195, I, "b" da Constituição Federal. Portanto, ao menos em relação à incidência doméstica, o PL 3.887 deveria instituir uma CSRB, um tributo sobre a receita bruta, no qual igualmente será aplicada uma técnica para apuração do valor adicionado, evitando a tentativa de se criar um IVA incidente sobre operações com bens e serviços, que certamente gerará insegurança, contencioso e discussão sobre a constitucionalidade. Não é possível prever o resultado de eventuais disputas. Contudo, parece-nos que o simples fato de se inaugurar um sistema novo já povoado de controvérsias deveria ser suficiente para repensarmos o modelo apresentado no PL 3.887.

16.
CBS: A REFORMA DO PIS E DA COFINS

HUGO FUNARO

Introdução

Reformar significa modificar algo para corrigir ou melhorar o seu funcionamento. Quando se fala em reforma legislativa, busca-se aperfeiçoar o sistema jurídico, de sorte a regular adequadamente as condutas abarcadas pelo ordenamento.

Assim, a atividade legislativa reformadora exige a prévia identificação do que não funciona a contento e de um plano para solucionar o problema, evitando mexer na estrutura; no que está bom. É claro que se se concluir que a estrutura esteja condenada, que não tem conserto, tem-se de colocá-la abaixo e fazer uma nova. Como se faz com uma casa.

No caso do sistema tributário, a estrutura está na Constituição Federal. É nela que se encontram as normas atributivas de competência para que União, Estados, Distrito Federal e Municípios obtenham as receitas necessárias ao exercício de sua autonomia política, administrativa e financeira. Para tanto, a Constituição descreve os fatos econômicos que podem ser tributados por cada ente, estabelece regras de repartição de receitas e define limites para a proteção dos direitos individuais dos cidadãos. Esse conjunto de normas deve formar um todo harmônico com a legislação infraconstitucional, a fim de possibilitar a arrecadação de recursos necessários à atuação do Estado nas áreas que lhe competem, em dimensão compatível com o desejado desenvolvimento econômico e social.

É necessário, portanto, avaliar se, no plano dos fatos, os efeitos das normas que compõem o sistema tributário idealizado pelo Constituinte são condizentes com os valores que se pretendia assegurar e com os objetivos que se visava alcançar, bem como a existência de eventuais antinomias ou lacunas. Tal avaliação deve ser feita de forma periódica, especialmente porque a sociedade e as relações humanas estão em constante mudança, podendo tornar obsoletas normas que outrora tinham plena aplicação e eficácia, sobretudo em matéria tributária. Exemplo disso é a imunidade "*dos livros jornais, periódicos e o papel destinado a sua impressão*" (CF, art. 150, VI, "d"), que, embora criada numa época "pré digital", "*aplica-se à importação e comercialização, no mercado interno, do livro eletrônico (e-book) e dos suportes exclusivamente utilizados para fixá-los, como leitores de livros eletrônicos (e-readers), ainda que possuam funcionalidades acessórias*", conforme declarado na Súmula Vinculante nº 57, do Supremo Tribunal Federal.

Nesse contexto, entre as diversas emendas feitas na Constituição Federal para alterar as normas informadoras do sistema tributário – principalmente para ampliar a competência dos entes tributantes, em especial da União[1] (vide, e.g., ECs 20/1998, 27/2000, 33/2001, 42/2003, 103/2019) – foi atribuída competência privativa ao Senado Federal para "avaliar periodicamente a funcionalidade do Sistema Tributário Nacional, em sua estrutura e seus componentes, e o desempenho das administrações tributárias da União, dos Estados e do Distrito Federal e dos Municípios" (art. 52, XV, incluído no corpo permanente da Constituição Federal, por meio da EC 42/2003).

Nos termos do Regimento Interno do Senado Federal, cabe à Comissão de Assuntos Econômicos (CAE) daquela Casa proceder anualmente à avaliação da funcionalidade do sistema e desempenho das administrações tributárias e aprovar relatório conclusivo, para posterior envio aos Poderes Executivo e Legislativo da União, dos Estados e do Distrito Federal, encaminhando-se, ainda, resumo executivo aos Municípios (arts. 99-A c/c 393-A a 393-F).

[1] Vide, e.g., ECs 20/1998, 27/2000, 33/2001, 42/2003, 103/2019.

Em relatório de outubro/2017, o Grupo de Trabalho da CAE apontou inúmeras disfunções no sistema tributário nacional[2]. Além da carga tributária elevada para o padrão de desenvolvimento brasileiro, destacam-se as seguintes conclusões:

(a) tributação elevada do consumo de bens e serviços e reduzida dos lucros e rendimentos, levando à regressividade do sistema;
(b) concentração da arrecadação tributária na União, especialmente na forma de contribuições (cerca de 45% da arrecadação total de tributos do país, na época);
(c) complexidade e alto custo para cumprimento das obrigações tributárias;
(d) excesso de litígios tributários;
(e) cumulatividade tributária, em prejuízo da competitividade das empresas;
(f) alta tributação sobre a folha de salários;
(g) excesso de renúncias fiscais ou gastos tributários;
(h) guerra fiscal do ICMS, gerando distorções na alocação de recursos;
(i) necessidade de aprimoramento do sistema para tributar adequadamente os bens intangíveis e os negócios e facilidades digitais.

Diante do diagnóstico, o Grupo de Trabalho vislumbrou quatro estratégias possíveis: "i) a suicida, que envolve, paradoxalmente, não reagir ao cenário presente; ii) a conservadora, que passa por realizar mudanças pontuais; iii) a reformista, através da qual pode-se, ao menos, caminhar para onde o resto do mundo se encontra; e iv) a reconstrutora, isto é, modificar todo o sistema tributário." A recomendação, aprovada pela CAE, foi por seguir a terceira via, mediante a realização de mudanças graduais no sistema tributário nacional, começando pela criação de um Imposto sobre o Valor Agregado (IVA) e pela reforma do PIS/COFINS. [3]

[2] https://legis.senado.leg.br/sdleg-getter/documento?dm=7229607&disposition=inline, Acesso em 29/04/2021.

[3] O relatório foi aprovado pela CAE em 21/11/2017. https://www12.senado.leg.br/noticias/materias/2017/11/21/distribuicao-da-carga-tributaria-deve-ser-revista-aponta-relatorio-da-cae Acesso em 29/04/2021.

Essas considerações são importantes Primeiro, por terem sido feitas pelo órgão constitucionalmente competente para a avaliar o desempenho do sistema tributário; segundo, por apontarem as distorções e disfunções do sistema e possíveis caminhos para a sua melhoria.

Nesse sentido, as propostas de reforma tributária atualmente em debate cuidam justamente dos temas indicados como prioritários no relatório da CAE. As Propostas de Emenda à Constituição (PECs) ns. 45/2019 e 110/2019 pretendem criar o IVA; já o Projeto de Lei (PL) 3.887/2020 pretende unificar o PIS e a COFINS numa contribuição sobre operações com bens e serviços (CBS) e tornar mais eficiente o modelo atual de tributação do faturamento/receita.

Tais propostas, frise-se, abordam apenas parte dos problemas indicados no relatório da CAE. Outros projetos deveriam ser apresentados para solucionar as demais patologias constatadas e tornar o sistema tributário funcional, de sorte a promover a justiça fiscal.

Para que o sistema funcione adequadamente, não basta alterar somente a Constituição Federal ou apenas a legislação infraordenada. Temas relacionados à competência para a instituição de tributos e suas limitações, como, por exemplo, o uso indiscriminado de contribuições pela União, ou a tributação de bens intangíveis e os negócios digitais certamente devem ser tratados no plano constitucional. Por outro lado, questões afetas à graduação da carga tributária e sua alocação, à simplificação de obrigações acessórias, à competição fiscal entre as unidades federadas e à redução de litígios dependem da qualidade das leis editadas pelos órgãos legislativos competentes. Afinal, a Constituição não cria tributos, mas apenas define os limites e condições para a sua instituição e cobrança pelos entes políticos.

Portanto, é necessário um esforço conjunto do Congresso Nacional com os demais órgãos legislativos subnacionais a fim de que seja editada a normatização necessária para que, enfim, tenhamos um sistema tributário moderno, eficiente e justo.

1. Interface entre as propostas de reforma tributária (PECs 45 e 110 e PL 3887)

Para além de autorizar a criação de um novo IVA, com regramento mais aderente aos mecanismos aplicados em países desenvolvidos, as PECs 45 e 110 pretendem agrupar nessa rubrica diversos tributos federais, bem como o ICMS e o ISSQN; propõe-se, também, a criação de um imposto seletivo (IS) para desestimular "externalidades negativas".

A análise aprofundada de tais proposições não é objeto do presente trabalho, mas vale referir que há sérias dúvidas quanto à sua constitucionalidade[4] e adequação, "seja pelo caráter regressivo, desigual e antifederativo do IBS nelas previsto, seja pela ausência de contornos satisfatórios para o Imposto Seletivo", como adverte respeitável doutrina[5].

O que importa salientar, neste momento, é que ambas as PECs propõem a extinção do PIS e da COFINS e a incorporação da respectiva carga tributária ao IVA. Nessa medida, poderia haver relação de prejudicialidade entre tais projetos e o PL 3.887/2020, que também pretende extinguir as referidas contribuições, ou, mais propriamente, consolidá-las no tributo denominado Contribuição sobre operações com Bens e Serviços - CBS, que seria instituído e regulado por uma lei nova, em substituição a diversos diplomas normativos ora vigentes.

Cabe, pois, indagar: convém o Congresso Nacional examinar o PL 3.887/2020 e, eventualmente, aprovar a CBS, se existe a perspectiva de criação, por emenda constitucional, de um IVA que a incorpore?

A resposta é positiva, por duas razões. A primeira é teórica: não se tem certeza de que o IVA virá a ser aprovado, até porque diversas tentativas anteriores de reformar elementos estruturais do sistema constitucional de tributação restaram infrutíferas (e.g., PECs 42/2003, 233/2008). A segunda é pragmática: as PECs 45 e 110, de 2019 estabelecem prazos de transição longos para a completa extinção dos tributos que se pretende

[4] "Art. 60 (...)
(...)
§ 4º Não será objeto de deliberação a proposta de emenda tendente a abolir:
I – a forma federativa de Estado;
II – o voto direto, secreto, universal e periódico;
III – a separação dos Poderes;
IV – os direitos e garantias individuais."

[5] Vide, e.g.: Souza, Hamilton Dias de; Ávila, Humberto. Carrazza, Roque Antônio. *A reforma tributária que o Brasil precisa – parte I*. Revista Consultor Jurídico, 8 de novembro de 2019. Disponível em: https://www.conjur.com.br/2019-nov-08/opiniao-reforma-tributaria-brasil-parte. Acesso em 29/04/2021.

substituir pelo IVA (cinco a dez anos), sendo conveniente que, até lá, vigore um regime mais sensato de tributação da receita/faturamento/importação.

Em suma, o PL 3.887/2020 poderá tramitar de forma paralela e independente das PECs 45 e 110, tendo em vista que, no caso de sua aprovação, a CBS vigoraria, ao menos, durante o prazo de transição que venha a ser estabelecido para a sua substituição pelo IVA.

2. Considerações sobre a proposta de criação da CBS

O PL 3.887/2020 é de iniciativa do Poder Executivo. A justificativa para a criação da CBS foi aperfeiçoar "a *tributação incidente sobre a receita decorrente de operações com bens e serviços, alinhando-se a um tributo sobre valor adicionado, em substituição às inúmeras formas de incidência da Contribuição para o PIS/Pasep e da Cofins*", seguindo "*as recomendações propostas pela OCDE para melhoria da qualidade do nosso sistema tributário*".

A falta de apoio público do Governo Federal às PECs 45 e 110, aliada à pretendida reforma do PIS/COFINS, sinaliza opção política no sentido de reparar pontualmente os defeitos constatados nas engrenagens do sistema tributário, sem mexer na sua estrutura. Seria uma reforma em etapas ("fatiada"), começando por tributos que têm gerado inúmeros e expressivos litígios entre o Fisco e os contribuintes.[6]

No mérito, a proposição mostra-se adequada, pois as contribuições previdenciárias incidentes sobre a receita, o faturamento e a importação possuem regramento extenso e esparso, envolvendo uma série de regimes fiscais previstos num cipoal de diplomas normativos, com replicação de normas e obrigações acessórias, onerando em demasia as empresas contribuintes.

[6] No Portal do Supremo Tribunal Federal, há registro de, pelo menos, 19 teses tributárias com repercussão geral reconhecida, envolvendo PIS e/ou COFINS (temas 1, 34, 69, 87, 95, 110, 177, 179, 228, 244, 283, 329, 337, 391, 415, 573, 744, 939, 1.047). Disponível em: http://www.stf.jus.br/portal/jurisprudenciaRepercussao/abrirTemasComRG.asp; Acesso em 29/04/2021. Aliás, a tese 69, que envolve a exclusão do ICMS da base de cálculo das referidas contribuições foi alcunhada de "a tese do século", em razão de seu amplo espectro e elevado valor (RE 574.706//PR).

Note-se que, a despeito de a CBS sugerir uma incidência sobre "operações" (negócios jurídicos) com bens e serviços, o fato gerador continua sendo o "auferimento de receita bruta" e a base de cálculo permanece como "o valor da receita bruta", porém, até o limite das operações habitualmente realizadas pela pessoa jurídica, o que equivale ao seu "faturamento"[7]. Há, também, a "incidência sobre a importação de bens e serviços", tendo por base de cálculo o valor aduaneiro do bem e a contrapartida pelos serviços prestados. As destinações da contribuição serão as mesmas atendidas pelo PIS e pela COFINS.

Assim, em substância, a CBS alcança os mesmos fatos econômicos atualmente sujeitos ao PIS/COFINS e se presta aos mesmos fins constitucionais (CF, art. 195, I, b e IV; e art. 239), sendo, portanto, inequívoca a identidade entre as contribuições, nada obstante a mudança do seu *nomen juris*, que, aliás, é irrelevante para determinar a natureza do tributo (CTN, art. 4º)[8].

Em linhas gerais, o projeto apresenta melhorias no microssistema de tributação da receita/faturamento/importação, podendo ser destacados os seguintes pontos positivos:

a) Simplificação
   - Unificação de quatro tributos (PIS, COFINS, PIS-importação, COFINS - importação) em um só (CBS);
   - Eliminação de obrigações acessórias em duplicidade, devido à redução do número de tributos a serem informados;

[7] RE 150755, Relator(a): Carlos Velloso, Relator(a) p/ Acórdão: Sepúlveda Pertence, Tribunal Pleno, julgado em 18/11/1992, DJ 20-08-1993 PP-16322 EMENT VOL-01713-03 PP-00485 RTJ VOL-00149-01 PP-00259; RE 390840, Relator(a): Marco Aurélio, Tribunal Pleno, julgado em 09/11/2005, DJ 15-08-2006 PP-00025 EMENT VOL-02242-03 PP-00372 RDDT n. 133, 2006, p. 214-215).

[8] Registre-se que, embora o inciso II do art. 4º do CTN, que considera irrelevante a destinação legal do produto da arrecadação do tributo para qualifica-lo, tornou-se incompatível com a Constituição de 1988, que conferiu natureza tributária às contribuições e as distinguiu de outras espécies tributárias em função das finalidades para as quais se destina a sua arrecadação (ADI 2925, Relator(a): Ellen Gracie, Relator(a) p/ Acórdão: Marco Aurélio, Tribunal Pleno, julgado em 19/12/2003, DJ 04-03-2005 PP 00010 EMENT VOL-02182-01 PP-00112 LEXSTF v. 27, n. 316, 2005, p. 52-96).

- Consolidação de textos normativos redundantes ou esparsos (e.g., Leis ns. 9.718/98, 10.637/2002, 10.833/2003, 10.865/2004), num único diploma legal.

b) Neutralidade econômica
- Permissão para creditamento "amplo" da CBS incidente em etapas anteriores;
- Ressarcimento, em dinheiro, de saldos acumulados ao final de cada trimestre calendário.

c) Transparência/ segurança jurídica (redução da litigiosidade)
- Limitação da base de cálculo ao faturamento, líquido dos tributos incidentes na respectiva transação (e.g., ICMS, ISS e a própria CBS);
- Maior clareza quanto aos créditos passíveis de apropriação.

Em contrapartida, há questões que geram perplexidades e deverão ser debatidas de forma aprofundada, conforme a proposição avance no Congresso Nacional. Dentre elas, a que parece justificar maior atenção é a alíquota da CBS, fixada em 12% para as empresas em geral (com poucas exceções), superior à somatórias das alíquotas básicas de PIS/COFINS atualmente em vigor para as empresas sujeitas aos regimes de apuração cumulativo (3,65%) e não cumulativo (9,25%).

Na prática, o aumento da alíquota nominal tende a ser economicamente neutro para os contribuintes que já estavam submetidos ao regime não cumulativo de apuração das contribuições, pois haverá limitação da base de cálculo ao faturamento, que compreende apenas as receitas decorrentes das atividades habituais da pessoa jurídica (art. 12 do Decreto-lei nº 1.598/1977)[9], excluindo-se os tributos e outras receitas outrora nela

[9] "Art. 12. A receita bruta compreende:
I – o produto da venda de bens nas operações de conta própria;
II – o preço da prestação de serviços em geral;
III – o resultado auferido nas operações de conta alheia; e
IV – as receitas da atividade ou objeto principal da pessoa jurídica não compreendidas nos incisos I a III."

incluídos (ICMS, ISS, CBS, receitas financeiras, ganhos de capital). Vale dizer, a redução da base de incidência da CBS, em comparação com a do PIS/COFINS, deverá neutralizar o aumento da alíquota para 12%[10].

Entretanto, as empresas sujeitas ao regime cumulativo tendem a sofrer expressivo aumento da carga tributária, especialmente as prestadoras de serviços, cujos créditos passíveis de apropriação certamente não serão suficientes para contrabalancear a maior alíquota da CBS. Isso inclui serviços essenciais, ainda que desenvolvidos em caráter privado, como saúde, educação e transporte, aumentando os preços finais aos consumidores, com impactos sociais e econômicos que devem ser bem ponderados.

Aliás, com a extinção do regime cumulativo de apuração do PIS/COFINS, era de se esperar que houvesse uma calibração da alíquota da CBS considerando, de um lado, o nível de arrecadação anterior e, de outro, o maior número de contribuintes que estariam sujeitos ao regime não cumulativo, a limitação do crédito de PIS/COFINS aos valores "destacados" nas etapas anteriores (eliminando-se, por exemplo, o crédito outorgado de 9,25% nas aquisições tributadas a 3,65%), além da revogação de uma série de desonerações fiscais vigentes.

Disso deveria resultar uma alíquota média da CBS proporcionalmente inferior aos atuais 9,25% de PIS/COFINS, ainda que tenham sido retirados entraves atualmente existentes ao aproveitamento de créditos da contribuição.

No entanto, ao que tudo indica (especialmente a ausência de cálculos oficiais que demonstrem o contrário), a alíquota da CBS foi nivelada "por cima", o que, se admitido, resultaria em aumento da carga tributária nacional. Até porque, também haverá elevação dos custos de conformidade para as empresas optantes pela sistemática do lucro presumido, na

[10] A inclusão do PIS/COFINS (9,25%) e do ICMS (18%) na base de cálculo do PIS/COFINS não cumulativos corresponde a uma carga efetiva de 11,77% [9,25% x (100+9,25+18)]. Como a CBS incidirá "por fora", a alíquota de 12% tende a manter a carga tributária atual para as empresas do regime não-cumulativo, podendo até ser mais vantajosa, considerando que outras receitas que eram tributáveis deixarão de sê-lo. Além disso, poderá haver a apropriação de créditos que outrora não eram admitidos.

medida em que será necessário aprimorar o controle de aquisições de bens e serviços, para viabilizar o aproveitamento dos créditos da CBS.

Curiosamente, as instituições financeiras e afins foram submetidas à alíquota de 5,8% e, ainda, com possibilidade de apropriação de certos créditos por algumas delas, "em razão de especificidades que dificultam a tributação do valor adicionado em cada operação", como exposto na Exposição de Motivos do PL 3.887/2020.

Ocorre que um grupo muito maior de empresas tem as mesmas dificuldades, porém, foi incluído no "regime geral" da CBS, o que não parece condizente com o princípio da isonomia (CF, art. 150, II). Ademais, a proposta veda a apropriação de créditos da contribuição em relação aos valores pagos às referidas instituições, mesmo que necessárias para o regular desenvolvimento de atividades tributadas pelas empresas sujeitas ao regime geral (como, por exemplo, juros de empréstimo bancários), frustrando, em parte, o discurso da não-cumulatividade "ampla" da CBS, que, aliás, tem assento constitucional (CF, art. 195, §12).

Esse quadro recomenda uma análise criteriosa do aspecto quantitativo da CBS pelo Congresso Nacional, seja quanto à razoabilidade da alíquota básica proposta, seja quanto à conveniência do nivelamento da carga tributária para bens e serviços em geral e, ainda, quanto aos tipos de atividades que deveriam ser submetidas a carga tributária menos gravosa. Além, é claro de outras questões específicas que deverão ser tratadas durante a tramitação da proposta.[11]

Conclusões

O sistema tributário nacional precisa ser reformado para funcionar adequadamente. Para tanto, devem ser feitas mudanças em âmbito constitucional e legal, de modo a atender, pelo menos, os problemas detectados no Relatório elaborado em 2017, pela Comissão de Assuntos Econômicos do Senado Federal, que é o órgão competente para avaliar a funcionalidade do sistema, conforme o disposto no art. 52, XV, da Constituição Federal.

[11] Confira-se, a respeito: Funaro, Hugo; Odorizzi, Douglas Guidini; Carvalho. Thúlio José Michilini Muniz de. *O projeto da CBS precisa ser aperfeiçoado*. Revista Consultor Jurídico, 17 de agosto de 2020. Disponível em: https://www.conjur.com.br/2020-ago-17/opiniao-projeto-cbs-aperfeicoado. Acesso em 29/04/2021.

A criação do IBS, previsto nas PECs 45 e 110, de 2019, poderá criar condições para racionalizar a tributação do consumo em âmbito nacional, porém, as propostas deverão respeitar as cláusulas pétreas (CF, art. 60) e não prescindem de legislação infraordenada que implemente as novas regras de forma condizente com a vontade do Constituinte Derivado.

Em paralelo, convém que se dê curso ao PL 3.887/2020, o qual pretende unificar as múltiplas incidências de PIS/COFINS sob a nomenclatura "CBS", promovendo ajustes na legislação para aperfeiçoar a incidência e cobrança das contribuições sobre o faturamento/receita/importação. Ainda que as referidas PECs venham a ser aprovadas, a CBS seria exigível pelo prazo de transição nelas previsto (estimado entre cinco e dez anos).

Vale dizer, havendo a oportunidade de aprovar rapidamente lei ordinária – cujo processo legislativo é mais simples do que o de uma emenda à Constituição – para simplificar obrigações e mitigar litígios, como propõe o projeto que cria a CBS, não há razão para deixar de fazê-lo, independentemente do prosseguimento das discussões em torno das reformas constitucionais. A reforma do PIS/COFINS seria, de fato, um ótimo ponto de partida para a reforma do sistema tributário nacional, visto que a legislação que disciplina as referidas contribuições é uma das mais complexas do país e, talvez, a maior fonte de litígios entre o Fisco e os contribuintes, ao menos no plano dos tributos federais.

O que se espera é que as discussões de todos os projetos de reforma tributária em curso (ou que venham a ser apresentados) sejam aprofundadas e levem em conta as peculiaridades do sistema federativo brasileiro e as características geográficas do país, que possui dimensão continental e significativas diferenças socioeconômicas entre as diversas regiões. Isso significa que não se pode simplesmente aplicar conceitos teóricos sem projetar os seus efeitos práticos, ou importar mecanismos utilizados em países que possuem modelos políticos ou sistemas jurídicos com características completamente diferentes dos nossos, sem que se façam as adaptações necessárias à realidade brasileira.

É nesse sentido que também o ajuste pretendido pelo PL 3.887/2020 deve ser debatido, sobretudo, no que respeita à adaptação da carga tributária aos diversos setores, considerando as peculiaridades de cada um e a sua função social.

17.
REFORMA DA TRIBUTAÇÃO DO CONSUMO NO BRASIL: O IMPOSTO SOBRE BENS E SERVIÇOS

BERNARD APPY
BENTO ANTUNES DE ANDRADE MAIA
LARISSA LUZIA LONGO

Introdução

As características de um bom sistema de tributação sobre o consumo de bens e serviços estão bem estabelecidas na literatura internacional, havendo um quase consenso sobre a superioridade do modelo baseado em um imposto sobre o valor adicionado (IVA) com as seguintes características: (i) a tributação pelo princípio do destino; (ii) uma base ampla de incidência, sem distinção entre bens e serviços; (iii) a não-cumulatividade, com a devolução integral e tempestiva dos créditos acumulados; (iv) a adoção das regras mais homogêneas possíveis, de modo a não criar distorções na atividade produtiva; e (v) a transparência, tornando o tributo simples e emponderando o cidadão sobre a carga tributária incidente sobre o seu consumo.

O Brasil encontra-se muito distante das boas práticas internacionais. Apesar de propostas de reforma tributária terem tramitado nas últimas décadas, nenhuma avançou no Congresso devido a conflitos de interesses entre os entes da federação, aos lobbies de setores que ganham com as ineficiências do sistema atual e à falta de protagonismo do Executivo na defesa da reforma.

A disfuncionalidade do atual sistema de tributação sobre o consumo tem motivado cada vez mais manifestações de apoio à reforma tributária. Nos últimos anos, o Governo Federal (Ministério da Economia), os Estados (através do Comitê Nacional dos Secretários de Fazenda dos Estados e do DF – COMSEFAZ) e a maioria dos Municípios (através da Confederação Nacional dos Municípios – CNM) se pronunciaram a favor de uma reforma ampla sobre o consumo com a mudança da tributação para o destino[1].

Nesse contexto, o presente artigo apresentará a proposta de reforma tributária do consumo formulada pelo Centro de Cidadania Fiscal (CCiF), um *think tank* independente que tem como objetivo contribuir para a melhora da qualidade do sistema tributário brasileiro. A proposta do CCiF foi elaborada com base nas recomendações da literatura internacional, mas também considerando as particularidades do modelo brasileiro de tributação de bens e serviços.

O texto está dividido em três partes. Na primeira, é descrita a proposta do CCiF. Na sequência, são apresentados os impactos estimados da reforma sobre o crescimento econômico, arrecadação dos entes e o impacto distributivo. Por fim, na terceira seção, serão debatidos alguns dos principais pontos da reforma da tributação do consumo brasileira: a autonomia federativa dos entes, a unificação da base de bens e serviços e a adoção da alíquota uniforme.

1. Descrição da proposta CCiF

Nessa seção apresentam-se as principais características da proposta de reforma do modelo brasileiro de tributação de bens e serviços desenvolvida pelo CCiF, bem como discutem-se as razões que levaram à escolha desse modelo. A versão inicial desse trabalho foi consolidada na Proposta de Emenda Constitucional (PEC) 45/2019, apresentada à Câmara dos Deputados pelo deputado Baleia Rossi. Desde então, o CCiF vem aprimorando o texto da PEC que consolida as suas propostas, sem, entretanto, mudar as características centrais da proposta original. Na redação desse

[1] As manifestações de apoio da CNM e do Ministério da Economia foram expressas no contexto da PEC 110/2019, que tramita atualmente no Senado Federal.

artigo foi considerada a versão da proposta do CCiF de abril de 2021, a qual foi desenvolvida em conjunto com representantes do COMSEFAZ[2].

Embora a tramitação da PEC 45 esteja parada, por razões políticas, segue em tramitação a PEC 110/2019, do Senado Federal, que trata do mesmo tema. Apesar de algumas diferenças, a espinha dorsal das propostas é essencialmente a mesma, até porque os substitutivos mais recentes da PEC 110 tomaram por referência o substitutivo apresentado pelo Deputado Aguinaldo Ribeiro à Comissão Mista criada para compatibilizar a PEC 45 e a PEC 110. As diferenças mais relevantes entre a proposta do CCiF e a PEC 110 são destacadas em notas de rodapé no presente texto[3].

Pela proposta do CCiF são extintas as Contribuições para o Financiamento da Seguridade Social (Cofins), para os Programas de Integração Social (PIS) e de Formação do Patrimônio do Servidor Público (PASEP), a Contribuição de Intervenção no Domínio Econômico incidente sobre as operações realizadas com combustíveis (CIDE-combustíveis) e o Imposto sobre Produtos Industrializados (IPI), cobrados pela União; o Imposto sobre Circulação de Mercadorias e Serviços de Transporte Interestadual e Intermunicipal e Comunicações (ICMS), cobrado pelos Estados; e o Imposto sobre Serviços de Qualquer Natureza (ISS), cobrado pelos Municípios[4].

Em substituição a esses sete tributos, propõe-se a instituição de um único Imposto sobre Bens e Serviços (IBS), de competência nacional. Complementarmente, propõe-se a criação de um Imposto Seletivo, de competência federal e natureza regulatória, que incida apenas sobre bens e serviços cujo consumo se pretenda desestimular por motivos rela-

[2] A versão da PEC a que se refere esse artigo, bem como versões anteriores elaboradas pelo CCiF podem ser acessadas no sítio eletrônico do Centro, através do link: https://ccif.com.br/notas-tecnicas/.

[3] Os comentários sobre a PEC 110 tomam como referência o parecer apresentado à Comissão de Constituição e Justiça do Senado em 16/03/2022, último disponível quando esse artigo foi finalizado.

[4] A versão original da PEC 45, assim como a versão atual da PEC 110, não contempla a extinção da CIDE-Combustíveis, nem da contribuição para o PASEP.

cionados à saúde e ao meio ambiente, como combustíveis fósseis, fumo e bebidas alcoólicas[5].

1.1 Principais características do IBS

O IBS segue o modelo de Imposto sobre o Valor Adicionado (IVA), adotado em mais de 168 países[6], e reúne as características das melhores práticas internacionais em termos de IVA: (i) incidência sobre uma base ampla de bens e serviços; (ii) cobrança no destino, por meio da desoneração plena das exportações e da tributação das importações; (iii) legislação homogênea e alíquota uniforme para todos os bens e serviços; e (iv) não-cumulatividade plena, com crédito amplo e imediato (também conhecido como crédito financeiro), inclusive nos investimentos; e (v) ressarcimento ágil de créditos acumulados. Um imposto com essas características, ainda que cobrado ao longo da cadeia de produção e comercialização é, efetivamente, um imposto incidente sobre o consumo[7].

A base de incidência ampla do IBS permitirá que os bens e os serviços sejam tributados de forma homogênea, em substituição ao sistema brasileiro atual, no qual o consumo é tributado por diversos impostos e contribuições, com diferentes bases tributáveis. Em outras palavras, o IBS incidirá sobre a totalidade de operações com bens e serviços, enquanto, hoje, por exemplo, o IPI incide sobre a produção industrial, o ICMS sobre a circulação de mercadorias e o ISS sobre a prestação de serviços.

Como um bom IVA, o IBS será cobrado de acordo com o princípio do destino, não apenas no comércio internacional, mas também nas operações internas. Isso significa que em operações entre Estados (e entre Municípios), o imposto pertencerá ao Estado (e ao Município) de des-

[5] A PEC 110 prevê a criação de um tributo a mais, pois o IBS substituiria apenas o ICMS e o ISS, enquanto as contribuições para o PIS e a Cofins seriam substituídas por uma Contribuição sobre Bens e Serviços (CBS), com características semelhantes ao IBS, mas gerida apenas pela União. Já o IPI seria substituído pelo Imposto Seletivo.

[6] Dado computado até novembro de 2018, segundo estudo da OCDE. Disponível em: https://read.oecd-ilibrary.org/taxation/consumption-tax-trends-2018_ctt-2018-en#page195.

[7] A incidência apenas sobre o consumo resulta do fato de que toda a produção doméstica e as importações têm apenas três destinos possíveis: a) consumo; b) exportação; ou c) aumento da capacidade produtiva (investimento). Na medida em que as exportações e os investimentos são totalmente desonerados, apenas o consumo é tributado.

tino. Tal característica faz com que o imposto incida efetivamente sobre o consumo (e não sobre a produção) e seja neutro do ponto de vista da origem geográfica da produção, o que, na prática, inviabiliza a guerra fiscal entre os entes da federação.

O IBS terá competência nacional, com legislação homogênea. Enquanto os tributos que serão substituídos são instituídos, cobrados e regulamentados por cada um dos entes dos três níveis da federação, o IBS possuirá uma única legislação (lei complementar e regulamento), aplicável em todo o território nacional. Ademais, o novo imposto possuirá alíquota uniforme para todos os bens e serviços, sendo vedada a concessão de benefícios fiscais.

A União, os Estados, Distrito Federal e os Municípios poderão editar leis ordinárias para a fixação da alíquota do imposto aplicável em suas jurisdições, o que significa que a alíquota será uniforme para todos os bens e serviços, mas poderá variar entre os entes da federação. A possibilidade de fixação das alíquotas é fundamental para assegurar a autonomia dos entes na gestão de sua receita. Para compatibilizar essa característica com a necessidade de simplicidade, o modelo propõe que a alíquota percebida pelo contribuinte seja a soma das alíquotas federal, estadual ou distrital e municipal de destino da operação. Assim, para o contribuinte, o IBS será percebido como um único imposto, mas, para os entes, será como se cada um tivesse o seu próprio IBS[8].

A proposta garante a não-cumulatividade plena do IBS, assegurando a recuperação integral do crédito do imposto recolhido nas aquisições de bens e serviços pelos sujeitos passivos ao longo de toda a cadeia de produção e comercialização, assim como a célere devolução de eventuais saldos credores (em, no máximo, sessenta dias).

É importante notar que as características descritas acima – base ampla de incidência, não-cumulatividade plena, alíquota uniforme e cobrança no destino – não são mais do que as características dos melhores IVAs do

[8] Embora a PEC 110 também preveja alíquota uniforme para todos os bens e serviços e vede benefícios fiscais, a proposta abre a possibilidade de criação de regimes especiais e favorecidos para alguns bens ou serviços (a serem regulamentados em lei complementar), o que, na prática, abre a possibilidade de haver alíquotas diferenciadas.

mundo. Ou seja, o que se propõe para o Brasil nada mais é que a adoção das melhores práticas internacionais de tributação do consumo.

A originalidade da proposta do CCiF está na adaptação do modelo internacional à realidade brasileira, na qual as três esferas da federação tributam o consumo. Essa adaptação passa pela autonomia dos entes na fixação da alíquota do imposto, mas também por um modelo de arrecadação centralizada (descrito a seguir), essencial para viabilizar uma forma racional de adoção do princípio do destino nas operações internas.

1.2. Arrecadação centralizada

A grande maioria dos impostos sobre valor adicionado ao redor do mundo são apenas de competência federal. Em alguns poucos países, como Canadá e Índia, o IVA é cobrado pelas esferas federal e estadual. O Brasil seria a exceção, sendo o único caso em que um imposto cobrado no destino seria compartilhado também no nível municipal.

Esse modelo só é viável através de um regime de arrecadação centralizada do imposto, com a receita sendo distribuída entre os entes da federação. Isso é feito através da criação de um órgão gestor do IBS, denominado Conselho Federativo do IBS (CF-IBS)[9], que será responsável por centralizar a arrecadação do IBS e destinar os recursos arrecadados para cada ente, com base na aplicação do princípio do destino. Pela proposta do CCiF, o CF-IBS assumirá outras funções da administração tributária, como a edição do regulamento do imposto, a solução de consultas e a coordenação da atuação das administrações tributárias e das procurado-

[9] Propõe-se que o CF-IBS tenha natureza jurídica de autarquia especial. O caráter especial da autarquia é justamente sua representatividade nacional, tripartite, necessária para gerir um imposto de competência partilhada entre os entes federativos e instituir um federalismo verdadeiramente cooperativo no Brasil.
Para mais informações, acesse: (i) Centro de Cidadania Fiscal. Nota Técnica: *Agência Tributária Nacional (ATN)*. Disponível em: https://ccif.com.br/wp-content/uploads/2020/07/NT_ATN_Corporation_V3.pdf; e (ii) Apresentação do secretário Rogério Gallo, GT IBS Operacional do CCiF- Proposta COMSEFAZ: O Conselho Federativo do IBS. Disponível em: https://youtu.be/MFoXkFdQ_G8..

rias dos entes na fiscalização e na representação judicial e extrajudicial relativas ao IBS[10].

A gestão do CF-IBS será feita de forma compartilhada entre os entes da federação, através de um sistema de governança em três níveis (assembleia geral, conselho de administração e diretoria executiva), que garante a representação de todos os entes da federação na assembleia geral. O CF-IBS terá autonomia técnica, administrativa e financeira, mas não disporá de quadro de pessoal próprio, atuando com servidores cedidos pelos entes da federação.

Embora existam outras formas de implementar o princípio do destino para um IVA estadual, além da arrecadação centralizada, nenhuma delas é compatível com um IVA municipal, e todas reduzem a segurança jurídica dos contribuintes e dos próprios entes da federação[11]. Adicionalmente, a arrecadação centralizada gera maior simplicidade para o contribuinte, pois permite a consolidação dos saldos de débitos e créditos de todos os estabelecimentos de uma empresa (mesmo que estejam em vários Estados e Municípios), enquanto as demais opções exigem a apuração e o pagamento por estabelecimento.

Por fim, e principalmente, o modelo de arrecadação centralizada é essencial para garantir o pleno funcionamento da não-cumulatividade e a devolução tempestiva dos créditos aos sujeitos passivos. A título de exemplo, caso um exportador acumule saldo credor do IBS, este valor permanece na conta centralizadora, não sendo distribuído para os entes da federação e estando disponível para ser imediatamente devolvido ao exportador. Já nas demais alternativas, o exportador depende da disponibilidade orçamentária de cada Estado para obter o ressarcimento do

[10] A PEC 110 também prevê o modelo de arrecadação centralizada, mas apenas para o IBS (ou seja, apenas para os Estados e Municípios).

[11] Um modelo possível é a desoneração do imposto nas saídas interestaduais, o que não apenas cria muitas possibilidades de sonegação, como levaria as empresas a acumularem elevados saldos credores nas operações interestaduais. Outro modelo é a cobrança do imposto no Estado de origem e sua transferência posterior para o Estado de destino, através de uma câmara de compensação. Por fim há a um modelo (conhecido como "barquinho") em que, nas transações interestaduais, a parcela estadual do imposto é substituída por uma incidência do imposto federal, com a União assumindo o papel de câmara de compensação. Nos dois últimos modelos, há o risco de inadimplência entre os entes da federação.

valor que lhe é devido – o que infelizmente não tem funcionado bem no Brasil.

1.3. Transição

Um ponto central na proposta elaborada pelo CCiF é a introdução de critérios para a transição dos tributos atuais para o IBS e o imposto seletivo, bem como para a transição na distribuição da arrecadação entre os entes da federação.

A substituição progressiva dos tributos atuais para os novos tributos é importante, pois a mudança no sistema tributário tem dois efeitos relevantes para as empresas e para os consumidores: (i) afeta os preços relativos de diversos setores da economia; e (ii) impacta significativamente as empresas com benefícios tributários.

Sem um prazo para o ajuste de preços relativos, a mudança do sistema tributário pode ter efeitos indesejados. De um lado, é possível que haja um impacto sobre a inflação no curto prazo, pois aumentos de custo tendem a ser repassados aos preços mais rapidamente que reduções de custos. De outro lado, há um efeito sobre os negócios, pois as mudanças de preços relativos afetam a demanda dos vários setores, e é recomendável que haja um prazo para que as empresas se ajustem progressivamente à nova realidade.

De modo semelhante, a transição é importante para que as empresas que realizaram investimentos com base no sistema atual – especialmente no caso daquelas que receberam benefícios fiscais que deixarão de existir – se adequem ao novo sistema. Embora seja importante que os novos investimentos passem a ser feitos com base no novo sistema tributário, também é importante que as empresas possam recuperar os investimentos já realizados. Sem a transição, ou com uma transição muito curta, algumas empresas podem ter de reduzir drasticamente suas margens para ser competitivas, o que resultaria em uma perda do capital já investido.

Em suma, uma transição não muito curta é importante para que a economia, os consumidores e as empresas se adequem ao novo sistema de forma não traumática, inclusive renegociando contratos, quando necessário.

Pela proposta do CCiF, a transição para o novo modelo – via redução progressiva das alíquotas dos tributos atuais e elevação progressiva das alíquotas do IBS e do imposto seletivo – se daria ao longo de oito anos. Essa transição só se iniciaria, no entanto, após um período de teste de dois anos, em que o IBS seria cobrado a uma alíquota baixa, de 1%, compensando-se o valor recolhido com o devido a título de Cofins. Esse período de teste é importante para conhecer o potencial de arrecadação do IBS, o que permite que, durante a transição, as alíquotas do IBS sejam fixadas de forma a manter a carga tributária constante. Essa é uma grande vantagem do modelo relativamente a propostas que fixam as alíquotas dos novos tributos antes de conhecer seu potencial arrecadatório.

Outro mecanismo de transição proposto para as empresas diz respeito aos saldos credores a recuperar dos tributos que serão extintos. Sugere-se que o estoque de créditos acumulados de ICMS, PIS, Cofins e IPI seja substituído por títulos da dívida pública da União e dos Estados, com remuneração pela taxa SELIC e distribuição dos vencimentos ao longo de prazo não inferior a 20 anos. Tal modelo dá um prazo bastante longo para que os entes da federação quitem a dívida, ao mesmo tempo em que dá às empresas ativos líquidos, que podem ser negociados no mercado, se necessário. Em particular, o modelo dá segurança jurídica às empresas, pois, na hipótese de eventual inadimplemento do ente, o valor correspondente ao serviço da dívida não quitado poderá ser utilizado no pagamento do IBS, sendo deduzido do valor distribuído pelo CF-IBS ao ente inadimplente.

Por fim, a proposta do CCiF também busca suavizar a transição da atual distribuição da arrecadação entre os entes da federação para a nova distribuição, com base no princípio do destino. Sem entrar em detalhes, a base da proposta é um regime que mitiga muito os efeitos da mudança nos primeiros vinte anos, seguindo-se um período de cinquenta anos até que a receita seja integralmente distribuída com base no destino. Esse regime de transição – que não tem efeito para os contribuintes – é importante para que todos os entes da federação possam ajustar suas finanças às mudanças no sistema tributário sem qualquer sobressalto[12].

[12] Na PEC 110 os prazos de transição são um pouco mais curtos que os previstos na proposto do CCiF. O prazo para a transição dos tributos atuais para o IBS é de cinco anos,

1.4 Criação de um modelo mais eficiente de desenvolvimento regional

Uma das consequências da reforma tributária proposta é uma mudança profunda na forma de fazer política de desenvolvimento regional no Brasil. Atualmente, o principal instrumento utilizado é a concessão de benefícios fiscais, seja por parte dos Estados, seja pela União. No entanto, essa é uma forma pouco eficaz de reduzir as disparidades regionais[13].

Em grande medida, o baixo desempenho dos benefícios fiscais como política de desenvolvimento regional se deve aos próprios problemas gerados pela concessão desses benefícios, com destaque para: (i) má alocação de investimentos, devido a indução de investimentos que otimizem a renúncia tributária ao invés da eficiência produtiva; (ii) insegurança jurídica; (iii) falta de seletividade e transparência na escolha dos projetos agraciados; (iv) distorções no comércio exterior; e (v) estímulo à guerra fiscal entre os entes, especialmente entre os Estados, com significativa erosão da base tributável.

A proposta do CCiF é instituir um novo modelo de desenvolvimento regional, baseado na alocação de recursos orçamentários, através de um Fundo de Desenvolvimento Regional (FDR). O novo modelo – que beneficiaria sobretudo os Estados mais pobres – aumentaria muito a flexibilidade na alocação de recursos, viabilizando investimentos em infraestrutura e qualificação de trabalhadores, além de possíveis sub-

mantido o período de teste de dois anos. Já o prazo para a transição na distribuição da receita entre Estados e Municípios é de 40 anos, com um modelo semelhante, mas não igual, ao da proposta do CCiF.

[13] Após mais de três décadas de sua ampla utilização, os resultados empíricos demonstram que não ocorreu, de modo consistente, uma diminuição das desigualdades regionais, ou elevação da produtividade das regiões em decorrência da renúncia da tributação nos setores e regiões adotados. Para maiores informações, ver: CARDOZO, S. *Guerra Fiscal no Brasil e Alterações nas Estruturas Produtivas Estaduais desde os anos 1990*. Tese de Doutorado – IE UNICAMP. Campinas, 2010; e CASTILHO, F; SILVEIRA, R. Brazilian States Tax War Explained by the Property Rights Theories of Law and Economics: Fake Distributive Policies Leading to Underdevelopment. *Law and Business Review of the Americas*. V.15, n.2. 2009.

venções para empresas geradoras de empregos em todos os setores da economia[14].

O estímulo à infraestrutura pública reduziria os custos privados de produção nas regiões menos desenvolvidas do país, como custos de transportes, estimulando o investimento nessas regiões[15]. Os gastos com qualificação da mão de obra também seriam relevantes, pois fomentam o capital humano necessário para uma produção mais eficiente, inovativa e de maior produtividade[16].

A nova política de desenvolvimento regional deve-se aproveitar das vantagens comparativas e das capacitações existentes em cada região e fomentar os segmentos de maiores potencialidades produtivas de expansão, com destaque para setores adjacentes (que requerem um nível de capacitação similar) e que possuem maior produtividade e agregação de valor[17].

Recomenda-se também que as políticas de desenvolvimento regional tenham uma estratégia geral na qual sejam elencadas as prioridades e que sejam apontadas uma sequência planejada de ações para alcançar a estratégia contemplada[18]. Por fim, defende-se a criação de uma institu-

[14] A PEC 110 também prevê a criação de um Fundo de Desenvolvimento Regional, que seria financiado com a destinação de até 5% da receita do IBS.

[15] Bartik, T. Making Sense of Incentives: *Taming Business Incentives to Promote Prosperity*. Kalamazoo, MI: W.E. Upjohn Institute for Employment Research. 2019. https://doi.org/10.17848/9780880996693..

[16] Organização para a Cooperação e Desenvolvimento Econômico (OCDE). *Making Decentralization work: a handbook for policy makers*. Paris, 2019. Segundo o estudo da OCDE, a construção e desenvolvimento de capacitações, como qualificação da mão de obra e *learning-by-doing* devem ser uma prioridade. Contudo, isso demanda tempo e um engajamento de longo prazo das autoridades, tanto em nível nacional, regional ou local, o que significa que esse objetivo deva ser perseguido persistentemente.

[17] Ver Porter, M. *Reshaping Regional Economic Development: Clusters and Regional Strategic*. U.S. Cluster Mapping Launch Event. Minneapolis, 2014 e Hausmann, R et al. *The atlas of economic complexity*: Mapping paths to prosperity. Mit Press, 2014. Para Porter, é necessário sair da armadilha de criar empregos locais de baixa remuneração. O foco das políticas de desenvolvimento regional tem que ser na competitividade, ou seja, em criar um ambiente de alta produtividade, inovativo e que estimule a elevação da produtividade ao longo do tempo.

[18] Ver OCDE (2019).

cionalidade que fomente boas práticas para a utilização desses recursos, de forma a coibir seu uso por parte dos Estados para pagar despesas correntes e que direcione os recursos do FDR para as áreas com maiores externalidades positivas.

Todas essas boas práticas para a política de desenvolvimento regional, recomendadas na literatura, são mais facilmente implementáveis se a política estiver baseada na alocação de recursos orçamentários e não na concessão de benefícios fiscais, como ocorre hoje.

2. Relevância da reforma tributária

Neste item são apresentados os resultados de estudos que avaliam o impacto da reforma tributária ampla da tributação de bens e serviços sobre o nível de atividade econômica e sobre a arrecadação dos entes federativos, assim como seus impactos setoriais e distributivos.

2.1 Impacto no crescimento econômico

A principal razão pela qual o Brasil necessita de uma reforma abrangente da tributação de bens e serviços – como a proposta pelo CCiF – é seu impacto relevante sobre o potencial de crescimento do país. Esse é o resultado da correção de distorções do sistema tributário atual, que reduzem a produtividade e a taxa de investimento e prejudicam a competitividade da produção doméstica.

Dentre essas distorções, destacam-se: (i) a enorme complexidade da tributação sobre o consumo no país, que resulta em elevados custos de conformidade tributária e alto grau de litígio; (ii) a oneração de exportações e investimentos; e (iii) a organização ineficiente da estrutura produtiva nacional.

Todas as distorções citadas acima seriam corrigidas com uma boa reforma dos tributos sobre bens e serviços, como se discute a seguir.

Em primeiro lugar, a reforma geraria uma grande simplificação da tributação sobre bens e serviços no país, reduzindo o número de horas despendidas para o pagamento de tributos indiretos em 68%, segundo estudo da Endeavor, com base no *Doing Business* do Banco Mundial[19]. Tal

[19] ENDEAVOR. *Reforma Tributária e Doing Business*: impactos da reforma ampla e restrita no número de horas necessárias para o pagamento de tributos sobre o consumo.

simplificação afetaria diretamente a produtividade, pois liberaria recursos improdutivos – hoje alocados em processos burocráticos – para serem utilizados em atividades produtivas. Além disso, reduziria significativamente o grau de litígio sobre matérias tributárias no país, que segundo estudo elaborado pelo Núcleo de Tributação do Insper – considerando as esferas administrativa e judicial dos três níveis de governo – representa 75% do PIB brasileiro[20]. Consequentemente, também diminuiria a insegurança jurídica em realizar negócios no país, com impacto positivo sobre o investimento privado.

Em segundo lugar, a reforma dos tributos sobre bens e serviços permitiria desonerar completamente as exportações e os investimentos, que hoje são onerados por conta da cumulatividade (tributos pagos ao longo da cadeia produtiva e não recuperados), pelo longo prazo de recuperação dos créditos por parte dos investidores e pela grande dificuldade de recuperação de créditos tributários pelos exportadores. A correção dessas distorções resultaria numa redução do custo dos investimentos e no aumento da competitividade da produção nacional, com efeito positivo sobre o crescimento[21].

Por fim, e principalmente, os atuais tributos indiretos prejudicam a produtividade ao induzir uma organização ineficiente da estrutura produtiva brasileira. A perda de produtividade decorre da distorção de preços relativos provocada por um sistema tributário caracterizado por múltiplos tributos e uma quantidade enorme de alíquotas, benefícios fiscais e regimes especiais. Ao distorcer preços relativos, a tributação induz a alocação de recursos em formas de organização da produção que são

Disponível em: https://images.endeavor.org.br/uploads/2020/11/24142059/Impactos-da-reforma-tribut%C3%A1ria-no-Doing-Business-26_10-V3.pdf?_ga=2.177837862.229530747.1616359627-666405768.1616073790&_gac=1.242429238.1616359683.EAIaIQobChMI09bg6KDC7wIVDQqRCh1V5Q-oEAAYASAAEgJKoPD_BwE.

[20] Messias, L. S.; Longo, L. L.; Novo, C. M.; Vasconcelos, B. F. M.. *Contencioso tributário no Brasil.* Relatório 2020 – Ano de referência 2019. 2021. Disponível em: https://www.insper.edu.br/wp-content/uploads/2021/01/Contencioso_tributario_relatorio2020_vf10.pdf..

[21] Coelho, I. Acordo com a União Europeia requer melhorar os impostos. *O Estado de São Paulo*, 02 de julho de 2019. Disponível em: https://politica.estadao.com.br/blogs/fausto-macedo/acordo-com-uniao-europeia-requer-melhorar-os-impostos/.

menos eficientes, ou seja, que requerem um volume maior de capital e de trabalho para produzir a mesma quantidade de bens e serviços finais.

Tais distorções podem ser setoriais, como, por exemplo, no caso da construção civil, em que a construção em alvenaria é menos tributada que a construção com estruturas pré-fabricadas. Podem ser regionais, como ocorre no caso dos centros de distribuição, que, por conta de benefícios fiscais, se estabelecem em locais onde o custo de logística é mais elevado. E podem prejudicar a terceirização de atividades, por razões meramente tributárias[22]. Todas essas distorções seriam corrigidas pela adoção de um tributo não-cumulativo sobre bens e serviços, de base ampla e com alíquotas uniformes.

É difícil mensurar com precisão o impacto de uma mudança no sistema tributário que corrija todas essas distorções. Há alguns estudos que buscam avaliar esse impacto, mas a maioria desses estudos consegue apreender apenas parte dos efeitos da reforma tributária, não estimando, por exemplo, os efeitos da redução da complexidade do sistema atual sobre o custo de conformidade das empresas e o contencioso tributário[23]. Em todos os casos, no entanto, a constatação é que uma reforma nos termos da proposta do CCiF teria um impacto positivo sobre o crescimento da economia brasileira, ainda que o dimensionamento desse impacto varie bastante.

O estudo que busca apreender de forma mais abrangente os impactos da reforma da tributação de bens e serviços é o realizado por Bráulio Bor-

[22] Para maiores detalhes, ver APPY, B. Tributação e produtividade no Brasil. In: BONELLI, R., Veloso, F. e Pinheiro, A.C. *Anatomia da produtividade no Brasil.* Rio de Janeiro: Elsevier -FGV/IBRE, 2017.

[23] Esse é o caso, por exemplo, de estudos baseados em modelos de equilíbrio geral, como: Oliveira, J. M. *Efeitos da equalização tributária regional e setorial no Brasil: uma aplicação de equilíbrio geral dinâmico.* Tese apresentada ao Programa de Pós-Graduação em Economia do Departamento de Economia da Universidade de Brasília como requisito parcial à obtenção do título de doutor em Economia. Brasília: 2020; Domingues, E e Cardoso, D. *Simulações dos impactos macroeconômicos, setoriais e distributivos da PEC 45/2019.* Nota técnica preparada para o Centro de Cidadania Fiscal. CCiF, outubro de 2020. Disponível em: https://ccif.com.br/wp-content/uploads/2020/10/CCiF_NT_Impactos.pdf; e Pereira, R. A. C. e Ferreira, P. C. Avaliação dos impactos macro-econômicos e de bem-estar da reforma tributária no Brasil. *Revista Brasileira de Economia*, vol. 64, n. 2. Rio de Janeiro, abr-jun de 2010.

ges (2020)[24]. Segundo esse estudo, a aprovação de uma reforma com as características da proposta do CCiF elevaria o PIB potencial do Brasil em cerca de 20 pontos percentuais em 15 anos e em 24 p.p. no longo prazo.

Do total desse crescimento, cerca de 1/3 adviria do aumento da taxa de investimento e do estoque de capital, em decorrência, principalmente, da eliminação da cumulatividade do sistema atual. Já os 2/3 restantes seriam resultado da elevação da produtividade total dos fatores. Esse impacto, no entanto, não seria imediato, pois a estrutura produtiva demora para se reorganizar de modo mais eficiente. Dessa forma, a maior parte do impacto no crescimento econômico se daria no médio prazo, entre cinco e quinze anos após a aprovação da reforma. Mesmo assim, no curto prazo já haveria efeitos positivos devido a uma melhora nas expectativas dos agentes e da possível redução da taxa de juros de longo prazo e do risco-país[25].

2.2 Impactos federativos

Um ponto importante decorrente do crescimento econômico resultante da reforma tributária é a elevação da arrecadação dos entes da federação, mesmo com a manutenção da carga tributária como proporção do PIB[26]. O maior crescimento econômico gera não apenas o crescimento da arrecadação do próprio IBS, como um acréscimo relevante e permanente da arrecadação de outros tributos que não seriam afetados diretamente pela reforma, como o Imposto de Renda (partilhado com Estados e Municípios) e as contribuições sobre a folha de salários.

Adicionalmente, o modelo de transição proposto para a distribuição federativa da receita mitiga muito o impacto sobre os Estados e Municípios cuja participação no total da receita é reduzido pela reforma. Supondo um impacto positivo da reforma tributária sobre o crescimento

[24] Borges, B. *Impactos macroeconômicos estimados da proposta de reforma tributária consubstanciada na PEC 45/2019*. Nota técnica preparada para o Centro de Cidadania Fiscal. CCiF, junho de 2020. Disponível em: https://ccif.com.br/wp-content/uploads/2020/06/Nota_Tecnica_Reforma_PEC45_2019_VF.pdf..

[25] "Relacionados à redução da relação dívida pública/PIB num cenário de maior crescimento do PIB potencial" (Borges, 2020, p. 3).

[26] Ver a respeito em Borges (2020).

da ordem de 10 pontos percentuais em 20 anos (menos da metade do estimado por Borges, 2020), estimamos que, com o modelo de transição da proposta do CCiF, todos os entes da federação serão beneficiados pela reforma[27].

Por fim, estudo de Orair e Gobetti (2019) mostrou que a transição da distribuição da receita dominantemente pela origem, como ocorre hoje, para a distribuição pelo destino tende a beneficiar sobretudo os Estados menos desenvolvidos do país[28]. Adicionalmente, a transição para o destino e a mudança no critério de distribuição da cota-parte do ICMS tendem a reduzir muito a diferença na receita por habitante entre os Municípios brasileiros. Ou seja, a reforma tributária tende a reduzir as desigualdades regionais e intermunicipais na distribuição da receita tributária.

2.3 Impactos distributivos

A substituição dos tributos atuais pelo IBS teria um impacto distributivo benéfico para as famílias de baixa renda. Isso seria resultado de dois fatores: (i) da adoção de alíquota uniforme e (ii) de um mecanismo de devolução parcial do imposto para as famílias de baixa renda.

A atual tributação do consumo de bens e serviços é prejudicial para os mais pobres, mesmo com a desoneração dos bens da cesta básica. Isso é reflexo da baixa tributação incidente sobre os serviços consumidos preponderantemente pela parcela mais rica da sociedade[29].

[27] Entende-se que os entes da federação serão beneficiados, pois sua receita real crescerá mais do que o PIB cresceria sem a reforma tributária. Essa estimativa é bastante conservadora, pois considera o efeito do crescimento apenas sobre a receita do IBS (e não dos demais tributos).

[28] Orair, R e Gobetti, S. *Reforma Tributária e Federalismo Fiscal*: uma análise das propostas de criação de um novo imposto sobre valor adicionado para o Brasil. IPEA, Texto para Discussão 2530. Rio de Janeiro, 2019.

[29] Segundo a última Pesquisa de Orçamentos Familiares (POF/2017), a relação entre as despesas com serviços tributáveis e o consumo tributável cresce de forma constante com a renda, passando de 9% no caso das famílias com renda de até dois salários-mínimos para 31% no caso das famílias com renda mensal superior a 25 salários-mínimos.

Orair e Gobetti (2019) e Domingues e Cardoso (2020)[30], confirmam a hipótese do parágrafo anterior. Ambos os estudos demonstram que a adoção de um IVA com alíquota uniforme teria um impacto distributivo positivo, reduzindo a tributação das famílias mais pobres e elevando a das famílias mais ricas. Esses resultados estão alinhados aos estudos internacionais, que sugerem que as alíquotas diferenciadas são, além de ineficientes, regressivas (ver, por exemplo, OECD, 2016)[31].

Não obstante o impacto distributivo positivo da alíquota uniforme, a proposta do CCiF contempla ainda a devolução parcial, para as famílias de baixa renda, do IBS incidente sobre seu consumo. As famílias beneficiadas receberiam de volta, via transferências financeiras, o montante correspondente ao IBS cobrado sobre seu consumo, até um determinado valor. Esse teto é importante para evitar fraudes, ao mesmo tempo em que garante um benefício proporcionalmente maior para as famílias mais pobres – cujo benefício poderia ser maior que a desoneração completa da cesta básica.

O detalhamento do mecanismo de devolução do imposto será feito em lei complementar. A sugestão do CCiF é que todas as pessoas inscritas no cadastro único dos programas sociais (cerca de 74,5 milhões de brasileiros) sejam beneficiadas. Como esse benefício possui um impacto bastante similar ao Bolsa Família, pois ambos são programas de transferências financeiras focalizados nas famílias de baixa renda, seu impacto na melhora na distribuição de renda e na redução da pobreza seria significativo.

2.4 Impactos setoriais

Com o objetivo de avaliar os impactos setoriais resultantes da implementação de uma reforma tributária nos moldes da proposta do CCiF, Domingues e Cardoso (2020) desenvolveram um modelo de Equilíbrio

[30] Domingues, E e Cardoso, D. *Simulações dos impactos macroeconômicos, setoriais e distributivos da PEC 45/2019*. Nota técnica preparada para o Centro de Cidadania Fiscal. CCiF, outubro de 2020. Disponível em: https://ccif.com.br/wp-content/uploads/2020/10/CCiF_NT_Impactos.pdf..

[31] OECD – ORGANISATION FOR ECONOMIC CO-OPERATION AND DEVELOPMENT. *Tax policy reforms in the OECD 2016*. Paris: OECD Publishing, 2016.

Geral Computável (EGC), desagregando a economia brasileira em 66 setores.

Os resultados das simulações realizadas evidenciam que todos os macrossetores (agropecuária, indústria e serviços) são beneficiados pela reforma tributária. A indústria seria o setor mais estimulado, por ser o setor que mais realiza investimentos em máquinas e equipamentos e por ser o setor cujo consumo é mais tributado atualmente. O crescimento estimado para o PIB do setor foi de 16,6%, no cenário conservador, e de 25,7%, no cenário otimista.

A agropecuária (crescimento de 10,6% no cenário conservador e 18,2% no cenário otimista) e os serviços (com crescimento de 10,1% e 18%, nos cenários conservador e no otimista, respectivamente) também seriam bastante beneficiados. Os efeitos positivos da reforma tributária sobre a renda das famílias e sobre a redução do custo de seus insumos (pela eliminação da cumulatividade) mais que compensam o impacto negativo da alteração de preços relativos para alguns setores decorrentes da adoção da alíquota uniforme para todos os bens e serviços.

Quando se amplia o detalhamento setorial, as simulações indicam que todos os 66 setores analisados seguem sendo beneficiados – em termos de aumento da atividade – mesmo considerando um cenário conservador do impacto da reforma tributária no crescimento da economia. Os efeitos não são setorialmente homogêneos, mas o modelo indica que – mesmo para os setores cujo consumo será mais tributado que atualmente – o impacto positivo da reforma excede o impacto negativo do aumento de preços relativos. Em particular, o setor de serviços prestados a famílias, ainda que onerado pela adoção da alíquota uniforme, é o que mais se beneficia do crescimento da renda das famílias resultante da reforma tributária.

3. Questões sobre o IBS

Muito embora o desenho do IBS tenha como referência as melhores práticas internacionais na tributação do valor adicionado, sua implementação no Brasil traz algumas controvérsias, decorrentes de sua comparação com o sistema tributário brasileiro atual. Os principais pontos controversos, explorados a seguir, são relacionados à (i) autonomia federativa, (ii) unificação do ICMS e ISS, e (iii) alíquota uniforme.

3.1 Autonomia federativa

Sob a ótica jurídica, o ponto central dos debates a respeito da compatibilidade da proposta do CCiF com o pacto federativo envolve a compreensão do que é essencial ao Estado Federado: a autonomia financeira ou a competência legislativa em matéria tributária.

A proposta respeita o pacto federativo, mas altera a percepção jurídica da autonomia federativa. No IBS, a competência tributária dos entes será exercida de modo diverso do sistema atual. Os entes federativos não poderão mais, isoladamente, legislar sobre a regra-matriz de incidência tributária do imposto. Não poderão conceder benefícios fiscais e nem fixar alíquotas diferenciadas para bens e serviços específicos.

O IBS será instituído e regulamentado pelo conjunto dos entes, mediante lei complementar nacional. A arrecadação centralizada, o detalhamento da regulamentação e a gestão da receita do imposto serão operacionalizados pelo CF-IBS, cuja governança contará com a participação de representantes de todos os entes da federação.

A proposta do CCiF assegurará a autonomia financeira dos entes, já que cada um deles terá autonomia para, por lei ordinária, fixar sua própria alíquota, aplicável a todos os bens e serviços destinados a seu território.

Para juristas como José Maurício Conti, é a autonomia financeira que garante a sobrevivência da federação, isso porque é ela que possibilita aos entes federativos a aquisição dos recursos necessários para a promoção das demais autonomias (política e administrativa)[32].

Partilhamos desse entendimento. A competência tributária é apenas uma das direções indicadas pelo texto constitucional para que seja obtida a autonomia financeira dos entes; esta sim é a finalidade pretendida, responsável por alicerçar a federação[33].

[32] Ver Conti, J. M.. *Federalismo Fiscal e Fundos de Participação.* São Paulo: Editora Juarez de Oliveira, 2001, p. 14, bem como Gama, T. L.. Federação, autonomia financeira e competência tributária: é possível uma federação sem repartição de competências tributárias? In: Moreira, A. M. [et. al.]. *Sistema Tributário Brasileiro e as Relações Internacionais*:X Congresso Nacional de Estudos Tributários. São Paulo: Noeses, 2013, p. 1143 – 1160.

[33] Antônio Roberto de Sampaio Dória já lecionava que a discriminação de receitas tributárias pode se concretizar tanto pela fonte (instituição e arrecadação de tributos) quanto pelo produto (repartição de receitas tributárias) (Dória, A. R. S. *Discriminação de Rendas Tributárias.* São Paulo: José Bushatsky, 1972).

O exercício da competência tributária não é necessariamente o que proporciona a autonomia financeira de um ente federativo. Instituir e arrecadar tributos não torna, por si só, um ente financeiramente autônomo.

Estudo da Federação das Indústrias do Estado do Rio de Janeiro demonstra que, mesmo instituindo impostos, ao menos um terço dos Municípios brasileiros não consegue arrecadar recursos suficientes nem para financiar sua estrutura administrativa[34]. Então, para cumprir suas obrigações constitucionais, eles dependem dos repasses da União e dos Estados. Desse modo, a autonomia financeira desses Municípios é alcançada por meio da transferência de recursos provenientes de outros entes e, somente assim, são capazes de serem plenamente autônomos.

Ora, se podemos hoje entender que um ente é autônomo mesmo que ele dependa majoritariamente de recursos dos outros entes para financiar suas atividades estatais, é lógica a conclusão de que a competência tributária não é o elemento responsável por assegurar a manutenção do pacto federativo.

3.2 Unificação de ICMS e ISS

Propõe-se que o IBS tenha uma base tributária ampla, que abranja todas as operações com bens e prestações de serviços, em substituição aos tributos atuais. Isso significa que o IBS substituirá o atual ICMS, de competência estadual, incidente sobre a circulação de mercadorias (bens), e o atual ISS, de competência municipal, incidente sobre a prestação de serviços.

A unificação da tributação de bens e serviços em um único imposto se alinha às práticas internacionais e é essencial para a redução da complexidade da tributação sobre o consumo no país e do contencioso que é por ela gerado.

A segmentação entre ICMS e ISS gera inúmeras discussões sobre a classificação de itens como mercadorias ou serviços, o que tem se intensificado com as evoluções tecnológicas. A complexidade nessa categoriza-

[34] *Índice Firjan de Gestão Fiscal 2019*. Rio de Janeiro: Firjan, 2019. Disponível em: https://www.firjan.com.br/data/files/8F/50/19/81/B2E1E610B71B21E6A8A809C2/IFGF-2019_estudo-completo.pdf.

ção é tamanha que as disputas entre fisco e contribuinte, normalmente, acabam necessitando do Poder Judiciário para serem solucionadas. E isso gera insegurança jurídica.

Por exemplo, no início de 2021, o Supremo Tribunal Federal decidiu que o licenciamento ou cessão de direito de uso de programas de computador (software) deve ser tributado pelos Municípios (ISS) e não pelos Estados (ICMS). O julgamento das Ações Diretas de Inconstitucionalidade (ADIs) 1945 e 5659 estavam relacionados, respectivamente, a uma lei do Mato Grosso, de 1998, e um decreto de Minas Gerais, de 2015. A norma mais antiga demorou 23 anos para ter sua inconstitucionalidade avaliada pela Corte Constitucional[35].

Não bastasse a insegurança decorrente dessa segmentação, tributar bens e serviços de forma separada acaba introduzindo cumulatividade e onerando os investimentos e as exportações. É natural que empresas que vendam bens acabem utilizando serviços em seu processo produtivo, afinal, para produzir e comercializar um bem, podem ser necessárias diversas prestações de serviços ao longo da cadeia de produção, relacionadas, por exemplo, a serviços jurídicos, contábeis, de marketing e limpeza.

No sistema tributário atual, como o ICMS é pago ao Estado e o ISS é pago ao Município, essa empresa não pode se creditar do que pagou de ISS para fins de apuração do ICMS que será pago na venda de suas mercadorias. Dessa forma, tudo aquilo que foi pago em relação aos serviços acaba virando custo e tende a ser repassado no preço da mercadoria comercializada pela empresa. Com o IBS, isso não ocorrerá. A adoção do crédito financeiro (ou amplo) e a cobrança do imposto sobre uma base ampla de operações com bens e serviços, permitirá que a empresa do exemplo anterior aproveite os créditos de todos os bens e serviços adquiridos ao longo de sua cadeia de produção.

A unificação do ICMS e ISS em um único IBS é também benéfica para os entes federativos. Enquanto hoje os Municípios somente podem tribu-

[35] Mesmo a decisão do STF não resolve a questão da tributação dos softwares. No caso de uma máquina vendida com um software próprio, por exemplo, como é possível separar o valor da máquina do valor do software para fins de tributação pelo ICMS e pelo ISS? Como checar se os valores declarados pelo vendedor correspondem efetivamente à realidade ou foram fixados apenas para reduzir a tributação?

tar as prestações de serviço e os Estados somente tributam a circulação de mercadorias, no IBS, todos terão sua base tributária ampliada, alcançando todas as operações com bens e serviços.

3.3 Alíquota uniforme

A prática internacional evidencia a superioridade dos IVAs com alíquota uniforme. Exemplo disso, é que 81% dos países que aderiram ao IVA entre 1995 e 2001 o implementaram com apenas uma alíquota positiva[36].

Após muitos anos de experiência com as múltiplas alíquotas de IVA, a literatura especializada demonstrou que isso prejudicava a eficiência do imposto, aumentando sua complexidade para os contribuintes e para a administração tributária[37], além de apresentar resultados controversos[38].

Com múltiplas alíquotas, maiores são os custos de conformidade tributária, na medida em que os contribuintes despendem mais tempo interpretando a legislação, apurando e pagando o imposto. Um estudo da Suécia estimou que os custos de conformidade tributária no país poderiam ser reduzidos em cerca de 30% se as três alíquotas positivas do IVA sueco fossem substituídas por uma alíquota única[39]. A administração tributária enfrenta dificuldade semelhante, na gestão e fiscalização do imposto.

A existência de diversas alíquotas gera, também, insegurança jurídica e contencioso, uma vez que o tratamento diferenciado de bens ou servi-

[36] EBRILL, Liam; KEEN, Michael; BODIN, Jean-Paul; SUMMERS, Victoria. *The Modern VAT*. Washington, D.C.: International Monetary Fund, 2001. É verdade que a maioria desses países prevê casos de isenção e alíquota zero, mas não múltiplas alíquotas positivas.

[37] OECD. *Information Note. Developments in VAT Compliance Management in Selected Countries*. Forum on Tax Administration: Compliance Sub-Group, 2009. Disponível em: http://www.oecd.org/dataoecd/49/17/43728444.pdf.

[38] FERIA, Rita de la. Blueprint for reform of VAT Rates in Europe. *Intertax*, vol. 43, n. 2, 2015. Disponível em: http://eprints.whiterose.ac.uk/135598/1/RdelaFeria-VATRates-Intertax-Nov2014-Final.pdf.

[39] OECD. *Taxation of SMEs in OECD and G20 Countries*, OECD Tax Policy Studies, n. 23, OECD Publishing, Paris, 2015. Disponível em: https://dx.doi.org/10.1787/9789264243507-en..

ços dá margem para infindáveis disputas de interpretação entre fisco e contribuintes[40].

Outro problema relacionado à adoção de alíquotas múltiplas é que os grupos de interesse vão atuar para pressionar pela diminuição de seu imposto. Quanto mais estreia for a base do imposto (ou seja, quanto mais alíquotas e tratamentos diferenciados houver), mais brechas existirão para estreitá-la ainda mais. Apesar da pressão por diminuir a base do IVA ocorrer em todos os sistemas, ele é maior nos sistemas com base mais reduzida (ou seja, com mais exceções), de modo que reformar um IVA mal desenhado é muito difícil[41]. Afinal por que isentar PIS/COFINS de pão e não de farinha de rosca (que nada mais é do que pão velho moído)?

Importante destacar, também, que a multiplicidade de alíquotas reduz a eficiência do tributo, resultando em perdas na arrecadação. Isso ocorre devido ao próprio desenho do imposto ("*policy gap*") e porque tornam o sistema mais suscetíveis a fraudes ("*compliance gap*"), o que acaba exigindo uma alíquota média maior do imposto.

Não obstante as complexidades demonstradas acima, a adoção de alíquotas reduzidas para certos produtos tem sido justificada, teoricamente, com a intenção de alcançar objetivos sociais e distributivos. A expectativa dessa formulação é que a tributação reduzida de itens essenciais (o chamado princípio da seletividade) beneficie as pessoas mais pobres, que gastam a maior parte de sua renda com a aquisição de tais itens. Todavia, os resultados de análises a respeito dessas experiências não comprovam seus benefícios.

[40] Esse problema tende a ser tão maior quanto maior o número de alíquotas e de regras para enquadramento nas múltiplas alíquotas. Um caso famoso é a disputa sobre o produto Jaffa Cake, ocorrido no Reino Unido. O caso discutia se o produto deveria ser considerado bolo ou biscoito coberto de chocolate, para fins de isenção de IVA. Após diversas análises sobre o produto, como tamanho, embalagem, marketing de venda e até mesmo sobre como o produto envelhecia (se ficava duro como um bolo envelhecido ou macio como um biscoito envelhecido), o Jaffa Cake foi considerado como bolo e, assim, desonerado do imposto. Mais informações estão disponíveis em: https://www.gov.uk/hmrc-internal-manuals/vat-food/vfood6260.

[41] Feria, Rita de la; Walpole, Michael. The Impact of Public Perceptions on General Consumption Taxes. *British Tax Review* 67/5, 2020, p. 637-669. Disponível em: https://papers.ssrn.com/sol3/papers.cfm?abstract_id=3723750.

Rita de la Feria e Michael Walpole apontam que a adoção de alíquotas reduzidas tem se mostrado empiricamente ineficaz e ineficiente como política social, porque, em muitos casos, as reduções de alíquota não são repassadas aos preços[42]. Mesmo quando há o repasse para os preços, essa não é uma forma eficiente de política distributiva, uma vez que o mesmo objetivo pode ser alcançado de forma mais eficiente através da tributação com alíquota uniforme, utilizando-se os recursos para transferências às famílias de baixa renda[43].

Conclusões

Esse artigo teve como objetivo apresentar a proposta desenvolvida pelo CCiF para a reforma dos tributos sobre o consumo de bens e serviços brasileiros. O cerne da proposta é a substituição de sete tributos atuais das três esferas da federação (ICMS, ISS, IPI, PIS, Pasep, Cofins e CIDE--Combustíveis) por um único Imposto sobre Bens e Serviços (IBS), além de um Imposto Seletivo (IS), de caráter extrafiscal.

O desenho proposto para o IBS não tem nada de original. Apenas busca trazer para o Brasil as características de um bom imposto sobre o valor adicionado (IVA), modelo que é internacionalmente reconhecido como o mais eficiente para a tributação do consumo. Neste contexto, as principais características do IBS seriam a incidência sobre uma base ampla (operações com bens, materiais e imateriais, e serviços), a não--cumulatividade plena (contemplando a devolução tempestiva dos créditos acumulados), a tributação no destino e a adoção de regras o mais homogêneas possíveis, com uma única alíquota para todos os bens e serviços.

A originalidade da proposta do CCiF está na adequação deste modelo à realidade brasileira. Por um lado, isso exige compatibilizar a simplicidade do modelo com o fato de que o IBS substituirá tributos federais, estaduais e municipais. Para tanto, a proposta do CCiF contempla um modelo de arrecadação centralizada, operacionalizada pelo Conselho

42 Idem.

43 No caso da desoneração da cesta básica, por exemplo, a Pesquisa de Orçamentos Familiares indica que, no Brasil, o gasto com a aquisição de produtos da cesta básica pelas famílias ricas é cerca de três vezes maior que o gasto das famílias pobres.

Federativo do IBS (CF-IBS), entidade interfederativa que contará com a participação de todos os entes da federação em sua instância máxima de governança. Ao mesmo tempo, propõe-se que a União, os Estados, Distrito Federal e os Municípios possam fixar sua respectiva alíquota do IBS, que deverá ser uniforme para todos os bens e serviços. Este desenho permite compatibilizar a simplicidade para os contribuintes - pois o imposto terá legislação e regulamentação nacionalmente uniformes e um único sistema de arrecadação - com a autonomia dos entes federados, assegurada pela liberdade na fixação das alíquotas.

Por outro lado, a proposta do CCiF buscou fazer com que a transição para o novo sistema seja a mais suave possível - seja para os contribuintes, seja para os entes da federação. Para tanto, propõe-se que, após um período de teste de dois anos, a transição dos atuais tributos para o IBS e o IS seja feita ao longo oito anos, através da progressiva redução das alíquotas dos tributos atuais e da progressiva elevação das alíquotas do IBS e do IS. Esse modelo permite um ajuste tranquilo de preços relativos e dá tempo para que as empresas que fizeram investimentos com base em benefícios fiscais - que deixarão de existir - se ajustem sem traumas ao novo modelo.

De modo semelhante, propõe-se uma transição extremamente longa - de 70 anos - para a distribuição da receita entre os entes da federação. Tal transição, que não afeta os contribuintes, permite um ajuste extremamente suave das finanças estaduais e municipais ao novo modelo.

Por fim, a proposta do CCiF é complementada por uma mudança na política de desenvolvimento regional, que deixaria de ser baseada em benefícios fiscais e passaria a ser baseada na alocação de recursos orçamentários, através de um Fundo de Desenvolvimento Regional. Esse modelo de desenvolvimento regional está de acordo com as recomendações internacionais e tende a ser muito mais eficiente que o modelo atual, cujo alcance é limitado e gera distorções que prejudicam o crescimento da economia.

O artigo também buscou fazer um resumo dos estudos existentes sobre os impactos das mudanças propostas no sistema tributário, os quais indicam um efeito bastante positivo em três dimensões.

A primeira dessas dimensões é o crescimento econômico. A correção das distorções resultantes do atual modelo de tributação de bens e serviços deve ter como consequência o aumento da produtividade e a redução do custo dos investimentos, elevando o potencial de crescimento do país. Todos os estudos disponíveis apontam para um efeito positivo da reforma tributária sobre o crescimento do país, ainda que o dimensionamento do impacto possa variar entre os estudos. O mais completo desses estudos (Borges, 2020) estimou que uma reforma nos termos propostos pelo CCiF poderia elevar o PIB potencial do Brasil em cerca de 20 pontos percentuais em 15 anos.

A segunda dimensão é federativa. Com o aumento do crescimento econômico, a receita dos entes da federação tende a se ampliar, mesmo mantendo-se a carga tributária como proporção do PIB. Considerando-se o impacto positivo da reforma sobre a arrecadação e o modelo proposto para a transição na distribuição federativa da receita, estima-se que, no horizonte de 20 anos, todos os entes da federação serão beneficiados. Adicionalmente, a migração da tributação da origem para o destino tende a favorecer sobretudo os estados e municípios menos desenvolvidos, reduzindo muito o diferencial de receita por habitante entre os entes da federação.

A terceira dimensão analisada é o impacto distributivo da proposta, que tende a ser positivo por dois fatores. De um lado, a mera adoção de uma alíquota uniforme para os bens e serviços tende a beneficiar mais as famílias pobres, pois hoje o consumo das famílias ricas (mais intensivo em serviços) é menos tributado que o consumo das famílias pobres. De outro lado, esse efeito seria reforçado pela previsão, na proposta do CCiF, de um mecanismo de devolução parcial, às famílias de menor renda, do imposto incidente sobre seu consumo.

Apresentou-se também o resultado de estudo (Domingues e Cardoso, 2020) que buscou estimar o impacto setorial da reforma tributária. A constatação é que, mesmo com hipóteses conservadoras do impacto da reforma tributária sobre o crescimento, todos os 66 setores da economia analisados tendem a ser beneficiados, ainda que de forma diferenciada. Em particular, o setor de serviços prestados a famílias – cuja tributação tende a aumentar por conta da adoção de alíquota uniforme –tende a ser o mais favorecido pelo crescimento da renda das famílias resultante da reforma.

Por fim, o artigo buscou avaliar algumas questões sobre as quais surgiram preocupações jurídicas no debate sobre a proposta do CCiF, especialmente aquelas relacionadas à autonomia federativa, à unificação de ISS e ICMS e à adoção de alíquota uniforme. Apesar da controvérsia, inevitável em uma mudança dessa dimensão, estamos seguros quanto à solidez jurídica de todas as dimensões da proposta do CCiF. O direito de cada ente federativo fixar a alíquota de IBS aplicável em sua jurisdição assegura a autonomia financeira dos entes e o pacto federativo. A unificação de ISS e ICMS é essencial para tornar a tributação do consumo verdadeiramente não-cumulativa e reduzir a insegurança jurídica e o contencioso gerado pela necessidade de distinção entre operações com bens (sujeitas ao ICMS) e prestações de serviços (sujeitas ao ISS). A opção pela alíquota uniforme é a que mais se justifica tecnicamente, pois é a mais neutra e simples.

18.
REFORMA TRIBUTÁRIA E PRINCÍPIO FEDERATIVO: UMA ANÁLISE ACERCA DA CONSTITUCIONALIDADE DO IMPOSTO SOBRE BENS E SERVIÇOS (IBS)

TIAGO CONDE TEIXEIRA
VALTER PEDROSO VITELLI

Introdução

O sistema tributário brasileiro atual é altamente complexo, burocrático e ineficiente, o que reduz a competitividade das empresas nacionais no mercado estrangeiro e afasta investimentos estrangeiros. De acordo com o relatório *Doing Business* 2020, elaborado pelo Banco Mundial, o Brasil é o país no qual o contribuinte gasta mais tempo para pagar tributos no mundo, totalizando 1.501 horas por ano[1].

Ademais, a tributação no Brasil diverge dos modelos adotados pelos países desenvolvidos, uma vez que, em nosso país, a maior parcela da carga tributária incide sobre bens e serviços, e não sobre o patrimônio e a renda, implicando, portanto, na maior oneração da população mais pobre[2]. Não bastasse isso, conforme leciona Melina Rocha Lukic, o sistema de tributação de bens e serviços no Brasil, marcado pela fragmenta-

[1] Banco Mundial. **Doing Business 2020: Latin America and Caribean**. 2020, p. 39. Disponível em: < https://www.doingbusiness.org/content/dam/doingBusiness/media/Profiles/Regional/DB2020/LAC.pdf >. Acesso em 28/04/2021.

[2] Silveira, Artur Barbosa da. Reforma Tributária: Os principais pontos da PEC 45/2019 e a análise da constitucionalidade do IBS (imposto único) em face da cláusula pétrea do

ção das bases econômicas e incidência de vários tributos sobre a mesma base, leva a uma organização ineficiente das atividades empresariais, prejudicando a produtividade nacional, aumentando o custo de conformidade fiscal e provocando insegurança jurídica e litigância na seara administrativa e judicial[3].

Por essas razões, há um consenso que a reforma tributária é essencial para o desenvolvimento econômico e social do país, contudo, devem ser observados os limites estabelecidos pela Constituição Federal, em especial as cláusulas pétreas. Nesse sentido, foram apresentadas a PEC nº 45/2019 e a PEC nº 110/2019 a fim de simplificar o sistema tributário atual e instituir uma espécie de imposto sobre o valor agregado.

A PEC nº 45/2019, de autoria do deputado Baleia Rossi (MDB/SP), propõe a substituição de cinco tributos vigentes, quais sejam, IPI, PIS, COFINS, ICMS e ISSQN, pelo Imposto sobre Bens e Serviços, de competência federal. A seu turno, a PEC nº 110/2019 pretende substituir nove tributos vigentes, sendo eles o IPI, PIS, COFINS, IOF, salário-educação, CIDE-Combustíveis, ICMS e ISSQN, por um imposto também denominado IBS, no entanto, nessa proposta, a competência para instituí-lo seria estadual.

Ocorre que as referidas propostas de emenda à Constituição têm gerado intensos debates acerca da sua constitucionalidade, tendo em vista a possível violação ao princípio federativo. Nesse contexto, a pergunta central do presente estudo é a seguinte: a criação do Imposto sobre Bens e Serviços (IBS) e consequente exclusão da competência dos estados e Município para instituir o ICMS e o ISSQN, respectivamente, viola o princípio federativo?

Para desenvolver esse debate, o artigo está dividido em três partes. A primeira analisa as principais propostas de reforma tributária em trâmite no Congresso Nacional, quais sejam, a PEC nº 45/2019 e a PEC nº

pacto federativo. **Revista de Direito Tributário Contemporâneo,** v. 21m pp. 85-104, 2019, p. 86.

[3] Lukic, Melina Rocha. Problemas Atuais da Tributação Sobre Bens e Serviços no Brasil. Revista Estado, Finanças e Tributação, [S.l.], v. 1, n. 1, p. 48-65, may 2018. ISSN 2595-5209. Disponível em: < http://www.revistaeft.uff.br/index.php/revista/article/view/5 >. Acesso em: 30 de abril de 2021.

110/2019, bem como as principais características do IBS instituído por cada uma delas. Em seguida, a segunda discorre sobre o princípio federativo, elevado à condição de cláusula pétrea pela Constituição Federal. Nessa parte, busca-se definir quais são os elementos essenciais do princípio federativo e que, portanto, não podem ser alterados através de emenda constitucional. Por fim, a terceira parte examina a constitucionalidade do Imposto sobre Bens e Serviços, ou seja, em seu último capítulo, a pesquisa conclui se a substituição do ICMS e do ISSQN pelo IBS retira a autonomia financeira dos entes federados e, consequentemente, viola o princípio federativo.

1. As principais propostas de reforma tributária em trâmite no congresso nacional

Conforme exposto, as principais propostas de reforma tributária em trâmite no Congresso Nacional são a PEC nº 45/2019, de autoria do deputado Balela Rossi, e a PEC nº 110/2019, cujo primeiro signatário foi o então Presidente do Senado Federal Davi Alcolumbre[4]. A despeito das suas especificidades, ambas as propostas possuem um objetivo em comum: simplificar o sistema tributário atual, mediante a extinção da competência dos estados e dos Municípios para instituir o ICMS e o ISSQN, respectivamente, e a sua substituição pelo Imposto sobre Bens e Serviços (IBS).

O IBS seria uma espécie de Imposto sobre Valor Agregado (IVA), plurifásico e não-cumulativo, que incidiria sobre o consumo de bens e serviços[5]. Nas lições de Marcos de Aguiar Villas-Bôas[6], o IVA é um tributo que,

[4] Além dessas propostas, em julho de 2020, o Poder Executivo apresentou o Projeto de Lei nº 3.887/2020 ao Congresso Nacional, no qual se propõe a criação da Contribuição Social sobre Operações com Bens e Serviços (CBS), em substituição à contribuição ao PIS e da Cofins, com alíquota de 12%.

[5] Junior, Carlos Alberto Schenato; Neto, João Paulo Mendes. Federalismo fiscal e autonomia municipal: reflexos da reforma tributária na gestão do imposto predial e territorial urbano pelo município. **Cadernos jurídicos,** ano 21, nº 54, pp. 165-180, abr./jun. 2020, p. 166.

[6] Villas-Bôas, M. A. A reforma tributária estrutural do Brasil proposta por Mangabeira Unger. ConJur, São Paulo, 10 out. 2015. Disponível em: < https://www.conjur.com.br/2015-out-10/villas-boas-reforma-tributaria-proposta-mangabeira-unger >. Acesso em: 29/04/2021.

se bem desenhado, permite grande arrecadação de receitas com baixa redução de eficiência econômica. Segundo o autor, o modelo atual de tributação do consumo no Brasil precisa ser simplificado e ter a sua carga tributária reduzida para que o país possa ter um crescimento relevante e sustentável.

Feitas essas considerações, passa-se a analisar as particularidades de cada uma dessas propostas.

1.1 A PEC nº 45/2019

A PEC nº 45/2019 propõe a substituição de cinco tributos atuais, quais sejam, o IPI, o ICMS, o ISSQN, o PIS e a COFINS, pelo Imposto sobre Bens e Serviços (IBS). Essa transição ocorreria de maneira gradual, elevando-se progressivamente a alíquota do IBS enquanto se reduz as alíquotas dos tributos substituídos[7].

Nessa proposta, o IBS é um tributo de competência federal, que deve ser instituído por meio de lei complementar. A base de cálculo do referido imposto é o valor da operação de venda ou da prestação de serviço. Esse imposto é não-cumulativo e incide sobre operações com bens intangíveis, a cessão e o licenciamento de direitos, a locação de bens e as importações de bens, serviços e direitos. A exação, contudo, não incide sobre operações de exportação, tampouco sobre os investimentos em bens de capital[8].

Por sua vez, a alíquota do IBS será definida pela soma das alíquotas estabelecidas pelos entes federados por meio de lei ordinária. Tal alíquota será uniforme para todos os produtos e serviços, em todo território nacional, sendo vedada a concessão de benefícios fiscais. Nesse ponto, cumpre mencionar que a adoção de uma alíquota única para o imposto não reflete a melhor prática internacional. Basta ver que dos 36 países

[7] Junior, Carlos Alberto Schenato; Neto, João Paulo Mendes. Federalismo fiscal e autonomia municipal: reflexos da reforma tributária na gestão do imposto predial e territorial urbano pelo município. **Cadernos jurídicos,** ano 21, nº 54, pp. 165-180, abr./jun. 2020, p. 168-169.

[8] Leite, Vítor Thaler Teixeira. A Cláusula Pétrea do Princípio Federativo e a PEC n. 45/2019. **Revista Direito Tributário Atual,** n.43. ano 37, p. 445-458. São Paulo: IBDT, 2º semestre 2019, p. 454.

membros da OCDE, 34 tributam o consumo com duas ou mais alíquotas, sendo ainda concedida desoneração total para itens essenciais, como alimentos básicos e produtos relacionados à saúde e à educação[9].

Outro ponto relevante reside no fato de que foi adotado o princípio do destino, ou seja, a receita do IBS pertence ao estado de destino das mercadorias ou serviços. Ademais, a PEC nº 45/2019 prevê a criação Comitê Gestor Nacional, por meio de lei complementar, que seria integrado por representantes dos entes federativos e responsável pela arrecadação, fiscalização e gestão do IBS[10]. Por fim, a PEC ora em análise também outorga à União a competência para criar o Imposto Seletivo (IS), com função predominantemente extrafiscal de desestimular o consumo de determinados bens e serviços.

1.2 A PEC nº 110/2019

Noutro plano, a PEC nº 110/2019 também prevê a criação de um imposto sobre valor agregado denominado Imposto Sobre Bens e Serviços (IBS). Nesse modelo, o IBS substituiria nove tributos, sendo eles: ICMS, IPI, ISSQN, PIS, COFINS, IOF, Cide-combustíveis, o Pasep e o salário-educação.

Todavia, a principal diferença com relação à PEC nº 45/2017 é que a PEC nº 110/2019 delega a competência para instituição do IBS aos governos estaduais. Além disso, o Comitê Gestor Nacional do IBS será composto por representantes dos estados e dos Municípios, ou seja, sem a participação da União, responsável pela regulamentação, arrecadação, fiscalização e cobrança da referida exação[11].

[9] SOUZA, Hamilton; ÁVILA, Humberto; CARRAZZA, Roque. A reforma tributária que o Brasil precisa: parte 1. ConJur, São Paulo, 8 nov. 2019. Disponível em: < https://www.conjur.com.br/2019-nov-08/opiniao-reforma-tributaria-brasil-parte >. Acesso em: 29 de abril de 2021.

[10] GOBETTI, Sérgio Wulff; ORAIR, Rodrigo Octávio. Reforma Tributária e Federalismo Fiscal: Uma análise das propostas de criação de um novo imposto sobre o valor adicionado para o Brasil. **Instituto de Pesquisa Econômica Aplicada (IPEA).** Rio de Janeiro: 2019, p. 13.

[11] GOBETTI, Sérgio Wulff; ORAIR, Rodrigo Octávio. Reforma Tributária e Federalismo Fiscal: Uma análise das propostas de criação de um novo imposto sobre o valor adicio-

Esse tributo deve ser instituído por lei complementar, responsável por estabelecer uma alíquota padrão e possíveis alíquotas diferenciadas ou benefícios fiscais para bens e serviços específicos, como alimentos; medicamentos; transporte público coletivo; saneamento básico e educação[12]. Nos termos da proposta do Senado, o IBS estadual pertence ao estado de destino do bem ou serviço, podendo ser cobrado no estado de origem e repassado para estado de destino, conforme regras a serem estabelecidos pela lei complementar que regulamentar o tributo[13].

Por fim, a referida PEC também prevê a criação do Imposto Seletivo (IS), de competência da União, porém com função eminentemente arrecadatória, que incide sobre energia, telecomunicações, veículos e derivados do petróleo e do tabaco[14].

Resta claro, portanto, que esses projetos de reforma tributária alteram significativamente a competência tributária dos entes federados. No que interessa para o presente artigo, ambas as propostas de emenda à Constituição substituem o ICMS e o ISSQN, de competência dos estados e Municípios, respectivamente, pelo IBS. Assim, a discussão sobre a

nado para o Brasil. **Instituto de Pesquisa Econômica Aplicada (IPEA).** Rio de Janeiro: 2019, p. 17.

12 Araujo, José Evande Carvalho; Neto, Celso de Barros Correia; Nunes, Fabiano da Silva; Soares, Murilo Rodrigues. Nota Técnica: Reforma Tributária – PEC 110/2019, do Senado Federal, e PEC 45/2019, da Câmara dos Deputados. Consultoria Legislativa, 2019, pp. 3-4. Disponível em: < https://www2.camara.leg.br/atividade-legislativa/estudos-e-notas-tecnicas/publicacoes-da-consultoria-legislativa/fiquePorDentro/temas/sistema-tributario-nacional-jun-2019/ReformaTributria_ComparativoPEC45ePEC110.pdf >. Acesso em 29/04/2021.

13 Gobetti, Sérgio Wulff; Orair, Rodrigo Octávio. Reforma Tributária e Federalismo Fiscal: Uma análise das propostas de criação de um novo imposto sobre o valor adicionado para o Brasil. **Instituto de Pesquisa Econômica Aplicada (IPEA).** Rio de Janeiro: 2019, p. 25.

14 Araujo, José Evande Carvalho; Neto, Celso de Barros Correia; Nunes, Fabiano da Silva; Soares, Murilo Rodrigues. Nota Técnica: Reforma Tributária – PEC 110/2019, do Senado Federal, e PEC 45/2019, da Câmara dos Deputados. Consultoria Legislativa, 2019, p. 3. Disponível em: < https://www2.camara.leg.br/atividade-legislativa/estudos-e-notas-tecnicas/publicacoes-da-consultoria-legislativa/fiquePorDentro/temas/sistema-tributario-nacional-jun-2019/ReformaTributria_ComparativoPEC45ePEC110.pdf >. Acesso em 29/04/2021.

constitucionalidade da PEC nº 45/2019 e PEC nº 110/2019 passa, necessariamente, pela definição dos limites do federalismo fiscal brasileiro[15]. É o que se passa a examinar.

2. O princípio federativo como cláusula pétrea

De plano, ressalta-se que não há uma definição estática de federalismo, de modo que cada Estado adota um modelo particular adequado à sua realidade[16]. Nesse mesmo diapasão, o STF já reconheceu que a forma federativa de Estado não deve ser definida a partir de um conceito ideal de Federação, mas sim pelo modelo adotado pelo constituinte originário[17].

Entretanto, é possível afirmar que um elemento central do Estado Federal é a atribuição de soberania ao Estado e de autonomia aos entes federados[18]. A ideia do federalismo, portanto, se fundamenta na possibilidade de coexistência de entes autônomos que, juntos, formam um Estado Federal soberano[19].

A Constituição Federal, em seu art. 60, § 4º, I, elevou o princípio federativo ao patamar de cláusula pétrea, sendo vedada a deliberação sobre proposta de emenda à Constituição tendente a abolir a forma federativa de Estado[20]. Como se sabe, as cláusulas pétreas representam limitações materiais impostas pelo poder constituinte originário, que devem ser respeitadas pelo poder constituinte derivado para preservar a identidade básica da ordem constitucional vigente[21].

[15] Rocha, Sérgio. Questão federativa é central na análise da constitucionalidade do IBS. Conjur, 06 de agosto de 2019. Disponível em: < https://www.conjur.com.br/2019-ago-06/sergio-rocha-questao-federativa-central-analise-ibs >. Acesso em 30/08/2019.

[16] Elali, André. O federalismo fiscal brasileiro: algumas notas para reflexão. **Revista Tributária e de Finanças Públicas,** v. 69, pp. 7-25, 2006, p. 8.

[17] STF, ADI nº 2.024-DF, Relator Sepúlveda Pertence, Tribunal Pleno, j. 03.05.2007, DJ 21.06.2007.

[18] Silva, Anderson Santos da. O conteúdo constitucional do princípio federativo. **Revista Jurídica da Presidência,** v. 15, n. 106, pp 447 a 466, Jun./Set. 2013, p. 451.

[19] Elali, André. O Federalismo fiscal brasileiro: Algumas notas para a reflexão. **Revista Tributária e de Finanças Públicas,** v. 69, pp. 7-25, jul./ago. 2006, p. 8.

[20] Silva, Anderson Santos da. O conteúdo constitucional do princípio federativo. **Revista Jurídica da Presidência,** v. 15, n. 106, pp. 447 a 466, Jun./Set. 2013, p. 449.

[21] Mendes, Gilmar Ferreira; Branco, Paulo Gustavo Gonet. **Curso de direito constitucional.** 12. ed. São Paulo: Saraiva, 2017, p. 119.

Nesse diapasão, nos termos do seu art. 1º, o Estado brasileiro é uma Federação, na qual o poder político é divido entre a União, os Estados, o Distrito Federal e os Municípios. Esses entes são dotados de autonomia, que se relaciona com a sua capacidade de auto-organização, de autogoverno e de autoadministração.

A federação é uma forma de Estado baseada na descentralização do poder político, repartindo-se competência entre os entes que formam a União[22]. Esse processo de descentralização importa em uma atuação governamental mais eficiente, uma vez que as políticas públicas são executadas de uma maneira mais próxima à vida do indivíduo[23]. Além disso, privilegia o regime democrático, tendo em vista que é muito mais difícil que um poder repartido se torne autoritário[24].

No pacto federativo, a União possui o atributo da soberania, enquanto os Estados-membros são autônomos e independentes entre si, tendo as suas competências definidas pela Constituição Federal[25]. É nesse contexto que se insere o federalismo fiscal, definido como o conjunto de providências constitucionais, legais e administrativas direcionadas ao financiamento dos entes federados, seus órgãos, serviços e políticas públicas com vistas a satisfazer as necessidades públicas de cada esfera de competência e promover o bem comum[26].

Assim, a autonomia financeira assume um papel fundamental, haja vista que, para desempenhar as atividades que lhe foram atribuídas pela Constituição, os entes federados necessitam de uma fonte de custeio cor-

[22] ELALI, André. O Federalismo fiscal brasileiro: Algumas notas para a reflexão. **Revista Tributária e de Finanças Públicas,** v. 69, pp. 7-25, jul./ago. 2006, p. 9.

[23] BEVILACQUA, Lucas; FREITAS Leonardo Buissa. Atividade financeira do Estado, transferências intergovernamentais e políticas públicas no federalismo fiscal brasileiro. **Revista Fórum de Direito Financeiro e Econômico,** Belo Horizonte, n. 9, 2016, p. 56.

[24] BASTOS, Celso Ribeiro. **Curso de Direito Constitucional.** 22. ed. atual. São Paulo: Saraiva, 2001, p. 293.

[25] SCAFF, Fernando Facury; ROCHA, Francisco Sérgio Silva. Princípios, elementos e conceito de Estado Federal. In: RAMOS, Dircêo Torrecillas (Coord.). **O federalista atual: teoria do federalismo.** Belo Horizonte: Arraes Editores, 2013, p. 69.

[26] DOMINGUES, José Marcos. Federalismo Fiscal Brasileiro. **Revista Nomos**, Ceará, v. 26, p. 137-143, mai. 2007, p. 138.

respondente[27]. Destarte, os entes federados possuem mecanismos para preservar a sua autonomia financeira, sendo eles: (i) de forma direta, através da arrecadação dos seus próprios tributos, utilizando-se da competência tributária que a Constituição lhes conferiu; e (ii) de forma indireta, por meio de transferências intergovernamentais ou pelos fundos de participação[28].

Por competência tributária, entende-se o poder que a Constituição Federal outorga aos entes políticos para legislar, instituir e exigir tributos. Essa competência é disciplinada de maneira rígida pelo texto constitucional, sendo imprescindível que os entes federados observem os limites constitucionais para que a tributação seja considerada legítima. Nessa linha, nos termos do art. 153 da CF/1988, a União tem competência para instituir o II, IE, Imposto de Renda, IPI, IOF, ITR e IGF[29]. Por sua vez, os estados podem instituir o ITCMD, o ICMS e o IPVA[30]. Por fim, cabe aos Municípios instituir o ITBI, o ISSQN e o IPTU[31].

Quanto às transferências intergovernamentais, é possível mencionar o imposto de renda, que tem 50% da sua arrecadação compartilhada

[27] Alves, Raquel de Andrade Vieira. Federalismo fiscal e distorções do modelo brasileiro. **Revista de Finanças Públicas, Tributação e Desenvolvimento,** v. 6. n. 6, 2018, p. 8.

[28] Horvath, Estevão. A questão do "incentivo com o chapéu alheio" entre União e Estados - RE 705.423/SE, tema 653/RG-STF. In: Scaff, Fernando Facury et al. (org.). **Federalismo(s) em juízo.** 1. ed. São Paulo: Noeses, 2019, p. 578-579.

[29] **CF/1988:**

Art. 153. Compete à União instituir impostos sobre: I – importação de produtos estrangeiros; II – exportação, para o exterior, de produtos nacionais ou nacionalizados; III – renda e proventos de qualquer natureza; IV – produtos industrializados; V – operações de crédito, câmbio e seguro, ou relativas a títulos ou valores mobiliários; VI – propriedade territorial rural; VII – grandes fortunas, nos termos de lei complementar.

[30] Art. 155. Compete aos Estados e ao Distrito Federal instituir impostos sobre: I – transmissão causa mortis e doação, de quaisquer bens ou direitos; II – operações relativas à circulação de mercadorias e sobre prestações de serviços de transporte interestadual e intermunicipal e de comunicação, ainda que as operações e as prestações se iniciem no exterior; III – propriedade de veículos automotores.

[31] Art. 156. Compete aos Municípios instituir impostos sobre: I – propriedade predial e territorial urbana; II – transmissão "inter vivos", a qualquer título, por ato oneroso, de bens imóveis, por natureza ou acessão física, e de direitos reais sobre imóveis, exceto os de garantia, bem como cessão de direitos a sua aquisição; III – serviços de qualquer natureza, não compreendidos no art. 155, II, definidos em lei complementar.

com estados, DF e Municípios; o ICMS, que tem 25% da sua arrecadação dividida com os Municípios; e o não repasse à União do Imposto sobre a Renda Retido na Fonte sobre a remuneração de servidores estaduais e municipais[32].

A partir do exposto, é forçoso concluir que a autonomia financeira dos entes federados é um pilar do pacto federativo brasileiro. Cumpre agora abordar o tópico principal do presente estudo: a possível violação do princípio federativo pela criação do IBS e consequente eliminação da competência dos estados para instituir o ICMS e dos Municípios para instituir o ISSQN.

3. Afinal, o IBS viola o princípio federativo?

Antes de analisar a constitucionalidade do Imposto sobre Bens e Serviços, é necessário distinguir as formas de poder constituinte. O poder constituinte originário é aquele que cria nova Constituição, possuindo poderes ilimitados e incondicionados. Já o poder constituinte derivado é criado pelo poder constituinte originário, que estabelece o procedimento a ser seguido e os limites a serem observados[33]. Logo, é imprescindível que as emendas à Constituição respeitem os limites estabelecidos pelo constituinte originário.

Conforme demonstrado, o principal problema das PECs nº 45/2019 e PEC nº 110/2019 é a redução significativa da competência tributária dos estados e municípios[34]. Essa questão ganha contornos especiais, visto que a Constituição Federal proíbe a deliberação de proposta de emenda que tenda a abolir a forma federativa de Estado. Assim, as propostas de reforma tributária devem estar em conformidade com as cláusulas

[32] Scaff, Fernando Facury. Reforma tributária, a cláusula pétrea do federalismo e o STF. Consultor Jurídico, São Paulo, 16 de abril de 2019. Disponível em: < https://www.conjur.com.br/2019-abr-16/contas-vista-reforma-tributaria-clausula-petrea-federalismo-stf >. Acesso em 29/04/2021.

[33] Mendes, Gilmar Ferreira; Branco, Paulo Gustavo Gonet. Curso de direito constitucional. 12. ed. São Paulo: Saraiva, 2017, P. 134.

[34] Ribeiro, Ricardo Lodi. Reforma Tributária simplifica, mas tem efeitos regressivos e centralizadores. ConJur, São Paulo, 8 abr. 2019. Disponível em: < https://www.conjur.com.br/2019-abr-08/ricardo-lodi-reforma-tributaria-simplifica-efeitos-regressivos > Acesso em 29/04/2021.

pétreas, principalmente no que se refere à manutenção da forma federativa de Estado e dos direitos e garantias fundamentais dos contribuintes[35].

Todavia, há que se ter em mente que esses limites não são absolutos. Isto é: apenas os elementos que constituem o núcleo essencial do princípio federativo são insuscetíveis de alteração por meio de emenda constitucional[36]. Esse entendimento foi adotado pelo STF nos julgamentos da ADI nº 2.024/DF, de relatoria do Ministro Sepúlveda Pertence. *In verbis*:

> EMENTA: I. Ação direta de inconstitucionalidade: seu cabimento – afirmado no STF desde 1926 – para questionar a compatibilidade de emenda constitucional com os limites formais ou materiais impostos pela Constituição ao poder constituinte derivado: precedente. II. Previdência social (CF, art. 40, § 13, cf. EC 20/98): submissão dos ocupantes exclusivamente de cargos em comissão, assim como os de outro cargo temporário ou de emprego público ao regime geral da previdência social: argüição de inconstitucionalidade do preceito por tendente a abolir a "forma federativa do Estado" (CF, art. 60, § 4º, I): implausibilidade da alegação: medida cautelar indeferida. 1. A "forma federativa de Estado" – elevado a princípio intangível por todas as Constituições da República – não pode ser conceituada a partir de um modelo ideal e apriorístico de Federação, mas, sim, daquele que o constituinte originário concretamente adotou e, como o adotou, erigiu em limite material imposto às futuras emendas à Constituição; de resto as limitações materiais ao poder constituinte de reforma, que o art. 60, § 4º, da Lei Fundamental enumera, não significam a intangibilidade literal da respectiva disciplina na Constituição originária, mas apenas a proteção do núcleo essencial dos princípios e institutos cuja preservação nelas se protege. (ADI 2024 MC, Relator(a): SEPÚLVEDA PERTENCE, Tribunal Pleno, julgado em 27/10/1999, DJ 01/12/2000)

[35] Rocha, Sérgio. Questão federativa é central na análise da constitucionalidade do IBS. Conjur, 06 de agosto de 2019. Disponível em: < https://www.conjur.com.br/2019-ago-06/sergio-rocha-questao-federativa-central-analise-ibs >. Acesso em 30/08/2019.

[36] Leite, Vítor Thaler Teixeira. A Cláusula Pétrea do Princípio Federativo e a PEC n. 45/2019. **Revista Direito Tributário Atual,** n.43. ano 37, p. 445-458. São Paulo: IBDT, 2º semestre 2019, p. 449.

Assim, a forma federativa de Estado pressupõe a autonomia financeira dos entes federativos, para que esses possam realizar as atividades que a Constituição Federal lhes atribuiu[37]. É evidente, portanto, que a autonomia financeira é um pilar fundamental do princípio federativo, no entanto, há divergências sobre como tal autonomia financeira deve se concretizar.

Em suma, é possível identificar duas vertentes principais. A primeira defende que, para que o pacto federativo seja respeitado, é necessário que os entes federativos tenham competências tributárias próprias e partilhem a arrecadação entre si[38]. É dizer: sem competência tributária não há que se falar em autonomia financeira. Para essa vertente, portanto, as PECs nº 45/2019 e 110/2019 seriam inconstitucionais por violar o pacto federativo.

Por outro lado, a segunda vertente sustenta que a discriminação de competências tributárias não é um requisito indispensável do sistema federativo, sendo suficiente a previsão de mecanismos que assegurem a autonomia financeira dos entes políticos[39]. Em outras palavras, é possível que os entes federados tenham autonomia financeira mesmo sem possuir competência tributária[40]. Dessa forma, não haveria que se falar em inconstitucionalidade das referidas propostas de emenda à Constituição.

Os defensores da constitucionalidade do IBS ainda alegam que há precedente de Emenda Constitucional que excluiu tributos de competência dos estados e dos Municípios. Trata-se da EC nº 3/1993, que eliminou o adicional ao Imposto de Renda, de competência estadual, e o

[37] LEITE, Vítor Thaler Teixeira. A Cláusula Pétrea do Princípio Federativo e a PEC n. 45/2019. **Revista Direito Tributário Atual,** n.43. ano 37, p. 445-458. São Paulo: IBDT, 2º semestre 2019, p. 448.

[38] ROCHA, Sérgio. **Questão federativa é central na análise da constitucionalidade do IBS. Conjur**, 06 de agosto de 2019. Disponível em: < https://www.conjur.com.br/2019-ago-06/sergio-rocha-questao-federativa-central-analise-ibs >. Acesso em 30/08/2019.

[39] SCHOUERI, Luís Eduardo. Discriminação de competências e competência residual. In: SCHOUERI, Luís Eduardo e ZILVETI, Fernando Aurelio (Coord.). **Direito tributário: estudos em homenagem a Brandão Machado.** São Paulo: Dialética, 1998. p. 83.

[40] GAMA, Tácio Lacerda. **Competência tributária: fundamentos para uma teoria da nulidade.** São Paulo:
Noeses, 2009, p. 200.

Imposto sobre Vendas a Varejo de Combustíveis Líquidos e Gasosos, de competência municipal. No entanto, considerando que os tributos extintos representavam uma parcela pequena da arrecadação dos estados e dos Municípios, essa medida não gerou grandes debates quanto à violação ao pacto federativo, de maneira que esse caso não é decisivo para a controvérsia gerada com a apresentação das PECs ora em comento[41].

É imperioso mencionar que, no caso concreto, seriam excluídos o ICMS, que representa 88% das receitas dos estados, e o ISSQN, que corresponde a 43% da arrecadação municipal[42]. Dessa forma, concordamos com o entendimento do professor Humberto Ávila, no sentido de que a criação do IBS suprimirá a autonomia financeira dos entes, elegida pelo constituinte originário como um dos pilares da federação. Isso porque o referido tributo será instituído por lei complementar aprovada pelo Congresso Nacional, extinguindo, portanto, o poder dos entes federados de decidirem se e como instituirão os seus impostos[43].

O federalismo fiscal brasileiro é baseado em um sistema misto, que outorga competências tributárias exclusivas, bem como prevê participações na arrecadação tributária de outros entes[44]. É importante destacar que a competência tributária permite aos entes federados instituir tributos e se autogerir sem depender das transferências dos demais entes federados[45]. Não se pode admitir, portanto, que os entes federados

[41] Rocha, Sérgio. **Questão federativa é central na análise da constitucionalidade do IBS.** Conjur, 06 de agosto de 2019. Disponível em: < https://www.conjur.com.br/2019-ago-06/sergio-rocha-questao-federativa-central-analise-ibs >. Acesso em 30/08/2019.

[42] Nesse sentido, é ver os dados do Tesouro Nacional citados no Parecer pela admissibilidade da PEC n º 45/2019 apresentado na CCJ da Câmara. Disponível em: < https://www.camara.leg.br/proposicoesWeb/prop_mostrarintegra?codteor=1747193&filename=PRL+1+CCJC+%3D%3E+PEC+45/2019 >. Acesso em 29/04/2021.

[43] Ávila, Humberto. **IVA, uma proposta inconstitucional.** Exame, São Paulo, 18 out. 2018. Disponível em: < https://exame.com/blog/opiniao/iva-uma-proposta-inconstitucional/ >. Acesso em 29/04/2021.

[44] Assunção, Matheus Carneiro. Federalismo fiscal em perspectiva comparada. **Revista da AGU,** ano XII, n. 38 pp. 394-422, out./dez. 2013, p. 415.

[45] Souza, Hamilton Dias de. Reforma Tributária: **A PEC 45/2019 afronta o pacto federativo.** Jota, 03/07/2019. Disponível em: < https://www.jota.info/opiniao-e-analise/artigos/reforma-tributaria-a-pec-45-19-afronta-o-pacto-federativo 03072019#sdfootnote3sym >. Acesso em 29/04/2021.

dependam de repasses de outros entes para que possam cumprir as suas obrigações constitucionais[46]. Assim, entendemos que a PEC nº 45/2019 e a PEC nº 110/2019 são inconstitucionais, visto que reduzem significativamente a autonomia financeira dos entes federados, violando, portanto, o princípio federativo.

Conclusões

A necessidade de uma reforma tributária no Brasil é uma unanimidade, no entanto, existem divergências sobre a forma pela qual ela deve ser realizada. No Brasil, a maior parcela da carga tributária incide sobre o consumo, divergindo, portanto, do modelo de tributação adotado pelos países desenvolvidos, no qual a maior parcela da carga tributária incide sobre a renda. Ademais, o sistema de tributação de bens e serviços em nosso país é altamente ineficiente, devido à fragmentação das bases econômicas e incidência de vários tributos sobre a mesma base, o que aumenta os custos de conformidade fiscal, diminui a competitividade das empresas brasileiras no mercado internacional e afasta investimentos estrangeiros.

Com vistas a simplificar o sistema tributário atual, foram apresentadas a PEC nº 45/2019 e a PEC nº 110/2019. Apesar das suas particularidades, essas propostas de emenda à Constituição possuem um ponto em comum: a substituição do ICMS e do ISSQN pelo IBS, eliminado, portanto, a competência dos estados e Municípios para instituir os referidos tributos.

Nesse contexto, a constitucionalidade das referidas PECs tem sido questionada. A corrente que defende a inconstitucionalidade sustenta que a criação do IBS e consequente exclusão da competência dos estados e Municípios para instituir o ICMS e ISSQN, respectivamente, retiraria a autonomia financeira dos entes federados, violando, portanto, o princípio federativo, elevado ao status de cláusula pétrea pela Constituição Federal.

[46] JUNIOR, Carlos Alberto Schenato; NETO, João Paulo Mendes. Federalismo fiscal e autonomia municipal: reflexos da reforma tributária na gestão do imposto predial e territorial urbano pelo município. **Cadernos jurídicos**, ano 21, nº 54, pp. 165-180, abr./jun. 2020, p. 174.

As cláusulas pétreas são limitações materiais ao poder do constituinte derivado de alterar a Constituição Federal, de modo que o núcleo essencial dos princípios e institutos por elas protegidos não pode ser alterado sequer por meio de emenda à Constituição. No que se refere ao princípio federativo, um dos elementos essenciais é a autonomia financeira, uma vez que os entes federados necessitam de recursos para arcar com as suas despesas, bem como desempenhar as atividades que lhe foram atribuídas pela Constituição Federal.

Nesse ponto, repisa-se: a forma federativa de Estado deve ser definida de acordo com o modelo que foi efetivamente adotado pelo constituinte originário e não a partir de um conceito ideal de Federação. Nos termos da Constituição Federal de 1988, a autonomia financeira dos entes federados pode ser garantida de duas formas principais: a arrecadação de recursos próprios, por meio do exercício da competência tributária outorgado ao ente pela Constituição, e as transferências intergovernamentais obrigatórias.

É evidente, portanto, que a atribuição de competências tributárias é um elemento essencial do princípio federativo adotado pelo poder constituinte originário. No contexto do federalismo fiscal brasileiro, os entes federados não podem ficar à mercê de transferências realizadas por outros entes para cumprir as suas obrigações constitucionais. Assim, entendemos que tanto a PEC nº 45/2019 como a PEC nº 110/2019 violam o princípio federativo, haja vista que reduzem significativamente a autonomia financeira dos estados e Municípios.

19.
CONTRIBUIÇÃO SOCIAL SOBRE OPERAÇÕES COM BENS E SERVIÇOS – CRÍTICAS AO PROJETO DE LEI N. 3887/2020 E A REFORMA TRIBUTÁRIA POSSÍVEL

JOSÉ LUIS RIBEIRO BRAZUNA

Introdução

Este artigo consubstancia algumas das considerações e dos temas debatidos em evento do grupo de pesquisa "Democracia e Instituições: Crises e Desafios", realizado em 13.10.2020, dentro da Jornada de Debates sobre as Reformas Tributárias, organizado pelo IDP – Instituto Brasiliense de Direito Público.

Naquela data, atendendo ao honroso convite da Professora Tarsila Ribeiro Marques Fernandes e com a mediação da jornalista Beatriz Olivon e do Professor Daniel Szelbracikowski, pudemos discutir, juntamente com os Drs. Hugo Funaro e Raquel Andrade, alguns aspectos relacionados ao Projeto de Lei (PL) nº 3887/2020, que fora submetido pelo Poder Executivo ao Congresso Nacional, em 21.7.2020, propondo a criação de um novo tributo, a Contribuição Social sobre Operações com Bens e Serviços (CBS), com resultante da unificação da contribuição ao PIS e da Cofins.

O PL 3887/2020 foi apresentado ao Poder Legislativo pelo Ministro da Economia, Paulo Guedes, em evento conjunto com a participação dos então Presidentes das duas Casas Legislativas, o Deputado Federal Rodrigo Maia e o Senador David Alcolumbre. Na ocasião, foi declarado publicamente que o projeto seria incorporado aos trabalhos da Comissão Mista da Reforma Tributária, presidida pelo Senador Roberto Rocha, que já se debruçava sobre as Propostas de Emenda Constitucional (PECs) nºs 45/2019 e 110/2019 – aquela proveniente da Câmara dos Deputados e de autoria do Deputado Federal Baleia Rossi, e, esta, proposta no Senado Federal, mas de autoria do ex-Deputado Federal Luiz Carlos Hauly.

Àquela altura, a Comissão Mista encontrava-se instaurada há pouco mais de quatro meses e já havia tido a sua rotina e os seus trabalhos afetados pela pandemia da COVID-19[1].

Ainda assim, atendendo às demandas de então, a "proposta do Executivo" foi apresentada, permitindo a sua análise e discussão pelo Poder Legislativo, o que igualmente caminhou a passos bastante lentos[2], tendo sido verificada, inclusive, a apresentação de mensagem do Presidente da República, em 4.9.2020, requerendo que fosse considerada sem efeito – e, portanto, cancelada – a urgência anteriormente solicitada para a tramitação do projeto[3].

[1] Em julho de 2020, quando apresentado o PL 3887/2020, o cronograma de trabalho inicialmente proposto pelo relator, Deputado Federal Aguinaldo Ribeiro, já se encontrava bastante defasado, se considerada a ambição inicial de se votar o relatório final em 6.5.2020 (conforme *Proposta de Plano de Trabalho* apresentada em 4.3.2020 e disponível em https://legis.senado.leg.br/sdleg-getter/documento/download/028b9d46-6c4f-47cb-8edb-195e89085cbf, acesso em 25.4.2021). Até então, diferentemente do planejado, a Comissão Mista realizara apenas duas reuniões e uma única audiência pública.

[2] De efetivamente relevante, houve apenas tempo para que, em 30.7.2020, os Deputados Enio Verri e Afonso Florence requeressem informações do Ministério da Economia, a respeito da arrecadação da contribuição ao PIS e da Cofins e da expectativa de geração de receita com a cobrança da CBS, inclusive para que pudesse compreender a razão para a propositura de uma alíquota de 12% para a nova contribuição (Requerimento de Informação nº 912/2020, disponível em https://www.camara.leg.br/proposicoesWeb/prop_mostrarintegra;jsessionid=node0no944vsy4y0e1q9u3imqmwubo2047476.node0?codteor=1917891&filename=Tramitacao-PL+3887/2020, acesso em 29.4.2021).

[3] Conforme Mensagem nº 506, disponível em https://www.camara.leg.br/proposicoesWeb/prop_mostrarintegra;jsessionid=node0no944vsy4y0e1q9u3imqmwubo2047476.node0?codteor=1928189&filename=Tramitacao-PL+3887/2020 (acesso em 29.4.2021).

1. Conteúdo das PECs 45 e 110/2019

Conforme estudo da Consultoria Legislativa da Câmara dos Deputados[4], ambas as propostas de emenda constitucional se assemelhavam pelo fato de buscarem uma maior simplificação e racionalização do sistema de tributação da produção, do comércio de bens e da prestação de serviços, sistema esse que, desde a Constituição de 1988, é compartilhado entre todos os entes da Federação, mediante a instituição e a cobrança de uma multiplicidade de impostos e contribuições.

Ambas as PECs, desse modo, propõem a criação de um novo imposto sobre bens e serviços (IBS), nos moldes dos impostos sobre valor agregado praticados na maior parte dos países[5], e de um imposto específico sobre determinados bens e serviços, no formato do *excise tax*, igualmente cobrado em muitas jurisdições. A diferenciar-lhes, no entanto, pode-se mencionar o seguinte:

- ***sob o ponto de vista da competência para a instituição do IBS:***
    - o a PEC 110/2019 propõe que o IBS seja um tributo estadual, instituído por intermédio do Congresso Nacional, com poder de iniciativa reservado, basicamente, a representantes dos Estados e Municípios, a uma comissão mista de Senadores e Deputados Federais, criada especificamente para esse fim, ou às bancadas estaduais de Deputados Federais ou Senadores;
    - o a PEC 45/2019 propõe um tributo federal, instituído por lei complementar federal, exceto em relação à fixação das "sub-alíquotas" destinadas à União, aos Estados, ao Distrito Federal e aos Municípios, a serem definidas por lei ordinária de cada ente federativo;

[4] *Estudo e Consulta – Reforma Tributária – PEC 110/2019, do Senado Federal, e PEC 45/2019, da Câmara dos Deputados*. Produzido pelos Consultores Legislativos Celso de Barros Correia Neto, Fabiano da Silva Nunes, José Evande Carvalho Araujo e Murilo Rodrigues da Cunha Soares. Disponível em: https://www2.camara.leg.br/atividade-legislativa/estudos-e-notas-tecnicas/fiquePorDentro/temas/sistema-tributario-nacional-jun-2019/ReformaTributria_ComparativoPEC45ePEC110.pdf (acesso em 25.4.2021).

[5] Vide, a título de referência: OECD (2017), *International VAT/GST Guidelines*, OECD Publishing, Paris, https://doi.org/10.1787/9789264271401-en (acesso em 29.4.2021) e *Consumption Tax Trends 2020: VAT/GST and Excise Rates, Trends and Policy Issues*, OECD Publishing, Paris, https://doi.org/10.1787/152def2d-en (acesso em 29.4.2021).

- ***fixação de alíquotas do novo imposto:***
  - a PEC 110/2019 prevê que lei complementar fixe as alíquotas do IBS, havendo uma alíquota padrão, mas podendo ser estabelecidas alíquotas diferenciadas[6] para determinados bens ou serviços;
  - a PEC 45/2019 estipula que cada ente federativo fixará uma parcela da alíquota total do imposto por meio de lei ordinária, federal, estadual, distrital ou municipal; fixadas as "sub-alíquotas" federal, estadual e municipal (ou distrital), forma-se a alíquota única aplicável a todos os bens e serviços consumidos em ou destinados a cada um dos Municípios/Estados Brasileiros. Prevê, ainda, a figura da "alíquota de referência", assim entendida aquela que, aplicada sobre a base de cálculo do IBS, substituirá a arrecadação dos tributos que serão extintos;
- ***concessão de benefícios fiscais:***
  - a PEC 110/2019 autoriza a concessão de benefícios fiscais, por lei complementar, nas operações com alimentos, inclusive os destinados ao consumo animal, medicamentos, na prestação de serviço de transporte público coletivo de passageiros de caráter urbano, sobre operações com bens do ativo imobilizado, serviços de saneamento básico e, finalmente, sobre a educação infantil, o ensino fundamental, médio e superior e a educação profissional;
  - a PEC 45/2019 não permite a concessão de nenhum tipo de benefício fiscal relativo ao IBS e, tal como a PEC 110, prevê a possibilidade de devolução do imposto recolhido para contribuintes de baixa renda, nos termos a serem fixados em lei complementar;
- ***transição para a cobrança do IBS e extinção dos tributos por ele substituídos:***
  - na PEC 110/2019, durante um ano será cobrada uma contribuição experimental de 1%, com a mesma base de incidência do IBS. Depois disso, a transição durará cinco anos, sendo os atuais tributos substituídos pelo IBS à razão de um quinto ao ano. Durante o período de transição, os entes federativos não poderão alterar as alíquotas dos tributos a serem substituídos;

[6] A alíquota, portanto, poderá diferir, dependendo do bem ou serviço, mas será aplicada de maneira uniforme em todo o território nacional.

- o na PEC 45/2019, durante dois anos será cobrada uma contribuição experimental de 1%, com a mesma base de incidência do IBS A partir disso, a transição durará oito anos, sendo os atuais tributos substituídos pelo IBS à razão de um oitavo ao ano. Nesse interregno, não haverá vedação para os entes federativos alterarem as alíquotas dos tributos a serem substituídos;

- ***transição na partilha dos recursos:***
  - o na PEC 110/2019 é proposto um período transitório de quinze anos, durante os quais, a partir da criação do IBS, cada ente federativo (União, Estados, Distrito Federal e Municípios) receberá parcela das receitas do IBS de acordo com a participação que cada um teve na arrecadação dos tributos que estão sendo substituídos;

o no caso da PEC 45/2019, o período de transição será de cinquenta anos, sendo que, durante os primeiros vinte, contados a partir da criação do IBS, os Estados, o Distrito Federal e os Municípios receberão: ***(i)*** o valor equivalente à redução de receitas do ICMS ou ISS, em virtude da extinção desses tributos; ***(ii)*** o valor do aumento/diminuição da arrecadação em virtude de alterações das alíquotas de competência de cada ente federado; e ***(iii)*** o superávit/déficit de arrecadação, após consideradas as duas parcelas anteriores, o que será distribuído proporcionalmente pelas regras de partilha do novo IBS (princípio do destino mediante apuração do saldo de débitos e créditos). A partir do vigésimo primeiro ano, aquela parcela ***(i)***, equivalente à redução do ICMS e do ISS, será reduzida em um trinta avos ao ano, passando a receita a ser distribuída totalmente segundo o princípio do destino.

Sob o ponto de vista dos tributos substituídos em cada proposta, o IBS da PEC 45/2019 absorveria apenas o IPI, o ICMS, o ISS, a contribuição ao PIS e a Cofins, enquanto a PEC 110/2019 almeja, em sua essência[7], a

[7] A PEC 110/2019 também ambiciona: *(i)* a extinção da CSLL e a incorporação da sua base de tributação ao IRPJ; *(ii)* a transferência do ITCMD para a competência federal, com a sua arrecadação destinada aos Municípios; *(iii)* ampliação da base do IPVA, para incluir aeronaves e embarcações, com arrecadação destinada igualmente aos municípios; *(iv)* autorização para a criação de um adicional ao IBS, para financiar a seguridade social; e

substituição também da contribuição ao Pasep, do IOF, da CIDE-combustíveis e do salário-educação.

É nesse contexto que o PL 3887/2020 foi apresentado pelo Poder Executivo Federal, como uma proposta claramente mais tímida do que as PECs em tramitação, ambicionando apenas unificar a contribuição ao PIS e a Cofins, criando uma nova contribuição incidente sobre receitas e sobre importações, mas abrindo espaço para o protagonismo do Poder Legislativo em relação à tão almejada Reforma Tributária.

A confirmar essa estratégia, basta verificar que as mudanças propostas no projeto sequer dependeriam imediatamente do Congresso, podendo ser implementadas de imediato por meio de medida provisória. No entanto, o propósito anunciado pelo Poder Executivo foi o de impulsionar os trabalhos da Comissão Mista, estimulando que se prosseguisse na discussão de uma reforma profunda e estruturante do sistema de tributação indireta em nosso País, tema esse prioritário inclusive para o ingresso do Brasil como membro da Organização para a Cooperação e o Desenvolvimento Econômico (OCDE)[8].

Isoladamente, ainda que a criação da CBS pudesse ser um primeiro passo nessa direção, a aprovação isolada do PL 3887/2020 talvez trouxesse mais transtornos do que benefícios, especialmente à luz de alguns elementos controvertidos que foram discutidos na Jornada de Debates sobre as Reformas Tributárias e que passamos a apontar.

(v) criação de fundos estadual e municipal para reduzir a disparidade da receita *per capita* entre Estados e Municípios, com recursos destinados a investimentos em infraestrutura.

[8] *"Addressing the productivity losses resulting from taxes requires a comprehensive reform of indirect taxes. One reasonable possibility that is currently discussed in Congress would be to consolidate the different consumption taxes into one value-added tax with simple rules, a broad base, full refund for input VAT paid and zero-rating for exports. This would reduce distortions and the scope for litigation at the same time. The tax rate should be as uniform as possible, applying if possible a single rate across all consumption, with no exemptions, reduced rates or special regimes. As a first step, a draft bill to unify two federal consumption taxes and enhance the deductibility of taxes paid on inputs has been submitted to Congress."* (Arnold, J. and R. Grundke (2021). Raising productivity through structural reform in Brazil. *OECD Economics Department Working Papers*, nº 1660, OECD Publishing, Paris, https://doi.org/10.1787/84e6fbeb-en, acesso em 29.4.2021, p. 24/26).

2. Complexidades do PL 3887/2020

Embora se proponha a simplificar o atual sistema de incidência e cobrança da contribuição ao PIS e da Cofins, o PL 3887/2020 não é imune a críticas e parece, ele próprio, ser potencial fonte de novas polêmicas e discussões que poderão surgir e contaminar um novo ambiente tributário mais saudável, caso pudesse ser aprovado isoladamente.

O projeto delimita, tal como se dá no regime atual, dois campos de incidência distintos para a CBS, em linha com os artigos 149, § 2º, inc. II, e 195, incs. I, alínea "b", e IV, da Constituição Federal de 1988: **(i)** a incidência sobre a receita proveniente de operações com bens e serviços; e **(ii)** a incidência sobre operações de importação de bens e serviços do exterior.

Apesar dos esclarecimentos que o Governo Federal procurou apresentar à sociedade, por meio de "Perguntas e Respostas" divulgadas a respeito da CBS[9], o fato é que o PL 3887/2020 suscita uma série de dúvidas e questionamentos. E isto a começar pela incidência da CBS sobre o auferimento de receita bruta, em relação a que o PL 3887/2020, embora faça referência ao conceito do artigo 12, do Decreto-Lei nº 1.598/77:

- estende a incidência da CBS também às receitas decorrentes de acréscimos à receita bruta, inclusive a título de multas e encargos (artigo 2º, § 1º), o que pode gerar naturais questionamentos no que se refere aos acréscimos de cunho indenizatório, que não representariam um novo ingresso para o sujeito passivo ou aos encargos de cunho financeiro, considerando a premissa de que a CBS não alcançaria receitas financeiras[10];
- respeita o artigo 149, § 2º, inc. I, da Constituição, não incidindo sobre receitas decorrentes de exportação e, ademais, assegurando a apropriação de créditos da própria CBS que estiverem vinculados a tais receitas imunes (artigo 2º, § 2º);

[9] https://www.gov.br/economia/pt-br/acesso-a-informacao/acoes-e-programas/reforma-tributaria/perguntas-e-respostas.pdf (acesso em 27.4.2021).

[10] *"A CBS não incide sobre as receitas financeiras, sejam elas decorrentes de aplicações financeiras, juros sobre capital próprio ou variação cambial positiva, pois não se caracterizam como receita bruta."* ("Perguntas e Respostas – CBS – vs2", questão nº 16).

- não apresenta definição de um conceito de serviços, para fins de incidência sobre as receitas daí derivadas, o que pode gerar litígios quanto ao alcance do seu fato gerador, na medida em que, somente no que concerne às importações, o artigo 61, §§ 1º e 2º, estabelece que *"o conceito de serviços compreende também a cessão e o licenciamento de direitos, inclusive intangíveis"* e que essa incidência *"independe da denominação dada ao serviço"*[11]; e
- pode gerar dúvidas sobre a pretensão ou não do legislador de alcançar receitas não-operacionais advindas da venda de bens do ativo não-circulante, uma vez que não há isenção para esse tipo de ingresso, nos artigos 21 e 22, muito embora a exposição de motivos que acompanha o projeto deixe consignado que *"a CBS incidirá apenas sobre a receita decorrente do faturamento empresarial, ou seja, sobre as operações realizadas com bens e serviços em sentido amplo"* (sublinhamos). Ademais, o mencionado "Perguntas e Respostas" afirma o seguinte:

  A CBS foi desenhada sob a lógica econômica de um tributo sobre o consumo, cobrado das várias empresas ao longo do processo de agregação de valor (daí o nome IVA – Imposto sobre Valor Adicionado)....

  Decidiu-se, nos autos dos Recursos Extraordinários 357.950-9/RS, 390.8940-5/MG, 358.273-9/RS e 346.084-6/PR, que o faturamento se equiparava à receita bruta derivada das operações próprias dos negócios das empresas (venda de mercadorias e/ou prestação de serviços), mas não à receita total, que também incluiria os dividendos, juros sobre capital próprio etc.

  O resultado prático da incidência da CBS sobre o faturamento/receita bruta é que a tributação se opera sob a lógica do (sic) *um tributo sobre valor adicionado, ficando limitada às operações que destinam bens e serviços ao consumidor final, evitando a incidência em cascata por meio da não-cumulatividade.* (g.n.)

Além das receitas de exportação, o PL 3887/2020 indica como "imunes" à CBS as entidades beneficentes de assistência social, as quais

[11] Novamente, com base no que foi apresentado no "Perguntas e Respostas", a pretensão do Governo Federal é adotar um conceito abrangente de serviços, para fins de tributação da receita. O texto proposto ao Congresso, entretanto, não acompanhada essa "intenção do legislador".

são declaradas "isentas" pelo artigo 195, § 7º, da Constituição Federal. Curioso observar a imprecisão e a inversão de papéis entre o texto constitucional, que tipicamente veicula normas de imunidades, e a legislação infraconstitucional, que poderia trazer somente outras "categorias especiais da técnica de tributação"[12].

O projeto veicula também uma série de efetivas isenções nos seus artigos 21 e 22, sendo notável a tentativa de estabelecer certa simetria com as imunidades subjetivas do artigo 155, inc. VI, da Constituição. Nesse particular, o Governo Federal tem advogado a tese de que as entidades constitucionalmente imunes a impostos não aufeririam receita com as suas atividades institucionais propriamente ditas, mas apenas quando realizassem operações no mercado, daí porque a desoneração do PL 3887/2020 seria restrita à primeira hipótese

> *Algumas isenções foram inseridas apenas para fins de esclarecimento, já que não se trata de operações tributáveis, dado o desenho da CBS como um tributo sobre o consumo. São elas: atividades típicas dos templos de qualquer culto, dos partidos políticos, dos sindicatos, das federações e confederações, dos condomínios edilícios residenciais e dos atos praticados entre as cooperativas e seus associados (atos cooperativos), exceto as cooperativas de consumo.*
> *(...)*
> *A adoção da 'receita bruta' como fato gerador da CBS tornou possível a simplificação da legislação anterior porque tornou desnecessária a especificação de diversas situações em que pessoas jurídicas ou receitas seriam isentas, teriam alíquota zero ou seriam não-tributadas.*
> *Nesse contexto, as receitas auferidas por organizações do terceiro setor que não se caracterizem como contraprestação pela fruição de um serviço ou aquisição de um bem, como é o caso das doações, não serão tributadas.*
> *De outro lado, a exploração de atividade econômica como a venda de bens e a prestação de serviços será tributada, ainda que a contraprestação seja revertida em benefício da associação.*[13]

[12] Expressão essa cunhada na obra clássica de Ruy Barbosa Nogueira (*Curso de direito tributário*. 12ª edição. São Paulo: Saraiva, 1996).
[13] Idem nota de rodapé nº 10 acima.

Embora se anuncie o intuito de reduzir o quadro geral de benefícios e incentivos fiscais indiscriminadamente criados na legislação da contribuição ao PIS e da Cofins, o PL 3887/2020 parece demasiadamente econômico, abrindo campo fértil para judicialização futura. Como exemplo, cite-se a justificativa dada pelo Governo Federal[14] para não repetir a alíquota zero aplicável às receitas de venda e à importação de livros, presente nos artigos 8º, § 12, inc. XII, e 28, inc. VI, da Lei nº 10.865/2004, dando a entender que esse tipo de mercadoria seria consumido preponderantemente por famílias de mais alta renda e que, por esse motivo, faria mais sentido cobrar a CBS e investir o dinheiro arrecadado em *"políticas focalizadas"*.

Um ponto extremamente positivo do projeto – e que se repete no racional adotado também para o IBS, proposto nas PECs 45 e 110/2019 – é a exclusão de qualquer tipo de "cálculo por dentro" da CBS, deixando-se claro que não só a nova contribuição não comporia a sua própria base, como também que dela estariam excluídos o ICMS, o ISS e os descontos incondicionais indicados no documento fiscal. Como contrapartida, a alíquota proposta para o novo tributo (12%) é bem mais elevada do que a carga das contribuições a serem por ela substituídas, sendo relevante que o Governo Federal esclareça as razões para a fixação desse percentual, em resposta inclusive à solicitação já feita pela Câmara dos Deputados[15].

Também é animadora a proposta de que a nova contribuição seja plenamente não-cumulativa, pautando-se pela técnica do crédito financeiro e pelo chamado método subtrativo indireto, permitindo ao seu contribuinte *"apropriar crédito correspondente ao valor da CBS destacado em documento fiscal relativo à aquisição de bens ou serviços"*.

Entretanto, o artigo 11, do PL 3887/2020, ao prescrever que *"é vedada a apropriação de crédito em relação a bens e serviços vinculados a receita não sujeita à incidência ou isenta da CBS, exceto nas hipóteses expressamente permitidas"* (sublinhamos), dá azo a algumas incertezas: qual será o conceito de "vinculação" que legitimaria ou não a apropriação do crédito pelo contribuinte? A "vinculação" permitiria o creditamento sobre custos e despesas ope-

[14] Bisidem.

[15] Vide nota de rodapé nº 2.

racionais, de maneira ampla, ou haveria algum tipo de restrição apenas a gastos relevantes e pertinentes à produção?

Note-se que, apesar do discurso em torno de uma não-cumulatividade ampla, o artigo 11, § 1º, fala novamente em "vinculação", quando se refere à proporcionalização de créditos pelo contribuinte que auferir receitas tributadas e não tributadas pela CBS. O seu inciso I, ao descrever o método de apropriação direta, menciona o uso de um sistema de contabilidade de custos integrada e coordenada com a escrituração, o que poderia indicar que o creditamento sobre despesas operacionais estaria descartado, ficando os créditos restritos aos custos diretos de produção, revenda ou prestação de serviços. A não-cumulatividade não seria tão plena assim e, talvez, nos levaria de volta ao mesmo grau de judicialização sobre o tema, que há anos verificamos em torno da contribuição ao PIS e da Cofins.

Tudo isso preocupa não só pela falta de clareza do texto proposto, mas também pela já conhecida postura do Executivo Federal, desde que instituída a sistemática não-cumulativa de apuração da contribuição ao PIS e da Cofins, de restringir os créditos dos contribuintes por meio de atos infralegais.

Preocupa, ainda, pela expressão "disciplinar" utilizada no artigo 11, § 2º, ao delegar poderes para a Secretaria Especial da Receita Federal do Brasil tratar da não-cumulatividade da nova contribuição. Afinal, a tradicional jurisprudência do Supremo Tribunal Federal[16] dá interpretação bastante elástica a esse termo, quando analisa restrições impostas à não-cumulavidade do ICMS pela Lei Complementar nº 87/1996, editada justamente para "disciplinar" o regime de compensação do imposto,

[16] Dentre outras decisões relevantes, vide: Tema de Repercussão Geral nº 346 (Recurso Extraordinário nº 601.967-RS. Pleno. Rel. Min. Marco Aurélio, j. em 18.8.2020); Medida Cautelar na Ação Direta de Inconstitucionalidade nº 2.325-DF. Pleno. Rel. Min. Marco Aurélio, j. em 23.9.2004; Recurso Extraordinário nº 195.894-4-RS. 2ª Turma, Rel. Min. Marco Aurélio, j. em 14.11.2000; Recurso Extraordinário nº 201.168-6-RJ. 1ª Turma, Rel. Min. Ilmar Galvão, j. em 8.10.1996; Agravo Regimental no Agravo de Instrumento nº 250.852-3-RS. 1ª Turma, Rel. Min. Ilmar Galvão, j. em 25.4.2000; Agravo Regimental no Recurso Extraordinário nº 224.531-0-SP. 1ª Turma, Rel. Min. Ellen Gracie, j. em 28.5.2002; e Agravo Regimental no Recurso Extraordinário nº 354.935-9-RS. 1ª Turma, Rel. Min. Ellen Gracie, j. em 17.12.2002.

conforme previsto no artigo 155, § 2º, inc. XII, alínea "c", da Constituição Federal.

Chama a atenção, seja em relação à incidência sobre receitas auferidas no mercado interno, seja quanto às importações, a proposta de regras responsabilizando tributariamente as plataformas digitais que intermedeiem as operações de venda de bens ou de prestação de serviços realizadas de forma não presencial (artigos 5º, 6º, 65 e 72).

No caso das importações, estando as próprias plataformas digitais domiciliadas no exterior, os artigos 66 e 73, do PL 3887/2020, ambicionam a criação de um cadastro especial perante a administração tributária brasileira, para que possam cumprir as suas obrigações relativas à CBS, o que guarda certa semelhança com a figura do *One Stop Shop* (e suas derivações[17]) praticadas na União Europeia.

Aliás, vale observar a referência feita pelo Governo Federal, ao justificar o formato proposto para a CBS, às orientações do Fundo Monetário Nacional para o que chama de *Modern VAT*, dando conta de que:

> *Some countries have devised a variety of solutions to recover VAT on imports of services by non-registered persons. One way to achieve this result is to require the VAT registration of foreign suppliers with a sufficient quantum of supplies in the domestic economy. Under those arrangements, non-resident suppliers have the obligation to register, collect and remit VAT to the domestic tax administration. Another way is to require non-resident suppliers with a sufficient level of activity in the domestic economy to set up a domestic sales corporation which becomes the deemed domestic supplier. E-commerce and electronically supplied services create situations t require creative methods to impose tax in a proper way.*[18]

Interessante verificar, ainda, que o artigo 67, do PL 3887/2020, define o "valor aduaneiro" como base de cálculo da CBS sobre as importações,

[17] *Guide to the VAT One Stop Shop*. European Comission. Dictorate-General Taxation and Customs Union. Bruxelas: Março, 2021.

[18] https://www.imf.org/external/np/fad/tpaf/pages/vat.htm (acesso em 27.4.2021). Vale a referência, feita pelo próprio Fundo Monetário Internacional, à obra *The Moderns VAT* (Liam Ebrill, Michael Keen, Jean-Paul Bodin e Victoria Summers. Washington, DC: Fundo Monetário Internacional).

sendo que o seu artigo 61 considera que *"o conceito de serviços compreende também a cessão e o licenciamento de direitos, inclusive intangíveis"*.

O que demanda cuidado é o fato de a norma proposta no artigo 70, parágrafo único, afirmar que *"os serviços cujo valor esteja incluído no valor aduaneiro de bens importados"* sujeitam-se à incidência da CBS sobre a importação. Evidentemente – é o que parece sinalizar o projeto – a cobrança da nova contribuição não poderá descuidar do conceito legal de "valor aduaneiro" e das normas pertinentes à sua determinação, consolidadas a partir do Acordo de Valoração Aduaneira.

Não obstante, é preciso ficar atento para que não se caminhe novamente na lamentável direção de driblar aquele conceito legal e, por vias obtusas, aumentar a base de tributação mediante a imposição de um conceito particular de "valor aduaneiro", o que foi rechaçado pelo Supremo Tribunal Federal, no contexto da instituição da contribuição ao PIS e da Cofins sobre importações[19].

Desperta a curiosidade, ainda, dentre vários outros pontos do projeto, a previsão do seu artigo 19, inc. I, no sentido de permitir que a Secretaria Especial da Receita Federal do Brasil institua um *"documento fiscal para registro da CBS incidente sobre operações: a) não sujeitas à emissão de outro documento fiscal; ou b) sujeitas à emissão de outro documento fiscal, mas sem campo para destaque da CBS"*.

Na medida do possível, se o intuito da nova contribuição é reduzir a complexidade do sistema, esse acréscimo de obrigação acessória deveria ser evitado, procurando-se fazer apenas ajustes no sistema de escrituração fiscal digital já existente, de modo que a cobrança da CBS não traga consigo novos e desnecessários custos de conformidade.

Vale ainda comentar a proposta, constante do PL 3887/2020, de manter o atual regime diferenciado de tributação das instituições financeiras e afins[20] pela contribuição ao PIS e pela Cofins, sob uma nova roupa-

[19] Tema de repercussão geral nº 1/STF (Recurso Extraordinário nº 559.937-RS. Pleno, Rel. Min. Dias Toffoli, j. em 20.3.2013).

[20] Bancos de qualquer espécie, caixas econômicas, cooperativas de crédito, sociedades de crédito ao microempreendedor e à empresa de pequeno porte, sociedades de crédito direto, associações de poupança e empréstimo, companhias hipotecárias, sociedades de crédito, financiamento e investimento, sociedades de crédito imobiliário, sociedades

gem na qual a atual alíquota total de 4,65% passaria a 5,80% na CBS. Tal como hoje já ocorre em relação à contribuição ao PIS e à Cofins, embora haja uma suposta exclusão do regime não-cumulativo, os contribuintes daqueles segmentos continuam fazendo jus a exclusões da base de cálculo da CBS[21], sendo igualmente relevante que o Poder Executivo esclareça os critérios que o fizeram chegar a uma alíquota menor para o setor, quando a jurisprudência do Supremo Tribunal Federal afirma que existe nele maior capacidade contributiva capaz de justificar tributação mais elevada[22].

Finalmente, de modo bem mais simples do que as propostas de reforma consubstanciadas nas PECs nº 45 e 110/2019, o PL 3887/2020 prevê uma *vacatio legis* de seis meses de duração, o que pode parecer suficiente para a sua regulamentação, mas certamente é pouco, muito pouco, para dirimir as dúvidas que poderão surgir – para além das acima apontadas – em relação ao novo tributo que venha a ser eventualmente assim criado.

3. Evolução e perspectivas de aprovação de uma reforma do sistema de tributação indireta

Os novos presidentes das Casas Legislativas, o Senador Rodrigo Pacheco e o Deputado Federal Arthur Lira, tão logo assumiram aqueles postos, declararam que a reforma tributária "é uma prioridade para o país" e previram a sua aprovação até outubro de 2021. Mencionaram a conclusão,

corretoras de câmbio, sociedades corretoras de títulos e valores mobiliários, sociedades distribuidoras de títulos e valores mobiliários, sociedades de arrendamento mercantil, agências de fomento de que trata o artigo 1º, da Medida Provisória nº 2.192-70/2001, sociedades seguradoras, exceto as de saúde, sociedades resseguradoras, sociedades de capitalização, entidades de previdência, empresas de fomento comercial (*factoring*), companhias de securitização de créditos e seguradoras de saúde e operadoras de planos de assistência à saúde (conforme artigos 42 a 55, do PL 3887/2020).

[21] O que acaba resultando numa não-cumulatividade "base contra base" (método subtrativo direto).

[22] O que foi decidido no caso da Contribuição Social sobre o Lucro Líquido (CSLL), no julgamento das Ações Diretas de Inconstitucionalidade nºs 5.485-DF e 4.101-DF (Pleno, Rel. Min. Luiz Fux, j. em 16.6.2020).

até fevereiro do mesmo ano, do relatório da Comissão Mista Temporária da Reforma Tributária, o que acabou não ocorrendo.

Notícias[23] então recentes, à época da Jornada de Debates organizada pelo IDP, sinalizavam que a própria prorrogação da Comissão Mista e a manutenção do seu relator, o Deputado Federal Aguinaldo Ribeiro, poderiam vir a ser condicionadas à conclusão do relatório final ainda no primeiro semestre de 2021.

Naquele momento, como consequência da disputa política pela presidência das Casas Legislativas no começo do ano, parecia que as PECs 45 e 110/2019 perderiam força, tendo surgido no horizonte a PEC nº 128/2019, de autoria do Deputado Federal Luis Miranda, que já tramitava na Comissão de Constituição, Justiça e Cidadania (CCJC) da Câmara[24].

Assumidamente, essa proposta emulava o texto de autoria do Deputado Federal Baleia Rossi, derrotado na disputa pela presidência da Câmara dos Deputados, adicionando àquele projeto as seguintes modificações:

- desmembrava o IBS em dois tributos, um federal e outro estadual e municipal, atendendo à *"principal reivindicação dos governadores e secretários de fazenda estaduais"*, segundo relatado na justificação da PEC[25];

[23] Lira fala em retomar discussão sobre reforma tributária (https://economia.uol.com.br/noticias/redacao/2021/04/26/lira-reune-com-guedes-fala-em-engajamento-reforma-tributaria.htm), Reforma tributária terá parecer apresentado até 3 de maio, diz Lira (https://agenciabrasil.ebc.com.br/economia/noticia/2021-04/reforma-tributaria-tera-parecer-apresentado-ate-3-de-maio-diz-lira), Lira diz que primeiro relatório da reforma tributária sai até dia 03 (https://veja.abril.com.br/blog/radar-economico/lira-diz-que-primeiro-relatorio-da-reforma-tributaria-sai-ate-dia-03/), dentre outras (todas acessadas em 29.4.2021).

[24] *"Hoje a PEC 128/19 tramita silenciosamente e isoladamente na Comissão de Constituição e Justiça (CCJ) da Câmara. O parecer favorável à admissibilidade da proposta, de autoria do deputado Marcelo Ramos (PL-AM), está pronto para votação. Aprovado o parecer, a PEC 128/19 pode ser apensada à PEC 45/19 que tramita em uma comissão especial. Não seria necessária a criação de um novo colegiado para que ela tenha o conteúdo analisado."* (A estratégia para tentar acelerar a tramitação da reforma tributária. Disponível em https://www.jota.info/legislativo/nova-cpmf-reforma-tributaria-24012020, acesso em 27.4.2021).

[25] Disponível em https://www.camara.leg.br/proposicoesWeb/prop_mostrarintegra?codteor=1792380&filename=PEC+128/2019 (acesso em 25.4.2021).

- em relação ao IBS federal, adotava a maior abrangência da PEC 110/2019, prevendo que o novo imposto eliminaria também o IOF[26];
- trazia, para o texto constitucional, a previsão de incidência do imposto de renda sobre lucros e dividendos, a uma alíquota inicial de 4% retida na fonte, que deveria ser majorada a até 20% no período de transição de seis anos para a cobrança plena do IBS;
- criava um imposto sobre movimentação financeira, com o propósito de compensar a redução da tributação do consumo, da renda das empresas e da contratação de trabalhadores;
- propunha a redução da contribuição previdenciária sobre folha de salários de 20% para 10%, com diminuição de dois pontos percentuais por ano e limitação da sua base de cálculo ao teto máximo de benefício do regime geral da previdência social, com o propósito de assim incentivar a formalização e a geração de empregos; e
- previa a redução pela metade das alíquotas da contribuição previdenciária devida pelos trabalhadores.

Assim como o PL 3887/2020 e aquelas outras propostas de emenda, a PEC 128/2019 contemplava pontos outros capazes de gerar iguais divergências.

No caso das PECs, entretanto, os prazos de transição mais elásticos podem permitir que haja tempo suficiente para que as grandes controvérsias constitucionais se solucionem antes da plena eficácia dos novos sistemas por elas propostos, especialmente se, tal como sugerido em 2019, pelo Ministro Dias Toffoli[27], haja uma orquestração entre os três Poderes para que a reforma tributária seja aprovada.

O tema justificaria, dentro dessa ideia de orquestração, a celebração de um novo Pacto Republicano, no qual o papel do Supremo Tribunal Federal poderia ser o de, mediante a devida provocação em sede de con-

[26] Muito embora autorize a criação de regime especial de incidência do novo imposto sobre movimentações financeiras, para que regule operações de crédito, câmbio, seguro e relativas a títulos ou valores mobiliários.

[27] Toffoli defende pacto republicano para reformas da Previdência e tributária (https://www.camara.leg.br/noticias/551282-toffoli-defende-pacto-republicano-para-reformas-da-previdencia-e-tributaria/, acesso em 29.4.2021).

trole concentrado de constitucionalidade, solucionar de antemão as querelas jurídicas relevantes em torno da reforma que vier a ser aprovada, de tal modo que, encerrado o período de transição indicado pelo Legislativo, teríamos então um sistema tributário mais moderno, eficiente e, principalmente, estável.

O esforço conjunto das altas instituições dos três Poderes da República, a nosso ver, parece ser realmente fundamental para que uma reforma se concretize. Afinal, a julgar pela nossa própria história, as mudanças estruturais do sistema tributário ou bem foram promovidas pela via impositiva e em pleno regime de exceção, como ocorrido na Emenda Constitucional nº 18/65, ou graças à união das forças democráticas, como na Constituinte que resultou na Carta de 1988.

4. Reforma em ano de eleição?

Enquanto a publicação desta obra se encontrava no prelo, os trabalhos do Congresso Nacional avançaram em torno da PEC 110/2019, que chegou a ser incluída na pauta da Comissão de Constituição, Justiça e Cidadania do Senado Federal em março de 2022[28], para votação do relatório complementar apresentado pelo Senador Roberto Rocha, no dia 16 daquele mês[29].

Tentando conciliar os conteúdos das PECs 45/2019, 110/2019 e do PL 3887/2020, o relatório propõe um texto substitutivo que instituiria um sistema dual de tributação das operações com bens e serviços: de um lado, Estados, Distrito Federal e Município cobrariam o IBS, imposto esse *"formado pela fusão do ICMS com o ISS"*; e, de outro, a União cobraria a CBS, resultante *"da fusão da Cofins, Cofins-importação e PIS"*. Ficariam de fora da reforma: o IPI, que seria substituído pelo Imposto Seletivo (IS), incidente exclusivamente sobre a produção, importação ou comercialização de bens s serviços prejudiciais à saúde ou ao meio ambiente; o IOF; a CIDE-combustíveis; e o salário-educação.

[28] Senado Federal. *CCJ adia votação da PEC da reforma tributária*. Disponível em https://www12.senado.leg.br/noticias/materias/2022/03/16/ccj-adia-votacao-da-pec-da-reforma-tributaria (acesso em 11.4.2022).

[29] Senado Federal. Disponível em https://legis.senado.leg.br/sdleg-getter/documento?dm=9090455&ts=1649254380067&disposition=inline (acesso em 11.4.2022).

Tanto o IBS, quanto a CBS, teriam como hipóteses constitucionais de incidência: ***(i)*** as operações com bens materiais ou imateriais, compreendidos os direitos, e sobre prestações de serviços; e ***(ii)*** as importações de bens materiais ou imateriais, compreendidos os direitos, e de serviços, ainda que realizadas por quem não seja sujeito passivo habitual, qualquer que seja a sua finalidade.

Apesar disso, é notável a diferença quando se apresenta: ***(i)*** apenas para o IBS, dispositivo dizendo que o imposto *"alcança negócios jurídicos e outras operações e prestações a ele equiparáveis"*, citando como exemplos, alienação, troca ou permuta, locação, cessão, disponibilização, licenciamento, arrendamento mercantil, e prestação de serviços; ***(ii)*** logo adiante, autorização para que lei ordinária defini (ou não) que a CBS incida sobre esses mesmos negócios jurídicos; e ***(iii)*** ainda em relação a CBS, regra permitindo que a lei institua "regimes diferenciados de tributação", em que a contribuição *"poderá incidir sobre a receita bruta auferida em determinado período de apuração"*. Imagine-se quanta controvérsia poderá haver, nesse contexto, com relação à tributação das permutas pela CBS, já que tais operações não são expressamente referidas no artigo proposto para cuidar da nova contribuição, sendo sobre elas polêmica a própria incidência das atuais contribuições ao PIS e Cofins[30]-[31].

A cláusula de não-cumulatividade é similar para os dois novos tributos propostos, sendo que, segundo o substitutivo à PEC 110/2019, a lei ordinária (para a CBS) ou a lei complementar (para o IBS) poderá esta-

[30] A título de exemplo, vide Apelação Cível nº 5026079-12.2018.4.03.6100 (Tribunal Regional Federal da 3ª Região, Rel. Des. Toru Yamamoto, j. em 14.5.2021), Recurso Especial nº 1.733.560-SC (Superior Tribunal de Justiça, 2ª Turma, Rel. Min. Herman Benjamin, j. em 17.5.2018), Tutela Cautelar Antecedente nº 5026128-83.2019.4.03.0000 (Tribunal Regional Federal da 3ª Região, Rel. Des. Mônica Nobre, j. em 26.6.2020), Pedido de Concessão de Efeito Suspensivo à Apelação nº 1008507-30.2021.4.01.0000 (Tribunal Regional Federal da 1ª Região, Rel. Des. Gilda Sigmaringa Seixas, j. em 17.5.2021) e Agravo de Instrumento nº 1013546-76.2019.4.01.0000 (Tribunal Regional Federal da 1ª Região, Rel. Des. Hércules Fajoses, j. em 7.10.2019).

[31] Sem falar na polêmica em torno da incidência da contribuição ao PIS e da Cofins sobre permutas de animais com o exterior, objeto do pitoresco julgamento realizado pelo Superior Tribunal de Justiça, no Recurso Especial nº 1.254.117-SC (2ª Turma, Rel. Min. Mauro Campbell Marques, j. em 18.8.2015).

belecer que o aproveitamento de créditos ocorra somente após o recolhimento da contribuição devida na etapa anterior. Poderá haver dúvidas, porém, se para a CBS poderão ser aplicadas as mesmas limitações à não-cumulatividade que constam do § 3º do artigo 156-A[32].

O fato é que ao se adotar um sistema dual, repartido em dois tributos distintos – e não uma cobrança combinada de um mesmo tributo, como propõe a PEC 45/2019, com "sub-alíquotas" para cada entre tributante –, a comparação entre as estruturas do IBS e da CBS será inevitável, podendo gerar questionamentos relevantes (e indesejados) sobre aspectos essenciais da incidência de cada exação, a exemplos dos acima ventados.

O fato é que, pelo que se vê, o substitutivo não promove a desejada harmonização de regras para que tenhamos, finalmente, um sistema uniforme de tributação do valor acrescido, ainda que se utilizasse a técnica dual. Mais um exemplo disso pode ser encontrado na previsão de que: ***(i)*** em relação ao IBS, o legislador complementar poderá criar regimes diferenciados para combustíveis, lubrificantes, produtos do fumo, serviços financeiros e operações com imóveis; enquanto, ***(ii)*** para a CBS, poderão ser criadas regras especiais para instituições financeiras, serviços de câmbio, seguro e crédito, inclusive intermediação financeira e serviços de planos de assistência à saúde. Isto sem falar na autorização para que a lei ordinária mantenha regimes monofásicos, tal como hoje já ocorre para a contribuição ao PIS e para a Cofins.

Ademais, porque haverá a possibilidade de famílias de baixa renda reaverem, mediante devolução parcial, o IBS, sem que o mesmo favor se estenda à CBS, tornando o sistema menos regressivo e condizente com o princípio da capacidade contributiva?

Muito embora seja animador imaginar o milagre da aprovação de uma reforma tributária em ano de eleição – e seja louvável o esforço do Senador Roberto Rocha em harmonizar o conteúdo das propostas aqui mencionadas (PECs 45/2019, 110/2019 e PL 3887/2020 –, há de se tomar todo

[32] Que afasta o direito a crédito do IBS: *"I – caso o bem ou serviço seja destinado a uso ou consumo de pessoa física, nos casos previstos em lei complementar; II – nos casos em que a operação ou prestação subsequente não esteja sujeita à incidência ou seja imune ou isenta, exceto nas hipóteses expressamente previstas em lei complementar"*.

o cuidado para que o milagre não se transforme em maldição, nem para que o sonho se torne um pesadelo.

Se há algo do que não precisamos, definitivamente, é trocar o nosso sistema tributário atual – disfuncional, complexo, irracional, mas, apesar disso tudo, conhecido – por uma nova estrutura de tributação igualmente problemática, mas, adicionalmente, obscura.

20.
A PREMENTE REFORMA DA TRIBUTAÇÃO DOS SALÁRIOS E EMPREGOS

JOSÉ ROBERTO AFONSO
BERNARDO MOTTA

A pandemia radicalizou tendências já dadas, tornando premente desafios antigos, mas adiados ou mesmo ignorados. No que se refere à interação das políticas sociais com a fiscal e tributária, uma das principais questões reside em como reorganizar e financiar a atuação e provisão de serviços e bens públicos, bem assim os benefícios vinculados a contribuições (de empregadores, de empregados e do estado)? Se o atual estado do bem-estar social se apoiava no pilar emprego-salário, importa refletir como ficará sua configuração em um contexto em que cada vez mais trabalho não é sinônimo de emprego. Por um lado, as contribuições sociais oferecem matéria-prima para serem lapidadas de forma mais inteligente e consistente (não se baseando apenas em salário). Por outro lado, o Brasil poderia resgatar o inovador conceito de seguridade social (com orçamento dedicado) inaugurado pela Constituição de 1988 e que compreende ações públicas muito além da previdência, abrangendo também saúde e assistência social, bem assim trabalho.

Muito se fala no Brasil em concentrar ou até mesmo monopolizar a reforma tributária nos ditos impostos indiretos, que alcançam vendas, produção e consumo. Sem dúvida, é a categoria de tributos que mais arrecada no País e em que se revela a maior diferença para os tributos normalmente usados no resto do mundo – que, em regra geral, aplica um imposto seguindo a técnica do valor adicionado. A reforma nesse caso voltar-se-ia basicamente à unificação e modernização da base de cálculo.

Há outra categoria, dos tributos que incidem sobre emprego, mão-de-obra, salários e rendas assemelhadas, que, a cada dia, se torna mais premente e desafiador para reforma tributária. A razão é que esta base de cálculo está sendo debilitada e não apenas pelos efeitos conjunturais do desemprego – agravado pela pandemia da saúde e a consequente recessão. Tendências inevitáveis e crescentes, como a automação do processo produtivo, comercial e de serviços, bem assim a preferência pelo trabalho independente, constituem efeitos estruturais a erodir a citada base de cálculo. Se essa é uma questão que assola todo mundo, no Brasil pode ter sido antecipada e agravada por uma forma peculiar de planejamento tributário, em que os empregadores, para atenuarem ou evitarem o peso de contribuições patronais dentre as mais altas do mundo, optam por contratar trabalhadores como prestadores de serviços, obrigando os a se organizarem como empresas, firmas individuais ou microempreendedores.

Não é simples substituir a tributação da folha salarial pela de robôs ou pelos lucros dos novos empreendedores. Há muito que se debater em torno desse tema, a começar por se atualizar o diagnóstico da realidade brasileiro, marcada por mitos e falácias e ultrapassado diante da intensidade e rapidez das mudanças realizadas nos últimos anos, e algumas, como a digitalização, vieram a ser aceleradas pela pandemia da Covid.

Mesmo antes da pandemia, já estava identificado intensificação do fenômeno do trabalho sem carteira assinada. O que começou como mera terceirização de mão-de-obra não essencial a um negócio se espalhou rapidamente e chegou aos salários mais elevados, até como forma de resposta tributária dos empregadores ao peso elevado de impostos e encargos sociais sobre os salários. Por ser dos mais onerados do mundo, o fenômeno brasileiro é mais antigo e avançado[1] do que em outros países.[2]

[1] Ver: Afonso, J.R. Imposto de renda e distribuição de renda e riqueza: as estatísticas fiscais e um debate premente no Brasil. Revista da Receita Federal: estudos tributários e aduaneiros, 2014, 1.1: 28-60.

[2] Não à toa segundo o *Global Entrepreneurship Monitor 2020*, a taxa de empreendedorismo inicial, em percentual da população adulta, é de 23%, uma das maiores do mundo. <https://bit.ly/2GhGaiF>

Mas foi ignorado na recente e estrutural reforma previdenciária – [3] tendo aparecido marginalmente no novo debate da reforma tributária[4].

Os pilares dos atuais sistemas tributários estão abalados e, no caso da tributação da folha, constitui o risco mais grave para o Brasil, seja porque aplica alíquotas muito mais altas, seja porque é dos que mais dependem da contribuição previdenciária. Já se sabe que a automação certamente destruirá cada vez mais postos de trabalho e não se sabe bem quantos e quais novos postos que criará (mais qualificados e, na área tecnológica, muito se faz sem carteira assinada e sem um único empregador).

Além da acelerar a transformação digital, a pandemia trouxe novos desafios com o teletrabalho que, por sua própria natureza, quebra de vez o vínculo com local e horário fixos, mesmo para os empregados. Mais que isso, surge a figura do trabalhador transnacional, muitos que viram nômades digitais, nas quais aí se quebra de vez o vínculo agora também com a residência, de modo que ele poderá ser nacional de um país, morar em um segundo país, ser contratado em um terceiro, e prestar serviços a quem está em um quarto outro país[5].

É certo que o trabalhador demandará gastos públicos de segurança, saúde e talvez ensino, dentre outros, no país em que estiver residindo, ainda que temporariamente. É incerto quais e quantos impostos esse trabalhador recolherá e para qual ou quais dos quatros países da hipótese acima.

Não só para saúde pública e para relações internacionais, nunca o multilateralismo em matéria de administração e de política tributária se tornou tão necessário – ou até indispensável. Já tem sido levantada a hipótese de imposto de renda sobre corporações com algum padrão mundial – inclusive no FMI[6] e, mais recente, pelas novas autoridades econômicas

[3] AFONSO, J.R.. Muito além da reforma previdenciária. Revista Conjuntura Econômica, 2017, 71.6: 24-26.

[4] Para maiores detalhes ver: AFONSO, J. R.. Reforma tributária: começando pelo fim. Conjuntura Econômica, Rio de Janeiro, v. 73, p. 19-23, 2019.

[5] Dentre outros, ver debate em LIANG, H.; RENNEBOOG, L.; VANSTEENKISTE, C.. Cross-border acquisitions and employment policies. *Journal Of Corporate Finance*, [S.L.], v. 62, p. 1-23, jun. 2020. Elsevier BV. http://dx.doi.org/10.1016/j.jcorpfin.2020.101575.

[6] FUNDO MONETÁRIO INTERNACIONAL. *Corporate Taxation in the Global Economy*. mar. 2019. <https://bit.ly/2YxyVJp>

norte-americanas.[7], Debates e decisões da OCDE e da União Europeia se tornarão mais necessárias e importantes nesse novo normal econômico do que antes da pandemia.[8]

Depois que o mundo virou de cabeça para baixo, o que estava no cerne de um dos pecados capitais do pior sistema tributário do mundo, o brasileiro, *i.e.*, ter um sistema paralelo de contribuições que não se incidem apenas sobre salários, agora pode se transformar em uma tremenda vantagem. Nenhum outro país no mundo não apenas cravou a seguridade social na Constituição, como diversificou seu financiamento, e contempla diferentes bases de cálculo – também sobre faturamento e sobre lucro, e suas variações – vide Figura 1.

FIGURA 1 – **Contribuições Sociais por Tributo: Em % do Total (2020)**

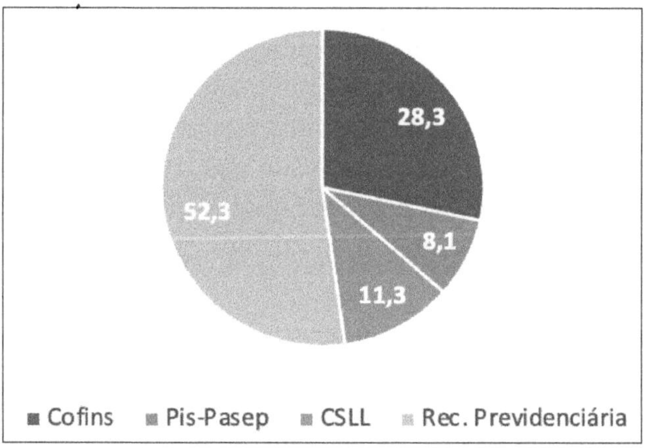

Fonte: RFB. Elaboração Própria.

[7] "We look forward to actively working with other countries through the [Organization for Economic Cooperation and Development] negotiations on taxes on multinational corporations to try to stop what has been a destructive, global race to the bottom on corporate taxation. (...) In that context, we would assure the competitiveness of American corporations even with a somewhat higher corporate tax". "Treasury nominee Yellen says U.S. can afford higher corporate tax rate if it coordinates with other countries". CNBC. 19/01/2021. < https://cnb.cx/3owF2rS>

[8] Em outubro de 2020, dentro do projeto BEPS, a OCDE divulgou dois *blueprints* para os pilares 1 e 2, reunido visões convergentes sobre os principais recursos, princípios e

FIGURA 2 – **Tributação por tipo de tributo, em % da arrecadação total e % do PIB – Países Selecionados (2018)**

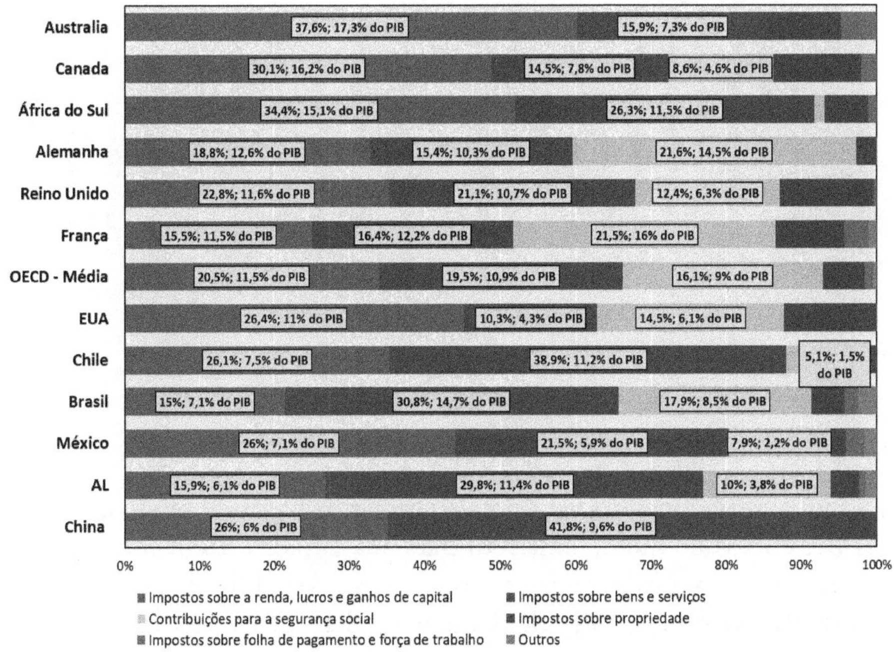

Fonte: OCDE, Global Tax Database. Elaboração Própria.

Há oportunidade de se pensar finalmente em criar uma política tributária das contribuições que vise não apenas arrecadar por arrecadar, e melhor ainda ao fugir da descentralização dos impostos e ao desvincular parcelas de recursos para orçamento fiscal. Cada uma das atuais contribuições tem uma distribuição entre setores de atividade e entre contribuintes razoavelmente diferenciada – vide Tabela[9 e 10].

parâmetros de políticas para um futuro acordo. <https://bit.ly/2YA2HgE>. No mesmo sentido, a partir de 31/07/2021 começam a valer a nova regras do IVA europeu para o Comércio Eletrônico. <https://bit.ly/3jaq6ia>

[9] Dados primários no portal da RFB na página: https://tinyurl.com/yxdg3u6x
Vale lembrar que parte da contribuição previdenciária não incide sobre folha salarial e sim sobre outras fontes – como faturamento, no caso de optantes do Simples e de produtos rurais, fora os setores aderentes a recente chamada desoneração da folha.

FIGURA 3 – **Imposto de Renda vs Contribuições Sociais – 2018**

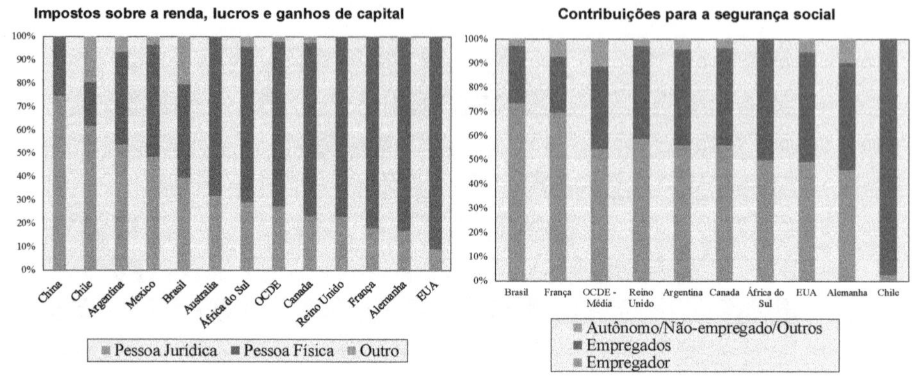

Fonte: OCDE, Global Tax Database. Elaboração Própria.

O ideal seria recalibrar alíquotas e repensar bases de modo a aproximar benefícios de quem contribui para sua geração. Uma contribuição poderia ser remanejada tendo em conta outra. Uma hipótese é se tributar o faturamento, mas permitindo deduzir a folha salarial, ou mais, o que foi efetivamente recolhido de contribuição sobre esta base, o que permitiria premiar quem contrata com carteira assinada. Também se poderia exigir um tributo tendo em vista uma despesa pública – como a proposta de que o empregador deduza de sua contribuição patronal o que antes era pago pelo Estado como o Bolsa Família ou auxílio emergencial a quem deixou de ser seu beneficiado. Há enorme leques de alternativas por se explorar e sempre respeitando o princípio que diferencia impostos de contribuições, que resumidamente pressupõe se paga em troca de receber,

[10] As tabelas em anexo trazem a evolução entre 2011 e 2019 do peso setorial na arrecadação das Contribuições Previdenciárias, CSLL e PIS-COFINS.É possível ver, por exemplo, a queda de participação da indústria nas Contribuições Previdenciárias, bem como o aumento do peso relativo do setor financeiro na CSLL. Dados primários da “Arrecadação por Divisão Econômica da CNAE” no portal do Ministério da Economia: https://bit.ly/3yijjKf

individual ou coletivamente, um benefício ou um serviço estatal.[11] Esta é mais uma discussão que remota aos debates de Keynes na Inglaterra do pós-guerra.[12]

Figura 4 – **Contribuições Sociais por CNAE e Natureza Jurídica (2020): Em % do Total por Tributo**

Em % do Total por Tributo por CNAE (2020)	CSLL	Pis-Cofins	Contribuição Previdenciária
Indústrias de transformação	16.3	30.9	25.5
Comércio	15.5	20.4	20.1
Atividades financeiras	30.5	12.3	14.1
Eletricidade, gás água e esgoto	6.2	7.7	4.1
Transporte, armazenagem e correio	4.3	4.1	6.8
Informação e comunicação	3.4	3.9	5.7
Construção e Atividades Imobiliárias	5.9	3.9	3.9
Atividades administrativas e serviços complementares	3.2	3.6	4.7
Atividades profissionais, científicas e técnicas	4.5	2.8	3.7
Administração pública, defesa e seguridade social	0.1	6.2	1.0
Pessoa Física e Serviços Domésticos	0.0	0.0	2.1
Setor Primário	1.0	0.3	0.9
Todos os demais	9.2	4.0	7.5
Total Geral	100	100	100

Em % do Total por Tributo por Natueza Jurídica (2020)	CSLL	Pis-Cofins	Contribuição Previdenciária
SOCIEDADE LIMITADA	43.5	50.0	47.0
SOCIEDADE ANÔNIMA	41.7	28.3	31.1
ESTATAIS (ECONOMIA MISTA + EMPRESA PÚBLICA)	7.1	10.2	11.7
EMPRESA INDIVIDUAL LTDA. (DE NATUREZA EMPRESÁRIA)	2.7	2.4	2.0
PESSOA FÍSICA	0.0	0.0	2.1
DEMAIS NATUREZAS JURÍDICAS	5.0	9.0	6.0
Total Geral	100	100	100

Fonte: RFB (arrecadação setorial – Angela). Elaboração Própria.

[11] Dentre outros, Brandão Machado discute o tema ("São tributos as contribuições sociais?") em obra em homenagem a Gilberto Ulhoa Cantoa de 1988, editora Forense, e Carolina Ferrado (no artigo "A Tredestinação das Contribuições Sociais"), de 2018.

[12] Uma curiosidade histórica é que, nos debates em torno do chamado Relatório Beveridge, John Maynard Keynes escreveu uma extensa carta em que cotejou contribuição visà-vis imposto – ver Keynes (1980, p. 223228). Ele qualificava como ficção o caráter contributivo do sistema pois seria preciso custear mais do que benefícios ligados diretamente ao

A inevitável expansão e modernização do sistema único de saúde poderia ser financiada pelos negócios em ascensão, sobretudo em serviços e na economia digital, daqueles que mais provêm e precisam de trabalhadores, fornecedores e clientes saudável, de modo a criar um vínculo direto entre seus ganhos e o financiamento dos serviços públicos que mais precisam. Não custa lembrar a iniciativa recente de empresários tentarem comprar vacinas contra Covid-19, sendo muito mais eficiente e eficaz melhorem todo o SUS, pois de pouco ou nada adianta ter só seus familiares e empregados vacinados, sem se criar a imunidade de rebanho, e para um coronavírus – fora os outros que certamente virão.

No lugar de auxílio emergencial, a sociedade cobra uma solução que não seja benesse e muito menos seja temporária. O seguro-desemprego precisa ser transformado em *seguro-destrabalho* em um esforço que vai desde dotar de novas habilidades os novos entrantes no mercado de trabalho até a requalificação de todos já aí colocados, fora oferecer um benefício no caso de perda de renda e não apenas perda de salário.[13] Mais uma vez, contribuições podem ser melhor recalibradas, seja em bases, seja em alíquotas, para financiar essa revisitação do amparo ao trabalhador, que já conta com um fundo muito bem sucedido (FAT).[14]

Nesse sentido, o mundo já vem discutindo como repensar as formas de proteção social frente as mudanças da natureza do trabalho. Por exemplo em documento conjunto da OCDE e OIT, elaborado no âmbito da reunião do G20, exploram-se oportunidades e desafios vindos dos novos padrões de trabalho e emprego, em especial com foco na proteção social cobertura de trabalhadores autônomos.[15] O relatório destaca, dentre

trabalhador. Os serviços de caráter geral (como os de saúde) e os eventuais déficits do sistema precisariam ser cobertos pelo Estado – ou melhor, pelos contribuintes em geral e com recursos oriundos de impostos.

[13] Para maiores detalhes ver: Afonso, J.R. Desafios do Distanciamento: Propostas de Seguro-Destrabalho e Inovação Social. In: Mendes, Gilmar; Santana, Hadassah; Afonso, José. (Org.). Governance 4.0 para Covid-19-19 no Brasil. 1ed.São Paulo: Almedina, 2020, v. 1, p. 407-436.

[14] Afonso, J.R.. Desenvolvimento, trabalho e seguro social: volta a Keynes para enfrentar novos desafios. Revista do Bndes, v. 26, p. 203-245, 2019.

[15] OCDE & OIT. Ensuring better social protection for self-employed workers. G20 Employment Working Group. 2020. https://bit.ly/3uJlMew

outras medidas, a importância de assegurar o financiamento equitativo e sustentável da seguridade social, por exemplo, através do compartilhamento de riscos e o financiamento coletivo via contribuições e impostos. Da mesma forma, atenta para o fato de que discrepâncias nos impostos e nas contribuições para a segurança social pode criar incentivos para que empresas e/ou trabalhadores se afastem do vínculo de trabalho tradicional, indo na direção de forma alternativas como trabalho independente ou autônomo.

No Brasil, uma regra constitucional, mais uma nunca implementada, já prevê que o empregador que demite mais do que sua média setorial deveria contribuir mais para o seguro-desemprego.[16] Por analogia, talvez se pudesse aplicar a mesma tributação a quem prefere contratar mais trabalho independente no lugar de assalariado. Do mesmo modo, preservar os atuais estímulos muito bem-sucedidos a formalização dos empreendedores, que passam pelo Simples e pelo MEI,[17] mas também expandir e modernizar seus instrumentos, para oferecer a hipótese de contribuírem para previdência e saúde suplementares – opção hoje que, em clara injustiça, só se oferece a quem trabalha em grandes empresas e no governo, mas isso não se qualifica como renúncia e nem como iniquidade.

As contribuições sociais oferecem matéria-prima para serem lapidadas de forma mais inteligente e consistente. O Brasil não participava e realmente ignorava o debate mundial sobre o futuro do emprego, ou do trabalho, e sobre a construção de um novo pacto ou contrato social, inclusive puxado por fóruns empresariais e organismos multilaterais nos quais sempre tiveram assento empresários e governantes brasileiros. Quando muito, se optou por bancar medidas simplórias para enfrentar questões complexas – como bem ilustra limitar a variação de parte da despesa pública federal e a isso chamar de um novo regime fiscal. Depois não souberam explicar porque déficit e dívida pública seguiram descontrolados, ignorando que um sistema não se resume a uma variável. O mesmo

[16] Art. 239, parágrafo 5o, da Constituição.

[17] "*Both policies have encouraged the formalisation and survival of micro and small enterprises. Some elements of both could be reformed within the context of a broader fiscal reform of the corporate tax System.*" Em: OCDE. SME and Entrepreneurship Policy in Brazil 2020, OECD Studies on SMEs and Entrepreneurship, OECD Publishing, Paris. 2020.

vício de origem, aliás, está no projeto de reforma tributária que se resume a mudar um imposto sobre consumo bem na hora errada e na direção oposta a que se precisa diante de uma pandemia[18].

Dentre os vários, novos e imensos desafios, é premente se estudar mais como redesenhar as políticas públicas para vencer os tempos de inseguridade social ditada pela pandemia. É ilustrativo se apegar a este conceito, da seguridade social, que, por uma inovadora definição legal da Constituição de 1988, compreende as ações públicas de previdência, saúde e assistência social, bem assim trabalho. O redesenho precisará contemplar as demais ações públicas contempladas no âmbito do título da Constituição dedicado à Ordem Social – notadamente educação, reforma agrária, bem assim ciência e tecnologia. Por ora, vamos nos limitar àquelas primeiras, que, inclusive, tem um orçamento à parte. Apesar de mais de três décadas da criação de conceito e instrumentos, me parece que ainda poucos brasileiros, e mesmo governantes, atentam a esta construção legal. Mas ela se encaixa como uma luva diante dos tentáculos da atual crise.

A seguridade foi deixada de lado para a previdência social, quando se fez um tremendo esforço político e até popular para se promover uma reforma de seus benefícios. Corretamente, a motivação básica foi fiscal: reduzir o ritmo e depois o tamanho do déficit da previdência pago por toda sociedade. Não se quis arriscar tirar olho do retrovisor e ao menos começar a olhar para as mudanças no mercado de trabalho que já vinham em curso cada vez mais acelerado. Os donos de seus próprios negócios, que nada ou pouco contribuem para previdência social, mas são legalmente estabelecidos, formavam um exército que respondia por 30,7% da população economicamente ativa ocupada antes da chegada do coronavírus.[19]

O que o governo federal ganhou com a reforma previdenciária e durante muitos dos futuros anos se perdeu em poucos meses na resposta à pandemia, sobretudo com a concessão emergencial de auxílio para famílias sem renda e de crédito para empresas, bem assim com mais gastos de

[18] Para maiores detalhes ver: Afonso, J. R.. Hora errada, Direção Contrária. Valor Econômico, Rio de Janeiro, dez. 2020. Disponível em: https://bit.ly/2YAwBRD. Acesso em 01 fev. 2020.

[19] De acordo com os dados da Pnad Continua, em dezembro de 2019,

saúde, seguro-desemprego e bolsa família.[20] A pressão sobre gastos, déficit e dívida pública enquanto perdurar a calamidade que não se consegue acabar por decreto – ainda que razões políticas não seja prorrogado o chamado orçamento de guerra.[21] Nem negacionista oficiais conseguem mais negar que a calamidade ainda persistirá, e por muito tempo, com impactos diferenciados e profundos na gestão pública.

É importante atentar para a mudança no tamanho e na composição de gasto do orçamento da seguridade social entre 2019 e 2020 – Tabela 2. É lógico que o crescimento da assistência e saúde foi extraordinário e não deve se tornar como normal o mesmo volume, porém, a tendência apontada é inevitável, diante da inevitável imperiosidade imposta pela nova economia e sociedade. Quer dizer, para superar a pandemia e evitar que ela se repita será imperioso se gastar mais com saúde, proteção ao trabalhador e assistência social, independente de se gastar menos com previdência.

É hora de recanalizar os esforços para produzir novos e pesados estudos, aproveitar a era dos dados para atualizar diagnóstico e, sobretudo, traçar novas estratégias[22]. No mínimo, se poderia prestar mais atenção ao que se debate e até ao que já se adota no mundo desenvolvido. Nem todas as soluções dos outros podem ser próprias às condições peculiares brasileiras, mas ao menos trazem por trás de si um esforço maior de evidências e de reflexões, que parecem escassas ou contaminadas no Brasil.

[20] Projeções da Instituição Fiscal Independente do Senado Federal indicam que somente em 2029 a economia acumulada da Reforma da Previdência atingirá R$ 630 bilhões. Por outro lado, dados do Monitoramento dos Gastos da União com Combate à COVID-19-19 da STN mostram que somente em 2020 foram gastos R$ 524 bilhões no enfrentamento à pandemia. Fontes: IFI. Impactos fiscais consolidados da PEC da Reforma da Previdência. COMENTÁRIOS DA IFI Nº 3. 24/10/2019. < https://bit.ly/3pQEG0R>; STN. Monitoramento dos Gastos da União com Combate à COVID-19-19. <https://bit.ly/3oLM4t3>

[21] Ver bloco dois "Orçamento de Guerra" em Mendes, Gilmar (Org.); Santana, H. L. (Org.) ; Afonso, J.R. (Org.) . Governance 4.0 para Covid-19-19 no Brasil. 1. ed. São Paulo: Almedina, 2020.

[22] Dentre outros, uma análise bem recente (10/12/2020) e provocativa foi publicada pela McKinsey, "*COVID-19-19 has revived the social contract in advanced economics for now. What will stick once the crisis abates?*. Disponível em: https://tinyurl.com/y524jq75

FIGURA 5 – **Usos e Fontes da Seguridade Social – Universal (Análise Preliminar)**

	2019			2020					
	R$ bilhões	% Total	% PIB	R$ bilhões	% Total	% PIB	Var 2019/20 - R$ bilhões	Var 2019/20 - %	Var 2019/20 - % PIB
Receitas da Seguridade Social	**713,9**	**100,0**	**9,6**	**773,1**	**100,0**	**10,4**	**59,2**	**9,3**	**0,8**
RGPS	415,2	58,2	5,6	406,1	52,5	5,5	-9,1	-2,2	-0,1
Demais (COFINS, CSLL e Outras)	298,8	41,8	4,0	367,0	47,5	5,0	68,2	22,8	0,9
Despesas da Seguridade Social	**939,9**	**100,0**	**12,7**	**1353,4**	**100,0**	**18,3**	**413,5**	**39,5**	**5,6**
RGPS	628,5	66,9	8,5	669,7	49,5	9,0	41,2	6,6	0,6
Saúde	122,3	13,0	1,7	161,5	11,9	2,2	39,3	32,1	0,5
Orç. Guerra - Covid 19	-	-	-	44,9	3,3	0,6	-	-	-
Assistência Social	96,0	10,2	1,3	423,6	31,3	5,7	327,6	341,4	4,4
Orç. Guerra - Covid 19	-	-	-	327,0	24,2	4,4	-	-	-
Abono Salarial	17,5	1,9	0,2	19,3	1,4	0,3	1,7	9,9	0,0
Seguro Desemprego	37,4	4,0	0,5	40,1	3,0	0,5	2,7	7,2	0,0
Demais	38,2	4,1	0,5	39,2	2,9	0,5	1,0	2,6	0,0
Resultado da Seguridade Social	-225,9		-3,1	-580,3		-7,8	-354,4	114,2	-4,8
Desvinculação das Receitas da União (DRU)	92,4		1,2	0,2		0,0	-92,2	-99,8	-1,2
Resultado com Receitas Desvinculadas	-133,6		-1,8	-580,1		-7,8	-446,5	207,4	-6,0
PIB	7407,0		100,0	7410,3		100,0	3,3		

Fonte: Elaboração Própria. Fontes Primárias: RREO 2019 e 2020 (Tabela 1-A Detalhamento das Receitas e Despesas da Seguridade Social); PIB Mensal BCB; Painel de Monitoramento dos Gastos da União com Combate à COVID-19 da STN. Nota: Foram considerados como gastos de "Assistência Social" as despesas referentes a "Auxílio Emergencial a Pessoas em Situação de Vulnerabilidade", "Ampliação do Programa Bolsa Família" e "Benefício Emergencial de Manutenção do Emprego e Renda", em "Saúde" foram considerados os gastos " Despesas Adicionais do Ministério da Saúde" e "Aquisição de Vacinas"

É emblemático o caso de novos tributos sobre os gigantes da internet, em que se debate e alguns países já avançaram para sua criação e até cobrança, quase sempre tendo por base de cálculo o faturamento bruto dessas empresas, acima de uma faixa enorme de isenção[23]. Se confessa a dificuldade, ou mesmo impossibilidade, de controlar e taxar os seus lucros, a sua folha salarial e mesmo o seu valor adicionado, logo, resta

[23] Uma lista de países que já adotaram novas leis de impostos digitais pode ser encontrada em: https://bit.ly/3rbFehO .

esquecer os efeitos cumulativos e se concentrar no que se fatura, sem qualquer dedução, porque seria a forma mais eficiente de poder tributar tais negócios que se passam nas nuvens. Paradoxalmente, esse imposto novo nos países desenvolvidos é muito velho no Brasil, pois é uma das bases de cálculo da COFINS, PIS e ISS (até mesmo do ICMS em casos de substituição tributária). Justamente o que se tenta acabar no País agora é ao que restou ao resto do mundo se agarrar para tentar tributar os gigantes da internet.

Por si só, isto não significa que sumiu a cumulatividade e demais distorções dos atuais tributos brasileiros, mas ao menos que se precisa refletir e debater mais, com um olhar para o futuro e não preso ao retrovisor, sobre a melhor saída. Uma hipótese a examinar é diversificar as bases de cálculo de um mesmo tributo ou cobrar tributos sobre diferentes bases de forma coordenada e harmônica entre si. O melhor retrato dessa diversidade é o PIS para o qual se contribui, alguns sobre faturamento bruto, outros sobre este menos compras de insumos, fora os que contribuem sobre importações, spread financeiro, folha salarial e até receitas governamentais. São múltiplas as bases de cálculo e sem que isso seja sujeito a maior questionamento judicial. Por que não manter esse padrão, reformar para assegurar a não-cumulatividade para aqueles que exportam, que investem e que possuam longas cadeias de produção e de comercialização, sem mexer nos demais casos, em que se pode seguir o mesmo caminho que só agora outros países experimentam trilhar, mas que no Brasil já está sedimentado.

Na mesma linha, caberia ao Brasil finalmente colocar em prática os dois princípios inovadores, para não dizer revolucionário, adotado pela Assembleia Constituinte de 1987-88: a criação do conceito e do orçamento da seguridade social (muito além da previdência) e a diversificação de suas fontes de financiamento (não se baseando apenas em salário). Intencionalmente ou por coincidência, se seguiu ao pé da letra as lições de John Maynard Keynes em seu debate com Lord Beveridge quando se concebeu o sistema inglês de proteção social.[24] Não apenas aquele defen-

[24] Para detalhes ver trabalhos de: Afonso,J.R.. Keynes, crise e política fiscal. 1. ed. São Paulo: Saraiva, 2012. v. 1. 120p.; Carvalho, Fernando C. Keynes and the reform of the capitalist social order. Journal of Post Keynesian Economics, [s.I.]: M. E. Sharpe, v. 31,

deu um orçamento exatamente com a mesma nomenclatura e apartado das contas públicas tradicionais[25], como ainda alertou que não se deveria exagerar na mão sobre a folha salarial sobre pena de desestimular os empregadores a contratar empregados[26].

Na prática, nunca se colocou em prática o ideal da seguridade social no Brasil, a começar porque todos os governos que se seguiram passaram a tratar isoladamente as políticas que a integram[27]. E mesmo do lado do financiamento, poucos anos após promulgada a Constituição, uma emenda vinculou a contribuição sobre folha salarial para custear apenas os benefícios previdenciários e sacramentou manter o velho ideal de bases fragmentadas.[28] A saúde também nunca buscou a diversificação, primeiro optando por buscar um tributo para chamar de sua – a CPMF, depois criando uma vinculação de receita para si. Nenhuma alternativa resultou em aumento relevante dos recursos federais alocados para saúde (que levou a pressionar os gastos estaduais e sobretudo municipais) ao contrário da assistência social, que, sem tributo e sem vinculação, viu seu orçamento disparar depois da criação e expansão do bolsa família.[29]

n. 2, p. 191 211, Winter 2009; Marcuzzo, Maria C. Keynes and the Welfare State. [S.I.]. [2006?]. 17 p. Trabalho não publicado.

[25] Keynes propôs a adoção de um orçamento específico (o da seguridade social) e que integraria o seu orçamento especial (o do capital): "The social security budget should be one section of the capital or long term Budget. It is important that there should be a level charge on the ordinary Budget revised at longish intervals...". Keynes, J.M. The collected writings of John Maynard Keynes: activities 1940-1946, shaping the postwar. Volume 27. Edited by Donald Moggridge. London: Macmillan/Cambridge University Press, 1980. p.225

[26] Segundo o economista britânico: "... the fixed weekly contribution is a poll tax on the employed and an employment tax on the employer – both very bad kinds of taxes as soon as the amount is high enough to be significant" (Keynes, 1980, p. 223).

[27] Em Rezende, F.; de Oliveira, F.; Araújo, E.. O dilema fiscal: remendar ou reformar? FGV Editora, 2007, os autores indicam como importante entrave do crescimento, dentre outros, o caráter dual do sistema tributário brasileiro, em que o governo brasileiro conta basicamente com duas fontes de financiamento: a própria tributação e o regime de financiamento da seguridade social.

[28] Emenda Constitucional nº 20, de 1998.

[29] Pinto, E. G.; Afonso, J. R. ; Ribeiro, L. C. . Política Pública de Saúde e Dever de Enfrentamento da Calamidade: Financiamento e Responsabilização. In: Gilmar Ferreira Mendes; Hadassah Laís S. Santana; José Roberto Afonso. (Org.). Governance 4.0 para

Nunca é tarde para colocar em prática o desenho da Constituinte, e agora será obrigatório repensar o financiamento porque o padrão de gasto da seguridade social mudou. O ano de 2020 é diferente, não apenas pela ação extraordinária que foi imposta para enfrentamento imediato da pandemia, mas porque ele marca o início de uma nova era. Em que será imperioso um maior orçamento da seguridade social e, no qual, deverá diminuir o peso da previdência e forçosamente aumentará o da saúde, o da assistência social e o da proteção ao trabalhador. Será preciso gastar muito mais e melhor com saúde, no mínimo para ter melhor aparato hospitalar, vacinações recorrentes e prevenir novas pandemias, bem assim se combater o distanciamento social que já existia e que ficou escancarado e inaceitável depois da pandemia, tendo que ampliar benefícios aos mais pobres e miseráveis, transformar o seguro-desemprego em seguro-destrabalho e, sobretudo, tendo que melhor qualificar os novos e retreinar os atuais trabalhadores. Ironicamente, depois que dedicou tantos esforços políticos para reformar a previdência e tentar fazer um acerto com o passado, o futuro exige um novo e muito maior esforço de guerra para equacionar o resto da seguridade, quando não da ordem social.

Conclusões

Enfim, a pandemia trouxe desafios imensos e não apenas na saúde. Muitos decorrem de tendências já dadas que foram exacerbadas e radicalizadas. As políticas públicas, e suas administrações, precisarão ser repensadas e revisitadas (não é o caso de apenas rever). Vale a máxima da revolução digital (até por ser um dos fenômenos mais agudizados e inegável na resposta ao coronavírus): não se sabe ao certo o que será o novo normal, mas certamente a atual normalidade deixou de ser útil. Em particular, um desafio terrível foi posto pelas políticas sociais e sua interface com a fiscal e mesmo a tributação. Como reorganizar e financiar, tanto os serviços e as ações de caráter público, bem assim os benefícios vinculados a contribuições (de empregadores, de empregados e do estado)? O atual estado do bem-estar social, que se consolidou e se espalhou pelo mundo quando da segunda guerra mundial, se apoiava em um pilar: emprego-salário.

Covid-19-19 no Brasil – propostas para gestão pública e para políticas sociais e econômicas. 1ed.São Paulo: Grupo Almedina Brasil, 2020, v. 1, p. 313-343.

Anexos Estatísticos

Figura A.1 – Arrecadação das Contribuições Previdenciárias (salários),* por CNAE (2011 -2019): em % do Total do Tributo

Denominação	2011	2012	2013	2014	2015	2016	2017	2018	2019
AGRICULTURA, PECUÁRIA, PRODUÇÃO FLORESTAL, PESCA E AQÜICULTURA	0,8	0,8	0,8	0,8	0,8	0,8	0,9	0,9	0,8
INDÚSTRIAS EXTRATIVAS	1,4	1,6	1,7	1,7	1,5	1,3	1,2	1,1	0,8
INDÚSTRIAS DE TRANSFORMAÇÃO	23,6	21,7	20,1	20,3	19,2	20,1	20,2	18,7	16,8
ELETRICIDADE E GÁS	1,3	1,3	1,3	1,2	1,2	1,3	1,3	1,2	1,2
ÁGUA, ESGOTO, ATIVIDADES DE GESTÃO DE RESÍDUOS E DESCONTAMINAÇÃO	1,2	1,2	1,3	1,3	1,3	1,3	1,4	1,3	1,4
CONSTRUÇÃO	5,9	8,1	6,3	4,9	6,0	5,3	4,6	4,5	4,2
COMÉRCIO; REPARAÇÃO DE VEÍCULOS AUTOMOTORES E MOTOCICLETAS	15,6	15,5	16,2	16,6	16,7	17,0	17,2	17,0	16,1
TRANSPORTE, ARMAZENAGEM E CORREIO	6,7	6,7	6,3	5,8	5,5	5,4	5,3	5,3	5,2
ALOJAMENTO E ALIMENTAÇÃO	1,4	1,4	1,5	1,6	1,6	1,7	1,7	1,9	2,0
INFORMAÇÃO E COMUNICAÇÃO	3,9	3,3	3,3	3,1	3,3	3,4	3,5	3,4	3,5
ATIVIDADES FINANCEIRAS, DE SEGUROS E SERVIÇOS RELACIONADOS	8,2	8,1	8,5	8,7	8,8	9,0	8,8	7,9	7,7
ATIVIDADES IMOBILIÁRIAS	0,4	0,4	0,4	0,5	0,5	0,5	0,5	0,5	0,6
ATIVIDADES PROFISSIONAIS, CIENTÍFICAS E TÉCNICAS	3,9	4,0	4,1	4,1	3,9	3,7	3,6	3,7	3,5
ATIVIDADES ADMINISTRATIVAS E SERVIÇOS COMPLEMENTARES	8,0	7,9	8,4	8,8	8,7	8,8	8,7	8,8	8,5
ADMINISTRAÇÃO PÚBLICA, DEFESA E SEGURIDADE SOCIAL	9,1	9,2	10,3	10,5	10,5	9,9	10,4	12,0	14,5
EDUCAÇÃO	3,0	3,0	3,3	3,6	3,6	3,6	3,7	4,3	4,8
SAÚDE HUMANA E SERVIÇOS SOCIAIS	3,0	3,1	3,5	3,7	3,7	3,9	4,1	4,6	5,0
ARTES, CULTURA, ESPORTE E RECREAÇÃO	0,4	0,4	0,4	0,5	0,5	0,5	0,5	0,5	0,6
OUTRAS ATIVIDADES DE SERVIÇOS	2,2	2,2	2,3	2,3	2,6	2,3	2,4	2,5	2,9
SERVIÇOS DOMÉSTICOS	0,0	0,0	0,0	0,0	0,0	0,0	0,0	0,0	0,0
ORGANISMOS INTERNACIONAIS E OUTRAS INSTITUIÇÕES EXTRATERRITORIAIS	0,0	0,0	0,0	0,0	0,0	0,0	0,0	0,0	0,0

* DARF; GPS; Empregado; Empresa e Terceiros. Fonte: RFB. Elaboração Própria.

Figura A.2 – Arrecadação da CSLL, por CNAE (2011 -2019): em % do Total do Tributo

Denominação	2011	2012	2013	2014	2015	2016	2017	2018	2019
AGRICULTURA, PECUÁRIA, PRODUÇÃO FLORESTAL, PESCA E AQÜICULTURA	0,5	0,5	0,5	0,6	0,6	0,6	0,6	0,8	0,7
INDÚSTRIAS EXTRATIVAS	13,7	2,5	4,7	2,0	1,3	1,3	1,2	2,2	4,0
INDÚSTRIAS DE TRANSFORMAÇÃO	18,8	16,9	16,9	15,8	15,7	14,4	14,9	19,0	18,9
ELETRICIDADE E GÁS	4,8	5,1	4,2	5,0	4,3	4,1	3,9	5,1	5,8
ÁGUA, ESGOTO, ATIVIDADES DE GESTÃO DE RESÍDUOS E DESCONTAMINAÇÃO	1,0	1,1	1,3	1,1	0,8	1,4	1,6	1,4	1,7
CONSTRUÇÃO	4,5	5,3	4,9	5,1	4,9	3,7	3,3	2,9	2,8
COMÉRCIO; REPARAÇÃO DE VEÍCULOS AUTOMOTORES E MOTOCICLETAS	14,1	15,8	16,6	17,3	17,2	15,0	15,6	14,2	14,2
TRANSPORTE, ARMAZENAGEM E CORREIO	3,7	4,0	4,4	4,6	4,3	3,6	3,9	3,9	3,9
ALOJAMENTO E ALIMENTAÇÃO	0,6	0,7	0,8	0,9	0,9	0,8	0,8	0,7	0,8
INFORMAÇÃO E COMUNICAÇÃO	4,2	4,9	3,9	4,8	3,9	3,3	3,3	4,1	2,9
ATIVIDADES FINANCEIRAS, DE SEGUROS E SERVIÇOS RELACIONADOS	22,9	29,6	28,1	27,4	30,2	36,6	35,2	31,7	30,9
ATIVIDADES IMOBILIÁRIAS	1,5	2,1	2,3	2,7	3,0	2,7	2,8	2,5	2,5
ATIVIDADES PROFISSIONAIS, CIENTÍFICAS E TÉCNICAS	4,2	4,8	4,6	5,0	5,0	4,3	4,5	4,3	4,1
ATIVIDADES ADMINISTRATIVAS E SERVIÇOS COMPLEMENTARES	3,3	3,8	3,8	4,4	4,5	4,5	4,6	3,3	3,2
ADMINISTRAÇÃO PÚBLICA, DEFESA E SEGURIDADE SOCIAL	0,1	0,1	0,1	0,1	0,1	0,1	0,1	0,1	0,1
EDUCAÇÃO	0,3	0,4	0,3	0,4	0,5	0,4	0,4	0,5	0,5
SAÚDE HUMANA E SERVIÇOS SOCIAIS	1,6	2,0	2,1	2,3	2,6	2,7	3,0	2,8	2,7
ARTES, CULTURA, ESPORTE E RECREAÇÃO	0,2	0,2	0,3	0,3	0,3	0,2	0,2	0,2	0,3
OUTRAS ATIVIDADES DE SERVIÇOS	0,1	0,2	0,2	0,2	0,2	0,2	0,2	0,2	0,2
SERVIÇOS DOMÉSTICOS	0,0	0,0	0,0	0,0	0,0	0,0	0,0	0,0	0,0
ORGANISMOS INTERNACIONAIS E OUTRAS INSTITUIÇÕES EXTRATERRITORIAIS	0,0	0,0	0,0	0,0	0,0	0,0	0,0	0,0	0,0

Fonte: RFB. Elaboração Própria.

Figura A.3 – **Arrecadação da PIS-COFINS, por CNAE (2011-2019): em % do Total do Tributo**

Denominação	2011	2012	2013	2014	2015	2016	2017	2018	2019
AGRICULTURA, PECUÁRIA, PRODUÇÃO FLORESTAL, PESCA E AQÜICULTURA	0,3	0,2	0,2	0,2	0,2	0,2	0,2	0,2	0,2
INDÚSTRIAS EXTRATIVAS	1,0	1,1	1,0	1,0	0,8	0,7	0,7	0,8	0,8
INDÚSTRIAS DE TRANSFORMAÇÃO	37,9	37,5	38,4	37,0	37,8	34,5	36,0	38,5	36,2
ELETRICIDADE E GÁS	5,6	5,6	4,5	4,8	6,9	7,2	6,5	6,9	7,1
ÁGUA, ESGOTO, ATIVIDADES DE GESTÃO DE RESÍDUOS E DESCONTAMINAÇÃO	1,4	1,4	1,5	1,5	1,3	1,6	1,7	1,5	1,4
CONSTRUÇÃO	4,3	4,5	4,3	4,3	3,3	2,8	2,3	2,2	2,3
COMÉRCIO; REPARAÇÃO DE VEÍCULOS AUTOMOTORES E MOTOCICLETAS	17,0	17,8	16,8	16,9	15,9	16,4	17,7	16,3	17,3
TRANSPORTE, ARMAZENAGEM E CORREIO	4,7	4,8	4,7	4,6	4,0	3,9	3,9	4,0	4,0
ALOJAMENTO E ALIMENTAÇÃO	0,8	0,8	1,0	1,0	1,0	1,0	0,9	0,9	0,9
INFORMAÇÃO E COMUNICAÇÃO	5,1	4,6	4,7	4,7	4,5	4,7	4,3	4,0	3,4
ATIVIDADES FINANCEIRAS, DE SEGUROS E SERVIÇOS RELACIONADOS	10,9	10,2	10,9	10,7	10,9	13,2	12,2	11,6	12,3
ATIVIDADES IMOBILIÁRIAS	0,8	0,9	1,0	1,2	1,1	1,1	1,1	1,1	1,1
ATIVIDADES PROFISSIONAIS, CIENTÍFICAS E TÉCNICAS	2,0	2,0	2,0	2,0	1,9	1,9	1,9	1,9	2,2
ATIVIDADES ADMINISTRATIVAS E SERVIÇOS COMPLEMENTARES	3,1	3,2	3,6	4,0	3,7	4,0	3,9	3,5	3,5
ADMINISTRAÇÃO PÚBLICA, DEFESA E SEGURIDADE SOCIAL	3,2	3,4	3,5	3,8	4,6	4,7	4,7	4,6	4,8
EDUCAÇÃO	0,4	0,4	0,4	0,4	0,4	0,5	0,5	0,5	0,4
SAÚDE HUMANA E SERVIÇOS SOCIAIS	1,0	1,1	1,1	1,2	1,2	1,3	1,3	1,3	1,4
ARTES, CULTURA, ESPORTE E RECREAÇÃO	0,2	0,2	0,2	0,2	0,2	0,2	0,2	0,2	0,2
OUTRAS ATIVIDADES DE SERVIÇOS	0,3	0,3	0,3	0,3	0,3	0,3	0,3	0,3	0,3
SERVIÇOS DOMÉSTICOS	0,0	0,0	0,0	0,0	0,0	0,0	0,0	0,0	0,0
ORGANISMOS INTERNACIONAIS E OUTRAS INSTITUIÇÕES EXTRATERRITORIAIS	0,0	0,0	0,0	0,0	0,0	0,0	0,0	0,0	0,0

Fonte: RFB. Elaboração Própria.

21.
A ATUAÇÃO DO STF DURANTE A PANDEMIA E A REFORMA TRIBUTÁRIA JUDICIAL

NINA PENCAK

Introdução

Em 2020, a reforma tributária se tornou ainda mais presente nos debates midiáticos e legislativos e as alterações normativas parecem, mais do que nunca, inevitáveis. Como se sabe, três são os principais projetos sobre os quais se debateu, sobretudo em âmbito acadêmico, cujos trâmites no Congresso não corresponderam à ansiedade do mundo jurídico: a Proposta de Emenda Constitucional nº 45/2019, apresentada pela Câmara dos Deputados; a Proposta de Emenda Constitucional nº 110/2019, de iniciativa do Senado Federal; e o Projeto de Lei nº 3.887/2020, apresentado pelo Executivo.

No entanto, pouco se fala de uma reforma tributária, mais silenciosa, protagonizada pelo Supremo Tribunal Federal, que passou praticamente despercebida até o fim de 2019,[1] mas que, em 2020, tornou-se visível para todos aqueles que acompanham os julgamentos da Corte. E é esse

[1] Nesse sentido, relevantes casos julgados antes de 2020: a exclusão do ICMS da base de cálculo do PIS e da COFINS (RE 574.706, Rel. Min. Cármen Lúcia, DJe 02.10.2017); a determinação de incidência de IPTU sobre bens imóveis públicos arrendados a particulares (RE 594.015 e RE 601.720, Rel. Min. Marco Aurélio, DJe 25.08.2017); a incidência de ICMS em serviço preparatório à telecomunicação (RE 912.888, Rel. Min. Teori Zavascki, DJe 10.05.2017); a criminalização do ICMS declarado e não pago (RHC 163.334, Rel. Min. Luís Roberto Barroso, j. dezembro/2019).

o enfoque do presente artigo: o papel desenvolvido pelo STF no Direito Tributário à luz do impacto das suas decisões no Sistema Tributário Nacional, no que se refere, sobretudo, à dogmática, aos direitos humanos e ao federalismo. A fim de compatibilizar tão complexa análise com um número limitado de linhas, focaremos no exame de decisões proferidas pela Corte em 2020 e que corroboram a ideia de que está em curso uma reforma tributária judicial.

No decorrer de 2020, foi possível verificar que a pandemia teve dois efeitos principais e diretos na jurisprudência da Corte. O primeiro deles e o mais previsível dentro de um contexto de extrema imprevisibilidade é o de que a Corte foi instada a atuar – sem precedentes – em demandas relacionadas à COVID-19 e ao estado de calamidade pública que dela resultou, principalmente em demandas envolvendo as competências dos entes para tomada de decisões e em causas relacionadas às finanças públicas de União, Estados e Municípios. O segundo efeito foi a expansão do ambiente virtual para julgamentos de todos os processos de competência do STF. Em outras palavras, a partir de março e abril de 2020, o Supremo passou a julgar causas cujo mérito envolvia desdobramentos jurídicos da pandemia, bem como a impossibilidade da continuidade dos julgamentos presenciais foi utilizada pela Presidência da Corte como justificativa para a ampliação irrestrita dos julgamentos em ambiente virtual.

As sessões de julgamento presenciais passaram, em praticamente todos os tribunais brasileiros, a ocorrer por vídeo conferência, ou seja, os magistrados e os advogados puderam exercer seus ofícios de casa ou de seus escritórios via *softwares* de reunião, desenvolvidos ou não para essa finalidade. Porém, a alteração no sistema de julgamentos com maior repercussão para o sistema tributário, inegavelmente, foi a ampliação do escopo de julgamento do Supremo Tribunal Federal, devido a uma alteração regimental ocorrida no início de 2020, que permitiu a inclusão no ambiente virtual da Corte de todos os processos, o que levou a julgamentos, praticamente em massa, de repercussões gerais e ações de controle abstrato de constitucionalidade em matéria tributária.

Objetiva-se analisar, portanto, a atuação da Corte nessa área do Direito, sobretudo em 2020, a fim de verificar as principais intervenções na dogmática tributária, no federalismo e nos direitos humanos, e comprovar que se encontra em curso uma reforma tributária judicial. Assim, considerando as relevantes alterações regimentais ocorridas no referido ano, na primeira parte do presente artigo, abordaremos brevemente a expansão da competência da Corte para julgamentos em ambiente virtual; em seguida abordaremos os casos que foram finalizados no decorrer do ano e que impactaram a dogmática tributária, os direitos humanos e o federalismo; por fim, apresentaremos nossas considerações finais e conclusões sobre o tema.

1. Alterações relevantes no plenário virtual[2]

O Plenário Virtual surgiu, em 2007, com a Emenda Regimental nº 21, de 30.04.2007, que alterou a redação do artigo 323 para permitir que a manifestação do relator sobre a existência de repercussão geral fosse submetida para votação dos demais Ministros em ambiente de julgamento integralmente virtual.

No entanto, foi a partir da edição da Emenda Regimental nº 51, de 22 de junho de 2016, que o RISTF passou a permitir que o relator submetesse, além de reconhecimento e negativa de repercussão geral, agravos internos e embargos de declaração a julgamento em ambiente virtual, observadas as respectivas competências das Turmas e do Plenário. Com o tempo, porém, os julgamentos virtuais não apenas foram expandidos para abranger outras classes processuais, como a sua disciplina foi sendo aperfeiçoada, a fim de (tentar) garantir o máximo de similitude possível entre o ambiente virtual e o presencial, em termos de exercício do contraditório e da ampla defesa pelas partes.

Com a Resolução 642/2019, passaram a se submeter a julgamento virtual, a critério do relator, além de *agravos internos* e *embargos de declaração*, *medidas cautelares em ações de controle concentrado*, *referendum de medidas cautelares e de tutelas provisórias*, *recursos extraordinários e agravos, inclusive com repercussão geral reconhecida*, e *demais classes processuais cuja matéria discutida tenha jurisprudência dominante no âmbito da Corte* (art. 1º).

[2] Tópico fruto de pesquisas que resultaram em artigo publicado, em 06.07.2020, na revista eletrônica Consultor Jurídico (Conjur), em coautoria com a doutoranda Raquel de Andrade Vieira Alves: A crise é aguda e o Plenário Virtual pode ser a solução no momento, disponível em, https://www.conjur.com.br/2020-jul-06/pencak-alves-plenario-virtual-solucao-crise .

Em virtude da pandemia, os julgamentos virtuais no STF estenderam-se a todos os processos de competência do Tribunal, a critério do relator, na forma da Emenda Regimental nº 53, de 18.03.2020 e da Resolução nº 669/2020. Assim, até as ações em controle de constitucionalidade abstrato, atividade principal no exercício da jurisdição constitucional do STF, passaram a ter o seu mérito julgado pelo Plenário Virtual. Os julgamentos realizados pelo Plenário Virtual não se confundem com os julgamentos por videoconferência iniciados no dia 15.04.2020, uma vez que no primeiro caso os processos são julgados em sessão que existe apenas virtualmente.[3]

Tem-se, assim, um breve resumo do estado atual de coisas no que se refere aos julgamentos virtuais no Supremo Tribunal Federal.

No que se refere especificamente ao impacto dessas alterações no Direito Tributário, um breve levantamento que realizamos através de consulta ao site do STF demonstrou que, apenas em matéria tributária, desde 03.04.2020 até o fim de julho/2020, o Plenário do Supremo Tribunal finalizou o julgamento de 23 processos vinculantes, dentre ações declaratórias de inconstitucionalidade e recursos extraordinários com repercussão geral reconhecida. Foram, nesse período, julgadas dezoito repercussões gerais e cinco ações diretas. Ocorre que, nos anos de 2017, 2018 e 2019 foram julgadas, no total, dezenove repercussões gerais.

Além disso, verificou-se que, em matéria tributária, foram aprovadas duas súmulas vinculantes, a SV 57[4] e 58[5] e foi cancelada a súmula 584,

[3] Sobre o tema ver: Ana Carolina Andrada Arrais Caputo Bastos, A(s) inconstitucionalidade(s) dos julgamentos virtuais no STF – Antes, durante e depois da pandemia, disponível em https://www.jota.info/opiniao-e-analise/artigos/as-inconstitucionalidades-dos-julgamentos-virtuais-no-stf-12072020.

[4] A imunidade tributária constante do art. 150, VI, d, da CF/88 aplica-se à importação e comercialização, no mercado interno, do livro eletrônico (e-book) e dos suportes exclusivamente utilizados para fixá-los, como leitores de livros eletrônicos (e-readers), ainda que possuam funcionalidades acessórias.

[5] : "Inexiste direito a crédito presumido de IPI relativamente à entrada de insumos isentos, sujeitos à alíquota zero ou não tributáveis, o que não contraria o princípio da não cumulatividade"

quando da finalização do julgamento do RE 159.180[6]. Além disso, ocorreu, ao menos, uma superação de jurisprudência, no RE 1.221.330.[7] No total, julgou-se 20% a mais em ambiente virtual no primeiro semestre de 2020 – 8.588 processos, do que no 1º semestre de 2019 – 6.951 processos.

Em artigo publicado no JOTA, em 10.08.2020, intitulado *12 anos em 1: o plenário virtual do STF e o furacão de precedentes tributários*, afirma-se que o STF poderia ter julgado em 2020, o equivalente em número de repercussões gerais dos últimos 12 anos.[8]

Assim, com essa concisa abordagem das últimas alterações regimentais do STF, as quais levaram a uma "enxurrada" de julgamentos em matéria tributária, que, a nosso ver, foram responsáveis por alterações nos fundamentos do Sistema Tributário Nacional, verificamos o aprofundamento de uma reforma tributária judicial que já se encontrava em curso.

2. Julgamentos em matéria tributária e seus efeitos na dogmática, no federalismo e nos direitos humanos: a reforma tributária judicial" em curso

No presente tópico, serão analisados cinco casos – quatro deles julgados durante no período de março a setembro de 2020 e um julgado em maio de 2021 –, que impactaram na dogmática tributária, no federalismo fiscal e nos direitos humanos, a fim de exemplificar a chamada "reforma tributária judicial".

2.1. Impactos na dogmática tributária

Quanto a este tópico, tem-se dois julgados finalizados em recursos extraordinários com repercussões gerais reconhecidas: (i) o RE 878.313 (Rel. Min. Marco Aurélio, Red. p/ acórdão Min. Alexandre de Moraes),

[6] Súmula 584: Ao imposto de renda calculado sobre os rendimentos do ano-base, aplica-se a lei vigente no exercício financeiro em que deve ser apresentada a declaração.

[7] Sobre o tema, publiquei artigo no JOTA, em coautoria com a doutoranda Raquel de Andrade Vieira Alves, intitulado STF e ICMS Importação por contribuinte não habitual. Disponível em: https://www.jota.info/opiniao-e-analise/artigos/stf-e-icms-importacao-por-contribuinte-nao-habitual-13072020.

[8] Artigo de Lucas Henrici e Fábio Fraga, disponível em: https://www.jota.info/opiniao-e-analise/colunas/coluna-da-abdf/12-anos-em-1-o-plenario-virtual-do-stf-e-o-furacao-de-precedentes-tributarios-10082020

em que restou decidida a constitucionalidade da manutenção da cobrança da contribuição social de 10% sobre o FGTS em caso de demissão sem justa causa, e (ii) o RE 946.648 (Rel. Min. Marco Aurélio, Red. p/ acórdão Min. Alexandre de Moraes), em que restou definida a constitucionalidade da incidência de IPI na revenda no mercado interno de produtos importados que não tenham sofrido industrialização. Então vejamos.

2.1.1 Sobre o RE 878.313[9]

Em 18.08.2020, por seis votos a quatro, o Plenário, em sessão virtual, negou provimento ao RE 878.313, com repercussão geral reconhecida (Tema 846). De acordo com o voto condutor do Min. Alexandre de Moraes, primeiro a divergir do relator, Min. Marco Aurélio, é admissível a continuidade da cobrança da contribuição, prevista no artigo 1º da Lei Complementar nº 110/2001, ainda que o produto da arrecadação seja destinado à finalidade diversa do estabelecido no artigo 4º da norma, desde que a nova finalidade esteja diretamente relacionada aos direitos decorrentes do FGTS.

No entanto, os dois elementos que validavam as contribuições sociais como espécie tributária seriam a referibilidade de grupo e a afetação do produto da sua arrecadação. Como se sabe, o primeiro elemento tem sido excepcionado pelo legislador, com chancela do STF, como ocorreu na criação da própria contribuição sob análise. Restava, porém, o requisito de validação pelo respeito à destinação legal do produto da arrecadação, o que restou também superado pelo STF, conforme verificaremos.

Especificamente no que se refere à contribuição à alíquota de 10% sobre os depósitos devidos ao FGTS, durante a vigência do contrato de trabalho, tem-se que ela foi criada pela Lei Complementar nº 110, de 29 de junho de 2001, com a finalidade de repor o déficit inflacionário nas contas do fundo, provocados pelos expurgos dos Planos Verão e Collor 1, em 1989 e 1990. De acordo com o art. 1º da lei, a contribuição é devida pelos empregadores em caso de despedida de empregado sem justa causa. A recomposição dos expurgos como finalidade da contribuição

[9] STF, Tribunal Pleno, Rel. Min. Marco Aurélio, Red. p/ acórdão Min. Alexandre de Moraes, DJe 04.09.2020.

está clara na Exposição de Motivos do projeto da lei[10]. Destaca-se que a finalidade do tributo também se encontra expressa no art. 13 da lei, em que consta que a lei orçamentária deveria destinar a integralidade dos valores arrecadados, nos exercícios de 2001, 2002 e 2003, ao FGTS.

Ocorre que, poucos meses após a edição da LC nº 110/2001, foram propostas as ADI 2556 e 2568, em que se alegou: (i) afronta ao art. 149 da Constituição, tendo em vista que a exação não poderia ser classificada como contribuição social, de intervenção econômica e no interesse das categorias profissionais e econômicas, e também não seria destinada à seguridade social, conforme demanda o art. 195, §4º, da Constituição; (ii) violação à referibilidade ou solidariedade de grupo, caso se entendesse que possui natureza jurídica de contribuição, visto que os fatos geradores são praticados por todos aqueles que contratem empregados no regime celetista, salvo as exceções legais; (iii), violação à não afetação, não podendo, portanto, ser entendida como um imposto; (iv) violação à capacidade contributiva, pois a base cálculo da exação não constituiria signo presuntivo de riqueza; (v) sendo contribuição social geral, violação à anterioridade anual, prevista no art. 150, III, b; e (vi) que as contribuições majoravam a multa pela rescisão sem justa causa do contrato de trabalho além do limite previsto pelo art. 10, inciso I do ADCT.

[10] "Temos a honra de submeter à elevada consideração de Vossa Excelência a anexa minuta de Projeto de Lei Complementar que autoriza o crédito, nas contas vinculadas do Fundo de Garantia do Tempo de Serviço – FGTS, dos complementos de atualização monetária decorrentes de decisão do Supremo Tribunal Federal, sob condição da aprovação da contribuição social de 10% (dez por cento) dos depósitos do FGTS, devida nos casos de despedida sem justa causa, e da contribuição de 0,5% (cinco décimos por cento) incidente sobre a folha de pagamento, ora propostas".
(...)
A contribuição social devida nos casos de despedida sem justa causa, além de representar um importante instrumento de geração de recursos para cobrir o passivo decorrente da decisão judicial, terá como objetivo induzir a redução da rotatividade no mercado de trabalho.
(...)
A urgência solicitada se deve à necessidade de que os recursos das contribuições que ora se propõem sejam coletados pelo FGTS no mais breve período de tempo, a fim de que os trabalhadores possam receber a complementação de atualização monetária nos prazos propostos na anexa minuta de Projeto de Lei Complementar.".

O STF, ao apreciar o mérito dessas ações diretas, entendeu se tratar de tributo da espécie contribuição especial e da subespécie contribuição social geral, reconhecendo a sua constitucionalidade, mantendo-se a cautelar anteriormente deferida para suspender o art. 14 da lei complementar, uma vez que se reconheceu o desrespeito à anterioridade anual. Entretanto, em relação ao argumento suscitado posteriormente que se baseia no exaurimento da finalidade para a qual a contribuição fora instituída, circunstância que ainda não havia se verificado na época em que as ações diretas propostas, o relator, Min. Joaquim Barbosa, optou por não o apreciar, uma vez que as ações já não estariam mais em fase instrutória, deixando a sua apreciação para eventual recurso extraordinário ou ADI posterior, o que ocorreu no RE aqui analisado.

No que se refere à finalidade do tributo em questão, não há dúvidas de que sua criação se deu exclusivamente para a recomposição dos expurgos inflacionários causados pelos planos econômicos ao FGTS. Esse objetivo está claro na exposição de motivos do projeto de lei, no art. 13 da LC 110/2001, e nos acórdãos das ADI 2556 e 2568, em que esta Corte consignou que a contribuição foi criada para custear os dispêndios da União decorrentes de decisão do Supremo Tribunal Federal que considerou devido o reajuste dos saldos do FGTS (RE 226.855, rel. min. Moreira Alves, Pleno, DJ de 13.10.2000).

Assim, em novembro/2011, a Caixa Econômica Federal, responsável pela administração das contas do FGTS, reconheceu que o débito referente à sua atualização monetária seria integralmente quitado em julho/2012, afirmando que os valores arrecadados a título de contribuição adicional ao FGTS já eram, naquele momento, utilizados pela União para financiamentos habitacionais a famílias com renda bruta mensal de até R$ 4.900,00 e R$ 4 bilhões para a concessão de auxílio financeiro para complementar a capacidade de pagamento de famílias com renda bruta de até R$ 2.790,00, sem retorno para o FGTS. Esse dado foi reiterado em fevereiro/2012, ocasião em que o Poder Legislativo editou o Projeto de Lei nº 198, de 18 de abril de 2007, a fim de extinguir a referida contribuição, e a CEF emitiu o Ofício nº 0038/2012/SUFUG/GEPAS, reafirmando que a contribuição adicional do FGTS poderia ser extinta em julho daquele ano, diante da previsão de quitação integral dos passivos oriundos dos expurgos inflacionários da época.

Restava incontroverso, portanto, o exaurimento da finalidade para a qual a contribuição foi criada que, pelo menos a partir de julho/2012, conforme expresso e reiterado pela instituição bancária responsável pela gestão do FGTS, não se destina à recomposição dos expurgos inflacionários. A finalidade da contribuição ao FGTS era a recomposição dos expurgos inflacionários do início da década de 1990, fato esse, como já vimos, nítido na exposição de motivos da LC 110/2001 e nos acórdãos do STF das ADI 2556 e 2568.

O passivo, como visto, foi integralmente quitado em 2012, conforme atesta a Caixa e a própria Presidência da República assumiu a tredestinação em relação aos valores arrecadados com a contribuição nas razões do veto do PL nº 200/12. Assim, ao fixar a tese no sentido de que "*É constitucional a contribuição social prevista no artigo 1º da Lei Complementar nº 110, de 29 de junho de 2001, tendo em vista a persistência do objeto para a qual foi instituída*", o STF não só ignora a ocorrência da referida tredestinação, como subverte a lógica da validação constitucional das contribuições sociais.

2.1.2 Sobre o RE 946.648[11]

Também por seis votos a quatro, o STF, manteve a jurisprudência do STJ e decidiu pela constitucionalidade da incidência do IPI quando o produto industrializado importado é comercializado pelo estabelecimento importador no mercado interno, negando, portanto, provimento ao recurso extraordinário do contribuinte. O colegiado, nos termos do voto divergente do ministro Alexandre de Moraes, entendeu que a incidência do tributo nas duas fases não representa bitributação em relação ao ICMS e não resulta em ofensa ao princípio da isonomia tributária.

O recurso foi interposto por uma importadora em face de acórdão proferido pelo TRF da 4ª, que havia considerado devido o pagamento do IPI tanto na importação quanto na revenda, no mercado interno, de bens importados e não submetidos a processo de industrialização no período entre a importação e a revenda. De acordo com a Justiça Federal, por serem fases diversas e sucessivas, ocorre, em cada procedimento, fato gerador distinto. As empresas alegavam, por sua vez, que a exigência

[11] Plenário, Rel. Min. Marco Aurélio, Red. p/ acórdão Min. Alexandre de Moraes, j. 28.08.2020.

do pagamento do IPI quando a mercadoria já nacionalizada é revendida no mercado interno é indevida, pois os produtos revendidos não sofrem nenhum dos processos de industrialização. Segundo sua argumentação, o fato gerador do IPI é a industrialização, e não a comercialização do produto e, dessa forma, a cobrança na segunda fase viola o princípio da isonomia tributária, pois onera excessivamente o importador.

Ocorre que o Ministro Alexandre de Moraes, que proferiu o voto vencedor, entendeu que o mesmo contribuinte, ao realizar fatos geradores distintos, pode ser sujeito passivo do tributo, desde que observada a não cumulatividade tributária. No caso, quando importa o produto no desembaraço aduaneiro, ele recolhe o IPI na condição de importador e, ao revendê-lo, figurará, por equiparação, ao industrial. Assim, embora sejam realizadas pelo mesmo contribuinte, as duas operações configuram-se fatos geradores distintos, o que afasta a hipótese de dupla tributação, inclusive em relação ao ICMS.

Segundo o Ministro Alexandre, se não houvesse a incidência do IPI na segunda etapa, os produtos importados teriam uma vantagem competitiva de preço com o produto nacional. O Ministro enfatizou ainda que a incidência do imposto na revenda do produto importado que não sofreu beneficiamento industrial não se confunde com o ICMS. Nessa fase, o encargo tributário ocorre na primeira saída da mercadoria do estabelecimento do importador, porque é nesse momento em que o importador se encontra em condições de igualdade com o industrial brasileiro.

Ficaram vencidos os ministros Marco Aurélio (relator), Edson Fachin, Rosa Weber e Roberto Barroso, que davam provimento aos recursos. Para eles, é inconstitucional a dupla incidência de IPI, considerada a ausência de novo beneficiamento do produto no campo industrial, tendo sido fixada a seguinte tese de repercussão geral: "*É constitucional a incidência do Imposto sobre Produtos Industrializados (IPI) no desembaraço aduaneiro de bem industrializado e na saída do estabelecimento importador para comercialização no mercado interno*".

No presente caso, a Corte, utilizando-se indevidamente de fundamento de isonomia, chancelou a desnecessidade da industrialização no mercado interno como pressuposto de incidência do IPI na saída nacional do produto, a nosso ver, contrariando inequivocamente o disposto no art. 153, IV, da Constituição, de modo a ser confundir com a materialidade econômica a ser tributada pelo ICMS, qual seja, a circulação de mercadorias (art. 155, II, da Constituição).

2.2. Impactos no federalismo fiscal

Quanto a decisões do STF com impacto no federalismo fiscal, destaco (i) a ADPF 198 e (ii) o RE 1.016.605. Trata-se de julgados diretamente relacionados com a guerra fiscal de ICMS e IPVA entre os Estados, cujos julgamentos foram finalizados recentemente. Então vejamos.

2.2.1 Sobre a ADPF 198[12]

Essa arguição de descumprimento de preceito fundamental foi ajuizada em 2009, pelo governador do Distrito Federal e possui como objeto a validade do quórum unânime de deliberação no Conselho Nacional de Política Fazendária (Confaz) imposto pela lei complementar nº 24/1975. O que se pede na ADPF é que o STF afaste a necessidade do prévio consentimento unânime do Confaz na edição de benefícios fiscais, passando a ser necessária, somente, a maioria simples para que um Estado possa conferir determinado incentivo.

Na proposição da unanimidade, objetivava-se que os Estados pudessem vetar os benefícios que lhes prejudicassem. Entretanto, tal lógica foi subvertida, significando, hoje, a concentração de poder nas mãos de Estados que não pretendem ver sua posição de destaque na economia do país ameaçada.[13] Ocorre que a unanimidade, como quórum para a ratificação

[12] Plenário, Rel. Min. Cármen Lúcia, DJe 06.10.2020.

[13] "A explicação dada por Rousseau para a prevalência da unanimidade sobre um princípio de maioria é simples. Uma vontade majoritária que resulte da acomodação de interesses positivos acaba sempre por fazer com que interesses majoritários se sobreponham a interesses minoritários; para legitimar essa situação seria necessária a vontade geral, que é uma fórmula sutil de eliminação das diferenças entre os interesses, do que resulta um consenso compacto, sem brechas, unânime, portanto sem maiorias e minorias. Ou seja, unanimidade é um instrumento para harmonizar as diferenças entre os interesses em jogo, não as congurências. Assim, como a soma das diferenças entre os interesses individuais constitui a vontade geral, a vonatade geral (unânime) coloca as vontades individuais, quer majoritás, quer minoritárias, sob sua suprema direção. Daí o direito de veto, que é antes uma **garantia de não ser prejudicado**, mais do que uma garantia de que o interesse comum seja atendido"– Grifos presentes no original. (JÚNIOR, Tércio Sampaio Ferraz."Unanimidade

de um convênio, consolida nas mãos dos Estados mais desenvolvidos economicamente o poder de veto e, consequentemente, de ingerência sobre as operações internas e políticas públicas dos Estados menos desenvolvidos. Inclusive, na enorme maioria das vezes, apesar de tais Estados terem contado com fatores históricos de desenvolvimento, como ocorreu com o Rio de Janeiro e São Paulo, são eles os principais responsáveis por atração de investimentos privados aos seus territórios de forma inconstitucional.

Torna-se fácil concluir que uma lei complementar que desconsidera um dos parâmetros de votação do Estado democrático de Direito, qual seja, a vontade da maioria, certamente, contraria o art. 1º da Carta de 1988, sendo, assim, impraticável a concretização dos objetivos fundamentais da República previstos no art. 3º, vez que se viola o Princípio da Democracia. Por mais essa razão, seria imprescindível que se reconhecesse que a LC nº 24/1975 encontra-se em total desacordo com a Constituição de 1988, vez que impõe lógica que fere o mais caro princípio do Estado Democrático de Direito, a democracia.

Com isso em mente, é importante ressaltar que, no julgamento da ADPF 198, por seis votos a quatro, prevaleceu o voto da relatora, Ministra Cármen Lúcia, pela recepção dos dispositivos da LC nº 24/1975, que tratam da unanimidade, restando vencidos os Ministros Edson Fachin, Rosa Weber, Ricardo Lewandowski e Marco Aurélio, tendo a Corte desperdiçado grande oportunidade de intervir diretamente em uma das raízes da guerra fiscal de ICMS.

2.2.2 Sobre o RE 1.016.605[14]

Por seis votos a cinco, o STF, em sessão virtual, decidiu que o IPVA deve ser recolhido no Estado de domicílio do proprietário do veículo e não no Estado de licenciamento.

Prevaleceu, no julgamento, o voto do Ministro Alexandre de Moraes, que destacou que o IPVA foi criado em 1985 por meio de emenda constitucional e repetido na Constituição de 1988. A justificativa do imposto

ou maioria nas deliberações do Confaz: considerações sobre o tema a partir do princípio federativo". In.: *Revista Fórum de Direito Tributário*, nº 59, Belo Horizonte, 2012, p. 14.)

[14] Plenário, Rel. Min. Marco Aurélio, Red. p/ acórdão Min. Alexandre de Moraes, j. 16.09.2020, DJe 16.12.2020.

seria remunerar a localidade onde o veículo circula, em razão da maior exigência de gastos em vias públicas. O ministro assinalou ainda que o Código de Trânsito Brasileiro não permite o registro do veículo fora do domicílio do proprietário. "Ou seja, licenciamento e domicílio devem coincidir", afirmou. A tese firmada foi a de que "A Constituição autoriza a cobrança do Imposto sobre a Propriedade de Veículos Automotores (IPVA) somente pelo Estado em que o contribuinte mantém sua sede ou domicílio tributário".

Entendemos que, por não haver lei complementar de normas gerais em matéria de IPVA, o local de cobrança deve ser aquele previsto no art. 158, III, da Constituição, que destina parte da receita arrecadada pelos Estados aos Municípios onde ocorrer o licenciamento dos veículos. Apesar de o Ministro Alexandre de Moraes ter feito referência a esse dispositivo em seu voto, a tese por ele proposta é bastante restritiva, uma vez que não faz menção ao local do licenciamento e impõe que o domicílio é o único elo de conexão entre o contribuinte e o Estado competente para cobrar o imposto, o que pode vir a agravar a guerra fiscal, prejudicando além de Estados, Municípios.

Importante ressaltar que, nesse caso, a Corte perdeu importante oportunidade de instar o legislador complementar a finalmente instituir as normas gerais do imposto e dirimir conflitos de competência, e, ainda, com a sua atuação contribuiu para que controvérsia acerca do local de incidência se tornasse ainda mais confusa.

2.3. Impactos nos direitos humanos

Finalmente, no que se refere aos direitos humanos, verificamos três precedentes julgados pela Corte também em âmbito virtual, no que se refere à matéria tributária: (i) RE 576.967, (ii) 647.885 e (iii) ADI 5583, conforme analisaremos.

2.3.1 Sobre o RE 576.967[15]

Em 5.08.2020, foi encerrado em Plenário Virtual do Supremo Tribunal Federal, o julgamento do RE 576.967, tema nº 72 da Repercussão Geral.

[15] Plenário, Rel. Min. Luís Roberto Barroso, DJe 20.10.2020.

Acompanhado por outros 6 votos, prevaleceu a tese proposta pelo Relator, Ministro Luís Roberto Barroso: "*É inconstitucional a incidência da contribuição previdenciária a cargo do empregador sobre o salário maternidade*"[16].

O voto condutor do relator possui dois fundamentos: (i) o salário-maternidade tem clara natureza de benefício previdenciário, de modo que não se inclui no conceito de folha de salários, do art. 195, I, a, da Constituição, porque não se trata de contraprestação pelo trabalho tampouco de ganho habitual da empregada. Sendo fonte alternativa de custeio da seguridade social, sua tributação deve ser implementada por lei complementar; (ii) a incidência de tal tributo viola frontalmente a isonomia, na sua dimensão de gênero, uma vez que desincentiva a contratação feminina. Há, portanto, inconstitucionalidade formal e material.

Em relação a este último ponto, destaca-se o seguinte trecho do voto condutor: "*É necessário, portanto, que o Estado não imponha quaisquer ônus adicionais a uma situação que já é, por si só, mais cara ao empregador, que não pode sofrer o desestímulo estatal para a contratação de mão de obra feminina*".

Trata-se, até onde se tem notícia, do primeiro precedente vinculante em que se abordou, com fundamento na isonomia em sua dimensão de igualdade de gênero, o papel indutor da tributação. Isso porque a incidência da contribuição previdenciária, a ser paga pelo empregador, sobre o salário-maternidade configurava grave ônus e discriminação à contratação de mulheres com potencial de virarem mães, conforme destacado pelo relator do recurso extraordinário: "(...) *para fins de reflexão, propõe-se colocar no lugar de um gestor de empresa privada que possui duas opções de contratação para a mesma vaga: um homem e uma mulher, ambos com 30 anos de idade e recém-casados com os seus respectivos cônjuges, com currículos exatamente iguais e mesmas notas atribuídas no processo seletivo. Tendo em mente os custos acima e imaginando que ambos os candidatos desejam ter filhos a curto prazo, não é difícil responder à pergunta sobre quem seria selecionado para o emprego.*"

[16] Disponível em: http://www.stf.jus.br/portal/jurisprudenciaRepercussao/verAndamentoProcesso.asp?incidente=2591930&numeroProcesso=576967&classeProcesso=RE&numeroTema=72#:~:text=72%20%2D%20Inclus%C3%A3o%20do%20sal%C3%A1rio%2Dmaternidade,Previdenci%C3%A1ria%20incidente%20sobre%20a%20remunera%C3%A7%C3%A3o.

Tal julgamento tocou em pontos como a isonomia do ponto de vista da igualdade de gêneros, do acesso à mulher ao mercado de trabalho, licença paternidade, entre outros,[17] aspectos que, até então, não possuíam uma relação direta com o Direito Tributário de acordo com a jurisprudência.

2.3.2 Sobre o RE 647.885[18]

No presente recurso extraordinário, a Corte, por dez votos a um definiu que a suspensão do exercício profissional pelo não-pagamento da taxa de anuidade — de quem está inscrito em entidade de classe — consiste em sanção política que afronta princípios constitucionais. Definiu-se, assim que, entidades como a Ordem dos Advogados do Brasil não podem inviabilizar o exercício pleno de atividade econômica de seus inadimplentes. A tese definida foi: "*É inconstitucional a suspensão realizada por conselho de fiscalização profissional do exercício laboral de seus inscritos por inadimplência de anuidades, pois a medida consiste em sanção política em matéria tributária*".

Prevaleceu o voto do relator, ministro Luiz Edson Fachin, que seguiu a jurisprudência do STF, segundo a qual a suspensão dos inadimplentes consiste em afronta aos princípios da proporcionalidade, da razoabilidade e do devido processo legal substantivo. Mais importante, destacou que o regramento atacado representava ofensa à livre iniciativa e à liberdade profissional.

2.3.3 Sobre a ADI 5583[19]

Em 14.05.2021, foi finalizado o julgamento, em ambiente virtual, da ADI 5583, de relatoria originária do Min. Marco Aurélio. A ação, proposta pelo Conselho Federal da Ordem dos Advogados do Brasil (CFOAB), possuía como objeto a interpretação conforme a Constituição de dois

[17] O tema foi objeto de dois artigos escritos em coautoria, os quais anexo à presente pesquisa.

[18] STF, Plenário, Rel. Min. Edson Fachin, DJe 19.05.2020.

[19] STF, Plenário, Rel. Min. Marco Aurélio, Red. p/ acórdão Min. Luís Roberto Barroso, j. 14.05.2021.

artigos da lei do imposto de renda de pessoa física,[20] que determinavam que, para fins de dependência econômica, apenas poderiam figurar as pessoas expressas em lei – filhos e enteados até 21 anos – e pessoas incapacitadas física ou mentalmente para o trabalho independente de idade.

Ou seja, caso o responsável tivesse um filho ou filha deficiente, mas cuja deficiência não o impedisse de trabalhar, ele ou ela não poderia constar como dependente na declaração de imposto de renda. Ocorre que essa disposição legal presume dois fatos: (i) que a maior parte dos deficientes não está apta para o trabalho; (ii) que, no caso de o deficiente estar apto para o trabalho, ele poderá arcar com suas próprias despesas e não mais será dependente econômico do pai, da mãe ou de outro responsável legal. Ambos nem sempre ocorrem.

Por isso, entendeu-se que a lei é contrária à Convenção Internacional sobre os Direitos das Pessoas com Deficiência, ao direito social do trabalho, à isonomia e à capacidade contributiva.

O voto vencedor, do Min. Luís Roberto Barroso, aderiu à proposta da Defensoria Pública da União, que foi admitida no feito na condição de *amicus curiae*, e votou pela procedência parcial da ação, propondo que "Na apuração do imposto sobre a renda de pessoa física, a pessoa com deficiência que supere o limite etário e seja capacitada para o trabalho pode ser considerada como dependente quando a sua remuneração não exceder as deduções autorizadas por lei". Esse entendimento prevaleceu por nove votos a dois, restando vencidos os Ministros Marco Aurélio e Alexandre de Moraes, que não conheciam a ação.

[20] Lei nº 9.250/95:
Art. 35. Para efeito do disposto nos arts. 4º, inciso III, e 8º, inciso II, alínea c, poderão ser considerados como dependentes:
(...)
III – a filha, o filho, a enteada ou o enteado, até 21 anos, ou de qualquer idade quando incapacitado física ou mentalmente para o trabalho; (Vide ADIN 5583)
(...)
V – o irmão, o neto ou o bisneto, sem arrimo dos pais, até 21 anos, desde que o contribuinte detenha a guarda judicial, ou de qualquer idade quando incapacitado física ou mentalmente para o trabalho; (Vide ADIN 5583)

Dessa forma, caso a pessoa com deficiência manifeste capacidade econômica para arcar com as suas próprias despesas, ela não mais poderá figurar como dependente. No entanto, caso a renda que ela aufira com o seu trabalho não venha a ser suficiente para pagar suas despesas, restará caracterizada a dependência econômica e o responsável poderá se "beneficiar" da inclusão do deficiente em sua declaração de IRPF, sendo a ele reconhecido o direito às deduções legais.

Conclusões

Como observado, foram intensos os julgamentos tributários em 2020. Verificamos que, com a expansão da competência de julgamento do Plenário Virtual, ocorreu uma massificação de análise pelo Plenário da Corte de processos tributários, alguns que aguardavam resolução há mais de uma década.

Assim questionamos, é preferível uma prestação jurisdicional em massa ou nenhuma prestação? Infelizmente, ainda não é possível prover uma resposta adequada a este questionamento, uma vez que ainda se encontram em análise as consequências da virtualização dos julgamentos que, como vimos, em alguns casos também privilegiaram direitos fundamentais em concreto.

O que sabemos é que essa massificação dos julgamentos em matéria tributária trouxe à tona uma tendência da Corte que já havia se iniciado há algum tempo: a alteração de relevantes balizas do Sistema Tributário Nacional, seja por: (i) alteração da dogmática tributária, como vimos no caso da validação constitucional das contribuições sociais e da hipótese de incidência do IPI; (ii) omissão na proteção do pacto federativo, chancelando leis que acentuam a guerra fiscal de ICMS e IPVA; e (iii) vinculação do Sistema Tributário dos Direitos Humanos, com a aproximação da tributação da discussão relacionada à igualdade de gênero e do livre exercício profissional.

Sem sombra de dúvidas, os dois primeiros itens são os mais preocupantes, uma vez que, ao contrário do terceiro, distancia o Direito Tributário do desenho traçado pelo constituinte de 1988. No que se refere à aproximação das discussões tributárias daquelas diretamente relacionadas aos direitos fundamentais, entendemos que, especificamente nos três casos aqui citados, andou bem a Corte, elevando e conferindo ao Direito

Tributário o *status* constitucional desejado e desenvolvendo o seu papel de Tribunal Constitucional.

No entanto, é inegável que, antes de 2020 estudávamos e pesquisávamos um Sistema Tributário bastante diferente daquele que verificamos ao final desse ano intenso, o que comprova que se encontra em curso uma reforma judicial que merece tanta atenção da academia e da sociedade quanto as propostas legislativas em curso no Congresso Nacional.

22.
A REESTRUTURAÇÃO DA LITIGÂNCIA FISCAL: A IMPORTÂNCIA DA DISCUSSÃO SOBRE OS IMPACTOS CAUSADOS PELA ALTERAÇÃO DAS COMPETÊNCIAS DOS ÓRGÃOS ADMINISTRATIVOS DE JULGAMENTO PÓS-REFORMA TRIBUTÁRIA

ALBERTO MEDEIROS
JOÃO GABRIEL SANTOS

Introdução

O Conselho Nacional de Justiça (CNJ) publicou, em conjunto com o Instituto de Ensino e Pesquisa (Insper), os resultados do Diagnóstico do Contencioso Judicial Tributário Brasileiro[1]. O relatório analisou os principais gargalos do processo tributário brasileiro para, assim, realizar um diagnóstico amplo sobre o atual cenário de litigância tributária no país, tanto no âmbito administrativo como no judicial. Nesse sentido, foi possível associar – sem necessariamente haver uma conclusão absoluta sobre cada tema – os óbices da atual macrolitigância fiscal brasileira a diversos fatores; tais como: o fluxo e as etapas de tramitação dos processos tributários, a elaboração, interpretação e aplicação da legislação tributária, a

[1] BRASIL. Conselho Nacional de Justiça. **Diagnóstico do Contencioso Judicial Tributário Brasileiro**. Disponível em: <https://www.cnj.jus.br/wp-content/uploads/2022/02/relatorio-contencioso-tributario-final-v10-2.pdf>. Acesso em: 09/04/2022.

especialização dos órgãos de julgamento, o conteúdo, o tempo e o volume das decisões prolatadas, a complexidade da legislação tributária etc.

Esse tipo de preocupação já é recorrente no modelo atual do contencioso fiscal brasileiro, em que se verifica uma elevada litigiosidade decorrente de falhas e complexidades do sistema tributário vigente. Some-se a isso a pulverização excessiva das competências tributárias e a heterogeneidade da legislação que hoje regulamenta a instituição, cobrança e fiscalização dos mais variados impostos, taxas, contribuições, entre outros tributos, cada um com suas particularidades e competências. Há, hoje, uma enorme quantidade de leis e atos normativos esparsos, inclusive por diversos entes da Federação, que certamente tornam a tributação no Brasil algo extremamente complexo e confuso[2].

Dessa forma, muito se tem discutido sobre as melhores soluções para se desintrincar o atual sistema. No âmbito do Poder Legislativo, estima-se que já existam mais de cem Propostas de Emenda à Constituição (PEC) sobre a reforma tributária[3] e o tema, neste atual momento histórico, está na pauta prioritária do Congresso Nacional. Nesse sentido, nota-se que é quase um consenso a urgência de buscar uma solução para simplificar o já conhecido "Carnaval Tributário" brasileiro[4].

Contudo, em que pese a relevância do assunto, fato é que os principais aspectos práticos das proposições ainda não foram muito bem explorados por essas PECs e projetos de leis a elas ligados. Um evidente exemplo disso é a incerteza que ainda paira acerca das atribuições dos órgãos administrativos em face das mudanças decorrentes da reforma tributária. Muito se tem falado sobre a criação de um novo tributo, mas não há, até

[2] Segundo estudo "*Doing Business 2018*", realizado pelo Banco Mundial, estima-se que, no Brasil, sejam despendidas 1.958 horas por ano para o cumprimento de obrigações tributárias. Cfr. THE WORLD BANK. **Doing Business 2018**. 2018, p. 149. Disponível em: <https://portugues.doingbusiness.org/pt/reports/global-reports/doing-business-2018>. Acesso em: 09/04/2022.

[3] BRASIL. Agência Senado. **Reforma tributária é prioridade deste ano no Congresso**. Disponível em: <https://www12.senado.leg.br/noticias/materias/2020/01/27/reforma-tributaria-e-prioridade-deste-ano-no-congresso>. Acesso em: 09/04/2022.

[4] Termo cunhado por Alfredo Augusto Becker ao analisar as desordens do sistema de tributação de renda no Brasil. Cfr. BECKER, Alfredo Augusto. **Carnaval Tributário**. São Paulo: Saraiva, 1989.

o momento, uma preocupação em se ter bem definidas as balizas para os órgãos federais, estaduais ou municipais responsáveis pela fiscalização e, especialmente, revisão dos lançamentos tributários.

Nessa senda, o presente artigo examina, de forma descritiva, as duas principais propostas sobre a reforma tributária existentes até o momento, com enfoque nos desdobramentos que impactam diretamente na alteração de competência dos órgãos responsáveis pelo contencioso administrativo fiscal. Para tanto, o trabalho discorre sobre as ideias previstas nas PECs nº 110/2019 e nº 45/2019 a respeito dessa temática específica, de modo a verificar o modelo que viria a ser implementado a partir dessas proposições.

Em seguida, é feita uma análise crítica acerca dos potenciais impactos que os novos tributos e suas consequentes atribuições de competência poderão causar no modelo atual do contencioso fiscal, notadamente na alteração brusca de competência de órgãos administrativos já consolidados, o que, se não for bem pensado e previamente discutido, poderá causar o aumento da complexidade e um possível abarrotamento de processos. Por fim, em conclusão, é abordada a necessidade de se aprofundarem os estudos para que se possa superar as incertezas que ainda remanescem nas propostas sobre o tema, o que deve ser feito de forma concomitante às discussões da reforma tributária para evitar prejuízos aos contribuintes.

1. As alterações previstas nas atuais propostas

Atualmente, duas são as propostas com mais força no Congresso Nacional, ainda que venham a ser utilizadas apenas como base geral para as discussões e implementação da reforma tributária: a PEC nº 45/2019 e a PEC nº 110/2019,[5] sendo essa última a que reuniu, até o momento, o

[5] Nos termos do Plano de Trabalho aprovado, em 11 de março de 2020, pela Comissão Mista Temporária da Reforma Tributária:
"*Atualmente, duas propostas têm galvanizado a atenção dos parlamentares: a PEC nº 45, de 2019, de autoria do Deputado Baleia Rossi, e a PEC nº 110, também de 2019, apresentada pelo Presidente do Senado Federal, Senador Davi Alcolumbre.*
As duas propostas são do mais elevado nível técnico e convergem em vários aspectos, em especial na substituição dos inúmeros tributos indiretos federais, estaduais e municipais atualmente existentes por um imposto sobre o valor agregado, denominado imposto sobre bens e serviços (IBS). Nas duas

maior apoio para aprovação. Em linhas gerais, ambas as proposições têm como principal objetivo a simplificação e racionalização do Sistema Tributário Nacional e propõem a extinção de uma série de tributos com a unificação em um Imposto sobre Bens e Serviços (IBS), inspirado na sistemática do Imposto sobre o Valor Agregado (IVA) já adotado em diversos países desenvolvidos, especialmente no continente europeu.

Segundo as duas propostas, o IBS incidiria sobre todos os bens e serviços "*incluindo a exploração de bens e direitos, tangíveis e intangíveis, e a locação de bens, operações que, em regra, escapam da tributação do ICMS estadual e do ISS municipal no quadro normativo atualmente em vigor*"[6].

A PEC nº 110/2019[7], de autoria do Senador Davi Alcolumbre e de relatoria do Senador Roberto Rocha, possuía o mesmo texto do Subs-

propostas, esse tributo seria não cumulativo, teria sua receita apropriada pelo estado de localização do comprador e seria regido por normas estabelecidas em uma única legislação de caráter nacional. Por outro lado, as propostas diferem em alguns aspectos importantes, como o número de alíquotas, a competência para o estabelecimento dessas alíquotas e a forma de repartição e vinculação das receitas obtidas – além, é claro, do mecanismo de transição e da sua duração.
Ainda que estejamos convencidos de que ambas propostas contêm os elementos necessários para solucionar o impasse tributário hoje existente, serão avaliadas com igual atenção todas as novas ideias que nos forem apresentadas, sejam elas oriundas dos parlamentares ou da sociedade civil, dos governos estaduais e municipais e, obviamente, do Poder Executivo Federal, que certamente fará contribuições de alta relevância.
Assim, a finalidade precípua desta Comissão Mista é debater as principais propostas de reforma tributária, combinando esforços no sentido de consolidar as ideias em um único texto que, levado a ambas as Casas do Parlamento, venha ser aprovado e mude, de forma profunda e definitiva, o sistema tributário nacional, resgatando a confiança no sistema político brasileiro, renovando a esperança de um futuro melhor e contribuindo decisivamente para a retomada da prosperidade econômica e o sentimento de justiça social." BRASIL. Senado Federal. **Ato Conjunto dos Presidentes do Senado e da Câmara nº 1, de 2020**. Cria a Comissão Mista Temporária destinada a consolidar o texto da Reforma Constitucional Tributária. Disponível em: <https://www25.senado.leg.br/web/atividade/materias/-/materia/140799>. Acesso em: 09/04/2022.

[6] CORREIA NETO, Celso de Barros *et al.* **Reforma Tributária**: Comparativo da PEC 45/2019 (Câmara) e da PEC 110/2019. Brasília: Consultoria Legislativa da Câmara dos Deputados, 2019, pp. 2-3. Disponível em: <https://www2.camara.leg.br/atividade-legislativa/estudos-e-notas-tecnicas/publicacoes-da-consultoria-legislativa/fiquePorDentro/temas/sistema-tributario-nacional-jun-2019/reforma-tributaria-comparativo-das-pecs-em-tramitacao-2019>. Acesso em: 09/04/2022.

[7] BRASIL. Senado Federal. **Proposta de Emenda à Constituição nº 110, de 2019**. Altera

titutivo à Proposta de Emenda à Constituição nº 293/2004, aprovado pela Comissão Especial da Câmara dos Deputados em 11 de dezembro de 2018. Essa proposição previa a extinção de nove tributos: (i) Imposto sobre os Produtos (IPI); (ii) Imposto sobre Operações Financeiras (IOF); (iii) Contribuição para o Programa de Integração Social e Programa de Formação do Patrimônio do Servidor Público (PIS/PASEP); (iv) Contribuição para o Financiamento da Seguridade Social (COFINS); (v) Salário-Educação; (vi) Contribuição de Intervenção no Domínio Econômico sobre Combustíveis (CIDE-Combustíveis); (vii) Imposto sobre Operações relativas à Circulação de Mercadorias e sobre Prestações de Serviços de Transporte Interestadual e Intermunicipal e de Comunicação (ICMS); e (viii) Imposto sobre Serviços de Qualquer Natureza (ISS). No lugar deles, seriam instituídos o IBS, de competência estadual, que incidiria sobre a maioria dos bens e serviços, e um imposto sobre alguns bens e serviços específicos (Imposto Seletivo), de competência federal.

Posteriormente, após os debates e apresentação de diversas emendas pelos parlamentares, o relator da proposta apresentou sucessivos pareceres, resultantes do constante diálogo com os grandes setores de economia e com o próprio Governo Federal. Em sua complementação de voto mais recente, o Senador Roberto Rocha acatou a ideia de haver um Imposto sobre o Valor Agregado (IVA) dual. Nessa linha, seriam fundidas e contribuições sociais COFINS, COFINS-Importação, PIS e PIS-Importação, de competência da União, em uma Contribuição sobre Bens e Serviços (CBS); e o ICMS (estadual) e o ISS (municipal) se fundiriam para formar o IBS, de competência estadual/municipal. Ademais, seria criado o Imposto Seletivo (IS), de caráter extrafiscal para combater produtos que causam externalidades negativas, em substituição gradual ao IPI.

O IBS teria, como alíquota aplicável a cada operação, o resultado do somatório das alíquotas do Estado ou do Distrito Federal com a alíquota do Município, "*sempre considerando o local de destino da operação ou*

o Sistema Tributário Nacional e dá outras providências. Disponível em: <https://www25.senado.leg.br/web/atividade/materias/-/materia/137699>. Acesso em: 09/04/2022.

prestação"[8]. Todavia, esse parecer ainda não chegou a ser aprovado no âmbito da Comissão de Constituição e Justiça da Casa.

Conforme a redação da proposta, a regulamentação, a arrecadação e a tarefa de "*dirimir as questões suscitadas no âmbito do contencioso administrativo tributário entre o sujeito passivo e a administração tributária*" seriam realizadas, em conjunto, pelas administrações tributárias dos Estados, Distrito Federal e Municípios. Essa união entre os entes federados se consolidaria na composição de um só órgão nacional fiscalizador, que receberia a denominação de Conselho Federativo do Imposto sobre Operações com Bens e Prestações de Serviços. Nesse particular, caberia à lei complementar dispor sobre o Conselho, que seria uma entidade pública de regime especial, dotada de independência técnica, administrativa, orçamentária e financeira (art. 156-B, § 1º)[9].

A PEC nº 45/2019[10], por seu turno, propõe a criação de um IBS de competência nacional. Elaborada pelo Deputado Baleia Rossi e atualmente relatada pelo Deputado Aguinaldo Ribeiro, essa proposta prevê uma alteração mais robusta do que aquela sugerida pela PEC nº 110/2019. Segundo a sua redação, o IBS substituiria apenas cinco tributos: (i) IPI; (ii) PIS/PASEP; (iii) COFINS; (iv) ICMS; e (v) ISS. Também seria criado um Imposto Seletivo (IS), que teria uma finalidade extrafiscal e seria destinado a "*desestimular o consumo de determinados bens, serviços ou direitos*" (art. 154, III).

[8] BRASIL. Senado Federal. **Complementação do Relatório Legislativo apresentado na Proposta de Emenda à Constituição nº 110, de 2019**. Altera o Sistema Tributário Nacional e dá outras providências. Disponível em: <https://legis.senado.leg.br/sdleg-getter/documento?dm=9090455&ts=1649254380067&disposition=inline>. Acesso em: 10/04/2022.

[9] BRASIL. Senado Federal. **Complementação do Relatório Legislativo apresentado na Proposta de Emenda à Constituição nº 110, de 2019**. Altera o Sistema Tributário Nacional e dá outras providências. Disponível em: <https://legis.senado.leg.br/sdleg-getter/documento?dm=9090455&ts=1649254380067&disposition=inline>. Acesso em: 12/04/2022.

[10] BRASIL. Câmara dos Deputados. **Proposta de Emenda à Constituição nº 45, de 2019**. Altera o Sistema Tributário Nacional e dá outras providências. Disponível em: <https://www.camara.leg.br/proposicoesWeb/fichadetramitacao?idProposicao=2196833>. Acesso em: 10/04/2022.

O IBS, nos termos dessa PEC, seria instituído por lei complementar federal, "*cabendo à União, aos Estados, ao Distrito Federal e aos Municípios exercer sua competência exclusivamente por meio da alteração de suas alíquotas*" (art. 152-A). A essa mesma lei complementar caberia a criação do que se denominou de Comitê Gestor Nacional do Imposto Sobre Bens e Serviços, o qual seria integrado por representantes da União, dos Estados, do Distrito Federal e dos Municípios. Nesse sentido, caberia ao Comitê[11] (art. 152-A, § 6º):

> *I – editar o regulamento do imposto, o qual será uniforme em todo o território nacional;*
> *II – gerir a arrecadação centralizada do imposto;*
> *III – estabelecer os critérios para a atuação coordenada da União, dos Estados, do Distrito Federal e dos Municípios na fiscalização do imposto;*
> *IV – operacionalizar a distribuição da receita do imposto, nos termos estabelecidos no parágrafo 5º deste artigo;*
> *V – representar, judicial e extrajudicialmente, a União, os Estados, o Distrito Federal e os Municípios nas matérias relativas ao imposto sobre bens e serviços.*

Esse órgão, portanto, não possuiria qualquer função fiscalizatória, o que continuaria sendo atribuição dos fiscos dos entes federados. Por fim, também seria reservada à lei complementar a regulamentação do processo administrativo do IBS, que teria rito uniformizado em todo o país (art. 152-A, § 8º).

Outro ponto que merece destaque é a previsão acerca de um período de transição para os novos sistemas a serem implementados pelas propostas. No bojo da redação original da PEC nº 110/2019, a substituição dos tributos pelo IBS seria realizada em seis anos, sendo que, nos dois primeiros, haveria um período de teste em que o novo imposto seria cobrado à alíquota de 1%. Nos últimos quatro anos, os tributos que seriam substituídos e seus respectivos benefícios fiscais sofreriam reduções em suas alíquotas de 1/5 a cada exercício, sendo que o IBS sofreria aumentos

[11] BRASIL. Câmara dos Deputados. **Proposta de Emenda à Constituição nº 45, de 2019**. Altera o Sistema Tributário Nacional e dá outras providências. Disponível em: <https://www.camara.leg.br/proposicoesWeb/fichadetramitacao?idProposicao=2196833>. Acesso em: 10/04/2022.

graduais de igual proporção e periodicidade. Nesse sentido, durante essa transição, o Senado Federal fixaria as alíquotas de referência do IBS, de modo a que o produto da arrecadação desse imposto fosse equivalente à redução da arrecadação do ICMS e do ISS.

A transição da CBS, por sua vez, seria mais célere, eis que ocorreria no início da produção de efeitos da lei que a instituísse e extinguisse a COFINS, a COFINS-Importação, o PIS e o PIS-Importação.

Já na PEC nº 45/2019, a substituição dos cinco tributos pelo IBS seria feita em dez anos, sendo que, nos dois primeiros, haveria um período de teste em que o novo imposto seria cobrado à alíquota de 1%. Esse aumento de arrecadação ocasionado pela instituição do IBS no período de teste seria compensado com a redução das alíquotas de PIS/PASEP e COFINS, de modo que a medida não afetaria a cobrança dos tributos estaduais e municipais a serem extintos (ICMS e ISS, respectivamente).

Passados os dois anos do período de teste, haveria o período de transição propriamente dito, no qual todas as alíquotas dos tributos a serem substituídos – IPI, PIS/PASEP, COFINS, ICMS e ISS – sofreriam reduções graduais de 1/8 ao ano. Dessa forma, no oitavo ano, os cinco tributos alcançariam a alíquota zero e seriam extintos. Além disso, durante esse período, o IBS sofreria uma constante calibragem de suas alíquotas de referência, de modo a repor, em cada ano, a estimativa de perda de receita decorrente da redução de alíquotas dos cinco tributos substituídos.

Importante mencionar que, após a apresentação, no dia 4 de maio de 2021, do primeiro relatório da Comissão Mista Temporária da Reforma Tributária, os debates têm avançado de forma mais expressiva no âmbito da PEC nº 110/2019, mas, em razão das adversidades ocasionadas pela pandemia de Covid-19, ocorreram atrasos inevitáveis nos trabalhos dos parlamentares. De um modo geral, entretanto, em consonância com o parecer da Comissão Mista, o relator da PEC nº 110/2019 tem buscado convergir as ideias previstas nas duas PECs e no Projeto de Lei nº 3.887, de 2020, proposta do Governo Federal que já previa a criação da Contribuição Social sobre Operações com Bens e Serviços (CBS), em substituição ao PIS/PASEP e à COFINS[12].

[12] BRASIL. Câmara dos Deputados. **Projeto de Lei nº 3.887, de 2020**. Institui a Contribuição Social sobre Operações com Bens e Serviços – CBS, e altera a legislação tributária

A PEC nº 45/2019, por seu turno, com base em decisão da Mesa Diretora da Câmara dos Deputados também do dia 4 de maio de 2021, foi avocada ao Plenário, haja vista que o limite regimental de sessões permitido para que Comissão Especial proferisse parecer já havia sido extrapolado[13].

2. Considerações sobre a alteração de competência dos órgãos administrativos de julgamento no pós-reforma tributária

As propostas anteriormente abordadas suscitaram relevantes debates acerca de seus reflexos práticos[14]. Além da discussão sobre a inconstitucionalidade do IBS por uma possível ofensa ao pacto federativo, haja vista uma alegada perda de autonomia e diminuição de receitas decorrentes de tributos de competência dos entes federados[15], outro ponto que merece o exame é a questão atinente à competência administrativa para dirimir os conflitos tributários que venham a ter por objeto a cobrança desse tributo.

Da análise das duas proposições, verifica-se que esse ponto foi pouco ou nada explorado pelos parlamentares e especialistas que discutem o tema, deixando, inevitavelmente, diversos questionamentos em aberto; tais como: o funcionamento do Conselho Federativo do Imposto sobre Operações com Bens e Prestações de Serviços instituído pela PEC nº 110/2019, as atribuições dos atuais tribunais administrativos nesse novo cenário e as regras de fiscalização para o regime de transição.

federal. Disponível em: <https://www.camara.leg.br/proposicoesWeb/fichadetramitacao?idProposicao=2258196>. Acesso em: 10/04/2022.

[13] BRASIL. Câmara dos Deputados. **Decisão proferida na Proposta de Emenda à Constituição nº 45, de 2019**. Altera o Sistema Tributário Nacional e dá outras providências. Disponível em: <https://www.camara.leg.br/proposicoesWeb/prop_mostrarintegra;jsessionid=node01jaecki839h5o1tmwf2y1afu7f4592301.node0?codteor=2004108&filename=Tramitacao-PEC+45/2019>. Acesso em: 10/04/2022.

[14] Nesse sentido: JOTA. **Super órgão ou tribunal esvaziado: como fica o Carf na reforma tributária?** Disponível em: <https://www.jota.info/tributos-e-empresas/tributario/como-fica-carf-reforma-tributaria-24102019>. Acesso em: 11/04/2022.

[15] Cfr. LEITE, Vítor Thaler Teixeira. A Cláusula Pétrea do Princípio Federativo e a PEC n. 45/2019. **Revista Direito Tributário Atual**, n.43, ano 37, pp. 445-458. São Paulo: IBDT, 2019, p. 454.

A PEC nº 110/2019, como se viu, prevê a instituição de um IBS a ser fiscalizado por um "*Super Fisco*" composto pelos fiscos estaduais e municipais. Não constam informações sobre as competências regimentais desse órgão, haja vista que essas questões ficariam reservadas à lei complementar, que, inclusive, estabeleceria os mecanismos para dirimir as "*questões suscitadas no âmbito do contencioso administrativo tributário entre o sujeito passivo e a administração tributária*"[16].

Na PEC nº 45/2019, por sua vez, não há uma menção expressa sobre a fiscalização do IBS em seu texto inicial, mas, posteriormente, foi apresentada a Emenda nº 63/2019, de autoria do Deputado Luiz Flávio Gomes, que sugere a criação de uma Agência Tributária Nacional e de uma Diretoria Executiva, nos seguintes termos (art. 152-A)[17]:

> *§ 5º – O imposto será regulamentado, arrecadado, fiscalizado, lançado, cobrado e administrado pela Agência Tributária Nacional, que terá a natureza de autarquia nacional, será regulada por lei complementar e será composta pela:*
> *I – Assembleia Geral, constituída pela reunião dos representantes da União, dos Estados e Distrito Federal e dos Municípios, sendo que:*
> *a) os votos serão atribuídos na proporção de um terço para a União, um terço para os Estados e o Distrito Federal, e um terço para os Municípios;*
> *b) dentre os Estados e o Distrito Federal, os votos serão distribuídos na proporção do número de habitantes, ou na forma prevista em lei complementar;*
> *c) dentre os Municípios, os votos serão distribuídos na proporção do número de habitantes, ou na forma prevista em lei complementar;*
> *d) as deliberações serão tomadas por maioria de três quartos de votos favoráveis;*
> *II – Diretoria Executiva, e demais diretorias, conselhos e órgãos previstos em lei complementar, que:*

[16] BRASIL. Senado Federal. **Complementação do Relatório Legislativo apresentado na Proposta de Emenda à Constituição nº 110, de 2019**. Altera o Sistema Tributário Nacional e dá outras providências. Disponível em: <https://legis.senado.leg.br/sdleg-getter/documento?dm=9090455&ts=1649254380067&disposition=inline>. Acesso em: 12/04/2022.

[17] BRASIL. Câmara dos Deputados. **Proposta de Emenda à Constituição nº 45, de 2019**. Altera o Sistema Tributário Nacional e dá outras providências. Disponível em: <https://www.camara.leg.br/proposicoesWeb/fichadetramitacao?idProposicao=2196833>. Acesso em: 10/04/2022.

A) terão autonomia técnica, financeira e administrativa, nos termos das deliberações da Assembleia Geral e da lei complementar;
B) será constituída por servidores de carreira da administração tributária da União, dos Estados, do Distrito Federal e dos Municípios, selecionados e convocados para atuarem na Agência, na forma prevista na lei complementar;
C) deverá planejar e executar as ações de fiscalização do imposto de forma conjunta e coordenada com as administrações tributárias da União, dos Estados e dos Municípios, na forma prevista na lei complementar;
D) deverá elaborar e propor à Assembleia Geral o orçamento da Agência, que após aprovado será submetido ao Senado, e terá como limite o valor de três décimos por cento do valor do imposto arrecadado no exercício.
§ 6º – Os servidores convocados para atuar na Agência Tributária Nacional e os servidores de carreira da administração tributária dos entes federados estarão sujeitos à legislação administrativa aplicável aos servidores federais, no que se refere à responsabilidade funcional, limite de remuneração, correição e sanções administrativas. (NR).

Nos moldes dessa emenda, a Administração Tributária Nacional seria uma autarquia mista, com representantes das administrações da União, Estados, Distrito Federal e Municípios, e teria competência para regulamentar, arrecadar, fiscalizar, lançar, cobrar e administrar o IBS. A atuação dessa autarquia está prevista no parecer apresentado na Comissão Mista Temporária da Reforma Tributária.

Vale lembrar que, no contexto da PEC nº 45/2019, a alíquota do IBS seria formada pela soma das alíquotas fixadas pela União, pelos Estados ou Distrito Federal e pelos Municípios. Assim, esse imposto se apresenta como de competência nacional, de forma que a sua alíquota seria composta por parcelas destinadas aos diferentes entes federados, o que torna complexa a fiscalização e lançamento desse tributo, que assume uma espécie de "*competência compartilhada*".

A partir da análise das duas propostas, como ficou claro, não se vislumbra, até o momento, uma tentativa de adaptação dos mecanismos de fiscalização e lançamento à atual estrutura administrativo tributária, o que certamente impactará no funcionamento e até mesmo relevância dos atuais órgãos administrativos incumbidos de realizar a revisão dos lançamentos tributários, alterando, por conseguinte, a uniformização de entendimentos sobre diversos importantes temas.

A título de exemplo, é possível citar o caso do Conselho Administrativo de Recursos Fiscais (CARF), que, como se sabe, é o órgão colegiado, paritário, integrante da estrutura do Ministério da Economia, responsável pelo julgamento de recursos que versem sobre a aplicação da legislação referente a tributos administrados pela Receita Federal do Brasil[18]. Esse tribunal, juntamente com as Delegacias da Receita Federal de Julgamento (DRJ), analisa e julga os processos administrativos ficais que têm por objeto a cobrança de tributos federais e, ao assim agir, por óbvio, tem o importante papel de uniformizar a jurisprudência que guia a atuação da Receita Federal do Brasil e dos contribuintes.

Inicialmente, nos termos da redação original da PEC nº 110/2019, caso não fosse adotado um modelo dual como proposto no texto do relatório mais recente, seria provável que o CARF viesse a perder substancialmente sua relevância na formação dessa jurisprudência tributária, pois deixaria de deter competência para julgar casos sobre IPI, IOF, PIS, COFINS e CIDE-Combustíveis, que passariam a ser de competência estadual. Nesse cenário, os tribunais de impostos e taxas e conselhos municipais de tributos ou o órgão único que os substituíssem passariam a ganhar muito mais relevância, acumulando competência para julgar temas antes restritos ao CARF, apesar de não ser possível precisar se manteriam eles competência para analisar casos discutindo o IBS incidente em operações ocorridas em seus territórios – o que certamente traria um cenário de divergência de interpretação sobre um mesmo tributo a depender do local do fato gerador – ou se perderiam suas funções para um órgão centralizado, que parece ser o mais sensato.

Da mesma forma, na proposta mais recente baseada na ideia de um IVA dual – e que sugere a criação do Conselho Federativo do Imposto sobre Operações com Bens e Prestações de Serviços – não deixam claras as competências do órgão no que concerne ao processo administrativo fiscal. O texto do relatório limita-se a prever que "*questões suscitadas no*

[18] Cfr. BRASIL. Conselho Administrativo de Recursos Fiscais. **Portaria MF Nº 343, de 09 de junho de 2015**. Aprova o Regimento Interno do Conselho Administrativo de Recursos Fiscais (CARF) e dá outras providências. Disponível em: <http://idg.carf.fazenda.gov.br/acesso-a-informacao/institucional/regimento-interno/reg-outros/ricarf-multi-11072016.pdf>. Acesso em: 12/04/2022.

âmbito do contencioso administrativo tributário entre o sujeito passivo e a administração tributária" seriam dirimidas pelo Conselho. Em nenhum momento o relatório especifica quais seriam as "*questões*" que poderiam ser suscitadas ou dá alguma diretriz, na justificação do voto, acerca da estruturação desse órgão.

Por outro lado, na hipótese da PEC nº 45/2019, o CARF certamente ganharia ainda mais relevância, pois também passaria a enfrentar discussões atualmente atinentes ao ICMS e ao ISS, hoje tratadas exclusivamente pelos tribunais de impostos e taxas e conselhos municipais de tributos espalhados pelos respectivos entes federados, que, nessa hipótese, seriam os órgãos a perder grande parte de sua importância na formação da jurisprudência administrativa tributária.

Tanto em um quanto em outro caso, algumas questões sobre a alteração de competência dos órgãos hoje encarregados de solucionar os litígios administrativos fiscais devem ser ponderadas para se evitar que o principal objetivo das PECs, que miram alardeadamente na redução da complexidade do sistema tributário e dos litígios decorrentes, acabe por alcançar um sentido contrário. A principal delas parece ser o não aproveitamento ideal das estruturas de funcionamento já criadas e historicamente consolidadas no âmbito desses órgãos, principalmente sob o viés da uniformização da jurisprudência sobre inúmeros e importantes temas que hoje orientam a atuação dos contribuintes e garantem, ainda que de forma insuficiente, uma mínima previsibilidade da tributação a que se submetem.

Com efeito, é imprescindível que as discussões sobre a reforma tributária não olvidem esse importante ponto, pois a criação de novas estruturas organizacionais pelo abandono das estruturas hoje existentes poderia tornar ainda mais complexa e litigiosa a aplicação das normas tributárias. Basta imaginar a rediscussão de inúmeros temas que, com muita dificuldade e morosidade, foram consolidados na jurisprudência administrativa ao longo dos anos e que, mesmo após as alterações das naturezas dos tributos propostas nas PECs, ainda continuarão sendo compatíveis com a nova sistemática adotada. É o caso da aplicação de normas gerais em matéria de tributação, obrigações acessórias, penalidades, entre diversas outras que impactam significativamente na atividade do fisco e no cumprimento da legislação e, o mais importante, de sua interpretação pelos contribuintes.

Apenas a título de exemplo, é possível citar algumas questões relacionadas à decadência tributária, como a definição do termo *a quo* da contagem do respectivo prazo, cuja construção de um entendimento uniformizado e sólido na jurisprudência administrativa demorou vários anos, colocando em verdadeiro xeque a segurança jurídica dos contribuintes durante esse período. Do mesmo modo, há diversas outras situações similares em relação às quais a jurisprudência administrativa levou anos para se consolidar, entendimentos esses que, especialmente por essa razão, não podem agora ser rediscutidos do início, de maneira a prejudicar o referencial dos administrados.

Sendo assim, qualquer mudança que permita, ainda que por omissão ou ausência de discussão prévia, um cenário autorizador da revisão desses temas, colocará ainda mais em risco a segurança jurídica dos contribuintes, que certamente serão prejudicados no inafastável direito à previsibilidade da tributação a que se submetem. Nesse caso, é certo que as PECs que buscam a redução da complexidade do sistema e, portanto, da macrolitigância fiscal, acabariam por alcançar um efeito diametralmente oposto aos seus objetivos, pelo que não pode haver uma segregação dos temas no momento da discussão da reforma.

Dentro dessa lógica, outro aspecto das proposições que preocupa e poderá acirrar as graves consequências para o contencioso administrativo é o período de transição de regimes. Conforme anteriormente mencionado, as propostas precisarão de um período de transição gradual para que haja, no final, a substituição dos tributos extintos pelo IBS e pela CBS.

No entanto, é necessário levar em consideração que esse período, que compreenderia entre seis (PEC nº 110/2019 e parecer da Comissão Mista) e dez (PEC nº 45/2019) anos de coexistência de dois regimes diferentes, já é, por si só, um fator causador de aumento de litígios e implicaria no abarrotamento de processos nos órgãos administrativos, o que, somado à mencionada possibilidade de revisão de entendimentos sobre diversos temas fundamentais ao funcionamento do sistema hoje já consolidados, teria o potencial de causar um verdadeiro caos no contencioso administrativo fiscal.

Nesse sentido, é imprescindível que a reforma tributária não seja apenas concentrada na mudança da substância do sistema de incidências, mas também concentre a mesma energia e dedicação na conformação dessa nova ordem às estruturas já existentes no âmbito do contencioso administrativo, evitando, assim, que os históricos problemas vivenciados na área não se repitam desde o início. Caso contrário, na contramão da ideia de simplificação, a aprovação da reforma tributária sem o alinhamento do tema em questão poderá produzir um efeito completamente oposto ao almejado: o de tornar ainda mais litigiosa a revisão dos lançamentos tributários e sobrecarregar ainda mais os órgãos administrativos fiscalizadores e julgadores de causas tributárias.

Conclusões

Da análise detalhada das atuais propostas para a reforma tributária no Brasil, verifica-se que, embora todas objetivem a simplificação do modelo vigente, com a consequente diminuição do contencioso fiscal, ainda faltam respostas a alguns importantes questionamentos, o que pode levar, em um primeiro momento, ao crescimento de litígios.

No âmbito administrativo, a autoridade fiscal, vinculada à legalidade estrita e à verdade material, deve garantir a conclusão do processo de forma célere e com o entendimento definitivo da Administração Pública sobre o conflito tratado nos autos[19]. Nesse sentido, tem-se que o contencioso administrativo tributário deve ser "*célere o bastante para conferir solução adequada aos questionamentos fazendários, mas adequadamente extenso para garantir a segurança jurídica da demanda tributária, respeitando o devido processo legal e demais princípios aplicáveis*"[20]. No entanto, observa-se que o atual cenário da reforma tributária ainda possui alguns entraves para a observância desses princípios informativos do contencioso administrativo[21].

[19] Machado Segundo, Hugo de Brito. **Processo Tributário**. São Paulo: Atlas, 2020, p. 47.

[20] Carrazza, Elizabeth Nazar; Melo, Fábio Soares de. Razoável duração do processo contencioso administrativo tributário: considerações relevantes. **Revista de Direito Brasileira**. Florianópolis, v. 26, n. 10, pp. 263-276, mai./ago., 2020, p. 274.

[21] Cfr. Ataliba, Geraldo. Princípios informativos do contencioso administrativo tributário federal. **Revista de informação legislativa**, v. 15, n. 58, p. 123-138, abr./jun., 1978. Disponível em: <http://www2.senado.leg.br/bdsf/handle/id/181064>. Acesso em: 12/04/2022.

Primeiramente, porque não se sabe ao certo como se daria a atribuição de competência para o julgamento de questões atinentes ao IBS e à CBS. Nesse particular, surgem algumas relevantes indagações, que partem da dúvida sobre como se estruturariam os órgãos administrativos tributários de julgamento diante desses novos tributos. Conforme anteriormente abordado, a alteração brusca de estrutura e competência de órgãos administrativos, que historicamente construíram e uniformizaram jurisprudência sobre importantes temas do direito tributário, tem o potencial de colocar em risco a segurança jurídica dos contribuintes e aumentar significativamente a macrolitigância fiscal.

É certo que, pelos motivos já expostos, a simples criação de novos órgãos administrativos tributários de julgamento, por si só, já teria o potencial de causar mudanças no cenário da previsibilidade esperada pelos contribuintes, mas, dentro da profunda reforma tributária que se pretende fazer, com significativa alteração das competências tributárias, tal efeito deverá ser potencializado e, por isso, exige a realização de estudos e debates aprofundados e voltados especialmente para esse ponto. Tal cenário se agravaria caso, durante o período de transição dos sistemas, fosse permitida a coexistência, ainda que temporal, dos atuais com os novos órgãos administrativos julgadores, pois, além de tornar o procedimento ainda mais complexo e custoso, certamente ameaçaria o referencial comportamental dos contribuintes diante da fixação de eventuais entendimentos contrários sobre um mesmo tema.

Nesse sentido, aguardar a promulgação de um sistema tributário totalmente novo para, aí sim, se pensar nas estruturas dos órgãos que julgarão os litígios administrativos dele decorrentes revela-se extremamente temerário. Sendo assim, ainda que muitas das questões tenham ficado reservadas à lei complementar, que terá a função de implementar a disciplina dessa nova sistemática de julgamento, tais normas não podem ser discutidas e promulgadas separadamente da reforma tributária, pois, como visto, a almejada redução da complexidade do sistema atual também perpassa pela estruturação harmoniosa do contencioso administrativo.

É nessa senda que iniciativas como a criação da Comissão de Juristas responsável pela elaboração de anteprojetos de proposições legislativas que dinamizem, unifiquem e modernizem o processo administrativo e tributário nacional[22] se demonstram essenciais para que se possa mitigar os impactos da transição de sistemas tributários. No dia 23 de fevereiro de 2022, foi criada a referida comissão, que buscará estudar a modernização da legislação do processo administrativo e tributário. Cumpre destacar que o Senador Rodrigo Pacheco, Presidente do Senado Federal já ressaltou a importância de os trabalhos da comissão de juristas seguirem paralelamente à tramitação da PEC nº 110/2019, de modo a "*buscar projetos de lei e até propostas de emenda à Constituição para a solução mais rápida de conflitos, unificação de entendimentos e saídas para se evitar a judicialização*"[23].

De todas essas discussões, conclui-se pela necessidade de haver maior clareza nas próximas etapas da reforma tributária no que concerne ao contencioso administrativo fiscal. Muito além de se buscar impor considerações que soem alarmistas sobre uma reforma que se propõe a resolver diversas das "*fraturas expostas*" do atual modelo, as preocupações levantadas no presente trabalho são apresentadas como sugestões para o enriquecimento do debate. Espera-se, assim, que se abra o horizonte sobre esses pontos e que, em breve, seja possível se construir um sistema tributário mais eficiente.

[22] BRASIL. Senado Federal. **Ato do Presidente do Senado Federal nº 1, de 2022**. Institui Comissão de Juristas responsável pela elaboração de anteprojetos de proposições legislativas que dinamizem, unifiquem e modernizem o processo administrativo e tributário nacional. Disponível em: <https://www25.senado.leg.br/web/atividade/materias/-/materia/152139>. Acesso em: 12/04/2022.

[23] BRASIL. Agência Senado. *Criada comissão de juristas para reformar os processos administrativo e tributário*. Disponível em: <https://www12.senado.leg.br/noticias/materias/2022/02/23/criada-comissao-de-juristas-para-reformar-os-processos-administrativo-e-tributario>. Acesso em: 12/04/2022.

23.
DA TRANSAÇÃO TRIBUTÁRIA: A REFORMA QUE ACONTECEU

TARSILA RIBEIRO MARQUES FERNANDES

Introdução

A cada governo que se inicia, renovam-se as esperanças e os discursos em favor de uma maior racionalização e simplificação do sistema tributário nacional. A última alteração presidencial, cujo viés libertário foi especialmente propagado, trouxe expectativas concretas de que uma ampla reforma tributária seria finalmente realizada no Brasil.

Não se pode ignorar que propostas de reforma tributária não faltaram, tanto amplas e estruturais, como as previstas nas Propostas de Emenda Constitucionais 45/2019 e 110/2019, quanto reformas pontuais, tais quais as previstas nos Projetos de Leis 3.887/2020 e 2.337/2021. Despiciendo afirmar que tais sugestões ainda se encontram em discussão no Congresso Nacional. Em ano eleitoral, restam poucas esperanças de que alguma dessas propostas será efetivamente aprovada.

O presente estudo, contudo, não pretende se concentrar em eventual fracasso de uma reforma tributária que não teria acontecido. Ao revés, pretende-se enaltecer uma mudança de extrema relevância e impacto no sistema tributário nacional, qual seja, a tão esperada regulamentação e implementação da transação tributária federal.

Defende-se, assim, que a edição da Lei 13.988, de 14 de abril de 2020, representou uma verdadeira reforma no sistema tributário brasileiro, tanto do ponto de vista de mentalidade e relacionamento entre contribuinte e Fisco, quanto em termos de resultados práticos alcançados.

1. Da instituição da transação tributária no âmbito federal

Foram mais de cinquenta anos de espera até que a Medida Provisória 899, de 16 de junho de 2019, a qual foi convertida na Lei 13.988/2020, fosse editada para regulamentar o instituto da transação tributária no âmbito federal. Prevista como forma de extinção do crédito tributário no artigo 171 do Código Tributário Nacional (CTN), a transação tributária dependia de regulamentação legal para ter eficácia.

A demora na regulamentação da transação tributária pode ser atribuída principalmente a velhos paradigmas que permeavam a atividade de cobrança tributária. Isso porque havia um verdadeiro dogma a respeito da indisponibilidade do interesse público, o qual acabava por engessar a atividade de cobrança, além de colocá-la em um ciclo vicioso de ineficiência.

Nesse contexto, parte da doutrina afastava, desde logo, a possibilidade de aplicação da transação no direito tributário, ao argumento da impossibilidade de dispor do interesse público, além da existência do princípio da legalidade estrita e da tipicidade fechada. Para essa corrente doutrinária,[1] o fato de o lançamento e a consequente cobrança do tributo serem realizados de forma plenamente vinculada e obrigatória impediria a aceitação do instituto no âmbito tributário. Chegava-se, então, ao extremo de que o interesse público não poderia ter seus contornos e limites estabelecidos nem mesmo por lei.

Em sentido oposto, outra parte da doutrina defendia que a instituição de um modelo geral de transação tributária iria ao encontro do princípio da eficiência administrativa, estando em consonância com o interesse público.[2]

[1] Filiados a esse entendimento, é possível citar os seguintes autores: JARDIM, Eduardo Marcial Ferreira. In: MARTINS, Ives Gandra da Silva (Coord). **Comentários ao código tributário nacional**. 5. ed. São Paulo: Saraiva, 2008. v. 2 (arts. 96 a 218), p. 449-452. ÁLVARES, Manoel. **Comentários aos artigos 165 a 174**. In: FREITAS, Vladimir Passos de (Coord.). Código Tributário Nacional – comentado. São Paulo: Revista dos Tribunais, 1999. p. 654.

[2] Filiados a esse entendimento, confira-se: MORAES, Bernardo Ribeiro. Compêndio de direito tributário. Rio de Janeiro: Forense, 1994. v. 2, p. 457. BATISTA JÚNIOR, Onofre Alves. Transações administrativas. São Paulo: Quartier Latin, 2007. p. 418-434. GUIMARÃES, Vasco Branco. Transação e arbitragem no âmbito tributário. Belo Horizonte: Fórum, 2008. p. 36-38. TORRES, Ricardo Lobo. Transação, conciliação e processo tributário

Aliada a essas vozes doutrinárias que serviram para quebrar velhos dogmas, fato é que a realidade da ineficiência dos meios tradicionais de cobrança se impôs. Isso porque o procedimento clássico de recuperação de créditos públicos é um procedimento conflituoso, que alia a complexidade tributária do sistema brasileiro à ausência de mecanismos efetivos de negociação. Tem-se, assim, um sistema que gera litígio e que não tem capacidade de resolvê-los. Afinal, a solução posta à disposição do contribuinte é o pagamento ou o parcelamento do débito. Na prática, contudo, a solução era a postergação dessa dívida. A Fazenda Pública, da mesma forma, não possuía liberdade para oferecer alternativas outras ao administrado.

O resultado dessa cultura de desconfiança mútua e de litígio é um sistema quase falido de cobrança, uma vez não se conseguia alcançar a recuperação do crédito público de maneira efetiva, nem na fase administrativa nem na judicial. A esse respeito, os números são impressionantes. Existem cerca de 2,4 trilhões de créditos inscritos em dívida ativa da União,[3] além de 600 bilhões que são objeto de discussão no Conselho Administrativo de Recursos Fiscais (CARF).[4]

No âmbito judicial, a situação ainda é mais dramática. A maior taxa de congestionamento nos tribunais é em relação às execuções fiscais, chegando a 93% na justiça federal.[5]

administrativo equitativo. In: SARAIVA FILHO, Oswaldo Othon de Pontes; GUIMARÃES, Vasco Branco, Transação e arbitragem no âmbito tributário, p. 89-110; TORRES, Heleno Taveira. Princípios da segurança jurídica e transação em matéria tributária. Os limites da revisão administrativa dos acordos tributários. In: SARAIVA FILHO, Oswaldo Othon de Pontes; GUIMARÃES, Vasco Branco. Op. cit., Belo Horizonte: Fórum, 2008, p. 300;. GODOY, Arnaldo Sampaio de Moraes. Transação Tributária: introdução à justiça fiscal consensual. Belo Horizonte: Fórum, 2010. p. 41-76.

3 PGFN em números 2020. Disponível em: https://www.gov.br/pgfn/pt-br/acesso-a--informacao/institucional/pgfn-em-numeros-2014/pgfn-em-numeros-2020/view. Acesso em: 29 set. 2020.

4 Exposição de Motivos nº 268/2019 ME AGU. Disponível em: https://www2.camara.leg.br/legin/fed/medpro/2019/medidaprovisoria-899-16-outubro-2019-789266-exposicaodemotivos-159254-pe.html. Acesso em: 29 set. 2020.

5 CONSELHO NACIONAL DE JUSTIÇA. Justiça em Números 2020: ano-base 2019. Brasília: CNJ, 2020, p. 156.

Mesmo no período de normalidade, e até de abundância econômica, pode-se afirmar que os tradicionais meios de cobrança e recuperação dos créditos públicos eram ineficientes, custosos e morosos. Isso porque a primazia do processo de execução fiscal como meio de cobrança não cumpria o seu principal objetivo, qual seja, a satisfação do crédito público, com o menor sacrifício do devedor. A situação de excepcionalidade e de necessidade de respostas rápidas em decorrência de uma pandemia, contudo, exigiram soluções flexíveis a ponto de serem adaptáveis à nova realidade.

A esse respeito, o professor Leonard Susskind nos alerta que "precisamos de uma geração de advogados capazes de desenhar, desenvolver, entregar e manter os sistemas que substituirão as velhas formas de trabalhar. Precisamos de uma geração de engenheiros legais."[6]

É nesse contexto que a transação tributária foi editada, indo ao encontro de inúmeras medidas que vinham sendo adotadas nos últimos anos pela Fazenda Pública no sentindo de modernizar a sua forma de cobrança e, sobretudo, de permitir uma maior aproximação entre administração e administrado, na busca da melhor solução para ambos.

2. Aspectos gerais da transação tributária federal

De início, deve-se registrar que, apesar de ter tido origem na MP 899/2019, a edição final da Lei 13.988/2020 contou com uma relevante participação do Congresso Nacional, eis que foi objeto de mais de 220 emendas no Congresso. A transação tributária, portanto, viabilizou um salutar diálogo entre o Poder Executivo e Legislativo.

Conforme reconhecido na própria exposição de motivos da MP 899/2019, o modelo de transação instituído no Brasil se inspirou nas ofertas de compromisso do direito norte-americano[7], a qual se encontra prevista § 7.122 do *Internal Revenue Code.*

[6] SUSSKIND, Daniel. The End of Lawyers? Rethinking the Nature of Legal Services. Oxford University Press, 2010.

[7] Para entender melhor o modelo de transação tributária no direito norte-americano, confira-se: FERNANDES, Tarsila Ribeiro Marques. **Transação tributária: o direito brasileiro e a eficácia da recuperação do crédito público à luz do modelo norte-americano.** Curitiba: Juruá, 2014.

Quanto ao seu âmbito de aplicação, cabe pontuar que a Lei 13.988/2020 se aplica não apenas aos créditos administrados pela Receita Federal do Brasil (RFB) e Procuradoria-Geral da Fazenda Nacional (PGFN), mas também aos créditos administrados pela Procuradoria-Geral Federal (PGF) e pela Procuradoria-Geral da União (PGU). Ademais, abarca tanto os créditos tributários quanto os créditos não-tributários.

A Lei 13.988/2020 veda a realização de transação tributária em algumas situações. Nesse sentido, o art. 5º da referida lei não permite a transação em relação às multas de natureza penal. Em sendo assim, nenhuma multa de natureza penal – não apenas as previstas no Código Penal – pode ser objeto de concessões recíprocas para terminar o litígio.

É igualmente vedada a realização de transação com devedores considerados contumazes, a serem definidos em lei específica. Com essa última proibição, a legislação deixa bem claro que busca o acordo com aqueles devedores circunstanciais, que estão momentaneamente em dificuldades financeiras, mas não com aqueles que fazem do não pagamento de tributos um modelo de negócio. Com isso, pretende-se romper claramente com o círculo vicioso dos programas de "parcelamento" extraordinário, os famosos "Refis' que beneficiavam igualmente os bons e os maus devedores. Não há ainda, contudo, definição em lei do que são devedores contumazes.

Como forma de ampliar a divulgação e o controle social, a lei determina que todos os termos de transação celebrados devem ser divulgados em meio eletrônico, ressalvados os aspectos sigilosos. Além de concretizar o princípio da publicidade e da transparência, a divulgação em meio eletrônico tem a grande utilidade de orientar os devedores que pretendem transacionar com a Administração Pública, no sentindo de dar conhecimento do que se tem sido até então aceito como parâmetros para concessões recíprocas.

A fim de melhor sistematizar a transação tributária no âmbito federal, a Lei 13.988/2020 previu três grandes modalidades de transação, quais sejam: a) Transação na cobrança de créditos inscritos na Dívida Ativa da União, de suas autarquias e fundações públicas, ou na cobrança de créditos que seja competência da PGU; b) Transação no contencioso tributário de relevante e disseminada controvérsia jurídica; c) Transação no contencioso tributário de pequeno valor.

Esses três tipos são modelos abertos de transação, os quais devem ser adaptados de acordo com as situações postas. Em relação ao primeiro tipo, a transação pode ocorrer tanto por adesão quanto por proposta individual, enquanto os dois últimos tipos de transação só podem ocorrer por meio de adesão. Em sendo assim, a Fazenda Pública fará publicar um edital com as condições previamente postas, cabendo ao contribuinte aderir ou não à proposta.

A transação na cobrança de créditos inscritos na dívida ativa da União e do FGTS possui um caráter mais arrecadatório, uma vez que o foco se encontra na concessão de descontos em créditos já definitivamente constituídos, líquidos e certos. A concessão de qualquer desconto, contudo, é permitida apenas em relação aos créditos classificados como irrecuperáveis ou de difícil recuperação. Assim, aquele devedor que, teoricamente, possui condições de arcar com o pagamento do tributo não terá direito à redução dos valores devidos. O objetivo, nesse ponto, é evitar o que acontecia na prática anterior de edição de parcelamentos extraordinários com consideráveis descontos concedidos de forma indiscriminada. A esse respeito, são esclarecedoras as lições de Rogério Campos:

> O modelo horizontal de REFIS ao conceder benefícios uniformes a todo e qualquer contribuinte, o que viola a isonomia sob a perspectiva de não atribuir tratamento desigual aos desiguais, beneficia contribuintes que deles não necessitam, seja porque não afetados pela crise ou dela beneficiados, bem como atende aos sonegadores e devedores contumazes, os primeiros incluídos na transação, mas vedada a concessão de desconto, e os últimos efetivamente excluídos dessa seara. Exatamente por esse motivo, diferentemente da transação, materializa renúncia de receitas públicas relevantes, em cenário fiscal delicado, onde se consumará o pior resultado primário da história.[8]

Além da concessão dos descontos nas multas, juros de mora, encargos legais, e do oferecimento de prazos e formas especiais de pagamento, a

[8] CAMPOS, Rogério. Transação tributária: análise da agenda no ciclo de política pública. Dissertação (mestrado MPPG) – Fundação Getúlio Vargas, Escola de Políticas Públicas e Governo, 2021, p. 16-17.

transação na cobrança de créditos inscritos na dívida ativa da União e do FGTS permite ainda a substituição ou a alienação de garantias e de constrições. A legislação, assim, ampliou o horizonte de possibilidades para transacionar, além dos tradicionais benefícios do desconto e do parcelamento.

De seu turno, a transação no contencioso tributário de relevante e disseminada controvérsia jurídica trata dos conflitos que são característicos da complexidade do sistema tributário brasileiro. Nesse sentido, além das normas tributárias brasileiras não serem de fácil aplicação, ainda há uma cultura de litígio muito forte, tanto nos contribuintes quanto na administração tributária. Em sendo assim, as demandas tributárias tendem a se prolongarem no tempo, eis que a discussão normalmente se inicia no contencioso administrativo e não raras vezes só termina no Supremo Tribunal Federal. Dessa forma, a existência de uma espécie de transação com foco nesse contencioso é de grande valia para redução dos litígios tributários.

A primeira tese escolhida pela Fazenda Nacional para esse tipo de transação foi referente ao pagamento de Participação nos Lucros e Resultados a empregados e diretores sem a incidência das contribuições previdenciárias, por descumprimento da Lei n. 10.101/2000, tendo sido publicado o Edital n. 11/2021 do Ministério da Economia, regulamentando essa espécie de transação.

Recentemente, por meio do Edital RFB/PGFN nº 9, de 3 de maio de 2022, foi publicada a segunda tese de transação no contencioso tributário de relevante e disseminada controvérsia jurídica, a qual trata da amortização fiscal de ágio decorrente de aquisição de participações societárias.

A terceira modalidade de transação é a do contencioso tributário de pequeno valor, a qual possui a mesma lógica aplicada aos Juizados Especiais Federais, isto é, grande volume de processos e baixos valores discutidos. Tal como a transação do contencioso tributário de relevante e disseminada controvérsia jurídica, a transação do contencioso tributário de pequeno valor tem grande potencial de redução de litígios de massa. O artigo 24 da Lei n. 13.988/2020 considera contencioso tributário de pequeno valor aquele que não supere sessenta salários mínimos e que tenha como sujeito passivo pessoa natural, microempresa ou empresa de pequeno porte.

Essas três modalidades de transações tributárias previstas na Lei 13.988/2020 podem ser classificadas como as transações regulares, que serão aplicadas de forma perene e em situações de normalidade econômica.

Contudo, há ainda outras espécies de transações que são regulamentadas por meio de portarias da PGFN e que foram criadas para lidar com o momento delicado de pandemia que a economia brasileira está enfrentando. A esse respeito, tem-se a transação extraordinária, a qual foi disciplina por meio da Portaria PGFN 9.924, de 14 de abril de 2020; a transação excepcional, também conhecida como transação da retomada, a qual se encontra disciplinada pela Portaria PGFN 14.402, de 16 de junho de 2020 e o Programa Emergencial de Retomada do Setor de Eventos (Perse). A rigor, essas últimas modalidades de transação são subespécies da transação na cobrança de créditos inscritos em dívida ativa da União.

Diante do exposto, percebe-se que a Lei 13.988/2020 é flexível ao ponto de permitir a edição de novas subespécies de transação, a fim de abarcar situações transitórias e excepcionais, as quais não poderiam ter sido previstas quando da edição da lei federal.

Ademais, a escolha de novas teses jurídicas para transação do contencioso igualmente permite uma entrada de fluxo de caixa nos momentos em que se fizerem necessários. Vale dizer, diante de uma baixa arrecadação ou de uma necessidade de aumento de arrecadação para fazer frente a uma despesa excepcional, o Governo pode escolher uma tese jurídica controversa e lançar mão de um edital de transação a fim de conseguir os recursos financeiros almejados.

Tem-se, assim, a possibilidade de conferir uma resposta rápida e excepcional a eventual momento econômico de dificuldade que o Governo ou os contribuintes estejam enfrentando.

3. Dos resultados alçançados pela transação tributária no âmbito federal

Apesar de estar em vigor há relativamente pouco tempo, a transação tributária tem representado uma mudança de paradigmas não apenas no que se refere a uma modificação da cultura do litígio para cultura da negociação. Isso porque, para além do aspecto da mudança de mentalidade, os resultados trazidos pela transação federal são animadores também do ponto de vista do incremento da arrecadação.

A esse respeito, a PGFN alcançou um recorde de arrecadação no ano de 2021, tendo ingressado aos cofres públicos R$ 31,7 bilhões inscritos em dívida ativa, valor que superou em quase 30% o que foi alcançado no ano anterior. E a transação tributária possui especial influência nesse incremento da arrecadação, eis que foi responsável pelo efetivo ingresso de R$ 6,4 bilhões dos valores inscritos em dívida ativa, o que representa 20% do total arrecadado pela PGFN. Nas palavras da própria PGFN, a transação tributária "explica o crescimento expressivo da arrecadação no ano passado."[9]

De maneira mais detalhada, e em comparação com o ano de 2020, constata-se que a transação tributária teve um aumento exponencial em todas as regiões do país, o que demonstra a confiança do modelo instituído pela Lei 13.988/2020. Confira-se:[10]

Ano da Arrecadação	2020	2021	Variação Percentual 2020 - 2021
Região PGFN Responsável pelo Parcelamento SISPAR	SISPAR - Valor Arrecadado Total	SISPAR - Valor Arrecadado Total	
Não Informado	3.646.264,58	3.393.483,72	-6,93%
1ª Região	499.157.314,09	1.632.854.071,91	227,12%
2ª Região	159.428.604,65	595.433.609,99	273,48%
3ª Região	589.207.401,95	2.387.490.797,42	305,20%
4ª Região	353.552.489,56	1.241.145.251,59	251,05%
5ª Região	149.836.322,90	530.983.502,86	254,38%
Total	**1.754.828.397,73**	**6.391.300.717,49**	**264,21%**

[9] Disponível em: https://www.gov.br/pgfn/pt-br/assuntos/noticias/2022/pgfn-alcanca-r-31-7-bilhoes-em-valor-arrecadado-em-2021, acesso em 12.05.2022.

[10] Disponível em: https://www.gov.br/pgfn/pt-br/assuntos/divida-ativa-da-uniao/estudos-sobre-a-dau/boletim-de-acompanhamento-gerencial-da-divida-ativa-da-uniao-e-do-fgts-edicao-anual-2021.pdf, acesso em 12.05.2022.

Em relação ao ano de 2021, a transação representou 88% do total de acordos realizados pela PGFN, enquanto que o parcelamento tradicional foi de 7% e os demais parcelamentos apenas 5%.[11]

Ademais, de acordo com a Nota Conjunta SEI nº 2/2021/PGDAU-CGR/PGDAU/PGFN-ME, [12] que analisa os resultados alcançados pelas modalidades de transação da dívida ativa da União e da transação do contencioso de pequeno valor, a transação superou a marca de R$100 bilhões de reais em créditos inscritos em dívida ativa da União regularizados, até o início de junho de 2021. Esse total está dividido em cerca de 343.575 acordos, os quais envolvem 999.668 inscrições em dívida ativa da União.

Tais números levaram a PGFN a concluir que transação tributária é a *"única política pública capaz de, com efetivo respeito aos princípios da Igualdade, da Justiça e da Livre Concorrência, permitir a regularização dos créditos com descontos de maneira equânime e coerente com a efetiva situação econômica do contribuinte (ao revés do que faziam os programas de regularização tributária até então instituídos)".*[13]

Esses expressivos resultados levaram com que, quando da publicação da pesquisa "Diagnóstico do Contencioso Judicial Tributário Brasileiro", fosse recomendado aos Poderes Executivo, Judiciário e Legislativo que os demais entes federativos, tanto no âmbito estadual quanto municipal, igualmente implementassem a transação tributária em seus respectivos domínios.[14] Deve-se esclarecer, contudo, que alguns estados e municípios já haviam implementado a transação tributária localmente, sendo o caso do município de Blumenau conhecido como uma experiência de sucesso, tendo sido, inclusive, vencedor da Categoria Juiz do Prêmio Innovare, em sua 17ª Edição.[15] A constatação, contudo, foi no sentido de que as iniciativas até então implementadas eram, regra geral, pontuais,

[11] *Ibidem.*

[12] Disponível em: https://www.gov.br/pgfn/pt-br/assuntos/divida-ativa-da-uniao/estudos-sobre-a-dau/sei_me-17016922-nota-conjunta.pdf, acesso em 12.05.2022.

[13] *Ibidem.*

[14] Conselho Nacional de Justiça. *Diagnóstico do contencioso judicial tributário brasileiro: relatório final de pesquisa.* Instituto de Ensino e Pesquisa. Brasília: CNJ, 2022, p. 299-302.

[15] Disponível em: https://www.premioinnovare.com.br/noticias/transacao-tributaria-desafoga-vara-de-execucoes-fiscais-de-blumenau/43, acesso em 13.05.2022.

razão pela qual a recomendação de implementação de um modelo de transação mais amplo se fez necessário.

Os dados demonstram, portanto, a consolidação da transação tributária como instrumento efetivo também sob o ponto de vista de aumento da eficiência e arrecadação tributária.

Considerações finais

Conforme apresentado no presente artigo, a implementação da transação tributária no âmbito federal representa uma verdadeira reforma tributária, tanto no sentido de mudança de mentalidade, quanto de aumento de arrecadação sem necessidade de aumentar tributos.

Isso porque, apesar de ter sido apenas recentemente implementada, por meio da Lei 13.988/2020, a transação tributária tem representado uma quebra de paradigmas culturais, comportamentais e arrecadatórios. A transação tributária mostrou que a consensualidade em matéria tributária é viável, sendo possível que Fisco e contribuinte dialoguem de forma a alcançar um acordo bom para os dois lados.

É certo que muito se pode ainda avançar, sobretudo no que se refere à ampliação da liberdade para transacionar entre contribuinte e administração tributária, tendo em vista que as hipóteses de transação individual são bastante restritas, e que a regra é a transação por adesão.

De qualquer maneira, a avaliação sobre a implementação de um modelo de transação tributária no âmbito federal é bastante positiva. Trata-se, por um lado, de um instituto perene, que permite a negociação contínua com os contribuintes e, por outro, de mecanismo adaptável a ponto de viabilizar uma resposta rápida a eventual momento de crise que demande alternativas flexíveis e condizentes com a realidade enfrentada.

24.
PROPOSIÇÕES PARA UMA REFORMA TRIBUTÁRIA EFETIVA

DANIEL CORRÊA SZELBRACIKOWSKI

Introdução

Esta obra nasceu da "Jornada de debates sobre as reformas tributárias", realizada pelo IDP, no curso do desafiante ano de 2020, no âmbito do grupo de estudos "Democracia e Instituições: Crises e Desafios". Foi grande a satisfação de coordenar o projeto ao lado dos Drs. Laís Porto, Tarsila Fernandes e Rafael Fonseca, profissionais aquilatados, competentes e dedicados, tudo sob o incentivo do nosso sempre Professor, Ministro Gilmar Mendes, e coordenação geral dos Drs. Ney Bello e Rodrigo Mudrovitsch. Este último, além de amigo e constitucionalista que dispensa apresentações, foi quem, em conversa despretensiosa, nos instigou a realizar um painel de debates em torno do tema que, ao final, transformou-se em "Jornada" e, agora, em livro.

Por mais de três meses, nossos encontros semanais renderam profícuas reflexões em torno dos modelos de tributação existentes, do que efetivamente precisa ser modificado em nosso "sistema" e do que é preciso manter em prol dos direitos e garantias dos cidadãos-contribuintes e da necessidade de arrecadação do Estado Fiscal. Embora as PECs 45 e 110 e o projeto da CBS (contribuição sobre bens e serviços) tenham pautado os debates em 2020, o ano de 2021 trouxe consigo interessante guinada dialética. Com a modificação nas Presidências das casas legislativas, arrefeceram os debates em torno dos projetos anteriores – que miram, essencialmente, a tributação sobre o consumo – e surgiram interessantes reflexões sobre a reforma do imposto de renda das empresas e das pessoas físicas a partir do envio de proposta do Governo a esse respeito ao Congresso.

Sempre defendi a necessidade de uma reforma tributária que não mirasse, exclusivamente, tributos sobre consumo[1]. Não há dúvida de que o modelo de tributação sobre o consumo precisa ser aperfeiçoado. Porém, dado que uma reforma tributária supõe a formação – ou o resgate – de um sistema tributário racional e não meramente histórico, sua reinvenção supõe tratar de todas as partes relevantes desse mesmo sistema. Mal comparando, um paciente que chega ao hospital com politraumatismo precisa ser tratado por inteiro em todos os seus traumas, não bastando que a equipe médica cuide, apenas, de sanar um membro ou órgão desse mesmo paciente. Daí que, embora a proposta do Governo para reformar o imposto de renda contenha graves problemas, ela nos instiga a discutir, por inteiro, a reforma do sistema. As próximas linhas serão dedicadas a isso. O assunto é vasto e complexo, razão por que não se pretenderá esgotar os temas e sim apontar questões pretensamente relevantes para o debate público.

1. Sistemas racionais *versus* históricos

Tenho defendido[2], na esteira da doutrina de Hamilton Dias de Souza[3], que sistemas, em geral, são conjuntos de elementos interdependentes e coordenados entre si a partir de princípios que os fazem funcionar de modo orgânico, como totalidade constituída para atender a certas finali-

[1] Szelbracikowski, Daniel Corrêa. *Novas Tecnologias e a Necessidade de Reforma Tributária.* In: Tributação 4.0, coord. Afonso, José Roberto e Santana, Hadassah Laís. São Paulo: Editora Almedina, 2020.

[2] Szelbracikowski, Daniel Corrêa. *O que caracteriza uma reforma tributária? Somente um sistema tributário racional e não meramente histórico poderá receber a chancela de reforma tributária.* Jota. 19 ago. 2020. Disponível em: https://www.jota.info/opiniao-e-analise/artigos/o-que--caracteriza-uma-reforma-tributaria-19082020. Acesso em: 06 maio 2022.

[3] Souza, Hamilton Dias de. *Reforma do IR: entre mitos e contradições.* Revista Consultor Jurídico. 10 ago. 2021. Disponível em: https://www.conjur.com.br/2021-ago-10/hamilton--souza-reforma-ir-entre-mitos-contradicoes. Acesso em: 06 maio 2022.

dades[4-5-6]. Qualquer reforma dialógica deve buscar a organização de um sistema tributário. Sistema supõe, pois, um conjunto ordenado de elementos no qual todas as partes interajam entre si e apontem para os mesmos objetivos. Não se trata de amontoado ou justaposição de tributos. Um sistema tributário segrega, rigidamente, as competências impositivas do Estado a partir de espécies tributárias distintas entre si que, por tal razão, não são (não poderiam ser) intercambiáveis. Trata-se de uma interação com o gasto público. O sistema dotado de boa dose de rigidez na discriminação das competências e das espécies tributárias força o Estado a não aumentar as despesas de forma recorrente, uma tendência de todo Governo. Além disso, um sistema deve ter objetivos claros e suas normas devem seguir essas mesmas finalidades.

Os sistemas tributários podem ser classificados de acordo com seu nível de coesão. Sistemas racionais são aqueles dotados de lógica inaugural e princípios unificadores definidos, vinculantes tanto para sua aplicação quanto para eventuais reformas a que sejam submetidos. Já os históricos são aqueles compostos de normas editadas ao longo de anos, sem a observância de elementos de conexão[7]. Sob a ótica constitucional, os sistemas tributários classificam-se por sua plasticidade e grau de abstração, podendo ser rígidos ou flexíveis/exaustivos ou principiológicos[8].

No Brasil, a Constituição de 1988 (CF/88) abandonou o modelo impositivo então existente e criou algo novo, dotado de racionalidade inaugural informada pela preocupação com garantias em favor do contribuinte, de sorte a não ser regressivo, respeitar a capacidade contributiva, a isonomia, a legalidade, a segurança jurídica e fomentar o desenvolvimento nacional e a diminuição da pobreza e das disparidades sociais e regionais

[4] Kant, Immanuel. *Crítica da Razão Pura*. 8ª ed., tradução de Manuela Pinto dos Santos e Alexandre Fradique Morujão, Lisboa: Fundação Calouste Gulbenkian, 2013. Ver, em detalhe, Capítulo III.

[5] Wolff, Christian. *Pensamientos racionales acerca de Dios, el mundo y el alma del hombre, así como sobre todas las cosas em general*, tradução para o espanhol de Agustín Gonzáles Ruiz, Madrid: Ediciones Akal, 2000, pp. 90 e ss.

[6] Bertalanffy, L. V. *Teoria Geral dos Sistemas*. Petrópolis: Vozes, 1977. p. 351.

[7] Ataliba, Geraldo. Sistema constitucional tributário brasileiro. Revista dos Tribunais, 1968, pp. 68 e ss.

[8] Idem.

(art. 3º da CF). Além disso, distribuiu as competências tributárias em busca de um equilíbrio fiscal entre os entes federados. A rigidez na discriminação das competências e das espécies tributárias, a impedir fossem estas intercambiáveis, era essencial para evitar que o Estado aumentasse suas despesas ilimitadamente. Portanto, o sistema foi concebido para ser racional (não histórico), rígido e exaustivo, limitando alterações apenas ao necessário para assegurar o funcionamento do todo.

Porém, desde a Constituição de 1988 o conjunto tributário deixou de ostentar os atributos de um sistema, revelando, hoje, um emaranhado não harmônico de normas tributárias. Pouco a pouco, com a aquiescência da jurisprudência do STF, a União Federal abusou da edição de medidas provisórias em matéria tributária e da criação de contribuições sociais que eram verdadeiros impostos. O mesmo se deu com as taxas. Também com a permissão de alguns Tribunais, a União passou a chamar de renda aquilo que definitivamente não o é (a exemplo da tributação do mero saldo positivo de equivalência patrimonial das empresas controladas e coligadas no exterior) e a editar leis com delegações em branco ao executivo. No caso dos Estados, o subsistema do ICMS implodiu em função, por exemplo, do aumento de sua complexidade, da guerra fiscal e da erosão de sua base econômica[9]. Até mesmo o ISS passou a ostentar características de um "não-sistema" a partir do aumento da guerra fiscal entre os Municípios, da indefinição de fatos geradores confrontantes com o ICMS (a exemplo das chamadas utilidades digitais) e de alterações no Município competente para a cobrança do imposto sobre determinadas atividades (prestador *versus* tomador).

O sistema gestado em 1988 era racional e rígido, mas se tornou histórico e flexível, modificável ao sabor dos humores políticos e das necessidades arrecadatórias do Estado, sem qualquer compromisso com as garantias fundamentais do contribuinte, tampouco com o princípio federativo. Há, hoje, uma desordem enorme causada por interesses meramente arrecadatórios. O resultado disso é, por exemplo, a tributação da

[9] Afonso, José Roberto R.; LUKIC, Melina Rocha; Castro, Kleber Pacheco de. *ICMS: crise federativa e obsolescência*. São Paulo: Revista DireitoGV, 2018. Vol. 14, nº. 3, pp. 990/991.

energia elétrica em mais de 40%[10], onerando diretamente o consumo de algo absolutamente essencial a cidadãos e empresas, fator que seguramente influenciou a decisão do STF de vedar a imposição de alíquotas mais altas de ICMS sobre energia e telecomunicações[11].

O quadro não deixa dúvida quanto à necessidade de uma reforma tributária para formar – ou resgatar – um sistema tributário racional e não meramente histórico. Nesse contexto, é preciso refletir sobre os projetos em trâmite no Congresso, de sorte a verificar se cuidam de reformas racionais ou meramente históricas.

2. As principais propostas sobre a mesa e suas idiossincrasias: PECS 45/19, 110/19 e PLs 3.887/20 e 2337/21

As PECs 45/2019 e 110/19 contêm previsão de unificação de ISS, ICMS, IPI e outros tributos que gravam o consumo (PIS e COFINS) sob a forma de um IVA Nacional, não-cumulativo, incidente sobre todo e qualquer processo de agregação econômica de valor. Alega-se que a criação de um IVA Nacional desse jaez, com receita partilhada entre todos os entes da federação[12], contribuiria para alcançar todos os fatos econômicos relevantes para a sociedade contemporânea, aumentaria a eficiência da arrecada-

[10] Bittencourt, Rafael. *Conta de luz no país tem 4ª maior carga tributária do mundo.* Valor Econômico. Brasília, 05 dez. 2018. Disponível em: https://valor.globo.com/brasil/noticia/2018/12/05/conta-de-luz-no-pais-tem-4a-maior-carga-tributaria.ghtml. Acesso em: 06 maio 2022.

[11] STF, RE 714.136, Rel. Min. Marco Aurélio, J. 18/12/2021, Red. p/ acórdão Ministro Dias Toffoli.

[12] Afonso assenta que "Caberia à União legislar e aos Estados cobrar, arrecadar e fiscalizar o novo imposto, cuja receita, a depender do conjunto de tributos que realmente forem a ele incorporados, teria um peso federal quase tão elevado quanto o estadual. (...) O IVA permitiria aos governos estaduais compartilhar a aplicação do imposto mais amplo da economia no lugar do ICMS, obviamente a depender da correta fixação da proporção que caberia a cada um dos dois níveis de governo da receita do novo imposto e, ainda, o critério para dividir a cota estadual entre cada uma das 27 unidades federadas." (Afonso, José Roberto. ICMS: diagnóstico e perspectivas. In: Rezende, Fernando (Org.). O federalismo brasileiro em seu labirinto: crise e necessidade de reformas. Rio de Janeiro: FGV, 2013, pp. 36/37). Vide também: Dornelles, Dornelles; Afonso, José Roberto. *Desenvolvimento exige um novo sistema tributário.* Rio de Janeiro: Revista Brasileira de Comércio Exterior nº 102, FUNCEX, Janeiro-Março 2010, pp. 8-18.

ção e, ao mesmo tempo, simplificaria o sistema mediante a eliminação de vários tributos por alguns poucos.

A PEC 45/19 prevê a instituição do chamado Imposto sobre Bens e Serviços (IBS) por lei complementar federal, ao lado de um Imposto Seletivo (IS) incidente sobre fatos geradores de "externalidades negativas". O IBS substituiria o IPI, COFINS, PIS (Federais), ICMS (Estadual) e ISS (Municipal) e teria alíquota única para todos os bens e serviços existentes, sem exceção, com vedação expressa à concessão de incentivos fiscais. Os Estados e Municípios teriam competência para modificar as suas próprias alíquotas que, no entanto, continuariam uniformes para todos os fatos geradores. Haveria um Comitê Gestor para gerir o tributo nos termos do disposto em lei complementar.

A PEC 110/19, por sua vez, prevê a criação de um IBS estadual, por lei complementar, para substituir os mesmos tributos substituídos pelo IBS da PEC 45/19, além do IOF, da CIDE-Combustíveis e Salários Educação (todos Federais). Nesta proposta, há previsão para isenção sobre itens básicos, tais como medicamentos e alimentos, e destinação de parte de sua arrecadação para a seguridade social. Sua gestão ficaria a cargo de um comitê formado apenas por Estados. Ao lado do IBS, essa proposta também prevê um imposto seletivo sobre utilidades específicas (*blue chips*), tais como energia, bebidas, fumo, telecomunicações, etc.

A proposta da CBS, apresentada pelo Governo, trata de mera unificação de duas contribuições sociais, o PIS e a COFINS.

Essas três propostas parecem insuficientes para gerar efetiva reforma do sistema tributário.

De início, percebe-se que o imposto previsto pelas propostas de emenda à Constituição não é denominado imposto sobre valor agregado – IVA e sim imposto sobre bens e serviços – IBS. Sem a pretensão de reduzir o debate à literalidade, o fato é que um imposto cuja denominação traz em si apenas as ideias de bens e serviços parece nascer ultrapassado no contexto do século XXI. As palavras são importantes e a necessidade de fixação de diretrizes seguras e, ao mesmo tempo, atuais a respeito dos fatos tributáveis revela haver, no mínimo, um problema de técnica legislativa.

Acresce que tanto a PEC 45 quanto o projeto de CBS miram apenas a tributação sobre o consumo, o que, consequentemente, ignora todo um universo tributário que, em qualquer reforma, precisaria ser equacionado, tais como os problemas crônicos enfrentados nas contribuições sociais, no imposto sobre produtos industrializados, no imposto de renda, na criação de taxas diversas, na indevida utilização de medidas provisórias em matéria tributária, dentre outros. Embora um pouco mais ampla do que a PEC 45 (por interferir com impostos sobre propriedade e sua transmissão), a PEC 110 também não pretende reformar aqueles itens.

Parece haver, ainda, problemas jurídicos relacionados à conformação do IBS – ou IVA – ao federalismo brasileiro e à capacidade contributiva.

A maioria da doutrina tributária tem sustentado que a unificação dos impostos estaduais, federais e municipais sobre consumo reduziria gravemente a autonomia financeira de Estados e Municípios, ignorando as disparidades regionais existentes em nossa extensa federação. Daí que, para essa corrente, liderada por Everardo Maciel[13], Hamilton Dias de Souza[14], Heleno Taveira Torres[15], Humberto Ávila[16], Ives Gandra da Silva

[13] Maciel, Everardo, *Não entre. É um livro de receitas*. Estadão, 4/7, B6, 2019.
—, *PEC 45, são muitos os que perdem*. Estadão, 2019.

[14] Souza, Hamilton Dias de. *Reforma tributária: a PEC 45/19 afronta o pacto federativo*. JOTA, 03 jul. 2019. Disponível em: https://www.jota.info/paywall?redirect_to=//www.jota.info/opiniao-e-analise/artigos/reforma-tributaria-a-pec-45-19-afronta-o-pacto-federativo-03072019. Acesso em 25/10/2019.
—. *Emenda substitutiva à PEC 293-A/2004 agride pacto federativo*. Revista Consultor Jurídico, 03 nov. .2018. Disponível em: https://www.conjur.com.br/2018-nov-03/dias-souza-substitutivo-pec-293-a2004-agride-pacto-federativo. Acesso em 28/10/2019.

[15] Torres, Heleno Taveira. *Reforma tributária infraconstitucional precisa avançar*. Revista Consultor Jurídico, 05 jun. 2019. Disponível em: https://www.conjur.com.br/2019-jun-05/consultor-tributario-reforma-tributaria-infraconstitucional-avancar. Acesso em 25/10/2019

[16] Ávila, Humberto; Carrazza, Roque Antonio; Harada, Kiyoshi; Maciel, Everardo, Martins, Ives Gandra da Silva, Souza, Hamilton Dias de. *Reforma tributária: onerar mais não é o caminho*. Jus, 30 jul. 2019. Disponível em: https://jus.com.br/artigos/75628/reforma-tributaria-onerar-mais-nao-e-o-caminho. Acesso em 25/10/2019. Também publicado em "O Estado de São Paulo" em 2 de julho de 2019, A2.

Martins[17], José Maria Arruda de Andrade[18], Kiyoshi Harada[19], Ricardo Lodi Ribeiro[20], Roque Carrazza[21] e Fernando Facury Scaff[22] , o tipo de proposta existente na PEC 45 encontraria óbice na cláusula pétrea do pacto federativo (art. 60, § 4º, I da CF). Afinal, o IBS seria um imposto do tipo federal (criado, regulado e julgado por órgãos federais) que impossibilitaria a realização de políticas tributárias próprias de cada um dos entes subnacionais. Por outro lado, corrente minoritária defendida por Eduardo Maneira e Luis Eduardo Maneira sustenta a constitucionalidade desses projetos à luz do pacto federativo, sob o fundamento de que "o importante é que os entes federados tenham autonomia financeira, e não, necessariamente, ampla competência tributária" [23]. Para eles, o sistema

[17] Ávila, Humberto; Carrazza, Roque Antonio; Harada, Kiyoshi; Maciel, Everardo, Martins, Ives Gandra da Silva, Souza, Hamilton Dias de. *Reforma tributária: onerar mais não é o caminho.* Jus, 30 jul. 2019. Disponível em: https://jus.com.br/artigos/75628/reforma-tributaria-onerar-mais-nao-e-o-caminho. Acesso em 25/10/2019. Também publicado em "O Estado de São Paulo" em 2 de julho de 2019. A2.

[18] Andrade, José Maria Arruda de. *Armadilhas retóricas da reforma tributária: entre o simples e o simplório.* Revista Consultor Jurídico, 09 jun. 2019. Disponível em: https://www.conjur.com.br/2019-jun-09/estado-economia-armadilhas-retoricas-reforma-tributaria-entre-simples-simplorio Acesso em 25/10/2019.

[19] Ávila, Humberto; Carrazza, Roque Antonio; Harada, Kiyoshi; Maciel, Everardo, Martins, Ives Gandra da Silva, Souza, Hamilton Dias de. *Reforma tributária: onerar mais não é o caminho.* Jus, 30 jul. 2019. Disponível em: https://jus.com.br/artigos/75628/reforma-tributaria-onerar-mais-nao-e-o-caminho. Acesso em 25/10/2019. Também publicado em "O Estado de São Paulo" em 2 de julho de 2019. A2.

[20] Ribeiro, Ricardo Lodi. *Reforma tributária simplifica, mas tem efeitos regressivos e centralizadores.* Revista Consultor Jurídico, 08 abr. 2019. Disponível em: https://www.conjur.com.br/2019-abr-08/ricardo-lodi-reforma-tributaria-simplifica-efeitos-regressivos. Acesso em 25/10/2019.

[21] Ávila, Humberto; Carrazza, Roque Antonio; Harada, Kiyoshi; Maciel, Everardo, Martins, Ives Gandra da Silva, Souza, Hamilton Dias de. *Reforma tributária: onerar mais não é o caminho.* Jus, 30 jul. 2019. Disponível em: https://jus.com.br/artigos/75628/reforma-tributaria-onerar-mais-nao-e-o-caminho. Acesso em 25/10/2019. Também publicado em "O Estado de São Paulo" em 2 de julho de 2019. A2.

[22] Scaff, Fernando Facury. *Reforma tributária, a cláusula pétrea do federalismo e o STF.* Revista Consultor Jurídico, 16 abr. 2019. Disponível em: https://www.conjur.com.br/2019-abr-16/contas-vista-reforma-tributaria-clausula-petrea-federalismo-stf. Acesso em 25/10/2019.

[23] Maneira, Eduardo; Maneira, Luis Eduardo. *PEC 45 coloca Brasil no rol de sistemas modernos de tributação.* Revista Consultor Jurídico, 30 jul. 2019. Disponível em: https://

atual já não garante autonomia para os entes subnacionais, visão também compartilhada por Virgínia Pillekamp, Fernanda Sá Freire Figlioulo e Marco Behrndt (que, por sua vez, contestam outros pontos das propostas de reforma tributária)[24]. Há, ainda, aqueles que, a exemplo de Sérgio André Rocha[25], entendem que a PEC 45, em abstrato, não afronta o pacto federativo, o que não afasta eventual inconstitucionalidade em concreto, sob esse mesmo parâmetro, a depender da regulação do imposto e funcionamento do Comitê Gestor.

Sem prejuízo dessa questão relacionada à possível ofensa ao pacto federativo, haveria, ainda, perplexidades relacionadas à previsão de alíquota única, tal como sugere a PEC 45/19.

A esse respeito, Humberto Ávila, Roque Antonio Carrazza e Hamilton Dias de Souza[26] demonstraram ser falaciosa a afirmação de que o padrão internacional é o de alíquotas únicas. Na realidade, de acordo com dados da OCDE, esse tipo de imposto agregado com mais de uma alíquota corresponde a 91% dos países pesquisados e, dentre os mais desenvolvidos, o percentual salta para 94%. A preocupação faz sentido, pois, de acordo com esses[27] e outros tributaristas[28], a existência de alíquota única – que grava de igual modo, por exemplo, os itens alimentícios da

www.conjur.com.br/2019-jul-30/opiniao-pec-45-coloca-pais-rol-sistemas-modernos-tributacao. Acesso em 25/10/2019.

24 Pillekamp, Virgínia; Figlioulo, Fernanda Sá Freire; BEHRNDT, Marco. *Reforma tributária: falta de autonomia e violação ao pacto federativo?* Revista Consultor Jurídico, 23 out. 2019. Disponível em: https://www.conjur.com.br/2019-out-23/opiniao-violacao-pacto-federativo-reforma-tributaria.Acesso em 25/10/2019.

25 Rocha, Sérgio André. *O imposto sobre bens e serviços proposto na reforma tributária da PEC 45*. Revista Consultor Jurídico, 13 set. 2019. Disponível em: https://www.conjur.com.br/2019-set-13/sergio-rocha-imposto-bens-servicos-pec-45. Acesso em 25/10/2019.

26 Ávila, Humberto Bergman; Carrazza, Roque Antônio; Souza, Hamilton Dias de. *A reforma tributária que o Brasil precisa – parte I*. Revista Consultor Jurídico, 08 nov. 2019. Disponível em: https://www.conjur.com.br/2019-nov-08/opiniao-reforma-tributaria-brasil-parte. Acesso em: 11/11/2019.

27 Idem.

28 Scaff, Fernando Facury. *Algumas sugestões para aprimorar a Reforma Constitucional Tributária*. Revista Consultor Jurídico, 07 out. 2019. Disponível em: https://www.conjur.com.br/2019-out-07/justica-tributaria-algumas-sugestoes-aprimorar-reforma-constitucional-tributaria. Acesso em: 25/10/2019.

cesta básica e os carros de luxo – acentua a regressividade de um sistema que já é notoriamente injusto, especialmente sobre itens e serviços básicos consumidos pela maior parte da população, tais como alimentação, habitação, transporte e saúde.

Realmente, no limite, a questão da alíquota única diz com a isonomia tributária, a capacidade contributiva e a justa distribuição da carga tributária entre as distintas classes sociais.

De acordo com Valcir Gassen, Pedro Júlio Sales D'Araújo e Francisco Gassen, as propostas, especialmente a PEC 45/19, mesmo com a previsão de devolução do tributo sobre o consumo suportado por famílias consideradas pobres, implicarão aumento no custo dos alimentos e alugueis com reflexos evidentes sobre a regressividade do sistema, levando-os à conclusão de que "se o objetivo é buscar capturar a riqueza das parcelas mais ricas, o ideal seria aprimorar a tributação sobre os típicos signos de riqueza dessa população – renda e patrimônio"[29].

No caso da proposta de CBS, as ideias de "reforma" e de "sistema" parecem (ainda) mais prejudicadas. Trata-se de mera unificação de duas contribuições sociais, o PIS e a COFINS. Embora acerte em alguns pontos, tais como excluir outros tributos de sua base de cálculo, unificar duas contribuições em uma e desonerar a cesta básica, o projeto da CBS também gera dificuldades.

Em primeiro lugar, a contribuição possui todas as características de imposto, o que é reforçado pelo fato de que a DRU permite, hoje, desvincular 30% das receitas. Ao deixar de chamar de IBS, tal como previsto nas PECs 45 e 110, para instituir nova contribuição, a União buscou desviar da competência residual prevista no art. 154 da CF, o que implicaria a necessidade de instituição do tributo por lei complementar.

[29] GASSEN, Valcir; D'Araújo, Pedro Júlio Sales; GASSEN, Francisco. *Reforma tributária: O esforço em manter a matriz tributária em seu (in) devido lugar in Reformas ou deformas tributárias e financeiras: por que, para que, para quem e como?* Organizados por Fernando Facury Scaff, Misabel de Abreu Machado Derzi; Onofre Alves Batista Júnior, Heleno Taveira Torres. – Belo Horizonte: Letramento; Casa do direito; Coleção de Direiti Tributário & Financeiro, 2020. p. 1032 e ss.

Em segundo lugar, há contradição entre o fato gerador ("operações com bens e serviços"[30]), o que em rigor pertence às competências materiais exclusivas dos impostos de Estados e Municípios (ICMS e ISS), e sua base de cálculo que diz com a "receita bruta" das empresas[31].

Em terceiro lugar, o projeto onera demasiadamente o setor de serviços, especialmente os prestados a pessoa natural que não poderá tomar créditos desse imposto. Haverá impacto direto nos preços finais e, consequentemente, na inflação. O prestador que não conseguir repassar o aumento no preço, sofrerá com aumento brutal da carga tributária. No mínimo, na hipótese de serviços prestados a pessoa física/consumidor final, deveria haver uma alíquota intermediária ao lado da (já elevada) alíquota de 12%, sob pena de afrontar os princípios da isonomia e capacidade contributiva.

Em quarto lugar, embora o projeto tenha acertado ao desonerar a cesta básica e serviços de saúde prestados ao SUS, errou ao não isentar a educação e os serviços de saúde particulares. Isso terá reflexos sobre o acesso do consumidor a serviços fundamentais (arts. 5º, XXXII, 6º, caput, 23, V, 170, V, 196 e 199 da CF). No caso da saúde, provavelmente haverá pressão de demanda sobre o SUS e retrocesso no adequado tratamento de saúde aos que mais necessitam. Similarmente, no caso da educação, a ausência de isenção possivelmente gerará aumento substancial nos preços das mensalidades, obrigará grande contingente de famílias a acionar o ensino público básico e interferirá com o acesso das camadas mais pobres ao ensino superior privado, considerando que a CBS extinguirá os benefícios de PIS/COFINS relacionados ao Programa Universidade para Todos (PROUNI)[32].

30 Art. 1º, *caput* e parágrafo único do PL 3887/2020.

31 Art. 2º, caput, do PL 3887/2020.

32 *"Além do reajuste insuficiente, o projeto exclui do regime de desconto simplificado os contribuintes com renda anual acima de R$ 40 mil. Isso afeta aquelas camadas da classe média que não possuem gastos significativos com saúde e educação para deduzir do imposto a pagar. Na prática, portanto, essas pessoas sofrerão aumento efetivo de tributação. Segundo a SETECO Consultoria Contábil, aqueles com rendimentos de R$ 4,5 mil e R$ 5,5 mil, sofrerão aumentos de R$ 1.057 e 1.771, caso não possuam gastos dedutíveis"* (SOUZA, Hamilton Dias de. *Reforma do IR: entre mitos e contradições.* Revista Consultor Jurídico, 10 ago. 2021. Disponível em: https://www.conjur.com.br/2021-ago-10/hamilton-souza-reforma-ir-entre-mitos-contradicoes. Acesso em: 06 mai. 2022)

Ainda em relação à CBS, a justificativa do projeto de lei contém a ideia de que a CBS resolveria os problemas do "sistema tributário complexo e caro", mencionando o gasto anual de 1.501 horas para cumprir suas obrigações tributárias, o tempo médio de duração de execuções fiscais (que superam oito anos na Justiça), a concorrência desleal entre as empresas e a existência de 51% do PIB em discussão no contencioso tributário federal. Ora, será mesmo que o gasto de 1.501 horas para o cumprimento das obrigações tributárias tem origem na legislação federal relacionada ao PIS/COFINS ou decorre, em verdade, do emaranhado de legislações e atos infralegais (instruções normativas, soluções de divergência, etc.) relacionadas não apenas a esses, mas aos demais tributos? Será que a existência de um contencioso de 51% do PIB tem origem apenas na legislação relacionada ao PIS/COFINS ou surge, em verdade, de problemas culturais e estruturais em que todos os Fiscos (Municípios, Estados e União) enxergam no contribuinte um adversário e buscam a interpretação que favoreça – a qualquer preço – a arrecadação? Será que a CBS resolverá o problema relacionado ao tipo de crédito aproveitável pelo contribuinte ou o Fisco novamente interpretará o princípio constitucional da não-cumulatividade (art. 195, § 12 da CF) – por ato infralegal – de forma restritiva?

Essas reflexões são fundamentais para verificar se há relação de adequação entre a causa alegada para a instituição da CBS e o que verdadeiramente ser persegue. No limite, tomadas como verdadeiras as justificativas acima, poderia haver desvio de finalidade na proposta da CBS e má identificação dos reais problemas do sistema.

Relativamente ao imposto de renda, no segundo semestre de 2021 a Câmara dos Deputados aprovou o PL 2.337/2021 que, em essência, determina o retorno da sistemática de tributação dos dividendos, a diminuição da alíquota do imposto de renda devido sobre o lucro apurado pelas pessoas jurídicas, a extinção dos juros sobre capital própria (JCP), a alteração da tabela do imposto de renda pessoa física, a limitação da utilização de desconto simplificado, a tributação do "estoque" de dividendos não distribuídos até final de 2021 e da redução de capital pelo sócios, mediante avaliação dos bens a valor de mercado, a uniformização da tributação de ganho de capital em operações em bolsa de valores, dentre outros.

Enquanto este artigo é escrito, o PL 2.337/2021 está sob apreciação do Senado Federal. Do conteúdo rapidamente aprovado pela Câmara emergem possíveis graves consequências. É preciso, preliminarmente, chamar a atenção para a falta de transparência quanto aos impactos que essa reforma no IR – com alteração também da CSLL – causará sobre preços, setores econômicos e contribuintes. Nada disso foi objeto de escrutínio público, conforme alertado por José Roberto Afonso[33], o que ofende a transparência. De acordo com a Nota Técnica 49 assinada pela Instituição Fiscal Independentes – IFI, a "ausência de alguns dados em forma mais desagregada limita as simulações" que podem ser feitas em relação à matéria. Sem prejuízo disso, a Nota indica que a proposta pode criar um ônus fiscal "da ordem de R$ 34,1 bilhões para 2022, R$ 15,4 bilhões para 2023 e R$ 16,1 bilhões para 2024"[34].

Além disso, a tributação dos dividendos tem a capacidade de aumentar a complexidade fiscal na contramão do que se pretenderia com uma reforma racional do sistema tributário. Isso porque a tributação dos dividendos estimula a adoção de técnicas de distribuição disfarçada de lucros – DDR e planejamentos tributários, o que aumento o custo de fiscalização, conforme demonstrado por Douglas Guidini Odorizzi[35]. De fato, além da adoção de técnicas sofisticadas de DDR, a oneração maior das empresas que estão no lucro presumido, em comparação com as submetidas ao lucro real, estimula a adoção de criação de empresas menores

[33] *"Conforme alertado por José Roberto Afonso, os dados oficiais sobre o impacto da tributação sobre a distribuição de dividendos não são suficientemente confiáveis. Confirmam esta percepção as declarações do ministro Paulo Guedes, ao afirmar que a arrecadação com a tributação de dividendos permitiria a injeção de R$ 50 bilhões para reajuste do Bolsa Família"* (SANTIN, Lina; BICHARA, Luiz Gustavo. *Reforma do IR: onde estão os cálculos?* Valor Econômico, 09 ago. 2021, Disponível em: https://valor.globo.com/legislacao/noticia/2021/08/09/reforma-do-ir-onde-estao-os-calculos.ghtml. Acesso em: 06 maio. 2022).

[34] SENADO FEDERAL. *Nota técnica n. 49 de 29 de setembro de 2021.* Instituição Fiscal Independente. Disponível em: https://www2.senado.leg.br/bdsf/bitstream/handle/id/592976/NT49_Reforma_IR.pdf. Acesso em: 06 mai. 2022.

[35] ODORIZZI, Douglas Guidini. *Câmara equivoca-se ao tributar dividendos de profissões regulamentadas.* **Revista Consultor Jurídico,** 03 set. 2021. Disponível em: https://www.conjur.com.br/2021-set-03/odorizzi-camara-equivoca-tributar-dividendos-profissoes. Acesso em: 06 maio 2022.

atuando sob a forma de contratos de parceria ou associação com impacto sobre a livre organização do mercado.

Por outro lado, a extinção dos juros sobre capital próprio (JCP) pode gerar desestímulo aos investimentos e aumento no custo financeiro do capital. Isso porque os juros sobre capital próprio constituem forma de remuneração do detentor de capital que o emprega na companhia ao invés de buscar esse mesmo capital no mercado. Considerando o conceito de "custo de oportunidade"[36], esse capital que o empresário injeta no empreendimento deve ser remunerado adequadamente, daí a expressão "juros sobre capital próprio". A partir da Lei 9.249/95, estes passaram a ser uma opção de remuneração dos acionistas, dedutíveis do imposto de renda das pessoas jurídicas, cuja contrapartida foi a vedação ao reconhecimento dos efeitos inflacionários nas demonstrações contábeis das empresas. Ao extinguir tal figura jurídica, o projeto de reforma do imposto de renda impõe às empresas a busca de um capital muito mais caro – do mercado – para financiar suas atividades, quando poderia fazê-lo por intermédio de capital dos sócios que seria remunerado pelos aludidos juros.

Chama a atenção, ainda, a possibilidade real de aumento relevante da carga tributária que o PL 2.337/21 gerará sobre determinados indivíduos e setores, a implicar violação aos predicados da isonomia e capacidade contributiva.

Do ponto de vista das pessoas físicas, Hamilton Dias de Souza[37], Everardo Maciel[38] e Elisabeth Libertuci[39] demonstram que o aumento do

[36] *"Custo de Oportunidade significa o quanto alguém deixou de ganhar por ter adotado uma alternativa em vez de outra, ou seja, se alguém escolher investir em uma fábrica de giz, deixando de, com isso, investir na construção de um supermercado, que era a segunda melhor alternativa existente na época, diz-se que o Custo de Oportunidade da decisão de investir na fábrica de giz é o quanto se deixou de ganhar por não se construir o supermercado"* (MARTINS, Eliseu. *Juros sobre o capital próprio – aspectos conceituais.* Boletim IOB – Temática Contábil e Balanços, n. 50, 1996, p. 433). *"Quantia de lucro perdido quando a oportunidade proporcionada por alternativa é sacrificada pela escolha de outra"* (ATKINSON A.A; BANKER, R.D.; KAPLAN, R.S.; YOUNG, S.M. *Contabilidade Gerencial.* Tradução de André Olímpio M.C. Castro. São Paulo: Atlas, 2000, p.365).

[37] SOUZA, Hamilton Dias de. *Reforma do IR: entre mitos e contradições.* Revista Consultor Jurídico, 10 ago. 2021. Disponível em: https://www.conjur.com.br/2021-ago-10/hamilton-souza-reforma-ir-entre-mitos-contradicoes. Acesso em: 06 mai. 2022.

[38] MACIEL, Everardo. Reforma do Imposto de Renda é uma combinação de desinformação

teto da isenção do IRPF para R$2.500,00 geraria uma economia mensal ao contribuinte de apenas R$7,50, sendo que a atualização da tabela nem sequer cobriu a inflação do período. Não haveria, portanto, o propalado alívio às camadas mais pobres da população. Além disso, de acordo com esses mesmos autores, a exclusão do desconto simplificado a contribuintes com renda anual acima de R$40.000,00 geraria relevantes aumentos de R$1.057,00 e R$1.771 àqueles que tivessem rendimentos mensais, respectivamente, de R$4500,00 e R$5500,00, na contramão dos predicados da isonomia e da capacidade contributiva.

Do ponto de vista das pessoas jurídicas, o projeto não esconde a pretensão de tributar mais as pessoas jurídicas submetidas ao lucro presumido, sob o fundamento de que isso tornaria mais justa a tributação daquelas com as empresas submetidas ao lucro real que seriam mais oneradas. Dados da Receita Federal, escrutinados por Everardo Maciel[40], demonstram que as empresas submetidas ao lucro presumido já arcam com percentual maior de IR sobre a receita bruta em comparação Às que estão no lucro real (2,49% x 0,99% da receita bruta), assim como um percentual maior de carga tributária federal (9,4% x 7,7%), o que foi referido por Douglas Guidini Odorizzi[41] e Hamilton Dias de Souza ao examinar o projeto em comento e demonstrar a perplexidade de aumentar-se o IR para quem já paga mais.

Além disso, o projeto aumentaria a carga tributária especialmente de empresas prestadoras de serviços, sem discriminação entre os grupos de serviços que hoje, supostamente, se beneficiariam ou se prejudicariam com o regime do lucro presumido.

e demagogia. In: Estadão, 01 jul. 2021. Disponível em: https://economia.estadao.com.br/noticias/geral,reforma-do-imposto-de-renda-e-uma-combinacao-de-desinformacao-e--demagogia,70003765067 . Acesso em: 06 mai. 2022.

[39] LIBERTUCI, Elisabeth Lewandowski. *Sorria, contribuinte! Você está sendo enganado.* In: Estadão (Coluna de Fausto Macedo), 06/07/2021. Disponível em: https://politica.estadao.com.br/blogs/fausto-macedo/sorria-contribuinte-voce-esta-sendo-enganado/. Acesso em: 06 mai. 2022.

[40] Tributação de dividendos. In: 3º Congresso do Codecon, 17/10/2019.

[41] Op cit.

A esse respeito, Hamilton Dias de Souza[42] demonstra que, se há problema, ele não estaria na não tributação de dividendos ou na existência do regime do lucro presumido e sim na falta de dimensionamento adequado do regime do lucro presumido ao que se soma a omissão do Governo em apontar que os principais prestadores de serviços, responsáveis pela aferição de grandes lucros, já estão no regime do lucro real e não no presumido, a falsear o suposto de que o problema residiria no regime de lucro presumido. Referido doutrinador demonstra que a tributação dos dividendos gera distorções que beneficiam as pessoas com maiores condições financeiras e que, nessa situação, podem simplesmente reinvestir boa parcela de seus lucros em detrimento daquelas organizações familiares cujas distribuições são imprescindíveis ao sustento dos sócios: "empresas com lucratividade de 50% da receita sofrerão, a depender unicamente de sua margem de reinvestimento, aumentos dos atuais 14,53% de carga sobre a receita para até 20,53% (ou mais)"[43].

[42] "Os principais atingidos são as empresas prestadoras de serviços, essencialmente de médio porte, correspondentes a 71% dos optantes do lucro presumido (RFB, 2005). A justificativa invocada seria a necessidade de "corrigir injustiças", como a supostamente verificada com advogados, engenheiros, arquitetos, publicitários etc., que teriam lucros elevados e estariam sujeitos a baixa tributação. Além do equívoco de sugerir que o lucro real pague mais, o discurso toma indevidamente o todo pela parte. Afinal, segundo a RFB, *27%* de todas as receitas tributáveis no lucro presumido decorrem de serviços, percentual esse pulverizado em inúmeros tipos de serviços em circulação na economia. E, conforme a própria RFB, as atividades mencionadas representam pequena parte das receitas tributáveis pelo lucro presumido (algo em torno de 9,5%). Logo, o que se aponta como distorção não tem a relevância necessária para justificar a alteração do regime. Aliás, se as referidas atividades realmente criam distorções, estas não decorrem *do conceito* do regime de lucro presumido. Ao contrário, este tem se mostrado benéfico para que médios empreendimentos se insiram no mercado e se expandam. Se problema existe, ele reside em presunções mal dimensionadas. E, para resolvê-lo, bastaria criar novas faixas de presunção (mais elevadas)." (Souza, Hamilton Dias de. *Reforma do IR: entre mitos e contradições*. Revista Consultor Jurídico, 10 ago. 2021. Disponível em: https://www.conjur.com.br/2021-ago-10/hamilton-souza-reforma-ir-entre-mitos-contradicoes. Acesso em: 06 mai. 2022.).

[43] Op cit.

Conclusões

As supracitadas reflexões que exsurgem das propostas de reforma atualmente "sobre a mesa" demonstram que apenas a organização de um sistema tributário racional e não meramente histórico poderá receber a chancela de verdadeira reforma tributária. Esta, necessariamente, precisa considerar a forma federativa do Estado Brasileiro, a isonomia, a capacidade contributiva, a progressividade tributária, a racionalidade, a transparência, dentre outros princípios constitucionais relevantes. Em atenção a isso, aos problemas acima identificados e buscando agregar ao debate público, apresento as seguintes proposições que parecem contribuir ao debate em torno do estabelecimento de um sistema tributário racional:

1. A reforma precisa mirar o "todo" e não apenas "partes" do sistema. Não é possível alterar unicamente os tributos incidentes sobre consumo, tal como hoje se apresenta a PEC 45 e a CBS (e, de algum modo, a PEC 110), sob pena de tornar o sistema mais regressivo[44], contrariando o predicado da isonomia. Nesse sentido, é fundamental reformar também os tributos sobre a renda (IRPJ, CSLL e IRPF) que têm a possibilidade de gravar a capacidade contributiva de cada indivíduo com maior precisão, mediante uma gradação justa da carga tributária incidente sobre as empresas e as pessoas físicas[45].

[44] Atualmente, por exemplo, a energia elétrica é tributada em mais de 40%, onerando diretamente o consumo de algo absolutamente essencial a todos os cidadãos (Bittencourt, Rafael. *Conta de luz no país tem 4ª maior carga tributária do mundo.* Valor Econômico. Brasília, 05 dez. 2018. Disponível em: https://valor.globo.com/brasil/noticia/2018/12/05/conta-de-luz-no-pais-tem-4a-maior-carga-tributaria.ghtml. Acesso em: 06 maio 2022.)

[45] As alíquotas do IR sobre altos rendimentos, no Brasil, são absolutamente ínfimas em comparação aos demais Países desenvolvidos. Vide: BRASIL. Presidência da República. Observatório da Equidade. Indicadores de Equidade do Sistema Tributário Nacional. Brasília: Presidência da República, Observatório da Equidade, 2009, pp. 27/29; Fernandes, Rodrigo Cardoso; Campolina, Bernardo; Silveira, Fernando Gaiger. *Imposto de renda e distribuição de renda no Brasil*, Brasília: Rio de Janeiro: Instituto de Pesquisa Econômica Aplicada. 2019. Disponível em: http://repositorio.ipea.gov.br/bitstream/11058/9136/1/TD_2449.pdf. Acesso em 04/08/2020.

2. A unificação de tributos de competência estadual (ICMS), municipal (ISS) e federal (IPI, PIS, COFINS, dentre outros) em um único IVA (ou IBS), regulado por lei complementar federal, pode ofender o núcleo essencial do pacto federativo suposto pelos arts. 1º e 60, § 4º, I, da Constituição e gerar insegurança jurídica decorrente da necessidade de interpretação de novos conceitos.
3. Mesmo que se admita a criação de um IVA ou IBS dual (uma de competência da União e outro dos Estados), é preciso esclarecer que a adoção de alíquotas únicas sem qualquer isenção/alíquota zero não reflete a prática internacional[46] e torna o sistema tributário mais regressivo com ofensa aos predicados da isonomia e da capacidade contributiva (arts. 5º *caput,* 145, §1º e 150, II da CF). Além disso, é fundamental manter fonte própria de receitas aos Municípios em homenagem à autonomia municipal (arts. 30, III e 34, VII, "c" da CF).
4. Qualquer proposta de reforma precisa divulgar, detalhadamente, os dados e modelos econômicos utilizados nas projeções de arrecadação e impactos setoriais em homenagem à publicidade e transparência (arts. 37, *caput* e 150, §5º da CF).
5. É preciso vedar a incidência de contribuição social sobre a mesma materialidade de impostos discriminados na CF e que o produto de sua arrecadação seja desviado de sua finalidade[47]. Sem isso, o que impedirá a União de, no futuro, criar novas contribuições com a mesma materialidade do(s) IVA(s) debatido (s)?

[46] Ávila, Humberto Bergman; Carrazza, Roque Antônio; Souza, Hamilton Dias de. *A reforma tributária que o Brasil precisa – parte I.* Revista Consultor Jurídico, 08 nov. 2019. Disponível em: https://www.conjur.com.br/2019-nov-08/opiniao-reforma-tributaria-brasil-parte. Acesso em: 11/11/2019.

[47] Souza, Hamilton Dias de. *Contribuições Especiais.* In: Curso de Direito Tributário. Coord. Ives Gandra da Silva Martins. Ed. Saraiva. p. 688; Souza, Hamilton Dias de. *Contribuições especiais.* In: CURSO de Direito Tributário. 12ªedição São Paulo: Saraiva, 2010. p. 691-736; Souza, Hamilton Dias de; Ferraz Jr., Tércio Sampaio. *Contribuições de Intervenção no Domínio Econômico e a Federação.* In: ARTIGOS selecionados em homenagem aos 40 anos do Centro de Extensão Universitária – vol. 2. São Paulo: Revista dos Tribunais: Centro de Extensão Universitária, 2012. p. 515-560.

6. É preciso vedar a incidência de tributo sobre tributo em homenagem à neutralidade e transparência (arts. 37, *caput*, 146-A e 150, §5º da CF).

7. É preciso restringir a utilização de medida provisória em matéria tributária, considerando os reiterados abusos[48] do Executivo em editar MP's sem a ocorrência de fato ("caso de") que se destaque de eventos corriqueiros e exija pronta atuação (art. 62 da CF).

8. É preciso bem diagnosticar os problemas do sistema, especialmente os que dizem respeito à macrolitigância fiscal[49]. Deve-se responsabilizar os agentes públicos que autuem o contribuinte contra a interpretação razoável da lei, assim entendida como aquela atribuída pela jurisprudência. Afinal, um sistema antifrágil[50] precisa de gestores responsáveis por seus atos. A tolerância à irresponsabilidade caracteriza a fragilidade do sistema, camufla sua vulnerabilidade e impede seu desenvolvimento.[51]

9. É preciso vedar a imposição de multas exorbitantes, assim consideradas aquelas que superem 100% do valor do tributo, vedando-se sua cumulação com outras, especialmente quando houver mero descumprimento de obrigação acessória, sem prejuízo ao erário.

10. É preciso vedar que o Executivo, a pretexto de interpretar a legislação tributária, limite direitos legal ou constitucionalmente assegurados.

[48] *Santos, Bruno Carazza. Interesses econômicos, representação política e produção legislativa no Brasil sob a ótica do financiamento de campanhas eleitorais. Belo Horizonte: UFMG, 2016. p. 80.*

[49] Porto, Laís Khaled e Bevilacqua, Lucas. Macrolitigância fiscal e (in)consequencialismo judicial, Jota, 13 de agosto de 2020: https://www.jota.info/opiniao-e-analise/artigos/macrolitigancia-fiscal-e-inconsequencialismo-judicial-13082020; Fonseca, Rafael Campos Soares da. *Sistema Multiportas no novo código de processo civil e a crise da execução fiscal: uma revisita a partir do observatória da macrolitigância fiscal.* In: Processo tributário / Leonardo Buissa, Lucas Bevilacqua (Coord.) – 2. ed. Belo Horizonte: Fórum, 2020, pp. 117-126.

[50] Taleb, Nassim Nicholas. *Antifrágil: coisas que se beneficiam com o caos.* Brasil: Best Business, 2012.

[51] Szelbracikowski, Daniel Correa. *Antifragilidade do direito e as autuações fiscais ilegítimas.* Revista Consultor Jurídico, 26 jul.2018. Disponível em: https://www.conjur.com.br/2018-jul-26/szelbracikowski-antifragilidade-direito-autuacoes-ilegitimas Acesso em: 06 mai. 2022